走近非洲

兴衰、蜕变与未来

APPROACHING AFRICA

RISE AND FALL, TRANSFORMATION, AND FUTURE

薛棪——著

河北出版传媒集团
河北科学技术出版社
·石家庄·

图书在版编目（CIP）数据

走近非洲 ： 兴衰、蜕变与未来 / 薛棪著． -- 石家庄 ： 河北科学技术出版社， 2025． 4． -- ISBN 978-7-5717-2329-3

Ⅰ． K94-49

中国国家版本馆 CIP 数据核字第 2025SJ7107 号

走近非洲：兴衰、蜕变与未来

ZOUJIN FEIZHOU:XINGSHUAI TUIBIAN YU WEILAI

薛棪　著

选题策划：北京兴盛乐书刊发行有限责任公司
责任编辑：徐艳硕
特约编辑：陈红伟
责任校对：李　虎
美术编辑：张　帆
封面设计：李　璐
出版发行：河北科学技术出版社
地　　址：石家庄市友谊北大街 330 号（邮编：050061）
印　　刷：北京天恒嘉业印刷有限公司
经　　销：全国新华书店
开　　本：710mm × 960mm　1/16
印　　张：24
字　　数：415 千字
版　　次：2025 年 4 月第 1 版
印　　次：2025 年 4 月第 1 次印刷
书　　号：978-7-5717-2329-3
定　　价　85.00 元

推荐序

我从小就在非洲长大，见证了这片土地深厚的历史底蕴，也见证了无数充满坚韧和喜悦的故事。但不幸的是，长期以来，非洲大陆一直为贫困和战争所困扰。尽管如此，非洲大陆仍然有巨大的潜力摆脱过去以往的束缚，走自己的道路，塑造自己的未来。

我亲爱的大陆最为重要的资产之一就是它的年轻（62%的青年人口）以及巨大的活力。尽管非洲目前仍面临诸多挑战，但非洲人始终坚忍不拔，这是非洲最大的优势，也是塑造非洲未来最大的潜力。

作为非洲大陆上一个至关重要的国家，刚果共和国在塑造非洲的未来发展方面发挥着举足轻重的作用。凭借丰富的文化遗产、自然资源以及快速增长的经济，刚果共和国在许多领域都拥有巨大的潜力，在未来成为非洲进步的引擎。

为此，教育将是至关重要的。教育是释放人的潜力并赋予他们掌控未来的最关键因素。通过投资教育，非洲可以培养一支技术精湛、知识渊博的劳动力队伍，能够推动经济的增长和社会的发展。

塑造非洲未来的另一重要因素则是经济发展。非洲大陆拥有丰富的自然资源，但在过去很长一段时间里，这些资源往往没有被真正的留在非洲人手中。非洲人有责任掌控自己的资源，并将其用于建设充满活力和可持续的经济发展当中。

人类的未来永远不能通过延伸对过去的认知来推演。但为了面对未来，我们需要更深入地了解历史，这对于非洲也至关重要。

对非洲而言，自己决定自己的发展方向也是一个关键所在。在历史上，非洲的故事都是由其他人所讲述的，未来，非洲必须以自己的方式来讲述自己的故事。

现在，非洲在全世界范围内都已经成了核心话题。在人们的印象里，非洲以其美不胜收的景观而闻名全球——瀑布、雨林、点缀着大象和狮子的金色大草原。当然，这里也有饥荒、流行病和武装冲突。是的，非洲拥有这一切，但错误的故事讲述方式最大的危害在于，它只让人看到了消极的一面，错过了真相。

现实是，我们的世界本身正在变得更加“非洲化”。联合国估计，到2050年，非洲现有14亿人口将增加一倍，这就意味着在仅仅30年之后，地球上四分之一的人口可能会是非洲人。

在这片幅员辽阔的土地上，一个又一个国家正在经历高速的人口增长。在一些非洲国家，超过一半的人口年龄甚至都不足以在世界上许多国家合法地购买酒精饮料。在我所知道的一个东部非洲国家，全国人口的平均年龄只有15岁。

虽然，也有人认为如果不能新增大量的就业机会，这种人口的快速增长将导致进一步的贫困和经济发展放缓。但更多的人看到的则是，在未来，庞大的年轻人口很有可能会将非洲国家推向全球舞台的中央。

每个时代都会产生自己的神话，非洲正在将一个又一个看似不可能实现的神话变成现实。我们要永远相信非洲人的潜力。通过努力，非洲人民可以建设更加美好的未来，摆脱过去的阴影。正如我们有历史一样，我们也有未来。通过讲述非洲故事，让非洲从废墟中崛起，拥抱更加光明的未来，让非洲成为自己命运的主宰者。

作为薛棪先生的朋友，他请我为本书作序。读过书稿后，我欣然接受。在这本书里，薛棪先生从非洲的立场出发，客观地讲述了一个完全真实的非洲。我相信对于所有的读者而言，本书是可以直击内心深处的。它有简洁而有力的语言，有凝聚而深刻的主题，同时又充满了令人振奋的力量。

这是一本既真实，又非常全面的书。这本书让所有人知道，原来非洲和非洲人民，是如此的平凡，又是如此的伟大。

雅克·尼昂加

Jacques Jean Luc NYANGA

刚果共和国驻中华人民共和国特命全权大使

2025年4月

北京

作者与雅克 · 尼昂加先生

序　言

2007年3月，德国首都柏林。

坐在教室里，当我拿出当年刚刚发布的彩屏版iPod Shuffle 3准备欣赏一曲优美的音乐之际，一众来自德国、法国、加拿大等发达国家的同学无不出离惊奇：中国人居然也买得起苹果产品？经过一番讨论，一些白人同学私下达成一个共识，猜测我一定是来自中国的贵族，像我这样的人在中国应实属凤毛麟角，他们纷纷为能与我同班感到荣幸至极（来自哥伦比亚的一位同学后来向我的“告密”）。也难怪，在2007年那个全球手机也刚刚才出现彩屏的年代，一个中国留学生便能够手拿一部最为时髦的彩屏版苹果随身听这件事对许多西方同学而言，的确是一个不小的“心理冲击”。

2017年5月，加蓬首都利伯维尔。

我在收拾行李时，居然又翻出了这部彩屏版iPod Shuffle 3。我想，日后大概是不会再用到这个过时的产品，因为那时我已经开始使用Iphone手机以及无线蓝牙耳机收听音乐。幸好充电器还在，于是把它送给了我的当地安保工作人员，一个加蓬土生土长的黑人。他拿着它，如获至宝。从他喜悦的眼神里，分明能看得出他应是从来未见过这种已经在全球范围内传播十数年并已被淘汰许久的“古董级”产品。

2007年，德国人均GDP为4.1万美元。2017年，德国人均GDP为4.4万美元。同样在2007年，中部非洲国家加蓬的人均GDP为8036美元。时至2017年，加蓬人均GDP下降到了6975美元。同期，亚洲国家的人均GDP增长率最高时为6.9%（2010年），最低时为1.8%（2009年），但始终都保持正增长。在北美洲，人均GDP在这十年间增长了17.9%；大洋洲增长了31.4%；拉丁美洲及加勒比地区增长了31.9%；中欧和波罗的海国家增长了18.4%。

就全世界而言，2007年至2017年这十年间，人均GDP大约增长了23.6%。然而，唯独在非洲，人类历史前进的脚步和人类社会发展的进程，甚至是时间，仿佛凝固了一般。

非洲拥有世界上最为丰富的各类宝贵资源储备，手握对人类未来发展至关重要的资源禀赋优势，但却成了一个失落的“被遗忘之地”。在去非洲以前，作为一个经济学者，坦率地讲，我也并不清楚这其中究竟是因为什么。

直至全球信息和信息获取手段均如此发达的公元2024年，人们对于非洲的不了解，甚至是无知，仍然有如2007年看着我使用苹果随身听而表现出诧异和错愕的同学那般漫诞不稽。

最终，促使我下决心撰写这部作品的理由，却多少显得有些无奈。

在经济学家辜朝明（Richard C.Koo）的著作中，他写道：“在漫长的经济低迷时期，日本的政府债务信用评级被下调到极低程度，以至于信用评级机构认为博茨瓦纳（这个国家的经济在很大程度上要得益于日本的海外援助）的信用风险要好于日本。”[1]

然而，事实上博茨瓦纳的经济成功大部分应取决于其自身发展策略的成功[2]，并非日本的援助。2021年，博茨瓦纳外债占GDP的比重为10.6%，相较于2011年的18.1%不但已大幅下降，并且几乎是在所有撒哈拉以南非洲国家中表现最为惊艳

[1] [美] 辜朝明 . 大衰退：宏观经济学的圣杯 [M]. 喻海翔，译 . 北京：东方出版社 , 2016. 320.
[2] 本书后文将对博茨瓦纳进行详细介绍。

的。即便如此，若进一步探查博茨瓦纳的外债结构，可发现其外债构成中，来自外国政府的官方债务占比低于外债总额的50%，且接受外国官方财政援助的比例更是低于外债占比。因此，无论从何种角度而言，日本对博茨瓦纳的财政援助都绝无可能是占比最大的，更加难以使得博茨瓦纳的经济发展“在很大程度上要得益于日本”。因此，从这个角度出发，我本人倒是认同辜朝明先生书中所提到的，一些国际著名“信用评级机构做出的博茨瓦纳的信用风险要好于日本”的结论。

现实中，在排除一些政治家、经济学家们为了各自的利益对事实进行刻意修饰甚至歪曲之外，若连专业人士对非洲的认识尤其是对非洲故事的讲述都如此失真的话，那么普通大众对这片大陆的真实了解更将是无从谈起。

根据国际货币基金组织（IMF）的数据，2022年，非洲大陆整体GDP总量为29.88万亿美元，折合205万亿人民币。2022年，中国GDP总量为121万亿人民币。也就是说，非洲54个国家的GDP总量只比中国一个国家多一倍不到。人均GDP方面，非洲也仅是中国的17%。

以上的数据，是任何一个对此感兴趣的读者均能够轻而易举查询到的公开数据。此外，许多人能够看到、接触到的关于非洲的样貌，似乎除了大草原、动物大迁徙、恐怖分子、暴乱和内战以外，便无其他了。

在当前全球经济可持续发展和全球一体化潮流的引领下，各大国际金融组织如世界银行、IMF、非洲开发银行以及世界各主要国家均在持续加大对非洲的财政和经济援助。但是，为何越援助，一些非洲国家的人均GDP却越低？越是发现资源，一些非洲国家却越是乱象丛生？在人类经济高度一体化的浪潮中，非洲却好似正在离世界经济的大舞台渐行渐远。

许多人也想知道，非洲之“乱”，是非洲自己造成的吗？这究竟是非洲的原罪，还是一种“强加之乱”？

诸如，轰轰烈烈的“阿拉伯之春”运动，对非洲尤其是对北非国家的社会、政治、经济、文化等各方面均造成了深远的影响。有些被强加于非洲的改变，直到今天依然都无法再回到从前。

在历史上的殖民时期，许多殖民国家对非洲人实施了残忍的屠杀和迫害。随着第二次世界大战的结束，殖民者纷纷撤出，非洲大陆上兴起了一波撼动人心的独立运动。随着非洲国家的纷纷独立，许多人认为，非洲的故事就要到此为止了。

实际上，非洲国家的独立恰恰才是非洲故事的真正开始。此后至今，一个个独立了的非洲国家不但难以实施独立的财政政策，甚至连实施独立货币政策的权力和能力更加无从谈起。产业发展受制于人，宝贵资源受人钳制。逃出殖民历史的许多非洲国家，仿佛又开始了在历史中苦苦寻求出路的漫长旅程。

作为一个研究非洲问题多年之人，我可以接受许多读者对非洲大陆有着像2007年我的那些欧洲同学那般的知识浅显。毕竟，并不是每一个人都是研究非洲的专业人士，也并不是每一个人都有机会亲自踏上非洲的土地去感受它的呼吸与脉搏。但令我十分吃惊的是，一些作为专业人士的经济学家们，居然还天真地认为非洲取得的所有发展和进步最为关键的核心要素是来自别人的援助。

英国前首相布莱尔曾说："提到非洲，总是给人一种荒凉的感觉。我认为，非洲是整个世界良知上的一块伤疤。"

或许，我们永远也不会知道，布莱尔前首相在说到这句听起来有些令人心碎的"肺腑之言"时，究竟是对未来的警示，还是基于对过去的忏悔。但这句话，即便放在今天，听起来依然是那么的清晰，那么的震撼有力。

德国著名哲学家黑格尔曾讲过一句触及过许多人心灵深处的名言："存在的即是合理的。"但这句话，在千百年来却存在着重要的翻译偏差。黑格尔此言的德语原句为："Was vernünftig ist，das ist Wirklich; und was wirklich ist，das ist vernünftig。"一些以英语为母语的国家对此句话常用的翻译为："What is rational is actual; and what is actual is rational。"然而实际上，按德语原意并结合英文"rational"的本意，黑格尔的话最为贴切的中文翻译应为"存在的即是有原因的"，而非"存在的即是合理的"。

这几字之差，却有着天壤之别。这背后，不但代表了两种价值体系的迥然不同，还暗含了对人类文化和社会平等性与公正性理解的巨大差异。"存在的即是合理的"是一种典型的价值判断方式，它让人们只能够接受，甚至忍受。而"存在的即是有原因的"不涉及价值判断，它的可贵之处在于让人们懂得什么叫做合理性和因果关系。比如，一个国家的社会风气好，可能是由于存在完善的社会保障和医疗体系，对人权的充分保护，公民享有平等和自由等原因所铸就。而一些国家的道德败坏，恰恰是源自上述合理性与公平性的缺失。但在实际当中，这些国家的普通人还在受着"存在的即是合理的"这种贻害无穷的价值与道德评判标准的影响。

对于非洲而言，我们应该关注"存在"，但重中之重，不应放在"合理"，而是"原因"。

历史，是具有巨大惯性的。虽然，非洲这架车的车轮行进得有些踉踉跄跄，但是，有时我们不得不相信，若将“原因”的格局放大，也就代表着命运的轮回其实是真实存在的。当你这样想的时候，才会发现原来许多事情仿佛一下子变得合乎逻辑了。而且唯有如此，那些过去已经发生的事才会变得如此别有深意，那些未来将要发生的事才会变得那么意义深长。

本书创作的目的，旨在以经济问题为主线，从政治、文化、历史等多维度向普通大众揭示一个真实的非洲。它的好与坏、白与黑、善与恶、发达与贫穷、先进与落后，以及它的忍辱与负重。同时，基于此，本书的撰写尽量采取了轻松、舒缓的写作和叙事方式，以期使无法忍受学术专著那种刻板、枯燥文风的非专业读者也能够欣然产生深入了解一个真实的非洲大陆的兴趣。

希望这本书，能够成为读者全面了解一个真实的非洲的重要参考。通过对本书的阅读，使读者能够具有以独立的眼光思考非洲，以中立的视角观察世界的睿智与胸襟。

薛桲

2025年4月

目　录

◎ 第三章　谜之北非

◎ 第四章　谜一样的阿拉伯之春

◎ 第五章　非洲的英雄们：救赎者还是毁灭者？

◎ 第六章　又爱又恨，欧洲如何“塑造”了非洲

◎ 第七章　半个非洲都属于“浪漫”的法兰西

◎ 第八章　远涉重洋，梦回“第 51 州”

◎ 第九章 《友谊颂》

◎ 第十章 跨越地球两端的邂逅

◎ 第十一章 非洲大陆上演的《罗生门》

◎ 第十二章 松开拳头，非洲不是拳击台

第一章

这个世界，没有什么感同身受

眼神中充满渴望的非洲儿童

不必向任何人解释自己

翻开这本书之前，大多数读者对于非洲这片神秘大陆的印象或许除了大草原和黑皮肤之外，就莫过于一个“穷”字了。那么，非洲到底有多穷？

2017年，我第一次踏上非洲这片充满神秘的大陆，头一年里就走遍了16个非洲国家。第一年里，非洲给我留下的印象总结下来只有两个词能够代表，一个是“地狱”，另一个则是“天堂”。

马里（Mali）首都巴马科（法语[1]：Bamako）普通人居住的房子

[1] 本书外文注解中，未标明具体语种的均为英语。

之所以称为“地狱”，是因为非洲的“穷”与一般国人理解范畴中的“穷”大相径庭。那是一种大多数读者根本无法想象、绝对从未体验过的贫穷。

在我所去过的一些非洲国家，即使是晚上，气温也能达到40摄氏度。不只是在本章中将要提到的布隆迪，在其他许多非洲国家，人们仅是住在路边用木头和铁皮搭建起的简易窝棚里，房子的表层脆弱得几乎用手一戳就能戳出一个窟窿。别说纱窗，有的所谓“房子”连一扇大门都没有，仅用一块儿破布帘子挡住门口。不过，许多非洲人的家中倒是也不需要什么门锁，因为本来也没有什么怕丢的值钱之物。

我刚到非洲的时候也曾十分好奇，难道非洲人就不怕蚊子叮咬吗？非洲的蚊子固然厉害，却并不是指非洲蚊子本身有多么强大的碾压别的地方蚊子的能力，而是非洲蚊子体内携带了许多致命病菌。疟疾便是蚊子导致的最为常见的一种传染病。我本以为长期生活在如此恶劣的环境中，大部分非洲人早已对疟疾产生出了某种天然的免疫性，但事实却并非如此。非洲人与我们一样，有着相同的器官和身体机能，只不过他们得了疟疾以后由于药品的缺乏和医疗服务体系的不健全，许多人根本无法得到有效治疗，因此面对人类医疗科技早已攻克的疾病，死亡率依然极高。这也是在非洲的街头很少能看到老年人的一个重要原因。因为，许多人在年幼或年轻时就已经因疾病、饥饿、战乱等各种各样的原因而去世了。

“天堂”则代表着非洲难以置信的富有。在撰写本书时，我征询了原本在非洲认识的一些当地富豪朋友的意见，想把他们在非洲当地的豪宅、代步的豪车等实景照片一并在书中进行展示，以期能够让阅读本书的读者“改变认知”，“打开眼界”，彻底地推开这扇通往“真实”非洲的大门。遗憾的是，或许是由于低调，抑或担心引起不必要的麻烦，结果最后无一人同意。

总之，可以用这样一句话来描述非洲的富有：在这个世界上其他地方能享受到的，非洲全部都有；其他地方享受不到的，非洲也有。前提是，只要不缺钱。

因而，非洲这片大陆成了一个能让人脑海中对“富”和“穷”二字的定义被彻底刷新的神妙之地。有钱，这里便是天堂，昨夜在万里之外的法国刚刚屠宰的新鲜鹅肝今天便能由米其林五星大厨端到你的餐桌上；没钱，这里瞬间便化身为“地狱”，你的家或许就在马路边，由几块烂木头板搭建而成，四面漏风、八面漏雨。最后，能活到中年都变成了一种命运的眷顾。

在人类历史的长河里，作为整整一个大陆被别人成百上千年持续殖民、压榨钳制的，只有非洲。非洲人心里的痛与苦，他人永远也不会真正的懂。

我曾问过身边许多朋友，为什么非洲会贫穷？一个近乎标准答案的回答便是“非洲人太懒，所以经济一定不会发展得好”。说实话，我在非洲待过数年后，我自己的感觉是起码就我认识的许多非洲朋友而言，比我认识的许多白人朋友要勤快得多。

生活中，每个人都无权拿自己有限的认知来给一个拥有数千年历史和文明的大陆匆忙下定义。王朔曾经说过这样一句可能对于一些人而言稍显刺耳的话：“世界上最大的无耻，就是你靠祖上享受了所有的红利，却转脸对别人说，成功全靠努力。”

2020年9月21日，在我彻底要离开非洲的那一天，陪伴我将近两年的保安把我送到机场。在机场与我道别时，他眼圈湿润着对我说：“非洲人虽然很穷，但我们就不配拥有幸福的生活吗？我们不懒，也不笨，这种命运难道真的是我们注定应该遭遇的吗？如果你不再来非洲，或许这辈子我们都不会再见面了，因为以我现在的条件，我很难负担得起一张去中国的机票。希望以后你能继续帮助非洲，宣传非洲，让世界知道一个真正的非洲到底是什么样子的。”

当日在机场由于过于匆忙，很遗憾没有合影，这是平日他与我的合影

之所以决定写这本书，一是为自己的经历留念，二是因为当时我的确答应了他，同时，也十分想把非洲这个神秘的大陆介绍给大家。中国人能够有机会踏上非洲这片古老而神秘的大陆之人本就不多，能够多年留在这片大陆上去深深体会和感受它的人便更寥落。

最后，也希望读者能够体悟到，在我们每个人有限的认知范围之外，这个世界其实还很大很大。

贫穷到极致的体验

踏上非洲大陆之前，我与大多数读者一样，除了“穷”“乱”“懒”这三个印象之外，对非洲就再无任何别的认识了。

布隆迪城市街道

这张看似“恐怖”的照片，并非好莱坞电影《生化危机》或《僵尸世界》里的截图，而是我踏上非洲大陆来到的第一个国家、一个不幸被联合国和世界银行双双评为全球最贫穷国家的布隆迪（Burundi）的首都——基特加（Gitega）城市一隅。

《现代汉语词典》（第7版）中对“贫穷”一词的释义是“生产资料和生活资料缺乏”。但是，倘若这一解释便能够完全代表“贫穷”的话，那么以我在非洲几年的切身感受而言，许多非洲国家完全不能够仅仅用“贫穷”一词来形容。

“什么都没有，有今天没明天，几乎看不到任何希望”，不知在各种词典里能否找到一个合适的词语来形容这样一种艰难的生活状态。

在布隆迪的那段时光，我终生难忘。因为，这个国家十足地刷新了我的三观，让我对生活究竟能够有多么不易、多么不公和多么不幸，重新形成了超出原有范围的认知。

被联合国和世界银行评为全世界最贫穷国家的这个纪录，直到今天为止，布隆迪已保持了60多年，可以说在全球范围内绝无仅有。同时，这个国家还曾经被一项全球民调[1][2]评选为“世界上最不幸福的国家”。

布隆迪位于非洲中部，紧挨东非大裂谷，人口约有1200万，面积只有27000平方公里，相当于中国浙江省陆域面积的四分之一。布隆迪是非洲人口密度第二大的国家，超过70%的人口生活在联合国贫困线[3]以下。在布隆迪，每20个人里就有1人会在18岁之前死于营养不良[4]。

这个国家的北、东、西面分别被卢旺达、坦桑尼亚与刚果民主共和国包围，其中与刚果民主共和国的边界有超过一半坐落在著名的坦噶尼喀湖湖面上。布隆迪的

[1] “Burundi - The Poorest and Unhappiest Country in the World? - Uganda and Burundi 2,” The Sue travel, August 1, 2022. As of April 15, 2024: https://suetravels.com/africa/burundi/burundi-the-poorest-and-unhappiest-country-in-the-world-uganda-and-burundi-2/#:~:text=Wikipedia%20cites%20'poverty%2C%20corruption%2C, unhappiest%20country%20in%20the%20world.

[2] 为便于感兴趣的读者查阅原文，本书中涉及的外文资料来源均以原语言，按国际标准参考文献格式进行标注，不再译为中文。

[3] 贫困线是指在一定的时间、空间和社会发展阶段条件下，维持人们的基本生存所必需消费的物品和服务的最低费用，目前联合国和世界银行最新的标准是每人每日生活费不足1.25美元，约合8.92元人民币。

[4] “Burundi: Nutrition Profile” USAID study paper, June 2018. As of April 15, 2024: https://2017-2020.usaid.gov/sites/default/files/documents/1864/Burundi-Nutrition-Profile-June2018-508.pdf

政治首都为基特加，但全国最大的城市为布琼布拉（Bujumbura），是一个位于坦噶尼喀湖湖畔的港口都市。

2022年，布隆迪GDP总量为36亿美元，大约相当于259亿元人民币。这是什么概念呢？根据财报显示，美国车企特斯拉2024年第一季度的营收便达到213亿美元，几乎相当于布隆迪七年的GDP总量。

布隆迪的年人均收入约为180美元，约合人民币1300元。换句话说，布隆迪人平均每个月只能挣100多元人民币。另外由于统计十分困难且无官方数据，因而实际当中几乎无法确定这个国家的失业率到底是多少。以我在布隆迪的感受而言，大概三个人中就至少有一人没有工作。有工作的人，也不是像中国人想象的那样，一份稳定的白领或公务员或国企之类的工作。这里所指的有工作是把打零工、小时工、临时工等统统都算上。即使这样统计，估计布隆迪的失业率至少也能达到50%。

一个布隆迪人，如果足够幸运能得以找到一份临时性的工作，并且白加黑连轴转几乎不休息，一个月有希望能赚到15美元。但请不要忘记，这是一个一般每个家庭都会有五六个孩子的国家。也就是说，这15美元可能要供养8个人左右，相当于每人每月的生活费只有不到2美元，大概15元人民币。一个普通中国人如果丢了15元钱，会觉得很心疼吗？但是在布隆迪，少了15元钱，这个国家便会又多一个要忍饥挨饿的人。

我第一次踏上布隆迪土地的时候，飞机降落在这个国家唯一的一座机场——布琼布拉国际机场。令我最吃惊的尚不是这个国家唯一的一个门户机场有多么的简陋和破败，而是机场里的电脑操作系统使用的仍然是试用版Windows系统，因为每一块儿屏幕右下角都清楚显示着“Demo Version”（演示版）。付上一大笔钱去激活Windows系统或许对布隆迪政府而言意味着一笔额外的巨大财政负担。

从机场去酒店的路上，我们看到一起交通事故：一只狗被过往的车辆撞死了。就在这只被撞死的狗周围，密密麻麻地围了大约100多个周围村庄的当地人，司机告诉我们，可能他们是迫不及待想把这只狗抢回家好好改善一顿伙食。

在布隆迪，大部分人仅靠农业生产以维系生活。但由于农业技术的落后以及恶劣的自然环境和气候条件，布隆迪仅靠农业很难养活1200多万人口。

布隆迪最大城市布琼布拉有38万人口。当来到这里，你会发现一个非常有趣的现象，那就是不管身处城市里的哪个角落，周围几乎全是孩子。整个城市看起来就像是一个大幼儿园一样。

马路上活泼可爱的孩子们

而且，这种现象不只出现在布隆迪。在撒哈拉以南许多非洲国家，走在大街上都难觅老年人的身影，大部分都是青壮年和孩子。在全世界大部分国家，人们似乎都非常畏惧变老，纷纷把衰老看作犹如末日降临一般。然而在许多非洲国家，能够变老却是一件非常奢侈的事情。根据世界卫生组织公布的统计数据，在当前世界人均寿命已经达到73.3岁的时候，布隆迪的人均寿命也仅有63.8岁[1]。

可以想象得到，在这种极端贫穷的生活条件中，布隆迪的孩子们几乎没有什么可以称得上是玩具的东西，反倒是我在布隆迪却看到了许多小时候曾经体验过的让我记忆犹新的游戏，如滚轮胎、玩石子儿等。身处非洲，有时感觉就像坐上了时光机器，穿越时间，回到过去。

穷有穷的乐趣，穷也有穷的活法。这里的孩子玩耍的东西千奇百怪，有些在我年幼时也未曾见过。比如这里的孩子会用啤酒瓶盖来下一种极其复杂的棋，反正我学了好久也没搞明白到底是什么规则。他们倒是也有玩具汽车等这种在这个年纪的孩子们都喜欢的玩具，只不过他们的小汽车不是中国孩子们手中那些可以遥控变形的高大上

[1] "Health data overview for the Republic of Burundi," World Health Organization (WHO) Data. As of April 15, 2024: https://data.who.int/countries/108

玩具，而是用矿泉水瓶再绑上四个瓶盖儿做成的简易汽车，即便是这种“小汽车”他们也能玩上一整天。

一群孩子饶有兴致地在操场上追逐一只鸡

此外，在踢足球方面，非洲人似乎天赋异禀，并对这项运动有着一种与生俱来的喜爱。无论是大人还是孩子，都酷爱足球。但他们所谓的足球，其实就是一个球形的物体。在布隆迪我就曾亲眼见过当地人组织的一场十分隆重的足球比赛，周围成百上千的观众摇旗呐喊振臂欢呼，场上队员挥汗如雨，拼抢激烈地踢着一个绿油油的大草团。当时我在想，如果随便在马路上找一个布隆迪的孩子带回中国来踢上几年，很有可能这个孩子的球技在未来就能达到国家队的水准。

用电，这个我们现在早已视为理所当然的需求，在布隆迪仍然是一个美好的奢求。即便是现在，整个布隆迪家庭有电力接入的户数也只有可怜的7.6%，而且这还是在许多居住于农村地区的家庭根本无法纳入统计的情况下。也难怪，布隆迪的国土面积中有86%是农田，全国90%的人职业是种地。在布隆迪，手机的普及率不低，只是很少有人使用智能手机，这里的人现在使用的基本还都是几十年前那种直板的古董机。

村民们在打水

为了能够深入地了解一下这个国家最贫穷的群体，我们在一个周末来到城郊，在路边随机找到一个叫Tabli的农民，给了他1美元作为答谢，希望他能带领我们到他的家中去看一看。1美元虽然不多，但应该也足够他一家人起码一餐饭的费用了。

此人穿得的确破旧了些，但他并不是乞丐

往村里走的路上，能看到一些人衣衫褴褛地蜷缩在路边，但他们并不是乞丐。Tabli说，他们坐在路边不回家是因为他们根本就没有家。在一些非洲国家，有一个概念需要重新认识，那便是“无家可归”。在世界上大部分国家，没有家的人的确是“无家可归者”。但在一个大部分人口都没有一个像样的房子作为固定居所的地方，这里流行的词叫作“有家可归者”，他们才是人群中的另类。

车子出城后开了大约半个钟头，我们来到了Tabli的家。他的家着实令我们一行人十分吃惊。外形像一个蒙古包，倒是别具一格。只不过这个“蒙古包”是由泥巴和着干草搭建而成的，让人看后有一种摇摇欲坠似的强烈的不安全感。“蒙古包”的里面只有6平方米左右，高度也仅有1.8米，却生活着Tabli一家十口人——两个大人和八个小孩。

他给我们指了指孩子们睡觉的“床”。我顺着他手指的方向看过去，根本没有发现什么床。在他手指向的一个角落里，有一块儿1平方米左右大小的毯子。恕我直言，这块儿脏得已经不能再脏的毯子如果被扔到全世界许多国家的马路上，可能连拾荒者都不会捡。就是这么一块儿破毯子，每天晚上把它铺开，上面要睡八个孩子。

Tabli 的大儿子

这是一张让我永远也忘不掉的照片，因为照片里那双炯炯有神的眼睛和小伙子的精气神。这是Tabli的大儿子。照完这张照片他对我说，他昨天吃完早饭后就再也水米未沾唇。

Tabli 的小儿子

这是Tabli的小儿子。之所以我对这张照片也一直记忆犹新，是因他和我的儿子一样大，同样出生在2012年。在我写这一段的时候，我的儿子正“葛优躺”在沙发上看着75英寸电视中播放的4K高清动画片。而当天我们和Tabli在村子里四处找他小儿子的时候，发现他正在这样一个勉强可以被称为秋千的小木板上独自一人玩得不亦乐乎。

前前后后我们总共在房子里站了大约十分钟。出来后我仔细数了数，全身一共被可恶的蚊子叮了19个包。而且除了蚊子，在这短短十分钟时间里我在他的家中还看见了蟑螂、老鼠、西瓜虫等数种我已多年未再见过的小生物，记忆好像又瞬间被拉回到了童年。而他们一家人整夜就是睡在这样的地上。这个房子里弥漫的味道我至今都不知道该如何形容，大约就好像有一个常年不洗澡之人，紧紧拥抱他十分钟那种上头的感觉。

我们的到来令这个安静贫穷的小山村好似突然发生了天大的事一样，许多小孩子争先恐后地包围了Tabli的“蒙古包”，里三层外三层围了个水泄不通。虽然我们初来乍到，这里的一切事物对我们而言都是那么的陌生和好奇。但是，在他们的眼中，我们也好似外星人一般怪异。这里的孩子们纷纷指着我们大声喊着：“Mzungu！Mzungu！”（布隆迪土语“白人”的意思）。

没过多久，村长也赶来了。村长是一位58岁的老者。在交谈过程中，村长说他的收入在村子里应该当属最高，一个月收入大概有3万布隆迪法郎，约合10美元，折合70多元人民币。临走时我问村长，作为本村“首富”，他觉得生活得到底怎样呢？他的回答也很直白、很直接，他说：

“生活得怎样？（笑）我们哪里有什么生活，我们只是活着。但现在眼看也快要活不下去了。作为种地的农民，却整日都没有吃的东西。我的老婆每天就靠捡垃圾为生。我有七个孩子，以前还饿死过两个。饿死的时候，他们不是一两岁很小的年纪，而是一个七岁、一个九岁。”

乍得首都恩贾梅纳居民和他们居住的房子

人们常说，生命无价。的确，生命是最重要的。但在今天的世界里，恐怕只有在一些非洲国家，还需要把“生命”这个词硬生生地掰成两半，到底是生更重要，还是命更重要。非洲这片广阔肥沃的土地给了许多非洲人“生”，却没有给他们活下去的“命”。

奇怪的是，大部分非洲人并没有很悲观。在我走过的所有非洲贫穷的地方，看到的那些穷苦的人，他们很多人的幸福感好像比我还要高。

在非洲的几年里，我其实有一个一直很想问但却始终不曾问出口的问题：“你幸福吗？”之所以从没问过任何一个非洲人，是因为我怕这个问题会刺痛他们的内心。其实我有种感觉，他们虽然穷，但并没有感觉有多么的不幸福。

这个仅靠每月10美元收入养活一家10口人的家庭，他们没有电，没有自来水，没有煤气和天然气，没有电视，没有冰箱，没有电话，除了两张破毯子和几个脏得不能再脏的碗盘碟子，别的什么都没有。这里的人根本不知道外边的世界是什么样子，因此，这里的孩子没有要去卖肾换一部手机的渴望，这里的成年人也没有要去贷款买一辆豪车的需求。

他们活得很简单，简单就是幸福。

并不是鼓励每个人在生活中都要做一只井底之蛙。但是，有时人就是要试着去简单化生活，这样反而会有更高的幸福感。人的一生，并不是物质条件越好、官位越高就越成功，而是你到底为这个世界做了些什么。往往活得越简单，越通透，反而越幸福。

看看照片里这些连钞票都没有见过的孩子们，他们的笑容是多么的灿烂

在这方面，我们或许都应该向Tabli学习。可能许多人对“人为什么要活着”这个问题的认识，还赶不上穷得连鞋都没得穿的一个非洲孩子。

非洲的落后其实并非简单的在某一两个方面的落后，在一定程度上而言，其实是一种全面的落后。因为历史上非洲落后的领域实在是太多，造成了现在世界上许多行业在非洲完全不存在。在布隆迪短短的几个月里，我们试图尽可能找到一些不同行业的从业者来了解一下他们的生活状况和收入情况。

布隆迪有一个非常特殊的行业，即“个体运输业”，指家里有自行车或摩托车的人进行货物的长途运输。当然，这其中大部分都是自行车，因为能拥有一辆崭新的摩托车的家庭在布隆迪也称得上是土豪了，完全没有必要去从事长途运输这种行当来养家糊口。

路边贩卖炸鱼的小贩，一条鱼的价格大约折合 0.5 元人民币，

骑手们若能吃上这样一餐饭已经算是改善生活了

一辆自行车，便成了许多布隆迪家庭唯一的“固定资产”，也是赖以生存的重要谋生工具——他们用自行车把农民的粮食或其他农产品运到邻近城市的市场上售卖给批发商。听起来这是一份既简单又轻松的工作，骑上自行车，拉拉货，轻松把钱赚到手，但你或许不清楚他们送货的距离一般有多远。马路上许多这样的骑手告诉我，他们经常往返一趟就需要花费90多个小时，晚上就只得在路边和衣而卧。

布隆迪全国几乎没有什么像样的五星级奢华酒店。就算有，也不是给这些骑手们准备的。渴了，他们喝雨水；饿了，吃路边的野果。关键是，很多人在这一路上是赤着脚蹬自行车，因为他们中的许多人根本买不起鞋。像这样的运输工作，一天的收入是3000布隆迪法郎，约合1美元，折合人民币7元。

布隆迪的法定货币叫作“布隆迪法郎”，与美元的汇率是1美元兑2000布隆迪法郎。但在这个汇率基础上是很难兑换到美元的，黑市的价格一般为3000布隆迪法郎兑换1美元。布隆迪法郎钞票的最大面值是1万元的纸币，面值仅相当于3.3美元。

这样没日没夜地辛苦劳作，起码他们还能养家糊口，比那些没有工作的人强得太多。平均下来，他们每天都要载着上百斤的货物骑行12个小时以上。

这项工作不光是赚得少，还异常凶险。骑过自行车的读者应该明白，自行车驮上100斤的货物，一旦遇到一个坡度较大的下坡，以非洲的路况和自行车车况而言，遇到紧急情况几乎是刹不住车的。一次我让司机在下坡时特意保持和旁边的自行车同样的速度，此时汽车仪表盘上显示时速已经达到了35公里。上坡时，许多人会抓住大卡车借助汽车的力量来上坡。这样虽然省力，但却更加危险，因为卡车司机完全看不到汽车后面骑自行车的人。如果卡车司机此时来一个急刹车，后面的人轻则人仰车翻，重则直接撞到车上，后果不堪设想。

驮上货物刹不住，放下货物没法活。这，就是这些骑手的生活。

根据布隆迪政府公布的数据，布隆迪全国范围内共有12000公里公路。但实际上在这12000公里的公路里只有12%是沥青路，剩下的都是土路[1]。在许多国家完全不会被统计到正常道路里的路，在这里都算路。所以如果按欧美或中国的标准，这个国家几乎就没有路。

这就是许多布隆迪人的生活，其他一些非洲国家普通人的生活也大抵如此。对

[1] “2.3 Burundi Road Network,” WFP / Logistics Cluster. As of April 15, 2024: https://dlca.logcluster.org/23-burundi-road-network#id-2.3BurundiRoadNetwork-DistanceMatrix.

他们而言，生活其实并不重要，重要的是生存。一个自行车骑手曾告诉我，仅在他经常走的这条路线上，每年因交通意外而死亡的就有几十人。

这就是非洲人，这就是非洲人的生活。直到今天，他们中的许多人仍然在过着这般有今天没明天的生活。

吃货的天堂

在布隆迪路边可以经常看到许多卖小吃的商贩，而这些所谓的小吃其实大部分都是木薯。把木薯蒸熟直接食用，油盐酱醋等调味品几乎都不放，这就是当地人的食物。现在，非洲恐怕是人类为数不多的能够每天都尽情享受到纯天然食品的天堂，因为许多非洲国家至今连生产苏丹红、瘦肉精等添加剂的技术水平都不具备。

路边售卖木薯的小商贩

一个蒸木薯，在当地的价格为100布隆迪法郎，约合0.03美元。木薯是一种外形类似于红薯的植物，可食用，但口感一般。非洲有很多国家把木薯当作主食，因木薯易种植，价格便宜，最重要的是耐饥，于是便成了许多普通非洲大众能够消费得起的一种绝佳主食。

海鲜，也是非洲人经常食用的一种食材。得益于非洲大陆长达26000公里的海岸线，尤其是大西洋沿岸的寒流配合离岸的东北信风，使得海洋中的上升流明显，能够从深层海水里带来大量丰富的鱼类饵料，因此，非洲大陆渔业资源异常丰富。非洲除了沿海国家，内陆国家的渔业资源也很丰富。坦噶尼喀湖，非洲的第二大湖，其鱼类年捕捞量可高达20万吨，每年有100万人靠在湖里捕捞为生，湖区周遭共有约5万个大小渔村和上千个小型港口。

在沿海国家塞内加尔，下图中这样一条3斤重的石斑鱼折合人民币只要10多元钱。

曾经在塞内加尔一家中餐馆用餐时，我们一行人点了一份国内餐桌上常见的酸辣汤，结果上菜后发现蹊跷之处，老板居然在食材方面掺了假。中国传统酸辣汤的做法一般都会加入粉丝，而老板居然在未经我们同意的情况下私自把粉丝换成了鱼翅。

在许多非洲沿海国家，海鲜产品都十分便宜。非洲人由于不太擅长烹饪鱼翅、鲍鱼、海参这类食材，也不太明白它们的营养价值所在，因此在非洲类似海参、鲍鱼、鱼翅这类食材基本上都是“白菜价”，而真正的萝卜、白菜却都是“海参价”。由于粉丝的运输成本高，极易破碎，所以在非洲，从中国进口的粉丝价格比当地鱼翅要高出许多，所以老板才偷梁换柱拿鱼翅当粉丝“欺骗”我们。

记得还有一次，我与国内来的一些朋友在塞内加尔聚餐，上菜时第一道菜便是一条大石斑鱼。鱼端上来后，能明显感觉出国内来的同志面带几分惊异，有人说，在国内的宴席，大多数情况下都是最后上鱼，因为鱼算是“硬菜”，结果这非洲倒是先把硬菜给端上来了。于是我只能笑着解释，这边的饭店确实也是按照“先便宜后贵”的原则上菜的。这道鱼的确是最便宜的一道菜，硬菜都在后面还没有上，比如醋熘白菜、西红柿炒蛋和菠菜汤等。

再如右图中这条重达11斤的鳗鱼，小贩的要价是80元人民币，经过一番讨价还价，我们最终以50元的价格拿下了它。我们一行人犹如捡到了宝贝一样兴奋。

非洲的海洋资源虽取之不尽用之不竭，但由于非洲农业生产中极少种植蔬菜，所以导致蔬菜尤其是绿色蔬菜在非洲成了餐桌上的绝对“硬菜”，价格要远超海参、鲍鱼、石斑鱼等食材。在非洲朋友之间聚餐，关系要好的才会点上几道类似炒白菜、炒蒜薹这种硬菜。普通朋友之间基本就只是点些牛排、烤羊腿之类将就一下即可。

在加蓬的中国朋友们自己准备的一顿年夜饭

周末与中国朋友的聚餐。虽然图中的鸡肉是最便宜的，但我们还是习惯性地按中国传统把最贵的青菜摆在了外围

利比里亚的龙虾餐

塞内加尔的海鲜

非洲海鲜里最贵的，还要数龙虾。当然，这里说的贵只是相对于其他非洲海产品而言，与国内的价格还是不可相提并论的。

在非洲大西洋沿岸的许多国家，这样一盘接近半米长的龙虾（左图中）配上各式海鲜做成的海鲜大拼盘，价格在100多元人民币，还是要比国内稍微便宜一些的。但大部分海鲜，非洲的价格仍然要比中国便宜许多。像这样一盘从大西洋里刚刚捕捞出海便立即烹饪出来的鲜美可口的海鲜拼盘（左图下），在塞内加尔的价格折合约30元人民币。

在非洲，若节假日闲来无事，三五好友一起找一片绿植茂密的清静之地，仅需搭上一个废旧汽车轮毂当作烧烤架子之用，就可充分享受那蓝天白云下，青山绿水间的惬意和放松。一次轻松的野炊，能让人感受到生活无尽的美好与和谐。

提起烧烤，便不能不提起啤酒，而啤酒又是不得不提的另一个非洲十分具有代表性的产品。非洲经济落后众所周知，大部分非洲国家基本上没有什么重工业，轻工业品类也较为匮乏。但有一个行业却是例外，那便是酿酒业，尤以啤酒为代表。在非洲，再穷的国家，哪怕是布隆迪或中非的尼日尔，几乎每个国家都会有自己的啤酒品牌。甚至连北非禁止饮酒的伊斯兰国家如摩洛哥，也有自己自产自销的啤酒。

非洲啤酒最明显的特色便是酒香浓郁、甘甜可口，且童叟无欺。右图二中是刚果（布）自产的一种叫做“PRIMUS”的啤酒，图片中是晚上闲来无事，我坐在家中沙发上刚刚倒入杯中的PRIMUS。或许许多朋友不太懂该如何品鉴啤酒，但看看这杯酒中浓郁厚重的啤酒沫，恐怕也能想象得到这酒有多么甘甜可口。

实事求是地讲，在我走过的全球40多个国家里，我认为口感最好的还要数非洲啤酒，丝毫不逊于德国啤酒。非洲人酿啤酒仍然遵循传统的发酵工艺，且不偷工减料，原料里绝没有乱七八糟的东西。

在此也顺便向广大读者普及一个啤酒小常识，在购买啤酒时如果看到配料表中有大米等原料，那这样的啤酒只能被称为“工业酒”。真正的好啤酒，原料里应该只有水、麦芽和啤酒花这三样东西。

非洲也从不缺高档餐馆，几乎在每一个非洲国家都能找到来自世界各地的正宗美食（吃货到了非洲，绝不会失望）。只是，这些美食却不是绝大多数非洲人能够享用得了的。

非洲国家尼日尔的自产啤酒

刚果（布）PRIMUS 啤酒（下图）

塞内加尔超市中的进口青岛啤酒，一罐的价格为 890 西非法郎，折合 9 元人民币，比进口欧洲啤酒还要贵

摩洛哥超市中的进口商品

位于塞内加尔首都达喀尔的唯一一家肯德基餐厅

布隆迪路边的小摊贩，一个月的收入大约只有5000布隆迪法郎[1]，约合1.5美元。是的，这是一个月的收入，约合12元人民币。右图这家日料店，人均消费相当于400多元人民币。如果一个普通布隆迪人想要在这里大快朵颐一餐，需要一个人平均33.3个月的收入。在中国有一个笑话，说的是在一些房价很高的城市，许多人一年的收入只够买一个卫生间。而在非洲，许多人几年的收入才够吃一盘生鱼片。

这就是非洲社会的贫富差距。

在布隆迪，一个家庭每月的平均收入是2万布隆迪法郎，但在超市里商品的价格又如何呢？

1升牛奶5500[2]，1升菜籽油9000，170毫升的海飞丝洗发水8000，1千克白糖8500，1.5升的矿泉水1500，一小块儿士力架巧克力2500，1包小饼干2000，1罐300毫升的红牛饮料6500，750毫升的蜂蜜18000，而1升橄榄油的价格高达29000。

上面这一堆物品的价格已经超过了9万布隆迪法郎，相当于一个家庭数月的收入，而且这些物品还没有包括一个家庭所需的所有必需品，如肉食、服装和其他日用百货等。按2022年的平均收入计算，一个普通的布隆迪人在一天不休的情况下，要连续工作230年才能与一个普通美国人一年的收入水平相当。

利比里亚首都蒙罗维亚一家堪比日本本土一样纯正的日本料理店

摩洛哥首都拉巴特一家法国餐厅的牛排，一餐的价格约合 350 元人民币

摩洛哥首都拉巴特的肯德基，一餐的价格约合 400 元人民币[3]

[1] 此处及本书中类似数据均为作者实地调查所得。

[2] 本自然段货币单位均为布隆迪法郎。

[3] 2019 年，摩洛哥普通工厂工人的月收入大约为 3000 摩洛哥迪拉姆，约合 2100 元人民币。

尼日尔首都尼亚美马路边头顶食物进行售卖的小女孩，一个蛋糕售价约合 0.1 元人民币

我问当地人，以这样的收入，你们如何生活？许多人的回答与前文中村长的回答颇有几分相似：我们没有生活，只是在尽力活着。

许多适龄儿童没有机会进入校园读书，从四五岁开始便到野地里捡些蘑菇、野果，一来自己可以填饱肚皮，剩下的若能换点收入自然更好。这就是他们的生活，也是他们的命运，他们别无选择。

当地人问我，在中国普通人一个月的收入是多少。我没有告诉他们，只是笑了笑，找借口岔开了话题。我不想说是因为我知道许多非洲人内心中几乎全部的幸福感实际上都来源于他们对外界的不了解。一旦这种状态被打破，当他们知道外面的世界是什么样子，他们继续坚持生存下去的信念很有可能会土崩瓦解，这并不是危言耸听。几年后，现在与他们交谈的我们会纷纷离开这里，而他们还是要继续坚持承受着这种生活，跑不掉，也躲不开，那倒不如让他们继续留在自己的世界里。

因为贫穷，在非洲便出现了一个非常有意思的现象，许多不管是有工作还是没有工作的人，当他们见到外国人时都愿意伸手寻求帮助。许多非洲国家都是如此，在比较贫穷的非洲国家比如布隆迪则更加明显一些。尤其在当地人遇到一个白人或亚洲面孔的人（得益于中国经济的快速发展以及国际影响力的大幅提升，在许多非洲人的印象里中国人都十分有钱，都是富豪），许多非洲人尤其是小孩子都会跑到车旁向你索要一些食物或零钱，这在非洲一些国家已经形成了一种习惯。

好奇地看着相机的孩子们

笔者在马里首都巴马科

在马里首都巴马科，这5个孩子，我给了他们每人1美元。那时坐在车里，我看到他们其中一个人穿着意甲球队尤文图斯的球衣，恰巧我也是尤文图斯的球迷，所以当时我特意下车与他们一起拍了一张合影。大概停留了10分钟左右，车子便被小孩子们团团围住。

花样翻新的诱惑

在非洲开车，有一独一无二的鲜明特色，那便是路上会遇到为数众多的、各式各样的“检查”，用多如牛毛来形容也毫不过分。拦车检查的人通常都穿着不同的制服，有警察，有宪兵，有民兵，还有破衣烂衫只是手里拎着一把枪不知道是隶属于哪个队伍的人。在双方语言几乎不能有效沟通的情况下，就冲着对方手里那把枪，也只能乖乖留下些买路钱。如果，你想一睹马路上驰骋着的成群结队的武装皮卡和各式各样的武器装备那种震撼场景，那么当下在全球除了中东、也门等个别地区以外，非洲则是为数不多的能够达成你愿望并给予你极大震撼的地方了。

但在某些非洲国家，存在着一个让人感觉不甚舒服的“习俗”，至少从我个人经历而言。那便是，一小部分非洲人一看到亚洲面孔的人便两眼放光，仿佛像看到了“财神”一样。在一些非洲国家，许多宪兵和巡警是绝不会轻易放过一辆东亚人面孔司机驾驶的汽车的。不管能不能“罚”到钱，能“罚”到多少钱，他们也一定会把这辆车子先拦下来盘问一番再说。

大部分非洲国家的警察未经允许是绝不能拍照的，下页图片是我在非洲这么多年来遇到的唯一一个允许我们拍照的警察，位于几内亚首都科纳克里。当地警察在罚完我们后，当我们行将驱车离开之际，他居然双手合十向我们致意告别（或是“致谢”），让我们一行人简直哭笑不得。

自Tabli家返回的路上，我们一行人就被两个持AK47的军警拦了下来。在出示了护照、签证等合法证件后，此人命令我们所有人员全部下车接受搜身检查，并且告知车子要被暂时拖走至检查站。在司机不断追问到底违反了何种交通规则后，他才支支吾吾地说是因为我们汽车的前挡风玻璃上有一道细微的裂缝，有可能会影响行驶安全。

几内亚首都科纳克里路边的警察

许多读者或许会觉得这样的理由太过无厘头，但在一些非洲国家，一定要有心理准备，这种无厘头的执法会时不时遇到。或者，警察会说司机刚刚转弯没有打开转向灯，虽然你明明开了转向灯，但他却硬说你没有开转向灯。现实中，许多非洲国家的马路上仍然没有像一些国家马路上那样多如牛毛的监控摄像头，自然司机也无法要求警察调取监控来证实到底是否打开了转向灯。所以，最后也只能自认倒霉，交罚款以破财免灾。正所谓，“大事化小、小事化了”。

这种做法究竟好与不好，本书不便评论。我们当然无法要求别人在人生地不熟的非洲遇到这种情况时一定不能给钱，一定要据理力争。倘若双方真的起了冲突，谁又能承担相应的责任与后果？但实事求是地讲，也正是因为这种轮番给钱的行为，使得在一些非洲国家“罚款”的价码水涨船高，许多非洲国家的警察或海关在拦截亚裔旅客方面越发表现得肆无忌惮，甚至在个别非洲国家，多次出现机场或海关人员只拦亚裔旅客的情况。此现象固然只是与极少数的非洲执法人员的贪婪有关，但不得不说，一部分亚裔旅客的确也给这些贪婪之人“惯”出了坏习惯。

在布隆迪被拦下的这一次，司机照惯例给了5000布隆迪法郎，约合1.6美元的贿赂才得以顺利被放行。当然，像往常一样这种罚款通常都不会开具什么发票或罚单。如果胆敢开口要发票或罚单，那等待你的可能就不只是罚款这么简单了。

给钱以后，当我们正要驱车离开时，此警察突然提出一个不多见的要求，因为他马上也要下班了，问我们是可否载他一程，因为他的家离我们的住所恰好不远。虽然我们的司机坚决不同意，我猜想对于一个爱车之人而言，因为“前挡风玻璃上有一道小裂缝”而被罚款是一个莫大的侮辱，同时可能他作为司机也想在我们面前暗示他无任何失职，被罚款与他没有任何关系。但我却非常想通过这个机会与这个警察聊上一番，这是了解该国基层公务人员收入情况的绝佳机会。于是，在我的坚持下，最后还是让他上车与我们一道同行。

刚才罚款时大家既然都已“坦诚相见”了，所以也没有必要遮遮掩掩了。我直截了当地问他，在不收任何贿赂的情况下，他每月正常的收入是多少。他说大概一个月14美元左右，折合100多元人民币。相对于布隆迪人平均10多元人民币的月收入，此收入水平已相当可观了。况且，他还只是一个站在路上执勤的基层警察，可想而知他的上级，或者局长，他们的收入应该至少是这个普通警察的数倍甚至数十倍。

在非洲，公务人员的收入绝对是属于“顶流”的，尤其是一定级别的官员。在某个非常贫穷的非洲国家，曾经在私下闲聊时我问起一位部长的年收入，他说大概几十万美元。据报道，美国总统的年薪大约也只有40万美元，可见美国总统的收入若放在非洲一些国家，与非洲国家的许多高官相比，也多少显得有些寒酸。

之所以非洲一定级别官员的收入会如此之高，或许终究还是离不开非洲一些国家指鹿为马式的“民主制度”的影响。大部分非洲国家虽然表面上都实行了西方民主制度，但在每一张选票的背后都是家族或部落势力在明争暗斗，而每一位高官背后所代表的又都是一个重要的部落或家族。所以，让这些人收入高起来，总统的票仓才能得以稳固。

这个警察也对我们抱怨说，基本上平时收的这些贿赂一般都不会太高，因为不是每天都能这么幸运地遇到像“我们”这样的人，总体算下来，也只足够他们三五成群喝个小酒，撸个小串，发不了什么大财。于是我问他，他的收入是不是完全可以满足一家人生活所需，然而他的回答令我很是意外。他说，其实他们大部分警察基本都不回家，因为收入不稳定，没法养活全家10多口人，所以会主动选择忘记家庭，尽量能不回家就不回家，平时大部分时间居然都是住在警察局里。

如今，贪腐问题已经在一定程度上对一些非洲人的社会价值观造成了巨大冲击，甚至在某种程度上还导致了非洲一些国家社会道德水平有倒退之势。尤其是，在许多外国人来到这片纯净、原始的大陆以后，还把一些花样百出的贪腐形式也一并“传授”给了原本质朴的非洲人民。

在加蓬时，曾认识一个来自东南亚某国的朋友，名叫Matthew[1]。由于Matthew酷爱中文和中国文化，还特意请我送他一个中文名字。根据他英文名字的发音，以及他特别喜爱中国的《三国演义》等历史名著，甚至曾多次去过陕西等国内著名历史景点旅游的缘故，我特意给他起了一个既具有古典韵味又听起来比较洋气的中文名字——马出军。

我曾试着教过他几句简单的中文，此人非常聪明，几乎一学就会。由于大家来自不同国家，又谈得来，所以他对我倒是也没有什么戒心。慢慢熟悉之后，我这才发现马出军聪明的地方可远不止汉语学得快那么简单。

当时，马出军的妻子和孩子都在加蓬。在非洲，许多国家的驻非洲机构管理都十分严格，明确规定随任家属不得在当地的本国企业内任职。于是，聪明的老马便想出了偷梁换柱的好法子。他的妻子开始在当地人开办的公司“兼职”，名正言顺地签订劳动合同，却从不上班，每月还领着不菲的收入。后来老马告诉我，原来这家公司虽然看似是当地人所开，但背后出资者都是他们本国在加蓬的企业客户，无非就是通过这种形式巧立了一个名目而已。

同时，马出军又通过租房、租车、采购物品等形式与当地人合作，几乎完美地解决了孩子在加蓬就读国际学校的高昂学费。甚至在解决了孩子上学和妻子开销之外，老马的小金库里居然还积累下了不少“余粮”。据他说，在加蓬“额外”赚的钱甚至都够他回国买房了。

老马不但聪明，而且十分“节俭”，小到他们单位每月需要报销的电话费、维修费、水电费甚至加油票等都逃不出马出军的魔爪。平时和他一起出门，发现他有一个令人哭笑不得的习惯，那就是每当发现被人扔掉的发票，老马都会立即捡起来揣到兜里，回去后经反复、仔细地研究、推敲，实在想不出办法加以报销利用了，然后再扔掉，实在是令人啼笑皆非。

但是，所有这一切，马出军自己说过，不与当地人合作，事情是很难办成的。是啊，聪明的老马的确很精明，把世上最难懂的两个字——人心，拿捏得恰到好处。这不由让我想起曾经听过的一句精辟的警世名言：“人与人之间，真诚这张牌加上任何一张都是王炸。但只要单独出，一定是张死牌。”

---

[1] 此案例中该驻非机构总部位于东南亚某国，涉及人员姓名均为化名。如有雷同，纯属巧合。

本质上，马出军之流的做法最恶劣的一点便是对非洲整体社会风气的影响。为了一丁点的个人利益，不择手段地破坏了整个非洲社会质朴的良好风气。当环境变得腐败不堪时，许多人的价值观便会开始逐渐变得扭曲，从而加剧社会的不和谐和不安定。

以前，许许多多的非洲人完全未曾见到过、不曾听说过这些“高明”的腐败手法和千奇百怪挪用公款的花样。但随着马出军们在非洲的言传身教，一些非洲人开始选择站到了博弈者的一边，开始与外来的马出军们进行“协作”。当一些非洲国家的民众开始感到自己国家的腐败程度愈发严重时，另一些人参与腐败的意愿就会变得更为强烈，导致恶性循环的显现。

外来的巨大影响很有可能在未来让非洲一些国家的腐败现象不断深化并持续下去。类似马出军式的人物在非洲出现得越多，非洲当地人对腐败行为的耐受程度也会更高。最终，造成在一些非洲国家，始终会有具有强烈动机的人与马出军们“合作”进行腐败。

教育，在艰难中前行

教育，非洲的确尽力了。

在布隆迪，许多学校一间不大的教室里就要挤下30多个孩子。布隆迪当地一所小学的校长告诉我，在布隆迪，大约只有30%的孩子能够上初中，最终，仅有1%的孩子能够有机会接受高等教育。目前，布隆迪全国只有一所大学，名为布隆迪大学。但是，我发现非洲的孩子们即使在如此艰苦的条件下，依然未曾放弃对求知的渴望，这是令我在非洲多年感到最欣慰的一件事。

人通常是如此，身在福中却不惜福，不在福中便渴望福。穷人往往所累于生活，为了几两碎银终日奔波，尝尽生活之苦。大多数穷人的梦想，是成为有钱人，这是他们眼中的幸福。而读书就是这些非洲孩子能够改变人生唯一的出路。除此，别无他法，尤其是在非洲。其实人生也是如此，与其费力讨好别人，不如努力提升自己，使自己更加强大，让自己拥有能够与别人进行交换的价值，才能真正地摆脱贫穷。

一所乡村学校和学生们

庆幸的是，非洲的孩子们无论多么贫穷，他们仍坚持努力读书，直到他们的家庭无法再承担学费的那一天。可以说，他们的书能读到哪一天，全看上天的安排。

在非洲，大部分孩子都是步行上学。我们去的这所学校，学生中上学距离最远的，走回家仅单程就需步行两个小时。他们虽然穷，但他们也都有梦想。我问了许多孩子，他们有的梦想成为一名歌手，有的希望成为一名飞行员，有的希望长大后当一名卡车司机。虽然这些孩子说不出航天员、程序员这些职业的名字。因为在他们的认知范畴里完全不知道这些职业的存在。他们从没有见过火箭，也不知道什么叫做芯片。但他们还是这样坚持着每天往返步行数小时，只是为了有朝一日能够摆脱贫穷，实现自己的梦想。而教育之于一个家庭而言也正是如此：当你的父母水平或能力一般，你再不努力，那就只能让你的孩子拼命了。

尼日利亚奥吉尼加的一所高中

在尼日利亚的奥吉尼加，这所高中是全市最好的一所。这里的学生不但都有校服，而且都有课本，并且教室还算宽敞。但一间教室里也挤着差不多70个孩子。非洲的孩子们，老师不需要叮嘱他们认真听讲，几乎没有一个人不是在聚精会神地听课。

但是即便到了今天，在非洲也只有40%的适龄儿童能够接受中等教育，仅有15%的适龄人口能够接受高等教育。非洲每100名儿童中只有4名能够进入研究生阶段的学习，而在拉丁美洲每100人中有36人能够进入研究生阶段学习，在南亚和西亚每100人中这个数字则是16。

20世纪60年代，非洲人的平均受教育时间不足2年，现在已经超过了5年。但在亚太地区，就学状况已从20世纪60年代的2年提升到了2010年的7年，增长率超过200%。至2050年，全球平均就学年限可能会提升至10年，这就意味着在将近一个世纪的时间里，人类的受教育时间实现了四五倍的增长。虽然非洲的受教育水平也在提高，但与全球其他地区的差距却是在越拉越大。

非洲内部不同区域的情况也千差万别。中非和东非入学率最低，而南部非洲和北非地区入学率最高。

地处西非的尼日尔，2020年全国识字率仅有可怜的31.5%；布基纳法索，现在的小学入学率也只有36%；中非共和国则是拥有世界上最差教育体系的国家之一，其教育质量之低、辍学率之高仅次于东部非洲常年处于战乱当中的索马里和西非的乍得。2020年，中非共和国小学适龄人口入学率只有可怜的11%，全国平均识字率也仅有37.4%。

世界上整体教育水平最差的国家当属地处西部非洲的乍得，一个被称为“文盲之国”的国家。虽然没有确切的官方统计，但据估计该国的识字率低于30%，全国有超过50%的人口是文盲。在乍得，有超过60%的14岁以下儿童辍学从事童工工作。

放学后步行回家的孩子

贫穷，依然是阻碍非洲教育得到改善的根本原因。在布隆迪，许多学生连一个像样的书包都买不起。于是，他们把衣服前面的扣子系得非常紧，再把书从后背塞进上衣，紧接着把上衣下面用一根绳子绑住，就好像一个“罗锅儿”一样，驮着书走几小时的土路回家。

这个世界，没有绝对的公平。有人轻易就得到了太多太多，也有人穷其一生只能混一口温饱。每一个不幸之人都需懂得，的确生活会很不公平，而且会经常失败，但只要不放弃，就能无限地接近成功。只要非洲人咬紧牙，始终不放弃教育，总有一天非洲一定能够改变自己的命运，让下一代和下一代的下一代过上更加美好的生活。

富者愈富，穷者愈穷，何以境遇两重天

非洲之所以显见得十分贫困，从经济学的角度而言，主要是制度性的贫困，也可被称为“结构性贫困”。现代社会体系中一般包含三个阶层：中下阶层、中产阶级和富人。在非洲许多国家，社会最大的特点便是中产阶级这个群体极端缺乏，而从中产阶级群体被排除出去的人绝大多数又都跌入了中下阶层，所以，使得大多数人的印象是非洲普遍非常贫穷。其实，非洲的富人群体也十分庞大，只不过在绝对数量上，现阶段仍然要远比发达国家和新兴经济体国家少很多。但非洲的富人群体有发达国家和新兴经济体国家的富人群体所不具备的优势，即增长势头迅猛，增长速度极快。这主要得益于两方面的原因——非洲历史上长期的落后和非洲巨大的自然资源储量。

塞内加尔首都达喀尔国王酒店内紧挨大西洋风景宜人的室外泳池

提到全球亿万富翁，大多数读者自然会首先想到美欧等传统发达国家以及中东土豪，但非洲却是一个正在以火箭发射般速度追赶这些地方并且唯一在未来具有潜力与这些发达国家一较高下的大洲。在石油、钻石、贵金属以及基础设施投资领域，毫不夸张地说，非洲的富豪数量正在呈指数级疯狂地增长。

2020年，非洲大陆个人净资产在10亿美元以上的富豪已经超过21人。据估计到2030年，非洲个人净资产在10亿美元以上的富豪将达到50人。10年间，增长率超过恐怖的138%，这在当前任何一个国家都是一个不可能完成的任务。如果再往前看一看，在21世纪开始的2000年，整个非洲大陆甚至还没有一个净资产超过10亿美元的人。

现在，非洲最有钱的前15位富豪总资产已经达到760亿美元。可能大部分读者会觉得这个数字并没有什么过于惊艳之处，因为美国一个马斯克个人资产就达到了这15个人总和的两倍。但是，请永远不要小瞧非洲大陆的潜力。

根据国际货币基金组织的统计[1]，2022年，撒哈拉以南非洲国家（地区）的GDP增长率达到了3.6%，远超世界平均水平的2.8%，更是G7成员国1.1%的3倍多。利比亚（17.5%）、塞内加尔（8.3%）、刚果（金）（6.3%）更是领跑全球国家GDP增长排行榜。2022年全球GDP增长排名前30位的国家中，非洲国家雄霸15席。同年，中国以5.2%的GDP名义增长率排名全球第31位，而非洲大陆内部排在第15位的坦桑尼亚，2022年GDP增长率恰好是5.2%。

对非洲而言，亿万富翁流水线式产出只是一个时间问题，而且这个时间恐怕无需等待太久。在不久的将来，大家或许就能够看到，过去东亚国家经济发展所走过的路，恰恰就是非洲国家未来即将要走的路。

关于中国的首个亿万富翁，多年来媒体众说纷纭。有人说是张果喜，有人说是李晓华，也有人说是牟其中，似乎尚无定论。但无论是他们中的哪一位，此人出现的年代基本是在20世纪90年代中后期。然而请不要忘记，中国的改革开放是自1979才开始拉开帷幕的。时至今日，据《2023胡润全球首富榜》的报告显示，中国已经有了495个亿万富翁。而现在距离20世纪90年代，也仅仅过了40年而已。

---

[1] “Regional Economic Outlook for Sub-Saharan Africa,” International Monetary Fund (IMF) paper, April 14, 2023. As of April 15, 2024: https://www.imf.org/en/publications/REO?sortby=Date&series=Sub-Saharan%20Africa

今天的非洲不是1979年的中国，更像是20世纪90年代的中国。随着科技的进步，人类社会经济发展节奏的不断加快，许多国家在过去40年当中所走过的路，未来的非洲完全可能会把它缩短到20年，甚至更短。

要顺便提一句的是，美国著名企业家埃隆·马斯克（Elon Reeve Musk）在移民美国之前其实也是一个地地道道的非洲人。马斯克1971年出生于南非，后前往美国加州大学学习物理和经济学，之后获得了斯坦福大学的博士学位，然后留在美国开始了他神奇的创业之路。严格来讲，马斯克的励志故事完全可以命名为“一个南非少年变成全球首富的传奇故事”。

在福布斯发布的国别亿万富豪数量排行榜中，虽然目前非洲还没有一个国家能够进入前20位，但如果联想到尼日利亚、安哥拉等国近乎疯狂的石油储量，南非、莱索托等国巨大的钻石储量，还有其他许多非洲国家储藏量极其丰富的各种未来人类社会发展所急需的重要自然资源，非洲国家的富豪们在未来进入排行榜前列几乎是一个毋庸置疑的问题。

目前整个非洲大陆最有钱的人，当属尼日利亚富商阿里科·丹格特（Aliko Dangote）。

这位非洲首富1957年出生于尼日利亚卡诺，当年他的曾祖父通过可乐和花生贸易成了西非最富有的人。丹格特的父亲在他8岁时去世，丹格特是由他的外祖父（一名建筑材料商人）一手抚养长大。从埃及的一所大学毕业后，丹格特回到了尼日利亚，在叔叔的贷款资助下开始了自己的水泥进出口贸易。1981 年，他成立了丹格特集团。

20世纪80年代开始，丹格特的业务逐渐开始多元化，他旗下公司涉及的业务领域包括制糖业、农产品、牛奶和铁矿石等。90年代中后期，丹格特的业务重点开始“脱虚向实”，从贸易逐渐转向制造业，开始从满足非洲人不断增长的基本消费需求中获取巨额利润。

如今，丹格特集团的主要上市业务——丹格特水泥、丹格特糖业和纳斯康联合工业公司占尼日利亚证券交易所市值将近三分之一。2023年，其总资产已经达到了创纪录的164亿美元[1]，连续十年蝉联“非洲首富”宝座。

来自南非的约翰·彼得·鲁珀特（Johann Peter Rupert）则是整个非洲大陆排名

[1] 本节自此处开始的同类数据均引自彭博社。

第二，南非排名第一的富豪。

鲁珀特通过家族信托控制着全球最大，总部位于瑞士的著名奢侈品公司——历峰集团（Richemont）。历峰集团旗下拥有众多全球消费者耳熟能详的奢侈品牌，包括江诗丹顿（Vacheron Constantin）、名士（Baume et Mercier）、积家（Jaeger-LeCoultre）、朗格（A.Lange&Sohne）、卡地亚（Cartier S.A.）、沛纳海（Officine Panerai）、万国（International Watch Co）、伯爵（Piaget）、兰姿（Lancel）、登喜路（Alfred Dunhill）、梵克雅宝（Van Cleef&Arpels）、万宝龙（Montblanc）、克罗维（Chlo é）以及罗杰杜彼（Roger Dubuis）等。

同时历峰集团还拥有英美烟草公司（British American Tobacco）18.5%的股份。畅销全球的555、希尔顿等香烟品牌均是该公司的拳头产品。

鲁珀特1950 年出生于南非斯泰伦博斯（Stellenbosh），是亿万富翁安东·鲁珀特（Anton Rupert）的长子。他的父亲白手起家，于1948年创立了烟草公司伦勃朗集团。鲁珀特长大后搬到了纽约，曾经在大通曼哈顿银行做过实习生。在纽约工作5年后，他回到南非创立了兰德商业银行。几年后鲁珀特加入了家族企业，产业涉及葡萄酒及南非的各个行业，包括银行、采矿、食品、包装和物流等。20世纪80年代末，鲁珀特接替父亲担任伦勃朗主席，他的第一个重大改革举措便是组建了瑞士奢侈品集团历峰。

鲁珀特酷爱高尔夫运动，这位亿万富翁现在是南非美巡赛主席、欧巡赛终身会员，也是劳伦斯体育公益基金会创始人。同时作为一名环境保护爱好者，他还担任和平公园基金会主席，致力于保护南非边境地区的生物多样性。

2023年，鲁珀特的总资产已达144亿美元。虽已70岁高龄，但鲁伯特几乎仍每天坐着自己的私人飞机往返于世界各地打理着自己庞大的生意，从卡地亚到积家，从江诗丹顿到万国，从万宝龙到登喜路。

非洲排名第三的富豪则是南非人尼基·奥本海默（Nicky Oppenheimer）。钻石，是他财富的主要来源。

奥本海默出生于南非约翰内斯堡（Johannesburg），祖父欧内斯特曾于 1917 年创立了英美资源集团（Anglo American）矿业公司，同时于1929年控制了戴比尔斯（De Beers）公司，并将其打造成了世界上最大的钻石企业。后来奥本海默家族逐渐向南非银行业、钢铁、制糖业和造纸业扩张。

奥本海默1998年成为戴比尔斯董事长。2012年，奥本海默家族曾把40%的股份一次性出售给英美资源集团，获利达52亿美元。2023年，尼基・奥本海默以85亿美元的总资产排名福布斯非洲富豪排行榜第三位。现在，他和他的妻子长期住在南非约翰内斯堡一处价值7000万美元的庄园里。

全球消费者或许不曾想到，平日手中拎的包、戴的表、吸的烟、各种心爱的钻石首饰……衣食住行中不知有多少是由非洲提供的。

但有一点需要强调，上面所说的富豪是仅限于那些财富可以被合法追溯到的非洲亿万富翁。换句话说，是“有记录的”亿万富翁。但在非洲，亿万富翁其实远不止这么多，比丹格特这样名义上的非洲首富还要富的人也大有人在。

在非洲，有太多的隐形富豪，而他们的财富并不是通过账面可以统计的。尼日利亚媒体曾估计在尼日利亚，至少有25 名亿万美元级别的隐形富翁。

此外，即使是名义富豪丹格特，他的资产也要远高于福布斯等机构的统计。本书中引用的数据均来自彭博社的公开统计，认为丹格特所控制的资产为164亿美元。但非洲杂志《非洲风险投资》（Ventures Africa）在一篇报道中曾称，丹格特的总资产现在已经至少达到了250亿美元。

被打得稀碎的眼界

2017年，全球媒体曾报道过一则惊人新闻[1]，赤道几内亚总统之子、时任副总统小奥比昂因涉嫌贪腐及洗钱在法国被拘捕并公开受审，涉案金额高达1.15亿美元。同时，法国政府查扣了小奥比昂名下的11辆顶级豪车，总价值500万英镑（约合人民币5000万元），以及他位于巴黎福煦大街（Avenue Foch）靠近凯旋门附近价值1500万英镑（约合人民币1.5亿元）的豪宅。

[1] 以下供读者参考：赤道几内亚总统之子在法国受审贪腐上亿美元 [OL]. 央广网 . 2017-01-04. http://m.cnr.cn/news/20170104/t20170104_523436071.html 访问日期：2024 年 4 月。

被法国警方查扣的资产其实还只是小奥比昂全球庞大资产中的一部分。这位赤道几内亚的“第一公子”还曾于2009年向一家德国游艇公司订购了一条造价高达3.8亿美元的超级游艇，船上电影院、游泳池、餐厅、酒吧和指纹安保系统一应俱全，堪称全球第二豪华，仅次于俄罗斯寡头阿布拉莫维奇（Roman Abramovich）名下的“日蚀”号。

关键的是，这还仅是老总统奥比昂两个儿子中的一个。现实中，假如每一名非洲人的资产都能够如数统计一下的话，恐怕现在的福布斯富豪排行榜需要彻底被改改顺序了。

之所以会出现许多“隐形富豪”以及“无法统计”的资产，归根到底，还是因为部分非洲国家当前整体社会体系中所存在的一定程度上的“乱象”，国家运行机制还完全达不到相对健全、公开和透明的程度，甚至在某些方面仍处于比较原始的状态。

比如，直到科技如此发达的今天，非洲大部分国家仍然没有统一的发票制度。在非洲，通常都是由企业或服务提供部门自己设计格式，然后用普通A4纸张打印，抬头只要是“Invoice”（英语“发票”），再加盖企业自己设计制作的公章，就算是一张发票了，根本不存在统一特殊纸张印制的发票单据、专门的发票打印机、二维码验证真伪等措施。当然，现在在一些西方发达国家，发票制度看起来也比较松散，但仍与非洲存在两个本质不同。首先，西方发达国家的监管体系虽然也无法做到不留任何死角，却不像许多非洲国家那样如此不严格，某种程度上形同虚设。其次则是在发达国家有高昂的违法成本，而在一些非洲国家，违法成本几乎为零。

在塞内加尔时，曾认识一个来自南非的黑人朋友，他在一家总部位于南非的银行驻塞内加尔工作组工作，名字叫做Jason[1]。从他口中听说的他们公司的一些账务处理方式，简直令我这个持有注册会计师证书的人大涨见识，给我上了一堂生动的“财务理论实践课”。

因为非洲发票没有固定格式，要求松散，所以他们可以找到许多小商户随便制作、打印发票。有时突然间需要的发票量太大，到外面开实在不方便，他们还会联系他们国内模仿非洲一些酒店等服务机构的“公章”进行深度“仿制”服务。到最

---

[1] 案例中该驻非机构总部位于南非，涉及人员姓名均为化名。如有雷同，纯属巧合。

后，干脆自己设计、排版、打印、盖章、报销，自己流水线式的一条龙解决。

同时，由于几乎所有金融机构的固定资产折旧、摊销和报废等财务制度都十分烦琐，所以世界上大部分国家的驻外机构一般不愿购置固定资产。因此，几乎所有的车辆、房屋甚至家电、家具等都是通过租赁方式解决。为此，在一些非洲国家又催生了一个令人瞠目结舌地配合客户进行租赁的一条龙服务。租赁归租赁，却可以“价格自定、发票自填”并且“返点返款”。当然，像这种事情Jason他们一般都是找在塞内加尔的本国人来协作，毕竟文化背景相同，更便于沟通协调。

但也有不少本国人做不了的事情，他们只能与当地人合作。比如在非洲，许多房屋、电路、水路维修等工作是不可能找本国人来做的，但非洲本地的个体商户又都没有发票开具的条件，有些修理工甚至连字都不会写，于是，这又成了一些人充分利用某些非洲国家不健全制度的绝佳机会。因为知道许多非洲小商户没有公章，甚至许多当地人不会写字，更不会签名，因此Jason所在的塞内加尔工作组别出心裁地允许在收据上以按手印的方式来替代签名或公章。

水龙头一旦打开，源源不断的“财富”便滚滚而来了。于是，在塞内加尔、加蓬等地便又出现了一桩奇特的生意，一些非洲当地私人商户会专门介绍当地人给需要的发票“按手印”，一个手印约合5元钱人民币。最后，这样一张有了一个不知是谁的手印加持的白纸，摇身一变就成了一张“发票”。最关键的是，这张“发票”的金额还是空着的。

在塞内加尔时，Jason在驻地曾养过两条狗，是两条纯种的德国牧羊犬。由于我曾在德国学习多年，也甚是喜欢德国牧羊犬，便经常到他的家里和他的两条狗玩耍。南非人Jason对中国文化也颇感兴趣，执意让我给这两条狗取名字。俗话说，烂名好养活，于是我给狗狗们起了两个乡土气息浓厚的中文名字：“俊俊”“刚刚”。由于两条狗也在一定程度上起到了保护工作组安全的作用，所以Jason一直把这两条狗的所有费用如狗粮、狗绳等都列支进了“安全保卫费”。但最奇葩的还要数给狗看病的费用。由于非洲当地的兽医一般都没有什么正规资质，更不是什么正规企业，就连配合打印一张A4纸发票都做不到。Jason被逼无奈只得四处寻找空白收据，自己动手丰衣足食。又因非洲具有一定规模的医院其实是能够开发票的，这也就意味着反而不能自己填写金额。最后，Jason为了开源，居然连自己看完病都不开发票，愣是一块儿写到俊俊和刚刚的医疗费里一块儿报销。

后来，由于工作表现突出，抑或是因处理财务事务“经验丰富”，Jason已经被调任到这家南非银行的中东欧地区工作了。Jason还特意把两条狗都带到了欧洲，还曾给我发过俊俊和刚刚在美丽的东欧国家波兰欢蹦乱跳的可爱照片。从塞内加尔一步跨越到波兰，俊俊和刚刚的“狗生”也总算一步登天了。

后来由于我也离开了非洲，时差的原因再加之工作繁忙，和Jason就鲜有联系了。不知在财务制度健全的欧盟，Jason的财务“特长”是否仍能发挥得淋漓尽致。

总之，在一些非洲国家，在许多方面仍然尚存不少“空子”。而这些不健全的制度漏洞，外加别有用心之人的恶意攻击，使得一些非洲国家健康的肌体正在一寸一寸地被吞噬。小小的一个角色如Jason尚可如此，可以想象一些非洲国家当地的富豪，尤其是那些“隐形富豪”们，他们能为自己创造多少财富了。

第二章

富人的天堂，穷人的地狱，非洲究竟何以至此

利比亚首都蒙罗维亚的度假酒店

不速之客

长久以来，非洲大陆贫穷落后的根源似乎如同一根长长的刺，深深地扎在许多人的意识当中，如历史长河中的被殖民历史、问题繁多的社会体系和社会制度等。但本质上，更多人却忽略了那些殖民历史和当前林林总总的社会内部问题表象之外的，让非洲大陆继续源源不断受到影响的令人痛彻心扉的根本问题。

八百多年前，非洲也曾是富饶美丽之乡。就当时人类社会的发展水平而言，或许令许多读者难以置信的是，彼时非洲大陆上的富人比全世界其他所有国家的总和还要多。但时至今日，人们对非洲的认知当中除了大草原、金字塔、木乃伊之外，就似乎没有什么更加深刻的印象了。

或许一些读者欣赏过一部好莱坞影片——《黑豹》（Black Panther）。从这部制作精良、美轮美奂的科幻电影中首次知道了“瓦甘达”王国，英雄“黑豹”的家园，一个地处非洲却拥有着全人类最顶尖科技、文明和巨大财富的地方。也许有人认为这不过是好莱坞大片中虚构出的一个好似世外桃源之地。但历史上，这里的确真实地存在过。

早在公元14世纪，东部非洲就凭借其独特的地理位置优势连通了印度洋上的大部分国际贸易航线而迅速发达致富。西部非洲也不甘落后，正是在西非，诞生了那个时代地球上盛极一时的“瓦甘达”王国。那时的西非曾居住着一位当时几乎可算作是地球上最为富有之人——穆萨一世（Manse Musa，?—1337）。他麾下所统治的，正是中世纪位于西非的一个全球最强大的伊斯兰教国家——马里帝国（Mali Empire）。

当时，穆萨一世的豪横程度完全是令人无法想象的。据史料记载，在14世纪早期，穆萨一世曾决定前往麦加朝拜。一路上，随行有一千多名身穿名贵丝绸，各式金器戴满全身且手持镶钻纯金长棍的护法使者，以及数千名仆人、士兵、官员和美女。另外，还有由数千匹骆驼和马匹组成的运输队来负责驮运大量的黄金和金器。路上仅负责搬运行李的奴隶就高达数万人。

往返数月的旅途中，穆萨一世一路上的挥金如土居然造成了当时世界范围内黄金大幅贬值。即便放到现在，能够以一己之力拉动全球某种大宗商品供给从而造成其全球价格大幅贬值的富豪恐怕也是凤毛麟角。因而就财富而言，当代人们耳熟能详的一众世界顶级富豪如马斯克、比尔·盖茨和巴菲特甚至沙特皇室，在当时的穆萨面前也只能相形见绌。

14世纪的时候，非洲的冶金术水平几乎与欧亚大陆旗鼓相当，非洲在数学理论方面还遥遥领先于全球。政治体制方面，非洲国家在当时就已经建立了具有特色的王国、省州和城市的治理体系。但因为两个突然而至的外部因素，自14世纪末开始，非洲大陆的发展便与整个世界开始慢慢分道扬镳，到了15世纪，这种脱节愈发严重，就好像一列高速行驶中的列车车头已然脱轨，后面的车厢则更加一发不可收拾。这两个关键的外部因素，首当其冲的便是奥斯曼帝国（Ottoman Empire；1299年—1923年）的崛起。

奥斯曼帝国的国名源于创立者奥斯曼，以伊斯兰教为国教。奥斯曼人是源自西突厥乌古斯人的游牧联盟，自中亚地区逐渐迁至小亚细亚，并日渐兴盛。极盛时期，其势力范围涵盖了亚、欧、非三大洲，拥有南欧、巴尔干半岛、西亚和北非的大部分领土。西起直布罗陀海峡，东至波斯湾，北抵现今奥地利，南及也门。倘若查看它的整个国土，几乎要将地球仪转上大半圈。自奥斯曼帝国消灭东罗马帝国后便定都于君士坦丁堡。从此，奥斯曼帝国的君主便自封为“天下之君主”，同时还继承了东罗马帝国的基督教和伊斯兰教，首次在人类历史上统合了东西方文明。

可想而知，在当时人类社会落后的科技和生产力背景下，一个如此庞大的帝国要想维持在全球各地、各行各业的正常运转，首先面对的便是劳动力极度短缺的棘手问题。于是，便导致了奥斯曼帝国对奴隶需求呈井喷式增长。而奥斯曼帝国获取奴隶的方式也十分简单粗暴，那便是通过战争。

15世纪中叶，强大的奥斯曼军队经常横扫非洲各国，抓住几乎能抓住的所有男人、女人和孩子来当奴隶。多余的战俘或劳动力则会被送进奴隶市场挂牌出售。由于地理位置和交通方式不发达等因素的制约，对于奥斯曼帝国而言，当时获取奴隶的最佳地点便是东非。因而在当时，抓获东非黑人卖到奥斯曼帝国做奴隶就成了整个非洲大陆上一项炙手可热的好生意和发财门路，以至这种残忍的奴隶抓捕和贸易一直延续到了19世纪。

另外一个关键外部因素则是欧洲商人。当时来自欧洲的众多商人的所作所为与奥斯曼帝国并无二异。只是，他们首先到达的是非洲大陆的另一端——西非。

一开始，来自欧洲大陆的商人到达西非沿岸主要还是为了用自己有限的资源（如盐）来向富庶的非洲人换取黄金和象牙等高附加值商品。久而久之，西非就变成了欧洲人在欧洲大陆以外的一个重要贸易中转站。同时，随着航海技术的井喷式发展，欧洲人的贸易航道又从西非开始向亚洲拓展。于是欧洲人猛然发现，西非的地理位置极其优越，完全可以成为欧洲轮船驶向亚洲途中一个至关重要的中转站和补给点。因而，西非在欧洲人战略规划中的重要性又再一次被显著提升了。

后期，欧洲商人开始选择通过大西洋直接到达东亚地区这条航线，并且在驶向亚洲的途中竟还意外地发现了一个超级大礼包——北美大陆。于是，欧洲人很快又在北美洲开疆辟土，建立了北美殖民地。欧洲人本意是要在北美洲建立起一套完全效仿欧洲的政治、经济和社会体系，包括与欧洲相仿的贵族、男爵、神职人员、骑士、农民等不同社会阶层。但在实践中，欧洲殖民者却遇到了一个令人十分挠头的问题，即原本在这个体系中被设计成为最低等阶层的“农民”，即北美土著人，不断因为天花、水痘、鼠疫等各种传染病而死亡，减员严重，导致欧洲人假想体系中的最底阶层的人数于短时间内便趋近于清零。

这样一来，对欧洲人在新大陆的统治形成了极大的挑战。在当时那个特殊的历史时期，这些低等阶层的人虽“命不值钱”，但缺少了他们，整个社会便无法顺畅运行。问题是，从哪里找人来填补这个即将建成的美好社会中的底层阶级呢？最终，欧洲人在西非的奴隶市场里找到了答案。

那一时期的西非奴隶市场可谓异常发达兴盛。但是，不像多数人印象中的奴隶贸易那般惨绝人寰，在公元15世纪的时候，奴隶也是拥有一定人权的。比如奴隶所生的子女并不会自动地成为奴隶，而且奴隶仍然可以保留以家庭为单位而非作为单个个体被售卖。于是，欧洲人便开始大量自西非奴隶市场购买奴隶运送到北美洲。

历史上非洲奴隶运往北美最早也是最大的发源地——塞内加尔海边的“奴隶岛”

出人意料的是，当时西非的许多国家反倒对这种惨绝人寰的交易乐此不疲，非常乐意与欧洲人做奴隶贸易。因为，受当时开采技术所限，西非的黄金实际上在15世纪就已基本被开采殆尽，通过奴隶贸易，许多西非国家才能够源源不断地获取财富。但问题也随之而来，面对这大好市场，到底去哪儿搞到那么多奴隶？与东非相同，西非国家也开始相互发动战争，俘虏对方国民，用战争的方式把战俘变成奴隶贩卖给欧洲人。

当时在中西非区域比较著名的奴隶贩卖大国包括加纳帝国（Ghana Empire，约700—约1240年）、马里帝国、博诺曼人（Bono State，11世纪初—？）以及桑海帝国（Songhai Empire，1464—1591）等。

从当时非洲许多国家统治阶层的角度来说，奴隶贸易既能削弱对手之实力，又能为自身带来源源不断的财富，是可遇而不可求、一石二鸟的一门好生意。于是随着奴隶市场的不断扩大，非洲奴隶贸易从起初的小规模开始不断壮大并飞速发展起来。从一开始奴隶们还拥有诸多权利，直至最后转变为完全的“市场化”，奴隶最终成了一种商品或财产，失去了“人”的概念，也失去了作为一个人类所拥有的大部分基本权利。

奴隶人权的完全丧失和奴隶最终被作为一种“商品”或“财产”定位的正式形成，成为人类奴隶贸易历史上一个具有标志性且至关重要的转折点。自此之后，众多欧洲商人便开始不断地涌向西非，在船里塞进尽可能多的奴隶运到北美。当然，这些奴隶们未来的命运可想而知，大多是在新的大陆上一直劳作至死。

而促成奴隶贸易逐渐兴盛的关键则是，背后一条完整的冷血产业链的日趋完善。首先，奴隶主会把奴隶在北美洲生产的初级产品如甘蔗、棉花、可可等运回欧洲卖掉获取利润。在欧洲，这些初级产品又被加工成为朗姆酒、衣服、武器等产品，同时被运回非洲高价卖给非洲人，赚取更高额的利润。最后，用赚到的钱再买更多的奴隶送到北美去加工初级产品。

从经济学的角度来看，这条产业链可以说除了对奴隶本身不利之外，对上下游的所有其他参与者都是有利可图的：美国人接收奴隶发展了自己的农业和种植业；欧洲人收获了低价的初级产品和原材料并从低买高卖中攫取了暴利；非洲国家的统治阶层以及既得利益者则得到了他们无力生产的许多最终产品，并且也从奴隶贩卖中大量获利。

其实早在14世纪初，欧洲人起初也曾寄希望于使用武力这种“短、平、快”的方式来获得奴隶，毕竟通过贸易仍要耗费大量人力、物力，同时也意味着奴隶的获取成本会上升。但最后，欧洲人的武力尝试还是以失败而告终。因为在14世纪的时候，文中提到的几大非洲王国仍然具有相当的实力，欧洲人远赴重洋还真的打不过本土的非洲武装。欧洲人见势不妙，立即见风转舵，硬得不行，便立即开始与非洲的国王们称兄道弟，向非洲国家“公平”“友好”地采购奴隶。

后经几个世纪的岁月蹉跎，非洲的几大王国纷纷在不断的相互残杀中土崩瓦解。如当时非洲最为著名的王国——刚果王朝（Kingdom of Kongo，1390—1885年），在因内战四分五裂后，其各个部族、部落便开始无所不用其极地掠夺对方部族的成员，把他们当做奴隶争相卖给当时的宗主国葡萄牙。这下子，欧洲人可算是捡到了宝！终于可以开始用武力这种成本低廉的方式获取奴隶了。

无论是与非洲国家称兄道弟的“公买公卖”，还是以武力强取豪夺，数个世纪以来随着欧洲和美洲经济的快速发展，对奴隶的需求始终是有增无减。因为随着欧洲人对北美大陆的不断开疆扩土，越来越多的殖民点被建立起来，自然就需要越来越多的奴隶。于是，贩卖奴隶的欧洲商人也顿时站上了时代的风口。那时的欧洲奴隶贩卖商，就算是头猪也能飞得起来。

但是，连续几个世纪的奴隶贸易最终击垮了非洲这片大陆，令大多数非洲国家的政治、经济、文化产生了不可逆转的致命影响，西非和东非均深陷其中。

历史上，在人类正式进入工业大革命之前，一个国家的经济发展水平很大程度上取决于一国的人口数量。人口越多，经济就会越好，所谓“人多力量大”。因为当一国人口越多时，就越能够形成丰富的社会分工，而不至于一个国家所有人都只盯着粮食生产，只满足于填饱肚皮。当时的欧洲便得益于此，许多国家已经形成了丰富多样的社会分工体系。虽然欧洲成熟的社会分工体系也是在几个世纪的时间里才逐步完善并最终形成雏形的。但是因经年累月的奴隶贸易，非洲直至最后也没能建立起完整的社会分工体系。在当时的非洲，稍微掌握一点技术的手艺人，最后都被抓去当了奴隶，只剩那些连奴隶主都看不上的人。如此一来，可想而知非洲国家的经济怎样能有所发展。

对非洲而言，这场持续了几个世纪的奴隶贸易就像一道伤疤，深可及骨，且需要一个相当长时间的治愈期。当欧洲、美洲、亚洲许多国家的社会经济水平都在持续提高的时候，整个非洲大陆就好像在人类社会的竞赛中被红牌罚出场一样，完全停止了向前的脚步。慢慢地，当欧洲和亚洲国家几乎能够提供全世界消费者所需的所有商品以后，非洲国家才猛然发现，除了自己脚底下埋藏着的石油和矿产，再也没有任何能力提供什么别的东西给这个世界了。

最痛苦的不是失败，而是没有选择的机会

也许有人会有疑问，非洲为什么愿意从一开始就接受这种奴役而不站起来奋起反抗，心甘情愿地沿着欧洲人挖下的“坑”一个一个踩下去呢?

答案其实也很简单，因为非洲别无选择，必须接受。在人类历史上那段令非洲铭记于心的时期里，“选择”二字之于非洲而言从未成为过一个选项。以当时13—16世纪非洲大陆的总体情形而论，当一国周围环绕着一个个实力强大的部落时，作为国王，能做的只能是不断加强自己的军事实力，削弱他国。当一个国家不断把资源投入到军备当中，就会不断削减对社会经济发展的投入。所以，一直到19世纪，尽管人类在这段历史时期经历了不可思议的大发展，但非洲大陆的整体经济由于几个世纪的奴隶贸易及自身的内耗，反而在节节倒退。

为什么欧洲人和奥斯曼人会在那段时间里连续数百年对非洲进行剥削和压榨？本质原因仍然离不开两个字——利益。

这条在人类历史上持续时间达数百年的奴隶贸易产业链中，几乎所有参与者（除奴隶外）——欧洲人、土耳其人、非洲国王等统统从中攫取了巨额利益，虽然这些利益取得的背后是以非洲大陆牺牲了长期发展的希望和未来为代价的。最可悲的是，许多做了奴隶贸易助推器的非洲人在当时还没有意识到自己的行为对非洲这片土地的未来意味着什么。

人类的生存法则便是如此，成王败寇，弱肉强食。当一个国家或一个地方越来越弱，就必然会有另外一个越来越强的国家来鱼肉你。

当人类历史的时针指向19世纪，历史上又发生了三件大事，算是彻底地把“贫穷”这颗钉子钉进了非洲的骨头里。

第一件大事——奴隶贸易终于彻底终结了。但是，这于非洲而言不是一件可喜可贺的事吗？恰恰相反，这真的不是一件好事。19世纪，随着人类文明的进步，奴隶贸易终于被大多数国家认定为非法从而彻底得以终结。但讽刺的是，这对许多非洲国家的经济造成了更大的麻烦。因为许多非洲国家的经济体系早已把对外出口奴隶当成了赚钱的最主要手段。失去了出口奴隶的机会，也就等同于失去了进口他们所需各种产品的机会。由于长期的奴隶贸易，大部分非洲国家没能建立起完善的工业体系，这也是许多非洲国家疯狂出卖自然资源的重要原因之一。随之而来的，是非洲大陆整体经济自19世纪以来便开始与世界上大多数国家的发展方向背道而驰，非洲大陆自那时开始便再一次进入了漫漫的衰落之路。

第二件大事——工业大革命。随着西方工业革命所推动的生产力大变革如火如荼地进行，欧美国家开始逐渐在经济体量上超越全球其他国家。在此背景之下，非洲国家再次被重击一锤。随着各个国家和地区间经济水平的逐渐分化，文化也开始“选边站队”。俗话说，“墙倒众人推、破鼓万人捶”，整个世界对非洲种种不公平的负面印象和言论也恰是在此期间开始逐渐产生的。比如，一些关于非洲没有历史、没有传统、没有文化、政府治理能力差、贪污腐败严重等偏见基本上都始于这个时期，甚至世界各地的种族主义也基本都是在此期间逐渐兴盛起来的。因为在本质上，全球其他区域的逐渐发达以及非洲大陆的逐渐落后使得非洲已经再也无力向这个世界奉献什么了。非洲可利用的价值在不断下降，因而这个世界开始对这片土地也渐渐地失去了兴趣。

19世纪70年代，最后一件压垮非洲的历史事件终于发生了。当西方工业大革命逐渐达到高潮，非洲经济的末日列车渐行渐远之际，欧洲从工业革命中获取到的最大成果此时开始显现出它的强大威力。此前，把大量矿石等资源从非洲运到欧洲实在是一件很不划算的买卖，因为物流运输成本太过昂贵。但工业革命一个最重要的、划时代的成果便是蒸汽机技术的突破，使得满载大量矿石资源的火车、轮船等运输工具从此可以轻而易举地穿梭于世界各地。

于是，随着欧洲触角延伸能力的爆发式增长，非洲的命运再一次迎来了一次彻头彻尾的变革。只不过，这次变革仍然不是朝着有利于非洲的方向。

1871年，当时的比利时国王看着世界地图，想到比起英国、西班牙、葡萄牙等传统强国，自己偌大的祖国竟然连一块儿殖民地都没有，总感觉心中空落落的，像是缺了些什么。他满地图看了一个遍，觉得非洲是最容易盘剥的地方。此后，随着比利时下决心开始把延续数百年的“正常”奴隶贸易正式转变为侵略战争，潘多拉的魔盒终究是被彻底打开了。此后，几乎所有的欧洲列强一窝蜂地涌入非洲，欧洲人的心思开始从贸易转向了殖民。

而19世纪70年代非洲的这次被“集体瓜分”对非洲的未来又带来了无穷的祸患。毫无疑问，这再次加剧了非洲国家的集体贫穷和衰败。西方殖民者来到非洲后，立即把非洲人从肥沃的土地赶到贫瘠的土地上去开垦荒地，并且还要向殖民者缴纳税负。但非洲人上缴的血汗钱却并没有被殖民者用来改善非洲人的生活状况，殖民者关心的只是大量在非洲不断建设基础设施如公路、港口，以便把非洲的资源继续源源不断地运往欧洲和美洲。

最典型的莫过于那个指着地图满世界寻找殖民地的比利时国王利奥波德二世（Leopold Louis Philippe Marie Victor），他于1884年建立“刚果自由邦”[1]（Congo Free State，1884–1908）。利奥波德二世对刚果自由邦进行了近乎无耻的掠夺，对土著刚果人进行了惨绝人寰的屠杀。在他统治“刚果自由邦”的20年中，被残害致死的刚果人达数百万之巨。

许多读者都应知道“free”这个英文单词的含义，指“自由、自愿、不拘束”。而据当时比利时国王利奥波德二世对大臣的宣讲，刚果自由邦里的“free”代表的则是“free of oversight”，即“不受监督”的意思，也就是说，刚果自由邦的比

---

[1] 1908 年被比利时政府接管，改为“比属刚果”。

利时管理者可以随意掠夺资源、屠杀刚果土著人而不受任何监督。

客观来讲，欧洲人当时的确在非洲建设了不少基础设施项目。但其玄妙之处就在于，经过欧洲人处心积虑的精巧设计，这些在非洲建设的公路、桥梁、铁路虽也是四通八达，但这些项目的建设基本上都遵循了两个显著的原则，一是大部分都直接通往港口码头，二是统统都在非洲国家内部进行规划，绝不会让非洲国家之间相互连通。

多哥独立后的首任总统斯尔法纳斯·奥林匹欧（法语：Sylvanus Épiphanio Olympio）曾说："殖民者最险恶的政策莫过于把相互肩并肩靠在一起的非洲兄弟们硬生生地隔离开来。在洛美（Lome，多哥首都），我从办公室可以直接打电话到巴黎，却没法给仅隔250英里远的拉各斯（Lagos，尼日利亚首都）打电话。一封航空邮件从洛美几天就能到达法国，而到132英里之外的阿克拉（Accra，加纳首都）却需要辗转数周。铁路从来都远离我们的边境线，公路都被修得远离主要经济中心。作为邻国，多哥和加纳的经济中心被隔离得好像我们不在同一个星球上一样。"

记得2017年，我从塞内加尔首都达喀尔至相邻国家马里的首都巴马科，这段距离仅相当于从北京至上海，竟然需要首先从达喀尔到几内亚首都科纳克里转机，再从科纳克里飞至巴马科，全程耗费将近两天。更为极端的是，有时因相邻的两个非洲国家之间没有直达航班，竟还需要首先乘坐航班至非洲最北端的卡萨布兰卡进行转机。一次，我的一个朋友为了在西非两个邻国之间穿梭，碍于航班衔接不便，没有办法的他只得坐飞机先到欧洲自巴黎中转。回来后他对我说，这原本短短的直线距离相隔仅数百公里的旅程，一趟下来简直就像坐飞机回了一次中国。

除此之外，当时的欧洲殖民者把黑人领导人全部赶下台，换为白人进行统治。不光是政府高层，甚至连稍微带有一点点技术含量的工作如会计、出纳、企业经理、医生等统统都由白人担任，且这种情况一直被延续到第二次世界大战结束。二战后期，当非洲大陆上的人们为了民族独立发动了如雨后春笋般的抗议和暴动后，白人殖民者才意识到自己区区几万人的管理队伍根本无暇应付整个非洲大陆上超过数亿的非洲人。

也正因为如此，自1945年开始，非洲国家才开始逐渐地被允许获得独立。

为何成了“四不像”

二战后，非洲国家开始普遍获得独立。许多人由此认为，在非洲人终于拿回了自己土地的控制权后，非洲国家也自然会顺理成章地全方位高速发展起来。因为历史上许多被殖民统治过的国家在独立后的确在很短时间内便获得了高速的经济发展，一些甚至已跻身发达国家行列，如新西兰、韩国和爱尔兰等。

但很遗憾，奇迹最终并未在非洲大陆上演。直到今天，非洲大陆上仍然没有出现一个发达国家，甚至连比较发达的发展中国家都屈指可数。反之，在联合国公布的世界贫穷国家名单里，非洲国家却“当仁不让”地占了名单中的八成。

非洲大陆就好像被恶魔诅咒了一样，完美地错过了人类发展史上的一次又一次机遇，被压榨到了令人心碎的程度。

既然业已独立，殖民的魔爪也早已松开，为何非洲还是无法得到发展？这是因为，虽然以前的宗主国都纷纷撤退了，可他们离开非洲的方式却是蓄谋已久，再一次经过深思熟虑的，为非洲留下了诸多精心设计的陷阱。

当在一方水土之上，人们早已失去了治理自己国家的能力，当相邻国家之间早已被铜墙铁壁隔离，当人们的传统和文化早已被折磨殆尽，那么这片广袤的土地想要再跟得上人类社会的发展步伐，就真的宛如“蜀道难，难于上青天”一般。

再加之二战后，在许多非洲国家独立的过程中，一些非洲国家的第一代领导人又对自己的国民许诺过让人魂牵梦绕难以入眠的美丽发展愿景，那么在独立后，这些非洲国家的领导人又该怎样去实现他们当初对人民许下的诺言呢？

许多非洲国家独立后，政府出面控制了社会经济体系中的大部分行业，比如采矿业、种植业、建筑业、运输业等。因为这些行业的收入水平均普遍高于传统农耕业，因此二战后大部分非洲国家都尽可能地利用手中所有能撬动的资源来大力发展这些收入较高的产业以取代传统农业生产。同时，一些非洲国家也开始对进口产品加征高额关税，借此来进一步提高政府收入。此外随着关税的提高，随之而来的便是进口商品价格的提高，一些非洲国家也想借此促使人们更多地购买本国生产的商品，迫使发达国家转移一部分技术和产能到非洲以避免缴纳高额关税。

刚刚独立后的非洲还恰巧碰上了上帝扔来的一个意外“馅饼”——美苏冷战。因为两个超级大国的冷战，各自都想拉拢非洲兄弟选边站，所以使得非洲国家在二战后几乎同时得到了来自美苏两个超级大国大量的经济援助。

许多非洲国家原以为靠着这种“天然”优势能够迅速积累财富并发展经济，理想很丰满，现实却异常骨感。

第一，由于殖民历史所造成的非洲国家之间的相互隔离使得非洲国家很难把自己的商品卖到其他国家。许多非洲国家面临的窘境是生产了商品，却找不到买家。结果便是非洲国家的许多产业的确得到了一些发展，但实际上与同时期其他地区（如东亚）发展中国家产业进步的水平差距越拉越大。

第二，即使计划经济的控制能力再强，但就其效率而言，以及在市场经济的完全竞争中对市场机会的判断和把握方面，恐怕连一个小规模的上市公司都比不上。在市场经济的完全竞争环境中，一个计划经济体在效率、生产力、决策能力、冲突管理、战略规划等诸多方面是根本无法与一个包含着成百上千家相互竞争的企业所组成的自由市场经济体所抗衡的。

第三，基于多年被殖民所造成的教育、经验和技能方面的严重缺失，非洲本身也不具备与其他具有高效率、高教育水平、高技能水平的发展中国家进行市场竞争的资本和能力。摩洛哥莫罕默德五世大学的一位教授曾告诉我这样一组数据，在20世纪50年代，在非洲2亿人口里，不要说高等教育，即使是仅接受过高中教育的人在整个非洲大陆也只有8000多人，而接受过高等教育的人数在当时的非洲只有可怜的三位数。

一个国家或社会一般需要花费几代人的时间来提高整个社会的文化水平和认知能力。对非洲而言倒是可以等，但问题是，竞争对手不会等。

第四，则在于非洲大陆本身。非洲的资源储藏量巨大，分布却极为不均。同时由于科技落后所导致的对各种自然灾害的近乎束手就擒，使得非洲经济的发展更加如履薄冰。非洲大陆曾在1968—1973年经历过长达连续6年的严重干旱，导致非洲大部分国家遭遇严重的粮荒。而在同时期，另一些非洲国家却遭受了严重的蝗灾导致粮食近乎绝产。

最后一个因素则是严重的传染病。黄热、疟疾、伤寒、霍乱等这些或许大多数读者未曾听说过的疾病，时至今日在非洲仍然在大范围传播，且致死率极高。再加上非洲时不时还会暴发如“埃博拉”这般恐怖的传染病。千万不要对这些疾病掉以轻心，积少成多以后，会极大地消耗一个国家的精力、财力和物力。

上面这些疾病，如今在发达国家以及大部分发展中国家早已不再是什么威胁，至少是很容易能得到控制和治疗的。但由于非洲整体的落后，水源污染、环境污染，缺乏医疗机构和药品、医疗成本过高等种种不利因素使得病毒在非洲寻觅到了长期生存的“温床”。几十年来，这些疾病的大范围传播也是拖住非洲经济后腿的一大重要原因。

因而，贸易壁垒、行政低效能、教育水平落后、恶劣的自然环境外加传染病高发，这些因素累加起来，彻底斩断了非洲大陆想要振翅高飞的美好理想。同时，手里还捧着殖民者留下来的烂摊子，这无疑相当于另一个紧箍咒，又把非洲长期锁死在世界秩序的最底层。

非洲国家既然知道“前有狼，后有虎”，为什么还是要在刚刚独立后毅然决然地选择这样的发展体系？答案其实也很简单，虽然国家独立了，但在经济发展方面，非洲面临的仍然不是一个“多选题”，而只是一个“单选题”，有时候，甚至仅是一道“判断题”。

独立之初，大部分非洲国家的政治、经济制度和社会运行体系无不是由之前殖民者创建并延续下来。百千年来在非洲这片土地上，在殖民者的“管理”下，许多非洲国家的政治、经济、文化、社会体系就是一直如此运行的，直至今天。

虽然独立，但非洲国家想要把自己的经济体制真正转变为市场经济，首先一个最基本的要素就是起码得有一个市场。接下来，还需要有商人、企业、贸易、物流等其他必不可少的经济组成元素。但在殖民时期，非洲人是不被允许开设公司企业的。所以数百年来造成在许多非洲人的思想里，企业文化的观念基本等同于零。又由于大部分非洲人未受过现代教育和技能培训，所以当非洲人真正想开办企业的时候，才发现根本雇佣不到懂得经营管理和操作高端设备的人才。

但这也并非是一定解决不了的问题。20世纪中后期，许多起初经济落后的国家也面临过如非洲一样的难题，比如新加坡、韩国和越南等。这些国家成功地解决了这些问题，实现了经济跨越式的发展，个别国家还一举迈入了发达国家行列，新加坡和韩国就是很好的例子。以韩国为例，作为在殖民独立后经济快速起飞的国家之一，韩国人根据自己的情况，最后只选择了大力发展自己具有比较优势的产业，如钢铁、造船和电子等行业，并且也只在上述这些行业里设置高额关税作为贸易壁垒。没有相对优势的产业，韩国选择了进口而不是自己生产。通过合理的规划和国际分工合作，韩国经济在民族独立后取得了长足进步，最终跨入了发达国家行列。

但是这些国家的经济腾飞基本上都在20世纪70年代后期。然而从二战结束到20世纪70年代这段时期，整个非洲大陆在全球范围内几乎找不到可效仿的“先进榜样”，导致非洲的短期发展规划和远期发展方向都成了一片空白。

自二战结束至20世纪70年代这段时期，全世界恐怕只有苏联和日本勉强可以为非洲的经济发展做出些许示范。但是，非洲的各种先天条件与苏联和日本完全不可相提并论。当时的非洲倘若真的模仿日本或苏联，恐怕最后只会走火入魔。最终，导致许多非洲国家实际上浪费了20世纪40年代到70年代这段宝贵的将近半个世纪的时间。

当非洲大陆真正迎来一些像样的发展机会的时候，人类的纪元此时已经走到了21世纪。但是对非洲而言，该耽误的，都早已耽误过去了。

最终，可叹一个充满文化底蕴、资源丰富、民风质朴的大洲，被多少缺乏良知之人生生地从人类发展史中排除了几百年。然而讽刺的是，即便如此，非洲却还在为整个人类社会的发展贡献源源不断的人力、物力和廉价的自然资源。

人们常说，人生能有几个十年。但凡一个人在青年时期虚度了光阴，别说十年，哪怕一年，你与别人的差距可能一辈子也弥补不了。而非洲被那些站在道德制高点的人所耽误的整整数个世纪，又有谁能为非洲来买单。

在殖民时期，大部分非洲国家非但没有得到统一，反而被人为划分得四分五裂，变得支离破碎。其中一些国家比较幸运，还保留了相对统一的语言和相对完整的文化体系。但更多的国家则最后沦为连一个统一的官方语言都没有。可以想象在一个国家当中，各部族、部落均讲着自己的方言，在一个不大的国家里流行的语言就多达数十种，这对一国的政治、经济、文化的发展与融合构成了非常严重的阻碍。可想而知，一位非洲国家的政治候选人若想要到全国各地进行演讲和宣传，恐怕需带上一群懂各式各样语言的翻译。

慢慢地，非洲的政治家们意识到如果想要拿到政权，就必须针对不同的部落采取不同的结交方式，制定不同的政策。随之而来的则是在非洲国家开始逐渐独立后的20世纪六七十年代，那些历史上遗留下来的制度体系让许多非洲国家内部变得更加分崩离析。由此，便使得许多非洲国家原来只是语言和文化被割裂，慢慢地，政治、经济和社会层面也随着不同部族的割裂而完全的割席分座。

不言而喻，这种现象若持续发展下去，之于一个国家而言，社会各方面变得越来越割裂、越来越难以治理、越来越不团结，也就不难理解了。

2019年1月，我在加蓬“有幸”亲身体验了一次针对时任总统阿里·邦戈的军事政变。之所以用到“有幸”二字，是因为这次军事政变被誉为人类历史上参与人数最少、持续时间最短、规模最不起眼的政变。一共只有4人参与（4名总统卫队军官），他们占领了位于加蓬首都利伯维尔的国家广播电台并宣布对阿里·邦戈总统的施政不满。政变行动6小时即遭粉碎，4人均被捕。这场政变的规模简直小到一般人完全无法想象。

令我记忆犹新的是，在凌晨2点左右，我起床去洗手间，突然发现手机无法接入互联网。这时刚好一个朋友打来电话说“不好了，利伯维尔政变了”。因为我们的居所位于利伯维尔白人比较集中的区域，离机场很近。通常而言，重要交通要塞尤其是机场等都是政变发动者首先要控制的地方，一般战斗都会比较激烈。但奇怪的是，与之前在刚果（布）首都布拉柴维尔所经历的政变不同，这一次我连一声枪响都没有听到。早上8点起床后，我首先爬起来向窗外“侦察”，看看房子是否已经被包围，是政府军还是叛军……结果第一眼看到的居然还是院子里平时打扫卫生的工人在挥手向我打招呼，让我好不扫兴。手机网络也早已重新接入。新闻中报道，这场始于凌晨的政变在早上7点的时候就已经结束了。

泯灭的良知，被吞噬的理性

这便是非洲，一个部族、部落观念深入人心的地方。但这一切归根到底，经济基础像被绳子牢牢地捆住了手脚的万恶根源，正是历史上殖民者蓄意在非洲设计并留下的一系列意图阻止非洲国家能够展翅腾飞的上层建筑体系。

许多读者能说出的关于卢旺达这个国家唯一一件知名的事件，恐怕便是“卢旺达大屠杀”。卢旺达种族大屠杀发生于1994年4月至7月卢旺达内战期间。是的，1994年，而非1894年，距今只有短短的30年，发生在人类文明已经发展到如此高度的时期。在短短的100多天里，全副武装的卢旺达胡图族军人大肆屠戮卢旺达温和派胡图族人、特瓦族人以及作为少数族裔的图西族人。在人类历史上这让人没世不忘、不堪回首的100多天里，共造成大约70万人被屠杀，平均一天就有约7000人被害[1]。

卢旺达大屠杀纪念馆内镌刻的遇难者名字

这次事件中最惨无人道的并非死亡人数之巨，而是行凶者极其残忍和耸人听闻的屠杀手段。当时，胡图族极端分子从医院释放了数千名艾滋病患者，将他们组成“强奸小分队”，目的是要永久摧毁图西族妇女的生育能力。除被强奸外，图西族妇女还遭到了刻意破坏其生殖能力的袭击。根据后来尸检专家的发现，

[1] 卢旺达1994：“……你可以想杀多少人就杀多少人，却无法抹杀他们的记忆”[OL]. 国际红十字会. 2004-03-29. https://www.icrc.org/zh/doc/resources/documents/misc/5xfncq.htm. 访问日期：2024-04-15.

许多强奸事件发生后都会伴随着对女性生殖器的切割，包括用刀具、棍棒、开水和酸性液体来摧毁女性阴道。后来一些学者经研究发现，当时几乎所有12岁以上的女性幸存者都是强奸的受害者。联合国特别报告员雷内·德格尼·塞吉也说："那时候，强奸成了一种规则，而且没有例外。"塞吉通过评估已记录的强奸案和由此产生的战俘数量之后得出结论，估计被强奸的人数应该在25万至50万之间[1]。

如今在卢旺达有两个公共假期以专门悼念这场惨绝人寰的种族灭绝事件。同时，在卢旺达的法律里存在着世界上绝无仅有的一项罪名——否认卢旺达种族灭绝罪，且为刑事重罪。每年的4月7日，也是国际上纪念卢旺达种族灭绝事件的国际反思日。

多年来，一些学者和评论家均把这次事件归咎于非洲部族之间的冲突。诚然，这的确是一个原因，但只是"之一"，且不能算作是最主要原因。几百年来，由于西方殖民者对非洲的殖民统治人为造成的非洲许多国家部族之间的撕裂与对立，并期望利用非洲部落之间的矛盾与仇恨继而渔翁得利稳固其在非洲的殖民统治恐怕才是卢旺达大屠杀之所以能够发生的根本原因。

在殖民时期伊始，最初统治卢旺达的国家是德国。德国在一战战败后便把卢旺达拱手相让给了比利时。比利时在卢旺达严格遵循了欧洲老牌殖民国家长期以来奉行的"先分裂、后划分、再管理"的殖民思路，只不过比利时的版本较之德国显得更加激进和不人道。比利时在卢旺达奉行支持少数族群的政策，秉持了德国人所发起的依靠图西族反对胡图族，图西族人种更优越的理论。如此一来，之前数百年里都和平相处的图西族和胡图族部落之间的关系慢慢变得紧张起来。随着比利时在卢旺达强力支持图西族人高压管理胡图族人的政策不断演进，最终使得原本和平相处成百上千年的两民族矛盾越积越深，直至最后到了不可调节且必须要兵戎相见的程度。

当时，联合国在卢旺达驻扎有2500名维和部队。面对屠杀，图西族人唯一能够指望的便是联合国维和力量。但联合国维和部队做出的回应与1995年波斯尼亚大屠杀及斯雷布雷尼察大屠杀几乎别无二致。卢旺达大屠杀开始后不久，联合国安理会

[1] Philip Gourevitch, We Wish to Inform You That Tomorrow We Will be Killed with Our Families, New York: Farrar, Straus and Giroux, 1998.

旋即通过决议，决定将2500名维和力量的人数缩减至250人，客观上给胡图族人大规模屠杀图西族人留出了充足的时间和机会。

卢旺达前总统保罗·卡加梅（Paul Kagame）还曾直言不讳地指责法国和比利时是卢旺达大屠杀最直接的策划者[1]。大屠杀受害者家属也在法国和比利时等多地对这些国家的领导人提起了诉讼。据法国《新观察家》杂志报道，法国前总统弗朗索瓦·密特朗（法语：François Mitterrand）在1993年5月3日曾评价卢旺达的民族矛盾称："这一种族纠纷带有乌干达总统施加的影响，因为他属于图西族并代表非洲英语地区的势力[2]。"据法国媒体France 24报道[3]，由于强烈的国际反响和人权组织的批评，在事件发生25年之后，法国总统埃马纽埃尔·马克龙（法语：Emmanuel Macron）终于在2019年4月决定成立一个关于卢旺达大屠杀事件的独立调查委员会。

在大屠杀发生前夕，即1994年4月7日，保护卢旺达前总理阿加特·乌维林吉伊马纳（Agathe Uwilingiyimana）的10名比利时伞兵被卢旺达前总统卫队虐待致死。同天，卢旺达前总理乌维林吉伊马纳也惨遭杀害。事件发生后不久，比利时政府立即宣布撤走本国所有维和部队人员。随后，这场惨绝人寰的大屠杀便发生了。直至今日，国际上一些舆论仍普遍认为比利时当初撤走维和人员在客观上助长了胡图族武装的气焰，加速了大屠杀的进程。

2000年4月7日，卢旺达种族大屠杀事件6周年纪念日当天，参加纪念活动的比利时首相伊·费尔霍夫施塔特（Guy Verhofstadt）曾就比利时在大屠杀事件中的不恰当做法首次向卢旺达人民表示道歉。

至今，一直流传着一种说法，认为法国在卢旺达大屠杀事件发生前始终支持卢旺达的胡图族人。之后更是在事件发生后默许、放任，甚至力挺胡图族武装发动对

---

[1] 卢旺达总统指控法国参与大屠杀 [OL]. 央视新闻 . 2014-04-07. http://m.news.cntv.cn/2014/04/07/ARTI1396883439368536.shtml?isappinstalled=0. 访问日期：2024-04-15.

[2] 冰冷的法国卢旺达关系 [OL]. 人民网 . 2014-04-10. http://world.people.com.cn/n/2014/0410/c157278-24864717.html. 访问日期：2024-04-15.

[3] "Macron appoints team to investigate French action during Rwandan genocide," France 24 Online, April 5, 2019. As of April 15, 2024: https://www.france24.com/en/20190405-macron-investigate-french-action-rwanda-genocide-hutu-tutsis

图西族人的大屠杀，因此法国也需要为卢旺达大屠杀负上责任。但到目前，尚无证据显示法国直接参与了大屠杀事件。2006年底，法国国防部曾同意解密100多份与当年大屠杀有关的机密文件。2021年5月在法国总统马克龙出访卢旺达时，也承认法国在卢旺达大屠杀中负有责任。但到目前为止，国际社会尚无任何明确的调查结论。恐怕，这一调查结论大概率又会成为人类历史上的一桩悬案。

1994年卢旺达大屠杀发生前，发生在柬埔寨的红色高棉大屠杀似乎对人们而言已经属于一段遥远的过去式，对于当时的卢旺达人来说也是无法想象的。同样，在卢旺达发生种族灭绝大屠杀时，或许身处苏丹的人们也同样认为不可思议。但几年后，暴行就在他们的国家上演了。通过一件又一件血淋淋的事实，人们应该意识到，种族灭绝是一件几乎可以在任何时间、任何地点和任何社会中发生的事情。

卢旺达有一句谚语："看得见的石头不会损坏锄头。"这句话十分形象地反映了现在人们需要铭记历史的最主要目的：

如果人类想要防止在未来发生同样的大规模暴行，教育、反思永远是至关重要的。

成功驱逐"良币"，谁之功劳

在所谓的民主制度中，绝大多数政党一旦上台执政，首要的便是尽全力巩固好自己的执政地位。但是，这一点在非洲一些国家却凸显得着实有些过分。鉴于此，非洲许多国家的在野党唯一目的也变成了只为千方百计地将执政党赶下台。执政党想做什么，在野党就反对什么。至于这件事情本身对国家和人民是否有利，最后都被执政党和在野党抛到了九霄云外。

既然在野党如此不给执政党留情面，手握更大权力的执政党自然也不会手软。于是，执政党又开始纷纷利用手中掌握的国家机器疯狂压制在野党。20世纪六七十年代，许多非洲国家的在野党都被执政党利用各种手段"消失"掉了。慢慢地，导致独立后许多非洲国家的多党制实际上均名存实亡。

到20世纪80年代，非洲的“移二代”们开始陆续从欧美等发达国家回到祖国，投身到伟大的发展事业当中。由于他们带着当代欧美先进的思想和观念，见多识广，且背后多得到了欧美国家在财力、物力、人力方面的大力支持，这些人毫无悬念地成功杀入非洲政坛，搅了一个地覆天翻。

但来自外部的支持并非源源不断，内部本土的非洲“老一辈”并不甘心就这样轻易地就被这帮突然杀回来的“洋非洲”缴了械。最重要的是，本土政治家也只是在选举中败选而已，但部族、部落、家族影响力依旧非常庞大且错综复杂，一些部落的武装力量甚至完全不逊色于政府正规军的实力。

在这种情况下，“洋非洲”们也只能开始使出各种手段维系如刚刚绽放的花朵一般脆弱的新生政权。比如在部分非洲国家，政府把本应用来发展经济的国家财政收入变成官员的高额薪水，“高薪养廉”“高薪保权”。在一些非洲国家，一位部长背后代表的或许就是一个庞大的部族利益。让这些人满意，也就意味着直接减小了他们背后庞大的部族不听话的风险。

中非共和国是位于中部非洲一个极度贫穷的国家。在独立后的几十年中，中非共和国政府甚至连政府的财政收支都不做记录。如果到中非共和国财政部网站上去看一看的话，之前许多年的政府财政收支报告都是未曾公布过的。自独立至1964年，塞内加尔把47%的国家财政收入倾斜给了社会精英阶层，科特迪瓦是58%，贝宁为65%。这么多年来，非洲一些政治家所做之事简单来说就只有一个，满足精英阶层的利益诉求以达到竞选连任。结果，使得在一些非洲国家中富人越来越富，穷人越来越穷，两极分化也愈发明显。

在许多非洲国家有一个非常有趣的现象，那便是豪车应有尽有，不比国内一些二线城市的豪车保有量少。除此之外，便是破旧得已经不能再破的从日本、欧洲等地进口的二手、三手报废车了。但在非洲的马路上却很少能见到国内20万至40万元档次的汽车。因为在非洲，中产阶级的数量非常稀少。除了富翁，许多人普遍都经济极其拮据。许多非洲国家的社会体系正慢慢蝶变成一个“漏斗型”，这是非常可怕的现象，在经济学中，属于不可持续发展最为鲜明的特征。

对于在非洲的外国人来说，与一小部分非洲官员搞好关系是得到利益最便捷且最有效的方式。一家外国石油企业通过付出少量的“关系疏通费”，就有可能拿到一块儿储量极为丰富的油田。少数官员获得了利益，也就意味着作为中间人的非洲本土精英阶层也会获得利益。同时，外国企业顺而获得了想要的资源，最终大家皆大欢喜。唯有非洲无数宝贵的资源就这样被低价买走了，大部分非洲的普通民众却没有获得任何好处。于是，一些非洲国家通过如此操作营造了一副社会经济层面繁荣昌盛的景象。GDP飞速增长，国家“遥遥领先”，但百姓的生活却越来越苦。

这种靠换取利益的“物物交换”直到今天在一些非洲国家仍然存在。人性即是如此，只要需求存在，市场就会永远存在下去。总有人不愿搞旁门左道，但也总会有愿意为之者。非洲大陆上的竞争是一场全世界范围的竞争，而不是某一个国家或某一家企业一厢情愿之事。搞“抽屉协议”的人获得了利益，而把合同摆上桌面的那一个却成了吃亏之人。逐渐地，行为会渐渐蜕变成习惯，习惯又会慢慢塑造心理，心理最终则会定格成为文化。在一部分第二代非洲领导人的统治下，劣币最终成功地驱逐了良币。

当然，大多数普通非洲人虽然经济状况较为糟糕，但并不代表他们看不清楚身边正在发生着什么，他们也开始慢慢意会到富人们这场游戏究竟是什么规则了。于是，普通人开始不断上街游行、抗议，一些非洲国家的武装暴动开始变得延绵不断。时至今日，全世界的反叛武装超过七成都在非洲。但在20世纪下半叶，非洲国家的政府武装普遍没有达到足以镇压叛军的实力，甚至许多政府军压根都不是反叛武装的对手。于是，一些非洲国家政府迫不得已又再次想起了自己原来的殖民宗主国。

当年殖民非洲国家最多的非法国与英国莫属。可谁又能想到在殖民结束撤离非洲几十年后，法国和英国的军队居然又应非洲国家之邀堂而皇之地返回了非洲大陆。此外，二战后随着美国的综合国力迅速跃居世界第一位，美国也开始不断增加在非洲的军事存在。

早在20世纪60年代，英国军队就曾帮助肯尼亚和坦桑尼亚政府多次平息反政府军的武装叛乱。法国作为当年殖民非洲国家最多的宗主国，在西北非地区的影响力和实力一直维持了庞大的规模。目前，法国仍在西北非20多个国家驻扎有军队，半个世纪以来帮助几十个非洲国家的政府军镇压过叛军。

自1965年以来，西方军队强势介入非洲国家帮助政府军进行平叛已经成了许多非洲国家社会体系中的一道必备菜肴。阿尔及利亚、刚果、贝宁、加纳、马里、中非、尼日利亚、埃塞俄比亚等，几乎大部分非洲国家在获得独立后国内都有西方国家军队长期驻扎。一方面，帮助非洲政府“剿匪”；另一方面，则意在保护欧洲国家在这些国家的投资和各种利益。

据统计，自二战结束非洲国家开始遍地开花地独立之后的30多年里，非洲大陆上总共发生过40多次成功的政变，这也让非洲一举夺得了“全球最不稳定地区”的桂冠，全世界恐无人能出其右。也正是基于这种社会层面的不稳定，导致在经济方面，全世界的投资者都不太情愿去非洲投资。逐渐在全世界的印象当中，一提起非洲，大部分人脑海中映入的便是贫穷和战乱，甚至在某种程度上这已然成了对一些非洲国家的“定义”。比如一提到尼日利亚，许多人脑海中首先浮现的便是“博科圣地”四个字，从而导致许多人认为尼日利亚贫穷、落后、危险和不安定。殊不知，其实恐怖组织“博科圣地”的基地离尼日利亚经济中心拉各斯的距离超过了1000公里，比从荷兰的阿姆斯特丹到波兰首都华沙还要远。

于是，慢慢地进入了一个看似无解的恶性循环：一些非洲国家先是被定义为贫穷和战乱，导致投资越来越少，进一步再导致贫困，结果贫穷又导致战乱现象的增加。

肯德基终于回来了

若客观地看待非洲这些年的经济发展成果，虽然其整体经济体量仍远低于全球其他任何一片大陆，但也并非没有积极的一面，在有些方面也取得了一些非常可喜的进展。

自20世纪80年代开始，非洲大陆上出现的军事政变次数就开始大幅度减少了。小学的平均入学率也从半个世纪前的三成提高到了现在的六成，中学入学率也已从3%提升到了13%。非洲大陆的整体人均寿命也已经从2000年的40岁上升到了2019年的56岁。

但喜报掩盖不了一些让人揪心的现实。在经过了几十年的发展后，与世界其他主流发展中国家相比较，非洲人的平均实际收入反而变得更低了。

这其实并不矛盾，也很好理解。

随着整个人类社会不断向前发展，各种商品和服务的品类也越来越多。自然，进口到非洲的和非洲人能看到、接触到、体验到的各种商品和服务比几十年前一下子多出许多。但对身处社会中下阶层的大部分普通非洲人而言，看得到，不代表买得起；接触得到，不代表享用得起。的确，现在有许许多多非洲人之前从未见过的商品被摆上了货架，但这不代表这些商品和服务是为非洲中下阶层人士准备的。

国家在发展，可社会中的一部分人却在变穷，这个现象其实还存在于许多发展中国家和低收入国家。整体而言，非洲大陆的确是在向前发展，但却不代表每一个阶层都在以相同的速度同步前进。

下图是我在塞内加尔首都达喀尔的肯德基用餐时随手拍的照片。远处，就是黄昏下美丽的大西洋海岸和令人神往的松软沙滩。走近沙滩，映入眼帘的是成群结队健身和光着脚踢足球的黑人小伙子，几乎都是穷得家徒四壁那种。仅一路之隔的肯德基，对他们来说却是一段“可望而不可即”的遥远距离。

家境贫困的塞内加尔年轻人在夕阳下锻炼身体

许多贫穷的非洲年轻人心中无不期待着能把运动这条路当作一条捷径，或许在未来有朝一日能够扬名立万、一夜暴富。如当前在欧洲联赛红得发紫的塞内加尔国脚马内、库利巴利等著名球星，其实都出生于塞内加尔再普通不过的穷人家庭，从小光着脚在沙石地里踢球长大。现在的马内和库利巴利已经成了无数塞内加尔穷孩子的榜样。

再回到肯德基。的确，非洲人现在也能吃到肯德基，甚至个别非洲国家还有麦当劳、星巴克等许多非洲人以前闻所未闻的全球连锁餐饮品牌。但这些餐厅里的顾客，非“白”（白人）即“亚”（亚洲人），能步入这种级别餐厅的非洲人多半都是当地有钱有势之人。

因此，由于巨大的贫富差距，大部分非洲普通人只能望“汉堡”兴叹，只能在仅隔一条马路之外的沙滩上苦练身体，等待机会。在肯德基里面大快朵颐地吃着薯条儿和土豆泥的一般是来自全世界各国的外交官、商人和发达国家的旅行者，这些人一边享用着美食，一边欣赏着对面沙滩上黑人青年生龙活虎的健身场面。

从20世纪80年代开始，非洲的整体社会发展之所以突然向前迈进了一大步，这是因为在20世纪80年代，非洲曾遇到三个非常重要的足以改变非洲未来发展方向的转折点。

第一，自20世纪80年代以后，非洲的整体发展实质上开始落后于其他发展中国家（如东亚国家），因而造成的一个问题便是非洲虽然也在发展，建了更多的路、更多的桥，但由于发展速度不同，非洲基础设施状况实质上与其他发展中国家的差距是在越拉越大。这就出现了一个十分有趣的现象，即非洲的资源不能再那么容易地被运输出去，反而变相把非洲的资源保护了起来。

第二，因为自20世纪80年代开始，随着非洲基础教育水平的提高，有更多的非洲人开始能够接受更好的教育了。许多有钱人的子女在长大后开始选择到其他国家留学，且有许多人最终移民留在了他国。这就意味着在伴随着非洲教育水平不断提高的同时，从20世纪80年代开始，非洲社会精英群体的流失速度也在逐渐加快。

第三则是苏联的解体。20世纪80年代，苏联决定退出与美国的冷战争霸。从那时开始，苏联对自己原来的盟友即许多非洲国家的经济援助便开始逐渐减少。由于苏联退出了冷战，自然西方国家也相继都自冷战中抽出了身子，他们也开始纷纷把重心转移回国内。由此，造成西方国家对非洲国家的经济援助自20世纪80年代也开始大幅下降。猛然间，使得原来游走在美、苏之间能够获得的巨大利益突然间消失殆尽，许多非洲国家开始突然意识到已经没有足够的资金和能力去继续维持之前靠“利益交换”所搭建起来的社会运转体系了。

因此，一些非洲国家不得不再次低下头，反过来主动向发达国家要求给予自己经济援助。但问题也随之而来，随着苏联这个强大对手的消失，发达国家对直接给予非洲如之前那样巨额的真金白银的兴趣和动力早已大幅下降。

但是无论如何，非洲54个国家在国际事务中也总还意味着54张沉甸甸的选票，发达国家也绝不会轻易放弃。于是，发达国家在财政援助非洲方面改换门庭，把“给钱”变成了“借钱”。自20世纪80年代起，资本开始改头换面，高举着贷款的大旗，大举重返非洲。

世界上有免费的馅饼吗？

让我们先来回答一下本节标题。答案自然无比确定，天下没有，也不可能有免费的馅儿饼。

美苏争霸时代的结束，对非洲而言是极为不利的。这意味着非洲在全球范围内“可利用”价值的大幅下降。自此后，非洲想要换取经济发展所需的要素——资本，必然要付出更加高昂的成本甚至代价。而这一成本或是代价，就是必须开始按照别人的要求在国内进行改革。

20世纪80年代至90年代中期这段时间，是全球上层建筑集体动荡的十年。这段时间里，整个世界好像都流行着变革的大潮流，非洲也不例外。但大多数非洲国家除了应西方国家之要求进行了一系列相应的体制改革外，他们自己却没有利用这个大好的变革年代并结合自身情况主动地进行一些有利于自身发展的变革。因为一些非洲执政者心中始终存在着一种侥幸，认为他们不需要推动真正的变革，为了继续保有手中的既得利益，只要在支持者面前“假装”改革便可，比如，“假装”私有化。

私有化是市场化的必备环节，而市场化又是提升经济活力不可或缺的步骤。多年来，在不同国家、不同政体、不同文化背景的社会里都已证明，私有化是一个国家经济发展至关重要的关键推动力。

一般而言，一个行业或一家企业的私有化本质目标是要寻找最适合提高这个行业或企业核心竞争力的股权改革方式，以提高效率和生产率为最终目的。而一些非洲国家在当时推行的所谓私有化更像是“变戏法”。这些国家进行私有化改革所遵循的原则很简单，就是卖给出价最高的人，把私有化搞成了“竞拍化”。这样的做法对既得利益者显然是有利的，一是在表面上确实进行了改革，顺应了民意；二是从竞拍中获取了丰厚的个人利益。

因此，在20世纪八九十年代非洲许多国家进行的所谓经济体制改革背后，隐藏的仍然是在过去一两百年中形成的那种传统的交易模式——“物物交换”“利益交换”，然后再“左手倒右手”。最终，仍然是少数精英得到了利益，外来的跨国企业得到了机会，而大部分普通非洲人得到的依然只有“寂寞”。

所以，20世纪八九十年代许多非洲国家表面上进行了轰轰烈烈的改革，实际上其实什么都没有变，唯一不同的是在形式上一些非洲国家顺应了国际金融组织的要求进行了变革，而发达国家也“奖励”了那些配合进行所谓市场化改革的国家更多低息贷款。但这一场所谓的变革反而让这条产业链在非洲变得比半个世纪前更加有“油水”了。比如尼日利亚在20世纪八九十年代把国家大部分行业都进行了私有化。但改革之后许多尼日利亚人才恍然大悟，一些政府官员以及他们的亲戚、部族拿到了几乎80%这些产业的股权。改革的大张旗鼓、如火如荼，但普通老百姓的生活水平却提高有限。当然，这里所指的没有提高并非绝对的概念，而是一个相对的概念。如果A国年人均工资涨了100元，其他国家工资涨了300元，物价又涨了500元，结果房价还翻了番……那么A国的老百姓是更富有了，还是更穷了？

当然，也不能说所有的行业被私有化后都被精英群体拿走了，有一个例外——石油和采矿业，或称之为资源行业。这个行业私有化后基本都没有落在非洲人自己手里，而是大部分被西方国家拿走了。但全世界有许多石油公司，给谁不给谁，这里面自然蕴藏了一门“大学问”。最后，大家还是一致决定采用老办法，谁的利益交换“更彻底”“更深入”，谁就能获得这些资源。要“黑”就一起“黑”，反而这样让规则又变得相对“公平”了。

因而，在20世纪80年代至90年代，在这个世界经济飞速发展的十多年里，在非洲，反而变成了“失落的十年”，非洲的整体经济再一次错过了跟随世界步伐前进的好时机。

进入20世纪90年代后，世界形势突然来了一个180度急转弯，整个世界仿佛开始紧跟着非洲的步伐变得动荡起来。这十年间，全球各地出现了一系列动荡和不安定因素，如苏联、韩国和中东等地，当然也包括非洲。因为经过80年代“折腾的十年”，到了90年代，许多非洲普通人好像又突然开始意识到一个问题，80年代这十年的改革到底改了些什么？怎么会越改我们的购买力越下降？于是90年代，一些非洲国家的普通人又开始站起来反对这些胡作非为的改革行为。

面对国际形势的变化，世界开始再次调整对非洲的策略。相比于之前几十年里几乎大水漫灌式的直接给非洲国家资金或低息贷款的方式，发达国家此时开始把资金有选择地只给那些“听话”的非洲国家。而非洲国家需要听的究竟是什么话呢？

这个时候，发达国家对非洲开始正式抛出了“民主”二字，开始要求非洲国家进行民主化改革以换取持续的财政援助。

然而讽刺的是，随着所谓民主的到来，非洲的经济不但没有起色，反而大部分老百姓的相对收入仍然在持续下降，犹如一匹脱缰的野马，怎么拉也拉不住。这下子，许多非洲国家的普通人可急红了眼：十年前拿私有制变戏法把我们国家的资源变没了，十年后又拿所谓的假民主来继续欺骗我们！于是，许多人再次揭竿而起，一些非洲国家再次开始出现大规模动乱。

据统计，1989年至1993年，非洲大陆共发生了35次政变或兵变，1990年至1994年，非洲国家先后发生过24场国内战争，其中10场至今仍在持续，进入20世纪90年代以来，那些发生在非洲国家的群众游行、示威、罢工等事件的数量多到几乎无法统计。带头人卡扎菲更是在20世纪90年代干脆开始举办免费的“兴趣培训班”，义务培训了几十个非洲国家的反政府武装，组织他们去反对本国政府。撒哈拉以南非洲地区变成了全球暴力冲突最严重、政治最不稳定的地区。

今天，西方仍旧有许多学者把90年代非洲的动荡归咎于非洲国家自己的民族矛盾，却对发达国家本身自80年代开始在背后怂恿非洲国家进行所谓改革所带来的效应只字不提。

20世纪八九十年代，部分非洲国家为了换取某些经济利益而迎合发达国家所进行的一系列改革最终导致这些国家陷入了更为严重的经济滞胀当中。许多非洲国家的想法很丰满，以为实行的这些所谓改革，既能满足发达国家对自己改革的要求，又能安抚中下阶层的普通百姓。殊不知现实却很骨感，这些所谓的改革程度均很浅、很低，且目的不明确，远达不到让非洲国家从整体上走出贫困的效果。但在90年代，这些应发达国家要求所进行的制度改革还是传遍了几乎整个非洲大陆，从西非的刚果到加纳、尼日利亚、加蓬、喀麦隆，到东非的肯尼亚、乌干达、马拉维再到南非。

非洲人民的大救星

由于20世纪八九十年代的所谓改革其初始目的本就不单纯，所以一些负面作用一直存在，甚至一直延续到了今天。但稍显积极的一面则是，目前许多非洲国家的社会制度体系的确要比半个多世纪前那种完全部族化、家族化或部落式的体制要更为先进一些。在一定程度上，非洲国家也能够更加开放地融入国际社会，这一点在商业方面更是体现得尤为显著。

非洲大陆真正出现转折性的变化是在人类的纪元进入21世纪，在非洲的第三代领导人闪亮登场之后。

非洲的第三代领导人基本都很年轻，大部分是从海外留学归来。他们知晓非洲贫穷落后的原因，也清楚民意对他们何等重要，若再不顺势而为，非洲的发展恐怕真的要被人类历史彻底无情抛弃了。于是，他们一上台便纷纷开始向顽疾——腐败宣战，试图通过让国家摆脱贫穷这种方式来维护社会的凝聚力与向心力。

庆幸的是，许多第三代非洲领导人懂一些经济学。比如目前正在推行经济体制改革的一些非洲国家中，许多已经开始真正按市场规律把政府的角色逐渐削弱，开始了真正的市场化改革。教育方面，许多非洲国家开始努力提高义务教育年限与入学率，同时采取相应的经济激励计划让那些受过高等教育的人才能够把自己的能力和技能留在国内，以此来促进本国的经济发展。同时，他们还试图通过较为公平的竞争方式来吸引外国的直接投资与财政援助。

这些做法行之有效，也的确让非洲受益。当前第三代的非洲领导人的观念里最为正确也是最为宝贵的一点是，他们更多的倾向于用非洲自己的力量来建设非洲、繁荣非洲，不再像前几代非洲领导人那样喜欢按照别人的指令，依靠利益交换的方式梦想着推动非洲的发展。

这种观念的转变对大部分非洲国家的未来而言显得无比关键，更是弥足珍贵。现在，非洲国家已经自发成立了许多帮助自己进行经济发展的组织，如非洲开发银行、非洲联盟（非盟）等。非盟就是一个十分关键的区域性组织，通过非盟，非洲国家终于可以更加有力地团结在一起共同面对外部压力，也终于可以开始敢于打破殖民时期人为制造的各种壁垒，让商品、人员和服务可以在非洲大陆更广阔的范围内自由流通。

非洲许多国家现在正在做的种种努力、各类变革，其宗旨是要让全世界知道，欢迎所有人来非洲投资，从现在开始，不需要再担心什么内战、游行和抗议，非洲是一个和平、安全、稳定的绝佳投资天堂。

人类的21世纪注定会是一个具有魔力的100年，会是载入人类史册的100年。在21世纪伊始这短短的20多年间，非洲大陆的这种转变就已取得了明显的成效，一些非洲国家甚至已经跃居全球经济增长最快国家行列，这在半个世纪前完全是不可想象的。

但仍要指出，虽然在过去的20年里非洲大陆经济取得了极好的发展成效，但非洲一些国家还是面临着许多严峻的问题。比如，非洲是当前全球所有大陆中应对全球气候变暖准备最为不足的；现在非洲仍有三分之一的儿童处于营养不良；非洲仍然有三分之一的适龄儿童无法读到高中阶段；在一些地方，极端主义、恐怖主义仍十分盛行，因为还是有许多穷人迫不得已只能参加这些恐怖组织以图填饱肚皮；在非洲大陆上，仍有许多致命的疫情和传染病横行肆虐。

这些年来，只一个新冠病毒就把长久身处安逸状态的全世界打得几乎措手不及。然而在非洲，黄热病、霍乱、伤寒、疟疾、艾滋病等仍然是大部分非洲人几乎每天都要面对的恶魔。可想而知，非洲国家的经济发展究竟有多么“压力山大”的“后腿”在拖着。

况且，虽然近20年中大部分非洲国家在各方面都取得了较为理想的发展成绩，但这种发展就非洲大陆整体而言仍然十分不均衡。一些非洲国家得到了较快的发展，拉动了非洲大陆整体的经济总量，如摩洛哥、埃及和塞内加尔等。而在非洲中部、西部还有许多国家经济发展的速度与非洲大陆整体的发展速度完全不成比例，甚至都不在同一个“频道”上。

21世纪另一个十分利好非洲的因素则是亚洲，尤其是东亚经济在近几十年来的飞速发展给非洲做出了良好的榜样。现在，许多非洲国家都在模仿亚洲国家经济发展的路径和模式，甚至把亚洲一些国家的发展模式和政策直接借为己用。

当然，对非洲未来发展至关重要的因素，永远还是非洲人自己的觉醒。无论一个人，抑或一个国家，皆通此理。当你真正地觉醒了，那就真的不得了。以前不敢想的，现在敢想了；以前认为不可能做到的，现在做到了；以前总是在浪费自己的宝贵时间去琢磨的那些其实对自己而言没有任何意义的人和事，现在都觉得无所谓了。这就代表着觉醒，也意味着离成功不远了。

在刚果（布）时，一次曾与当地一名负责招商引资的官员闲谈。他问我，你知道为什么现在越来越多的欧洲企业来布拉柴维尔建厂、开办公司吗？这是因为非洲大陆尤其是西非几乎与欧洲处于同一时区。许多欧洲企业把工厂和分公司开到非洲，把资本投入非洲，这样他们能以更加低廉的成本来同时与欧洲总部进行协作生产和管理。

非洲的这些优势，其实全世界在几百年前早已知晓。但这几百年来，大家脑海中想着的尽是非洲地底下埋藏的众多自然资源，从没有人想过去利用非洲的时区同步资源这个优势。欧洲人几百年来没有想到，连非洲人自己都没有想到过。

另外，因为教育水平的整体提升，现在许多非洲普通人开始真正地投简历找工作了，而且，越来越多的人能够找到一份收入较高的稳定工作。至少，养家糊口不再是一个问题。这在数十年前，几乎是不可想象的。

维多利亚湖位于坦桑尼亚和乌干达两国交界处，是非洲最大的湖泊，也是全球面积第二大的淡水湖。若读者日后有机会去维多利亚湖，首先能看到的最为典型的一种漂亮植物便是风信子。站在维多利亚湖岸边，会发现就好像来到了法国的普罗旺斯，满眼尽是漫无边际如绚烂多姿的薰衣草一样的风信子。

之前的几百年、数千年，风信子对于非洲而言，只是一种植物，除了好看，给当地非洲人带不来一分钱的额外收入，饿肚子的时候也不能拿来充饥。最近据报道，非洲当地的科学家已经发明了一种技术，可以把风信子加工成为富含蛋白质的动物饲料。据说这种饲料因蛋白质含量高且成本低廉，已经开始被全世界许多国家所引进。

当前，在非洲许多国家的经济经历了20年的跨越式发展之后，非洲普通人的人均实际收入也逐渐提高了起来，一些非洲普通百姓手中也终于开始有了积蓄。当有了闲钱和积蓄之后，人们就要去消费，接下来消费又会进一步促进产业和贸易的发展。当未来有一天非洲大陆的消费水平、贸易水平和产业分工进一步达到一定高度的时候，一个被世界无数双眼睛盯了上百年的行业终会以另一种崭新的形式再次被重新重视起来，那就是非洲的资源。

感谢上天的垂青，非洲大陆地表下蕴藏了大量各式各样现在甚至将来人类社会稀缺的自然资源。但很遗憾，非洲在几百年里都没有能力掌控自己的资源。进入21世纪，非洲大陆的整体经济、社会发展势头都十分迅猛，若这种好的势头能够被延续下去，很有可能在不久的将来，世界能够看到非洲在人类历史上第一次能够把自己脚下这片土地所深藏的各种宝贵资源真正地掌控在自己的手中。

21世纪这个崭新的一百年，不只给非洲保留了希望，更重要的是在非洲的历史上，我们很可能会有幸地第一次见证非洲人完全用自己的双手去创造出自己伟大的未来那奇迹般的时刻。

因为非洲这片沉睡已久的大陆，已经觉醒了。

第三章

谜之北非

摩洛哥卡萨布兰卡哈桑二世清真寺

北非，顾名思义，指的是非洲大陆广袤无垠的北部区域。这片区域一个特点便是因为经年累月、繁复纷乱的政治、历史、宗教、文化的交错、渗透和演化，是目前全世界范围内界定最为模糊的一片区域。

按照历史上约定俗成的理解，北部非洲是从西起毛利塔尼亚的大西洋沿岸东至埃及苏伊士运河这一片幅员辽阔的区域，包括毛里塔尼亚、摩洛哥、阿尔及利亚、突尼斯、利比亚和埃及等六个国家。

之所以这几个国家会在人们的印象中成为北部非洲的代表，是因为在殖民时期控制了北部非洲绝大部分地区的法国，对北非的定义就是如此。法语中，北非被称为“Africa du nord”，阿拉伯语称之为“Maghreb west”，直译为“阿拉伯世界的最西边”。

然而，联合国对北非的定义却是包括摩洛哥、利比亚、阿尔及利亚、突尼斯、埃及、苏丹以及西撒哈拉地区。非洲联盟对北非的定义又与联合国和法国不尽相同，在非盟对北非的定义中，包括了西撒哈拉区域，但不包括苏丹。

于是，由于受长久以来的地缘政治变化和文化宗教影响，竟使得北部非洲地区成了目前全世界唯一一个在各大国际组织中定义和划分范围都截然不同的奇特之地。

北非的另一个奇特之处在于它独特的地理位置和文化传统，使得北非国家又被纳入了“MENA”（Middle East and North Africa）的范围，即“西亚北非区域”。

这种奇特的现象催生了一种十分有意思的架构安排。在许多国际组织如世界银行、国际货币基金组织中，都会有一个独立的部门来负责所谓“西亚北非”事务。在许多国家的外交体系中，除了会有单独的非洲司、亚洲司以外，许多还会有一个在全世界其他区域绝无仅有的“西亚北非”司。

北非国家之所以能如此独特，是因为身处非洲大陆的他们无论是从宗教、文化，还是政治、历史的角度而言，与西亚和中东国家的血脉联系和情感交流要比与其他非洲国家更为紧密。

更加奇妙的是，摩洛哥、阿尔及利亚、突尼斯和埃及四国不但与西亚和阿拉伯世界联系紧密，同时与欧洲国家的关系也更胜撒哈拉以南非洲国家。在许多文化传统和生活方式方面，这些国家也大量传承了欧洲的许多特色和习俗。

可想而知，这种超复杂的多边关系自然会导致北非国家与南部非洲国家这两个在地理位置上离得很近的亲兄弟反而同床异梦，在许多事情上对对方产生了极强的不认同感。

在一些撒哈拉以南非洲国家，许多人都对我说，北部非洲的几个国家根本就不应该算作是非洲国家。而当我到了北非，许多北非国家的人在心理上也不把自己当作非洲人。

2017年，埃及球星萨拉赫曾赢得“非洲足球先生”的称号。霎时间，网络上便立即出现了大量对萨拉赫的人身攻击，许多南部非洲国家的球迷认为萨拉赫不算是一名真正的非洲球员，不配代表非洲。同样的矛盾不只出现在非洲大陆内部，在其他领域也屡见不鲜。2015年英国布克文学奖（The Man Booker Prize）评选过程中，尼日利亚作家奇戈希·奥比奥玛（Chigozie Obioma）凭借其第一部长篇小说《钓鱼的男孩》（*The Fishermen*）成为2015年该奖项短名单中最年轻的入围者，同时也是组委会官方介绍里“非洲唯一入围短名单的作家”。但有意思的是，在当年被提名进入短名单的作家中，还赫然列着摩洛哥女作家莱拉·拉拉米（Leila lalami）的名字。

2015年布克文学奖的“乌龙”就是一个非常典型且具有代表性的例子。但这样的奇葩事件在全世界范围内已非首次发生，恐怕也绝不会是最后一次。

全世界好像都在把北非的定位模糊化，北非国家似乎也正在沿着“去非洲化”的道路越走越远。到底是什么原因让北部非洲与其他非洲国家在心理上产生了如此巨大的隔阂呢?

神秘北非

长久以来，许多学者一直把这个问题归结于发达国家对非洲的殖民统治历史，他们认为殖民文化所造成的非洲的四分五裂是导致北非国家在非洲大家庭里逐渐成为一个“异类”的主要原因。但实际上，殖民历史只是一个表象。北非这个复杂问题的起源要远比殖民时代早许多。

此外，还有部分学者的解释是由于伊斯兰宗教在北非地区的影响力实在太大，导致北部非洲国家在意识形态方面逐渐演变成了伊斯兰世界的一部分，使其与撒哈拉以南的非洲国家渐行渐远。

不可否认，阿拉伯文化尤其是伊斯兰宗教对北部非洲国家的确产生了非常深远的影响。但在全球范围内，目前“伊斯兰化”和“穆斯林化”是一个非常普遍的现象。欧洲的法国，亚洲的印度尼西亚、马来西亚等地，到了这些国家后，能看到马路上许许多多裹着头巾身穿各式各样穆斯林长袍之人。但法国未曾在情感上脱离过欧洲，印度尼西亚和马来西亚也从没有被亚洲国家排挤。

虽然北非国家的伊斯兰化的确已非常严重，在北非国家中，至少有超过90%的人信奉伊斯兰教。但伊斯兰教并不只存在于北非，而是越来越广泛地扎根在整个非洲大陆。在西非，甚至东非，也早已开始出现越来越多的伊斯兰教信徒，并且伊斯兰文化正在以极快的速度向非洲南部和东部拓展。如东非的肯尼亚、埃塞俄比亚、索马里以及坦桑尼亚等国，伊斯兰化的程度已经非常明显，伊斯兰宗教已完全具备了可以与原本在这些地区占据绝对统治地位的基督教掰一掰手腕的实力。所以，宗教因素也并非北部非洲逐渐疏离非洲大陆的最主要原因，至少不至于让其他非洲国家在心理层面上一想到北非国家便感到如此生疏。

肤色方面，北部非洲与南部非洲倒是存在许多肉眼可见的巨大差异。北非人的肤色主要以白色或接近于黄种人的肤色为主，而撒哈拉以南非洲国家主要以黑色皮肤为主。但是肤色仍然不能够作为一个把北非国家区别于整个非洲大陆的主要原因。道理很简单，许多读者的印象或许是所有非洲人都是黑色皮肤。实际上非洲人肤色的黑与黑还是不相同的，甚至差别很大。在西非，人们的肤色普遍要更黑。一旦到了几内亚、乍得、尼日尔等国家，他们的肤色已经成了电脑黑屏时的那种纯黑色了。东非人的肤色却是更接近于咖啡色的棕黑色。尤其是在东非国家埃塞俄比亚，就长相而言，他们也与西部非洲的黑人区别很大。埃塞俄比亚人的长相可说是整个非洲国家中最符合东方人审美的，从他们的五官搭配及肤色明显能感觉到这个国家是一个拥有大量混血基因的民族。如果一个埃塞俄比亚人与一个塞内加尔人站在一起，虽然都属于黑人，但他们的差别完全是肉眼可见。

非洲大陆本身就是一个极端多元化之地，全世界其他任何一片大陆在这方面恐怕都无法与非洲相提并论。本身撒哈拉以南非洲国家中就存在着极大的差异性，所以仅从语言和肤色的角度就把北非国家从非洲大陆区别开来，此原因恐怕也是站不住脚的。

但现实中，北非国家与撒哈拉以南非洲国家在互相的心理认同方面又的确存在较大隔阂。我的许多北非国家的朋友几乎都不认为自己是非洲人，而认为自己是阿拉伯人。对许多北非人而言，恐怕只有在他们的国家队参加非洲杯的时候，他们才能找到一些自己仍然属于非洲这片大陆的一丝认同感。

在北非国家的学校中，历史课上也很少会向学生讲述非洲大陆的历史，反而讲述更多的是阿拉伯文化和伊斯兰教历史。身处北非时，有时候真的会让人有一种错觉，这到底是在中东，还是稍微穷一点的欧洲国家。

下面这张图片，许多读者的第一感觉或许会认为这里是希腊的爱琴海。然而，这里却是北非的突尼斯。

突尼斯海岸线风景

满眼的阿拉伯语标志，满大街裹着阿拉伯长袍戴着阿拉伯头巾的妇女……你并非身处沙特、阿联酋或科威特。

欢迎来到——神秘北非。

阿尔及利亚的街头小巷

殊途同归

毛里塔尼亚（全称“毛里塔尼亚伊斯兰共和国”，The Islamic Republic of Mauritania）地处撒哈拉沙漠边缘，南接“黑非洲”国家塞内加尔和马里，西北方向便是争议地区“西撒哈拉国”，北方为摩洛哥，东北为阿尔及利亚，西侧濒临大西洋，整个国家几乎90%的面积位于撒哈拉沙漠中。

之所以要提到这个极具特色的国家，是因为它正好坐落于北部非洲与南部非洲的结合地带。于是，毛里塔尼亚在文化、宗教、传统习俗等方面均形成了十分具有代表性的鲜明特色。

毛里塔尼亚有500万人口，受非洲南、北两端不同文化和宗教的影响，这个国家也被明显划分为了两大部分，北方主要以阿拉伯人和柏柏尔人为主，大约占总人口的40%；南方则以黑人为主，占总人口的60%。这种极端的文化特征和鲜明的人口分布特点造成毛里塔尼亚成为非洲大陆上为数不多的阿拉伯和非洲本土文化特征共存的国家。

这里需要单提一下柏柏尔人（柏柏尔语：ⵉⵎⴰⵣⵉⵖⵏ；阿拉伯语：ةربارب）。柏柏尔人是聚居于西北部非洲的一个古老民族，有自己的语言——柏柏尔语。但柏柏尔人并不是单一民族，而是历史上众多文化、政治和经济生活相似的部落的统称。历史学家经过研究发现，柏柏尔人的祖先早在旧石器时代晚期就从东非以及中东地区迁移到了西北非地区生活，生活范围主要集中在埃及和大西洋之间的一大片广阔区域。

许多历史学家认为，大约从公元前945年开始，柏柏尔人建立了第二十二王朝。此后，埃及就开始长期受柏柏尔人的统治。历史上，非洲北部曾多次被入侵和殖民，腓尼基人（后建立迦太基）、希腊人（主要在利比亚）、罗马人、汪达尔人、阿兰人、拜占庭、奥斯曼帝国、法国、西班牙等均曾入侵并占领非洲北部，几乎所有这些入侵者都对柏柏尔人的文化和宗教产生了深刻的影响。

数千年前，柏柏尔人于北非建立的王朝在当时的地球上可说是数一数二强大。那时，欧洲人甚至还会经常被当作奴隶贩卖给柏柏尔人。后来，柏柏尔人不断向南扩张进入撒哈拉沙漠。但随着11世纪阿拉伯部落对非洲北部的大举入侵，使得柏柏尔人在文化上开始逐渐被阿拉伯宗教、文化所同化。

今天的柏柏尔人主要居住在摩洛哥（占总人口的35%—60%）、阿尔及利亚（占总人口的15%—33%）、利比亚和突尼斯等国。由于缺乏精确的统计数据，其实现在大多数自认为是阿拉伯人后裔的北非人有许多仍然有着柏柏尔人血统。

现在，全世界规模最大的柏柏尔人聚居地位于阿尔及利亚北部，约有400万人，并且基本保持了柏柏尔人的传统语言和文化习俗。摩洛哥南部也零散地居住着大约数百万柏柏尔人。还有大约300万柏柏尔人已经移居欧洲，主要以法国和荷兰居多。

在近代北非国家纷纷独立后，许多北非国家开始忽视或故意抹杀柏柏尔文化，但近年来这些情况有所好转。以摩洛哥和阿尔及利亚为首，北非国家已经大幅度改变了相关政策，阿尔及利亚甚至将自己的国名改为了“阿拉伯人和柏柏尔人的伊斯兰国家”。在阿尔及利亚和摩洛哥，柏柏尔语也已成为官方语言之一。在一些柏柏尔人居住区，柏柏尔语已经成为学校的必修课程。

经过数十代的混血繁衍，从外表上看柏柏尔人已经与阿拉伯人几乎没有任何差别。作为外国人，仅凭外表的确很难分辨哪些是阿拉伯人，哪些是柏柏尔人。即使是北非当地人想要在两者之间分得清清楚楚大概也不是一件特别容易的事。区分柏柏尔人与阿拉伯人最简单的方法就是看文身。

文身是柏柏尔人自古流传下来的一个最为鲜明的特征。通常柏柏尔女性都会在全身（包括脸上）文满各式各样的花纹以彰显美貌。但时至今日，许多柏柏尔女性已经融入了当代文化潮流，对审美的评价标准也随之产生了很大的转变。现在，大部分柏柏尔女性也已经不再文身，只有在年龄比较大的柏柏尔妇女身上才能看到传统文身。恐怕再过几十年或一两代人的时间，柏柏尔人文身的传统很有可能便会随时间的流逝彻底消逝掉了。

下页右图是我在摩洛哥首都拉巴特街头拍摄的两位柏柏尔人后裔，她们脸上都已经没有再文身，但注意看她们的手上还是布满了花纹图案。

随着现在众多北非国家对柏柏尔文化的逐渐重视，柏柏尔人的民族传统和语言文化在北非国家已经不再被歧视，甚至成了重点保护对象。只要他们认同所在国政府的政策，不搞独立，他们是可以在社会上获得很高的社会地位的。比如前阿尔及利亚总统拉明·泽鲁阿勒（法语：Liamine Zérouall）以及摩洛哥总理德里斯·杰图（法语：Driss Jettou）、利比亚前领导人穆阿迈尔·卡扎菲[1]都是柏柏尔人。在阿尔及利亚军队中，柏柏尔人的比例也是最高的。近年来在北非更是出现了一股政治风潮，那些大力支持柏柏尔民族主义的政治家反倒有更大的机会获得更多的政治资源从而达成政治诉求。

摩洛哥街头的柏柏尔妇女

简要介绍完柏柏尔人，我们仍然回到毛里塔尼亚。虽然南北的交融使得这个国家仍可被称为是一个多元文化和多种族国家，但目前伊斯兰教正在以极快的速度自北向南席卷这个处于南北非洲交界之地的国家。在某些方面，毛里塔尼亚伊斯兰共和国的伊斯兰教规执行得甚至要比北非国家还要严格，比如在这里是真的完全买不到一丁点猪肉。在毛里塔尼亚时，我的一位中国朋友曾连续吃过两周牛羊肉，导致第三周开始他连续四天流鼻血不止。作为以猪肉为主要蛋白质来源的中国汉族人，在四十多度高温下连续两周的牛羊肉进补完全就是一种精神摧残。

在毛里塔尼亚待了超过一年的一个中国人曾对我说，如果在毛里塔尼亚的大街

[1] 由于卡扎菲全名较长，将在后文涉及处另行注释。

上能够看到一头猪，就好似看见了一个眉清目秀、婀娜多姿的美女一样，恨不得跟着那头猪连续跑上几个小时，远远地看着过过眼瘾都值。

非洲大陆作为一个整体南北狭长之地，在地理位置上，北非国家距离南部非洲国家本就非常之远，类似于东亚与西亚的关系。虽说距离能产生美，但若是一段太远的距离，恐怕也会物极必反，反造成心理距离的逐渐拉大，这一点也正好印证在了非洲的南北两端。

二战后非洲国家刚刚独立时，北非的埃及、阿尔及利亚在政治、文化、经济和社会发展各方面基本都靠向了中东国家，开始不断加强与中东国家在各方面的紧密合作。摩洛哥和突尼斯则靠向了欧洲国家，进一步加强了与欧洲国家的全方位联系。虽然伊斯兰宗教和阿拉伯文化毫无疑问是北非与西亚间最强有力的连接纽带，但欧洲与北非国家的联系却要比宗教和文化来得更为深远。

科学家已通过研究证明，从DNA的角度来说，北非人与欧洲的尼安德特人以及西亚人种有更多相似之处，与南部的非洲黑人几乎没有什么DNA相似之处。历史学家也证实，现在的北非国家人种大多是在12000年前由欧亚大陆返回非洲大陆的后代，与南部非洲国家的黑人从基因序列上讲确实不属同一类族群。

近些年来，在摩洛哥发现的人类头骨遗骸也证实了北部非洲与撒哈拉以南非洲人在DNA方面的巨大差异。科学家在摩洛哥发现的人类头骨其年代可追溯至30万年前，这说明人类在非洲大陆已经存在了格外长的时间。

因此，最终在宗教、文化、历史等各方面的巨大差异外加最重要的基因差异加持下，才最终导致北部非洲和南部非洲现在相对割裂的现状。如果当下非要找出一些北非与撒哈拉以南非洲的共同点，恐怕只有历史上数百年相似的殖民历史经历才能把他们联系在一起。

殖民时期，北非和其他非洲国家也曾完全放下芥蒂，携手进行过可歌可泣的非洲保卫战。

阿尔及利亚这个非洲大陆最北端的国家就与南非这个非洲大陆最南端的国家谱写过一段伟大的反殖民主义斗争友谊。20世纪五六十年代，南非一代伟人纳尔逊·罗利赫拉赫拉·曼德拉（Nelson Rolihlahla Mandela）在国内投身革命之前就曾经在阿尔及利亚的“国家革命阵线”接受过长时间的军事训练。曼德拉曾在自传《通往自由之路》（*Long walk to freedom*）中写到，在他回到南非后，对南非革命运动的领导中有很大一部分战略和精神启发都源于阿尔及利亚的反殖民斗争。1990

年，曼德拉阔别多年重回阿尔及利亚访问时，曾当着数十万阿尔及利亚人说："是阿尔及利亚让我变成了一个真正的男人。"

可喜的是，近年来能感觉到一个非常积极的转变，北非国家已经开始逐渐把目光重新投向南部非洲国家，加强与南部非洲国家的合作，想要把自身更好地融进非洲大陆的整体当中。对非洲而言，这的确是可喜可贺的一件事！

"重回非洲"，现在已经成了许多北非国家的国家战略和长远布局，而且在北非国家中达成了共识，形成了默契。同时，"重回非洲"战略既是历史的需要，又有着强烈的现实需求。北非国家的这一战略主要由四个原因促成。

第一，一些北非国家想要重回非洲，目的在于想从广大的南部非洲获得更广泛的政治支持来强化本国的利益诉求。如阿尔及利亚和摩洛哥，他们重回非洲最主要目的就是希望南部非洲国家支持他们各自对西撒哈拉冲突区域的政治诉求和立场。而埃及把目光重新投向南部非洲的最主要原因就是埃塞俄比亚开始在尼罗河兴建一个超级大坝，这在未来将对处于尼罗下游的埃及构成重大战略影响。

第二，安全威胁。只有重回非洲，联合南部非洲国家，才能够共同应对盘踞于非洲多年且势力愈发庞大的伊斯兰极端恐怖组织的恐怖威胁。

第三，经济因素。当前北非大部分国家面临经济发展瓶颈，他们迫切需要新市场和新的经济增长点。反观现在的南部非洲，许多国家经济发展速度快如闪电，取得了飞速进展，在未来，十分有可能成为引领全球经济发展的新引擎。再对比北非国家传统的经济合作伙伴如欧洲、中东阿拉伯国家等，这些国家和地区近年来一直维持着较低的经济增长率，欧洲以及中东阿拉伯地区已不能继续再向北非国家提供巨大的市场和商机。对南部非洲国家而言，北非国家同样意味着巨大的市场容量和强大的消费能力，也恰是帮助他们的经济继续高速增长的一个千载难逢的机会。

第四，北部非洲国家联合体设想的失败（详见下一节）。

所以，仅就前面三点而论，北非国家现在回头加强与南部非洲国家的合作，于情于理，对南部非洲国家而言也是一件顺水推舟，乐见其成的积极之举。但关键之处，仍然离不开下述第四个原因的推动。

天空之神荷鲁斯重生北非

令北非国家把目光重新投向南部非洲的第四个重要原因是，北部非洲国家联合体设想的失败。数年前，摩洛哥、阿尔及利亚、突尼斯和埃及四个北非国家曾经提出过一个非常大胆且勇敢的构想，建立“北非阿拉伯联合王国”。但由于种种主客观原因，最后此设想终未能实现。

但从现实的角度，“北非阿拉伯联合王国”的设想不同于卡扎菲当年天马行空的泛阿拉伯主义，以及后期卡扎菲泛非主义中异想天开的“非利坚合众国”。卡扎菲的设想完全是不切实际地画大饼、说大话。非洲大陆以及中东阿拉伯地区文化、种族、宗教信仰、语言甚至部族文化的多样性和复杂性在全球范围内也无人能及，绝没有可能把在各方面相差迥异的众多地区和国家组成一个国家。

但摩洛哥、阿尔及利亚、突尼斯和埃及四个国家情况却不同。在宗教、文化、语言、传统等各方面，这四个国家都“亲如一家”。倘若当年的设想能够走到最后且最终实现的话，恐怕会对整个非洲大陆、中东甚至对全球地缘战略和经济格局产生巨大影响。

我们不妨来推演一下，如果当年这四个北非国家所计划组成的“北非阿拉伯联合王国”一旦成立，会对这个世界带来何种影响。

首先，若由摩洛哥、阿尔及利亚、突尼斯和埃及组成的“大一统”阿拉伯国家果真实现，这个北非阿拉伯联合王国的国土面积将达到820万平方公里，占全世界土地面积的5.5%，比整个澳大利亚大陆的面积还要大，排在俄罗斯、加拿大、美国、中国和巴西之后位列世界第六大国家。

北非阿拉伯联合王国人口将达到2.6亿，一跃超过尼日利亚成为非洲大陆上人口最多的国家。其中，埃及人口目前已经超过1亿，所以合并之后埃及将为这个新国家贡献将近一半的人口。2.6亿的人口总量也将排在中国、印度、美国和印度尼西亚之后，位列世界第五位。

此外，这个国家还将打破一项吉尼斯世界纪录，即该国超过90%的国土面积都将位于撒哈拉沙漠当中，成为全世界所有国家中沙漠面积最大的一个。

北非阿拉伯联合王国建成后，由于经济发展水平的不同而造成的人口流动和自由迁徙很有可能使现在的埃及首都开罗成为非洲大陆上第一个拥有超过2000万人口的超级大都市。目前在全世界的超级大城市中，东京以3800万人口独占鳌头，印度首都新德里以3000万人口紧随其后，上海以2700万人口摘得探花，开罗则很有可能排在全球超级大城市排行榜的第四位。

当然，如果这个北非阿拉伯联合王国能够不断吐故纳新，按联合国和非盟标准把周边的一些北非国家如苏丹、毛里塔尼亚合并在内的话，那么北非阿拉伯联合王国所拥有的超级大城市将远不止一个。苏丹首都喀土穆很可能会变成一个拥有将近1000万人口的超级大城市，阿尔及利亚首都阿尔及尔以及摩洛哥首都拉巴特也都会成为拥有超过两百万人口的特大城市。

虽然目前按面积衡量，阿尔及利亚首都阿尔及尔是现在所有北非国家首都中面积最大的，但一旦北非阿拉伯联合王国建立，或许最好的选择仍是将首都设在现埃及首都开罗。接下来，开罗就有可能会成为北非实至名归的经济、金融和政治中心。

目前的埃及已经是整个非洲大陆上整体经济实力排在第三位的国家。在北非阿拉伯联合王国中，埃及也将是经济最强大且贡献最大的国家。按照2021年的数据，新组建的这个国家GDP将达到9000亿美元，成为全球排名第18位的经济大国，比瑞士、土耳其等国的GDP还要高。其人均GDP将达3500美元，主要由于苏丹、毛里塔尼亚、利比亚等国人均GDP过低从而严重拉低了平均数值，所以北非阿拉伯联合王国人均GDP的全球排名要比现在摩洛哥和阿尔及利亚的世界排名甚至还要低一些。

文化方面，即使不进行合并，在现在的北非，伊斯兰教也早已占据了主流。目前北部非洲信仰伊斯兰教国家的国土面积总计已达到1500万平方公里，接近整个非洲大陆的一半。因此在新成立的北非阿拉伯联合王国，信仰伊斯兰教的人口将达到全国人口的几乎95%，信仰基督教的人口将只占4%。根据现在北非国家的穆斯林分支情况，在北非阿拉伯联合王国的穆斯林中将有90%为逊尼派，只有10%为什叶派。

毋庸置疑，这个新国家的官方语言一定会是阿拉伯语，同时阿拉伯语也将成为非洲大陆上使用范围最广、使用人口最多的一种语言。当然，在阿拉伯语中也有不同的地方口音，诸如中国有普通话、粤语、湖南话、四川话以及许多其他地方方言一样。

在当前的北非国家中，突尼斯、阿尔及利亚和摩洛哥的阿拉伯方言同属一种类型，埃及的阿拉伯方言则自成一派，且这两种类型的区别非常大。由于埃及在伊斯兰世界长久以来的政治经济地位和影响力，埃及口音的阿拉伯语现在已经实质变成了阿拉伯世界中一种类似于“普通话”的口音。因而在北非阿拉伯联合王国，官方语言也将会是埃及口音的阿拉伯语。

虽然，北非阿拉伯联合王国人均GDP并不占优势，但其至关重要的地理位置将会成为这个国家的撒手锏。因为北非阿拉伯联合王国将处在一个非常要害的位置，不但是欧亚大陆和非洲大陆的交汇点，而且是基督教文明、阿拉伯文明和撒哈拉以南非洲文明的交汇处。北非阿拉伯联合王国特殊的地理位置在未来将为其带来取之不尽、用之不竭的地缘战略优势和资源。

但这个新成立的国家也并非完全没有短板。最大的安全隐患就在于，当前摩洛哥与阿尔及利亚两国针对西撒哈拉区域的纠纷和冲突。倘若此问题能够得以和平解决，那么未来建立的北非阿拉伯联合王国毫无疑问必将成为全球地缘政治舞台上至关重要、最为耀眼的一颗新星。

北非谍影——迷境摩洛哥

记得第一次去非洲之前，许多朋友在听说我要去摩洛哥后，纷纷祝贺我能够有机会去世界上如此著名的国家走一走、看一看。一些朋友还特意委托我在观看F1大奖赛时尽量多拍摄一些现场照片，让他们也有机会一睹F1大奖赛现场那精彩纷呈的氛围。我在被他们搞得一头雾水的同时，瞬间意识到原来他们误以为我要去的地方是摩纳哥。于是，我赶忙解释，目的地不是摩纳哥，而是非洲的摩洛哥。然而，大家几乎又是异口同声地问道："摩洛哥在哪里？"

于是，我向他们提到摩洛哥的一个非常著名的城市——卡萨布兰卡（Casablanca），以及在卡萨布兰卡拍摄过的一部非常著名的电影——《北非谍影》。大部分人对这部电影倒是印象颇深。虽然摩洛哥这个国家对大多数中国人来说显得十分陌生，但一提到卡萨布兰卡，大多数中国人还是非常熟悉的。

摩洛哥西邻大西洋，北边是地中海，这使得摩洛哥成了非洲大陆上唯一一个既临地中海，又临大西洋的国家。摩洛哥北面是欧洲最南端，与西班牙只相隔一个直布罗陀海峡。直布罗陀海峡最窄处宽度仅13公里，换句话说从非洲最北端，一个游泳技术稍好一点的人靠游泳也能游到欧洲。

摩洛哥首都拉巴特（Rabat）位于该国西北部，一个大西洋沿岸静谧、美丽的海滨城市。上文提到的卡萨布兰卡是摩洛哥最著名的城市，位于拉巴特北边，相距仅100多公里，车程1小时左右便可抵达。摩洛哥独特而绝佳的地理位置给这个国家带来了最吸引人的一大特点——鲜美可口的海鲜。

摩洛哥首都拉巴特折合 1 元人民币一个的大西洋生蚝

大西洋的海水以冰冷著称，这里出产的海鲜个大味美、种类繁多，最重要的是价格还极其便宜。上图中这种大小和口感的生蚝在国内恐怕只有非常昂贵的西餐厅才有供应，价格自然不菲。但在摩洛哥，毫不夸张地说，吃生蚝都是论“盘”，而不是“个”。图中的一大盘生蚝，其实只是我一个人一餐所食用。滴上几滴柠檬，味道绝佳无比。

摩洛哥另一个著名的城市非马拉喀什（Marrakech）莫属。这个城市位于摩洛哥中部，在首都拉巴特以南100公里。

经过阿拉伯之春的洗礼，当下的摩洛哥也已然成为一个世俗化严重的伊斯兰国家。甚至，有人还把它比作“阿拉伯世界的阿姆斯特丹”，它的世俗化程度由此可见一斑。许多读者之前或对阿拉伯文化有所了解。一提到中东地区或穆斯林文化，脑海中闪过的必定会是全身罩着长袍只露出眼睛的阿拉伯女性形象。现在，在传统的阿拉伯国家如中东地区的确仍然如此。在以前的摩洛哥，也是如此。但在现在的摩洛哥，已经完全不再是那番传统保守的景象了。

在沙特这个中东阿拉伯区域的核心国家，或许想找一间酒吧消遣一下都是一个无比艰巨的任务。然而在马拉喀什，各种酒吧异彩纷呈让人目不暇接。晚上的马拉喀什，金碧辉煌、灯红酒绿的样子丝毫不亚于欧洲的阿姆斯特丹。因此，马拉喀什可堪称是整个阿拉伯地区的“魔都”。

摩洛哥的另一个奇特之处则是虽然它偏居非洲大陆一隅，但在历史上却是发生主权和领土争端最频繁的非洲国家之一。现在整个非洲大陆上最有争议的领土争端仍然发生在这里，那便是摩洛哥与阿尔及利亚关于西撒哈拉区域的领土纷争。

按联合国的定义，现在西撒哈拉区域是全世界面积最大的处于无政府状态的地区，但实际上整个区域里有80%的面积由摩洛哥实际管辖。在西撒哈拉区域的50万人口当中，只有大概1/5居住在非摩洛哥管辖区。

西撒哈拉区域位于非洲西北部，地处撒哈拉沙漠西部，濒临大西洋，与毛里塔尼亚、阿尔及利亚和摩洛哥接壤。该区域是一个存在巨大争议的地区，当地独立武装组织“波利萨里奥阵线”（也称“人民解放阵线”）活动在该地区东部大约四分之一的荒漠地区，其余大部分均已经被摩洛哥控制。此地居民主要为阿拉伯人、柏柏尔人和撒哈拉人。

到目前虽已经过数百年的争议与冲突，但西撒哈拉问题的解决仍然遥遥无期。目前全球共有30余个国家承认“波利萨里奥阵线”所领导的“阿拉伯撒哈拉民主共和国”为独立的阿拉伯国家，但承认摩洛哥对西撒哈拉拥有主权的国家则更多。2020年12月10日，以色列和摩洛哥同意建立外交关系，并与美国一起在同年承认了摩洛哥对西撒哈拉地区的主权。至2023年年末，共有68个联合国成员国支持摩洛哥对西撒哈拉的主权主张，其中有20多个国家已经在接近西撒哈拉的摩洛哥城市开设了领事馆。

“摩洛哥墙”是摩洛哥在西撒哈拉区域修建的一系列隔离墙，由砂石堆筑，总长度达到了惊人的2700公里，把摩洛哥控制的西撒哈拉地区和波利萨里奥阵线所控制的“阿拉伯撒哈拉民主共和国”隔离开来。联合国西撒哈拉全民投票特派团与联合国难民署称，截至2022年，摩洛哥修建的隔离墙甚至已经延伸到了毛里塔尼亚境内，成了继柏林墙、美墨边境墙之后全球第三个著名的领土隔离墙。

如果游客现在想深入西撒哈拉区域，就只能从摩洛哥方向进入。若试图从其他方向深入西撒哈拉，要么有可能变为波利萨里奥阵线手中的人质，要么有可能会像独闯罗布泊一样，被永远地留在这一眼望不到边、平均温度超过50摄氏度的撒哈拉沙漠当中。

摩洛哥的独到之处还远不止如此。摩洛哥还是继位于意大利罗马的梵蒂冈之后，全世界“唯二”的另一个存在“国中之国”的国家。在摩洛哥领土范围内还存在着一小块儿西班牙领土——休达（西班牙语：Ceuta）。

休达是西班牙的海外自治市，位于非洲大陆的最北部，直布罗陀海峡附近的地中海沿岸，面积只有约18.5平方公里。

对休达的争夺曾引发1859—1860年的西班牙-摩洛哥战争，最后以摩洛哥的失败而告终。1956年西班牙承认摩洛哥独立，但前提是保留休达，认可其属于西班牙领土，但摩洛哥当时拒绝承认。在文化上，现代的休达可以看作西班牙安达卢西亚文化的一部分，它距西班牙安达卢西亚的加迪斯省海岸直线距离仅19公里。

如果去到摩洛哥北部城市丹吉尔，能看到许多西班牙游客和长期居住在摩洛哥的西班牙人，且丹吉尔本地人也都会讲一口近乎流利的西班牙语。身处丹吉尔，会感觉好像是来到了西班牙一般。休达允许摩洛哥人随意进出，但其他外国人必须持有欧盟签证方可进入。

休达现在已经发展成为一座国际化大城市，这里居住着大量柏柏尔穆斯林、犹太人以及印度教徒，当然更少不了西班牙人。在平日，休达俨然已成为摩洛哥人休闲、购物的一个绝佳目的地。每逢周末或节假日，成群结队的摩洛哥人便会蜂拥而至逛街购物。对摩洛哥人而言，在休达免去了往返欧洲的成本就能买到价格低廉的欧洲免税商品，倒也是一件幸事。

不得不说，摩洛哥好像是一个格外受上帝眷顾的地方。在这样一个不大的国家里，几乎集齐了北部非洲、欧洲和中东所有的代表性特色。除了休达，摩洛哥那些为人知、不为人知的美景的确值得每个人在有生之年都来一次深入彻底的摩洛哥深度风情游。

巴迪宫（Badi-Palace），阿拉伯语意指“神奇的宫殿”，一个位于马拉喀什的古老宫殿废墟，由萨阿德王朝的第六位苏丹艾哈迈德·曼苏尔于1578年花费25年时间打造而成。这座宫殿在1603年曼苏尔死后便不再被使用，最终在萨阿迪王朝衰落成为废墟。建造它的许多材料尤其是大理石后来被逐渐拆除并重新用于摩洛哥各地其他建筑的修复，现在其遗迹已经成了马拉喀什最主要的旅游景点。

马若雷勒花园（法语：Jardins Majorelle）是由法国著名艺术家雅克·马若雷勒亲手操刀设计。作为法国一位杰出的年轻画家，马若雷勒于1917年因健康问题到摩洛哥疗养，在卡萨布兰卡短暂停留后，他前往马拉喀什，像许多来到这个城市的人一样顿时爱上了这里鲜艳的色彩和惬意的生活。在游历了北非和地中海之后，他最终决定在马拉喀什永久定居并建造了这个举世瞩目的花园。20 世纪 80 年代，时装设计师 Yves Saint-Laurent（即著名品牌YSL圣罗兰的创始人）购买了这个花园，并一直致力于保护并修复它。

舍夫沙万老城区街道

哈桑二世清真寺是世界上第三大清真寺，坐落于卡萨布兰卡美丽的大西洋岸边，其奇特之处在于这座建筑物建筑面积的三分之一位于海上。该清真寺耗资近6亿美元，建筑面积超过2万平方米，礼拜殿及广场总共可容纳10万人同时做礼拜。寺内宣礼塔的高度达到了210米，是世界上最高的宣礼塔。沐浴室共可容纳1400人同时进行沐浴。在这座宏伟的建筑中，伊斯兰经学院、图书馆、讲演厅、会议厅等皆一应俱全。

舍夫沙万（Chefchaouen）是位于摩洛哥西北部的一座古城，一个到了摩洛哥必须要去的地方。因为，这座城市本身就是一个完美的经典之作。

如若来到摩洛哥的第四大城市非斯（Fez），千万记得要买些皮具产品。这个被誉为“西方的麦加”和“非洲的雅典”的城市是最能代表北非文化的地方。非斯的卡鲁因大学则是世界上现存最古老的大学之一。非斯的阿拉伯人聚居区（Medina of Fez）于1981年入选了世界文化遗产。

历史上，非斯是摩洛哥最主要的贸易和手工艺中心，靠皮革制造业几乎撑起了摩洛哥早期大部分的出口，成了维持摩洛哥国家经济的最主要力量。现在，非斯是全世界唯一仍保留有大规模手工露天鞣革场的地方。在非斯的古城区，现在仍存有3座古老的露天鞣革场。

非斯古城区的手工露天鞣革场

我在首次踏上北非大地之前，与许多人印象差不多的是，感觉北部非洲身处撒哈拉沙漠地带，不太可能会有令人流连忘返的风景。后来才发现，这种想法大错特错。

摩洛哥由于恰好处于非洲大陆板块与欧亚大陆板块交界地带，使得阿特拉斯逆冲断层线在里夫山脉（Rif Mountains）穿过了整个摩洛哥，这反而为南北狭长的摩洛哥从北至南打造出了无数引人入胜的经典奇观，并使摩洛哥形成了两大主要山脉——阿特拉斯山（Atlas）和里夫山（Rif）。这两大独特的山脉也成就了摩洛哥，使这个国家成了非洲所有国家中唯一一个春、夏、秋、冬四季景色俱全的国家。

在非洲，如果既想到广阔的撒哈拉沙漠骑骆驼，又想畅游大西洋并享用鲜美的大西洋海鲜，还想到雪山之巅感受一下在年平均气温达到25摄氏度的非洲大陆上滑雪的刺激和新鲜感，就只能来摩洛哥。因为地理因素的影响，又或许是上帝对摩洛哥过于偏爱，这个小小的国家竟集齐了几乎所有人类喜爱的大自然美景。

大力神洞是摩洛哥最北部城市丹吉尔的一大自然奇观。千百年来，海浪对岩石的冲刷使得这个神奇的石洞里自然而然地形成了诸多鬼斧天工般的天然美景。虽然大力神洞整体并不算十分宽大，但如果远观洞口，就会发现大力神洞的洞口竟酷似一幅完整的非洲地图，仔细看过去，甚至连马达加斯加岛的位置都标注得清晰可见，让人不得不由衷地佩服大自然的鬼斧神工。如果天气晴朗，从洞口望去，能看到的海那边的大陆便是欧洲。

在摩洛哥南部，又能够观赏到世界上仅存于摩洛哥的一种奇特生物——爬树山羊（tree climbing goats）。这些山羊纷纷立在树梢上的时候，真的是让人叹为观止。尤其是在亲眼看到一只只喜羊羊欢快雀跃地爬上树，站在树下与他们脸对着脸，会感觉到上天造万物的规律是何等神奇。

人类总是自以为很懂这个世界，其实可能在山羊的眼里，人类反倒是个可怜的角色，只能站在树下拿着手机对着它们拍照。羊群可能还在为我们着急，要是狼来了，这些人类不会爬树，该怎样逃生呢?

不幸的是，由于经年累月环境的变化尤其是人类肆无忌惮地捕杀，现在非洲大陆上许多无比珍稀的动物都在以极快的速度消失。比如摩洛哥曾经的国宝——如大熊猫般珍贵的巴比尔雄狮（barbary lion）。自1922年人类拍摄到最后一只巴比尔雄狮后，这个物种就彻底从地球上消失了。

经济方面，若按人均GDP衡量，摩洛哥只是非洲排名第五位的国家。支撑摩洛哥经济最主要的行业是服务业、旅游业和采矿业。摩洛哥的货币被称作“迪拉姆”，与人民币的汇率大概为1∶0.7。摩洛哥普通人的平均月收入为3000多迪拉姆，相当于2000多元人民币。由于收入偏低，许多消费品又以进口为主，造成摩洛哥的整体治安虽然不成问题，但坑蒙拐骗也时常发生，尤其在旅游景区。

照片中这位阿拉伯年轻人，便是我在摩洛哥遇到的第一个“骗子”。当时我刚刚到达摩洛哥首都拉巴特，对当地情况尚不熟悉。一个周末，我赴拉巴特著名景点乌达雅堡游览。顺便提一句，乌达雅堡也是好莱坞大片《碟中谍5》中著名影星汤姆·克鲁斯曾骑着摩托车飞驰而过的地方。

笔者与摩洛哥“热情”的导游

小伙子很是热情，不停地用法语混着阿拉伯语向我做介绍。虽然当时的我法语和阿拉伯语还尚属于一知半解，但冲着他这股诚恳和热情的劲头，于是利用一下午时间跟着他把乌达雅堡转了一遍。游毕，他绝口不提什么导游费或服务费，而是一个劲儿地竖起大拇指对我说着China，China，China。紧接着，套路便出现了。他说，希望我可以帮助他，因为他家里的生活实在是太困难了，上有八十岁老母，下有三岁的娃娃。身处异国他乡，毕竟别人也耗费了大半天时间带我游览。此外，就冲着外国友人高喊的这几句China，每一名中国人都有义务维护好这来之不易的国际友谊。但当时我对摩洛哥的物价不甚了解，于是打开钱包给他看，身上总共只有260迪拉姆，问他多少钱合适。小伙子仍然很有礼貌，没有谈钱，先是问了我住在哪家酒店，盘算了一下说，60迪拉姆够你打车回酒店了。然后，把200迪拉姆拿走了。后来我打车回酒店，果然花了58迪拉姆。

之所以把“骗子”二字用上引号，是因为现在回想起来，心中对他倒还有几分感谢。至少，他没有让我孤身一人在异国他乡人生地不熟的情况下身无分文，居然还精准地给我留足了回酒店的路费。后来我一打听，这种当地导游服务普遍的价格是50迪拉姆。虽然被套路了，但不得不说还算是一段颇有“人情味”的套路。

摩洛哥还是目前世界上为数不多仍实行君主立宪制的国家之一。位于首都拉巴特的王宫修建得壮丽宏伟，十分具有阿拉伯传统特色。最主要的是，摩洛哥人都非常热情好客，这一点在摩洛哥皇家卫兵的身上更是体现得淋漓尽致。

笔者与摩洛哥首都拉巴特王宫前的皇家护卫合影

这张照片倘若是在白金汉宫的卫兵前拍摄，换来的轻则是一声大吼，重则后果不堪设想。然而，摩洛哥王宫前的卫兵都十分友好，甚至为了配合我合影还特意挺了挺胸，抬了抬头，调整了一下表情和状态。我们虽然未曾通过语言进行交流，但双方的配合却是十足的默契。

此外，许多读者或许想象不到的是如此一个安静、祥和、充满异域风情的摩洛哥，竟然是全世界出口大麻最多的国家之一。据统计，欧洲将近70%的大麻都是自摩洛哥进口。2017年3月，美国国务院还曾在一份报告中称，摩洛哥现在已稳坐全球第一大麻生产国和出口国之位[1]。

如果能在摩洛哥停留超过半个月，除了美丽的风景和奇特的风土人情之外，最让人回味无穷的还有它的美食。在这样一个国土面积不大的国家里，阿拉伯餐、摩洛哥餐、中东餐、法餐、美式快餐、西班牙海鲜餐、日料、韩料、泰餐甚至中

[1] 对摩洛哥大麻种植问题的思考 [J]. 杨娅 . 时代人物 , 2020 , (029) : P.1-3.

餐……只要你能想得到，摩洛哥就能提供给你。关键是，口感都无比正宗。另外，由于摩洛哥独特的地理位置，三面环海，所以也使得摩洛哥成了非洲大陆上最大的海鲜出口国，海鲜的出口和销售几乎占据了其全国GDP的4%。尤其摩洛哥还是全世界最大的沙丁鱼出口国，作为摩洛哥皇室最喜爱的食物，据传摩洛哥国王几乎每天无沙丁鱼不欢。

摩洛哥部分美食合集

Couscous（音译：库斯库斯）是另一道经典的北非菜肴。这种食材看上去很像小米，其实是一种麦粉。它无法像小米一样用来煮粥，但拌上沙拉当作主食却味道极佳，且非常健康。

但下面这道美食，许多读者或许很难在自己家中烹饪了，因为要用到一种摩洛哥特有的炊具，这就是最为著名且最能代表摩洛哥的一道餐饮——Tajine（音译：“塔金”）。

一套摩洛哥特色牛肉 Tajine 套餐

这道菜之所以离开摩洛哥就无法烹饪，是因为一旦离开了盛放Tajine的这种外形特殊、类似于砂锅一样的器皿，烹饪出来的味道马上就会大相径庭。实质上，按中国人的烹饪习惯我们也可把Tajine的做法理解为炖菜，在这种带有圆锥形盖子的陶器中将食材慢慢煮熟。Tajine一词的意思实际上是指由盘子和锥形盖子所组成的锅，而并非指其中的食物。

享用Tajine之时，一定不可缺少的便是摩洛哥的“国民饮料”——薄荷茶（Mint tea）。

在中东地区，阿拉伯茶的主要原料为糖，而传到摩洛哥之后，经过当地人的不断改良升级，大量的薄荷被加入到传统的阿拉伯茶中，形成了口味别具一格的摩洛哥茶，俗称“摩茶”。摩茶的茶具通常由精美的银器或铜器打造而成，外形美轮美奂、十分精致。摩茶最大的特色便是打开壶盖，映入眼帘的到处都是薄荷叶和糖块儿，甚至比茶叶还要多。细品起来，只能尝到一股甜甜的薄荷味，几乎品不出茶叶的味道。

摩洛哥的另外一大特色便是坚果油（Argan Oil），此为全球女士的最爱，在全世界范围内也为摩洛哥所独有。摩洛哥坚果油的用处非常多，可烹饪食物，也可用来做化妆品，还可直接做成香皂。用摩洛哥坚果油做成的香皂丝滑细腻，与日常添加了大量皂剂和化学物质的化工香皂简直有着天壤之别。

图中即摩洛哥薄荷茶，一般用精致的银制器皿泡制

另一个到了摩洛哥千万不要错过的还有摩洛哥水果。由于经纬度的关系，摩洛哥全境平均日照时间十分充足，经常到了晚上9点仍是阳光明媚，因此这里出产的水果普遍个大、味美且价格低廉。

按伊斯兰教《古兰经》教义，酒精能够让人的思想变得浑浊。所以，几乎所有伊斯兰教信徒都不可饮酒，尤其是在伊斯兰教占据主流的国家，甚至根本都找不到售卖酒水的地方。

摩洛哥的奇特之处就在于虽然它也是一个严格禁酒的伊斯兰国家，公开场合不可售卖酒水，但这里却不像沙特等中东核心阿拉伯国家那般严格，仍然能够通过许多“特殊”渠道购买到酒精饮品，甚至摩洛哥本国竟还出产一种名为“卡萨布兰卡”的啤酒，口味甚至要远胜于其他国际大牌啤酒。只是，日常来摩洛哥旅游的游客由于人地两生，不知道该如何买到酒精饮料。想要在摩洛哥买到酒精饮品，必须有一定的渠道和人脉。但要注意的是，一定不可在公共场合饮用，否则后果不堪设想。

摩洛哥当地著名的“卡萨布兰卡”牌啤酒

现实中，摩洛哥在整个阿拉伯世界中的定位一直都有些许不清晰。因为，一些阿拉伯国家并不把摩洛哥看做一个100%的纯正阿拉伯国家，而许多摩洛哥人也不把自己看成是100%的纯正阿拉伯人。但是，摩洛哥人又讲着非常流利的阿拉伯语，信奉着伊斯兰教法传统教义，这便使得多年来摩洛哥在整个阿拉伯世界中的地位始终处于一个比较微妙的位置。

摩洛哥有3600万人口，约一半属柏柏尔人后裔，只有20%—30%的人口属于纯阿拉伯人后裔。二战期间，许多打算撤往美国的欧洲人原本计划南下至卡萨布兰卡，再从卡萨布兰卡出发横跨大西洋到达美国。结果，许多欧洲人一来到摩洛哥便发现这个国家气候宜人、景色优美，尤其适宜居住。最终，许多人竟放弃了去美国的打算，选择定居在了摩洛哥。于是在二战期间，由于特殊的地理位置，卡萨布兰卡成了连接欧亚大陆、非洲大陆和北美大陆的最大谍报基地。当年曾一度风靡全球的著名影片《北非谍影》中讲述的便是这段历史。最终，造成摩洛哥总人口中居然还有5%—10%属于欧洲人后裔。

由此，生活当中许多摩洛哥人能流利地使用三种语言——法语、阿拉伯语和柏柏尔语，甚至一部分人还能熟练地使用西班牙语。但摩洛哥作为一个典型的阿拉伯国家，带有摩洛哥口音的阿拉伯语却实在是不敢恭维。摩洛哥人讲的阿拉伯语方言几乎许多来自中东的阿拉伯人听后都难以明白。记得当时我在德国读书时，班里一名同学来自江苏南通。每当他用家乡话与家人通话时，我竖起耳朵，甚至连一个词都听不懂。那时我感觉，他所讲的方言听起来倒特别像是日语或韩语。站在中东阿拉伯人的角度，他们听到摩洛哥人讲阿拉伯语也是如此。

在国家政体方面，摩洛哥现在仍然是一个标准的君主立宪制国家。摩洛哥皇室规模在全球范围内仅次于日本皇室，排名第二。但不同于日本的是，穆罕默德皇室是拥有绝对实权的皇室，现在的国王穆罕默德六世便是实际上的摩洛哥最高行政领导人。

摩洛哥是信奉伊斯兰教义的国家中为数不多的把一些伊斯兰教规执行得最为彻底的国家。比如，按法律规定，摩洛哥男性现在仍然可以最多娶四名妻子。

照片里这位摩洛哥朋友，就有三位妻子。拍照这天恰逢周日，他带我去拉巴特非常著名的景点舍拉废墟打卡留念。舍拉废墟为摩洛哥马林王朝时期规模最为宏大的皇家陵寝，摩洛哥苏丹阿布哈桑及其妃子均葬于此陵内，但18世纪的一场大地震使这里成了一片废墟。

按伊斯兰传统，公开他妻子们的照片为不尊重，因此书中不进行展示

当日一早，我们一行人约定在舍拉废墟入口处见面，令我完全意想不到的是，这位老兄的三个妻子居然也尽数到场。作为中国人（包括其他许多国家的人），应是从未见过这种惊人的场面。途中在一间摩洛哥饮品店我们停留片刻，点了一壶摩洛哥茶稍事休息。他的三位妻子一个端茶，一个倒水，一个拿点心，忙得不亦乐乎但又十分井然有序。能看出他的三位妻子在一些需要协调配合的家务事方面训练有素、分工明确、有条不紊，还能够高效沟通协作，完全发挥出了1+1+1＞3的作用，助力家庭工作提质增效。

但奉劝各位中国的男性读者不必心生羡慕。首先你不是穆斯林，最重要的是你也不是摩洛哥人。况且摩洛哥男性在享受这种待遇的同时，其实也要付出巨大的成本，那就是金钱。

摩洛哥现行法律虽然允许男性最多可同时娶四任妻子，但其中也有许多限制性条款。比如，丈夫给任何一位妻子买任何一件礼物甚至不动产，都必须同时给予其他妻子完全相同的待遇。单凭这一点，就基本断绝了摩洛哥中下阶层男士一夫多妻的美梦。如果有四位妻子，什么都需要同时买四份，对普通人而言经济压力将是难以承受的。即使是有钱人，虽然摩洛哥房价远不及发达国家，但一下子就要买四套房子对一般的有钱人而言也是一种难以承受之痛。

以上这些法律层面上近乎苛刻的改革，都是由现任摩洛哥国王的妻子（前妻）萨尔玛首倡。2002年，现任国王穆罕默德六世与萨尔玛举行了盛大的婚礼，萨尔玛正式成为摩洛哥王妃。

王妃萨尔玛虽出身平民，但却是一个极具女权主义思想的女性。她不愿遵从男尊女卑的阿拉伯传统习俗，开创了在一个典型伊斯兰国家追求女权主义的先河。她曾三次主动拒绝国王穆罕默德六世的求婚。直至深陷爱河的穆罕默德六世为了自己心爱的萨尔玛，最终不顾众人反对，修改法律允许试行一夫一妻制，萨尔玛最终才答应了他的求婚。

成为王妃后，萨尔玛也没有停止为摩洛哥女性权利继续斗争的步伐。最终在她的大力倡导下，虽然现在一夫多妻制在摩洛哥仍被允许，但摩洛哥法律中诸多苛刻的限制性条款也导致一夫多妻制在现实生活中实施起来困难重重，于是，便造成如上文所述那般，娶多名妻子的成本直线上升。在现在的摩洛哥，倘若一名不具有绝对雄厚经济实力的男性真的娶了三四名妻子，很有可能会为此倾家荡产。因而实际上，现在摩洛哥真正拥有超过一名妻子之人可谓凤毛麟角。这些人要么是富甲一方的富二代，要么则是处尊居显的官二代。

文化上，摩洛哥如同其他北非国家一样，多元化程度也非常之高。柏柏尔文化、阿拉伯文化、非洲文化、伊斯兰文化以及欧洲文化在这里交相辉映，构筑起了当代摩洛哥奇特的社会结构和鲜明的特点。

近年来，中国文化在北非包括摩洛哥等地也开始逐渐兴盛起来，越来越多的北非人开始对中华文明产生了极大的兴趣。

2019 年中国新年之际，位于卡萨布兰卡的“Morocco Mall”（摩洛哥最大的商场）门前矗立的巨幅中国龙雕像，成为当地人的网红打卡点，Morocco Mall 里矗立的中国元素展览品深受摩洛哥人喜爱

不可否认，对摩洛哥影响最大的始终还是柏柏尔文化。现在许多传统柏柏尔文化在北非已经处于即将消逝的边缘，如前文中提到的柏柏尔人的文身。与此同时却有一种柏柏尔传统非但没有消失，反而从北非跨越撒哈拉沙漠传播到了更广阔的撒哈拉以南非洲国家，这就是柏柏尔人的吉拉巴长袍（Djellaba）。

柏柏尔人千百年来流传下来的这种长袍好似是中国古代武侠小说里经常提到的

由百宝串成的“珍珠衫”，具有冬暖夏凉、寒暑不侵之功效。在寒冷的冬天，这种长可拖地的袍子保暖性能十分优异。在炎热的夏天，这种袍子异常宽松的剪裁风格又使其内部自然而然地形成了一个空气微循环环境，使得身体四周通风性奇佳，凉快异常，并且还可起到绝佳的防晒效果。

国策方面，摩洛哥偏向更多的是欧美，而非传统中东阿拉伯地区国家。

历史上，摩洛哥是美国于1776年建国后全世界第一个公开承认美国的国家。那时的美国并不像现在这样处于全球霸主地位，还是一个弱不禁风的不起眼小国。摩洛哥立即挺身而出充当了美国保护国的角色。当时的摩洛哥国王曾向全世界宣布，在全球海洋中航行的所有美国船只都受到摩洛哥王国的保护，告诫全世界其他国家谁都不许欺负美国。1786年，在美国建国短短十年后，摩洛哥便与美国签署了《摩美友好条约》，成为美国历史上与外国签订的第一份对外友好条约。

摩洛哥阿特拉斯山脚下，身穿 Djellaba 的行人

此外，摩洛哥与欧洲的关系也十分紧密，其中与摩洛哥关系最为密切的两个欧洲国家当属法国与西班牙。

法国曾殖民过摩洛哥多年，摩洛哥现在的官方语言依然是法语。现实中，摩洛哥人大都法语流利，许多摩洛哥年轻人留学的首选目的地基本都是法国。此外，持有法国护照的摩洛哥人数量也非常之多。

至于西班牙与摩洛哥，则可以用又爱又恨来形容。经济上，摩洛哥与西班牙两国的双边贸易量非常大。同时，与西班牙在历史上又存在着诸多争端与摩擦，包括前文中提到的在摩洛哥境内的西班牙领土休达。

但归根到底，摩洛哥毕竟仍

是一个阿拉伯国家，因此他与阿拉伯世界的关系是永远也不可能被完全割裂开的。阿拉伯世界的霸主沙特阿拉伯在摩洛哥保有大量的投资，在海湾战争中摩洛哥还曾派兵到沙特支援沙特的作战。此外，沙特国王与摩洛哥国王之间还保持着非常亲密的私人关系。

在阿拉伯世界里有一句形容摩洛哥的话描述得十分贴切：“摩洛哥不像是一个原生的阿拉伯国家，倒像是一个嫁到阿拉伯的国家。”

如果想在一次旅行中便能把阿拉伯世界、伊斯兰文明、北非文化了解全面，那么摩洛哥会是一个非常好的选择，恐怕也是唯一的选择。

现在，摩洛哥已经单方面对中国游客实行免签入境。2020年之前，摩洛哥皇家航空还曾开通过北京往返卡萨布兰卡的直飞航线。现在，去这个美丽而又神秘的国家来一场说走就走的旅行对大多数游客而言已经不是什么难事。

世界上再遥远的距离，其实也只是差一颗要出发的心而已。

沙漠中艰难踱行的突尼斯商贩

第四章

谜一样的阿拉伯之春

沉重的一记耳光

2010年12月17日，突尼斯城市西迪布齐德（Sidi Bouzid）。

这一日，在西迪布齐德的一个农贸市场上，警察没收了26岁卖蔬菜的无证小贩穆罕默德·布瓦吉吉（Mohamed Bouazizi）的货物、手推车和秤。警察的这一行为让布瓦吉吉出离愤怒，因为相比于罚款，没收他的家什无异于彻底断绝了他养活母亲和其他六个兄弟姐妹等一大家子的命门。在试图与警察争论的时候，一名女警察又重重地甩了布瓦吉吉一记响亮的耳光。

请大家记住发生在2010年12月17日突尼斯的这一记耳光。

因为这一耳光，堪称是人类历史上代价最大的一记耳光。它打出了席卷北非和中东阿拉伯地区令世界为之震惊的“阿拉伯之春”革命，打丢了数个国家元首的政权，打出了北非及阿拉伯地区近万亿美元的经济损失，还打没了100多万人的生命。

被打后，布瓦吉吉随即前往市政府和省政府投诉，但遗憾的是，均未被接待。顿时，一股羞辱、愤怒、沮丧和绝望之情在他的情绪中冲撞到了顶点。布瓦吉吉在省政府门前点燃了身上的汽油。

2011年1月4日，在新的一年刚刚开始之际，经抢救无效，他的生命从此定格在了这一天。

布瓦吉吉的死在西迪布齐德引起了大规模暴动，并很快蔓延至突尼斯全国，导致了席卷突尼斯全境的大规模暴乱。紧接着，暴乱又以迅雷不及掩耳之势迅速蔓延至北非其他国家，随后又传遍了整个阿拉伯世界。

布瓦吉吉的自焚以及随后在突尼斯和其他国家引发的这场革命显然具有更加深层的社会原因，绝不仅仅是因为布瓦吉吉之死。在突尼斯，这并不是警察第一次勒索像布瓦吉吉这样的无证小商贩。警察的目的无非是为了勒索些钱财，但不知道为什么布瓦吉吉这一次却毅然决然地选择了拒绝和对抗。或许，他已经穷得连给警察的小费都付不起了。但无论如何，打人始终是不对的，尤其是打耳光，况且还是在男尊女卑的伊斯兰国家，一个男人当众被一个女人打耳光。在他们穷困潦倒之际，这一记大庭广众之下的耳光使得这些底层老百姓的人权和尊严再一次被狠狠地踏上了最后一脚。

哪怕有一线之路，谁不愿活着，即便是苟活。可以没收布瓦吉吉的财产，因为他无证经营，但打他的耳光，则完全触碰到了他作为一个社会底层人内心里仅存的一丝尊严。其实，布瓦吉吉一开始也并没有选择自焚，如果当时他在试图向市政府和省政府投诉的时候能够被接待一下，恐怕也不会引发后来一系列如此严重的后果。

结果，就因为这一记耳光，时任突尼斯总统的本·阿里（Ben Ali）于2011 年1月被迫下台并流亡沙特阿拉伯。一个月后，阿拉伯世界的英雄、埃及前总统穆巴拉克（Muhammed Hosni Mubarak）同样被迫下台，并于2012年6月被判处终身监禁。与此同时，针对卡扎菲的民众反抗运动在利比亚也迅速演变成为武装暴动，最终导致联合国和北约强势介入以“国际保护”的名义大力支持利比亚反对派，最终卡扎菲于2011年10月被利比亚叛军抓获并当场处决。叙利亚也陷入了巴沙尔·阿萨德（Bashar al-Assad）政权与反对派“叙利亚自由军”之间经年累月延续不断的残酷内战。

2011年初开始的这场震撼整个世界的大规模群众运动注定将被永远载入人类史册。除了卡塔尔、阿拉伯联合酋长国等个别海湾国家，几乎所有阿拉伯国家都发生了大规模的群众运动。在一些国家，阿拉伯之春最终发展成为跨越种族和宗教界限的泛社会抗议运动。突尼斯、埃及、利比亚和也门的当权者接连被推翻。阿拉伯之春最终发展成为历史上北非和中东国家社会发展中的一个重要转折点。

然而，在这场轰轰烈烈的革命过后，北非和中东国家大多数人才逐渐发现，他们革命之初的期望似乎在革命之后并没有完全得到满足。除突尼斯外，其他国家既没有实施根本性的改革，也没有通过宪法来保障公民权利。大多数北非国家基本都采用了“胡萝卜加大棒”的方式，表面进行改革和财政激励，同时加大力度使用各种高科技手段进一步监视和镇压反对派和抗议行动。

2014年，世界原油价格开始下跌，这些经过阿拉伯之春洗礼过的国家经济形势骤然变得更加严峻。2011年抗议浪潮中的诉求如“解决长期存在的社会经济危机”

等，在革命过后依然是有增无减。

事实上，只有突尼斯在总统本·阿里于2011年1月14日逃离后出现了政权更迭并最终导致了突尼斯部分的世俗化进程。在叙利亚、利比亚、也门和伊拉克等国，阿拉伯之春导致了连年不断的内战，并且由于外部势力的干预和火上浇油，直至现在也丝毫看不到这些国家重回稳定的迹象，更谈不到改善经济状况了。

另一方面，权力的真空又使得基地组织和ISIS“伊斯兰国”迅速见缝插针渗透进北非，开始在这些国家不断制造恐怖袭击。阿拉伯之春运动及其随后的数年中，仅在北非就造成了上百万人沦为难民，他们中的大部分人随后都辗转去了欧洲，结果又使得欧盟开始陷入了严重的难民危机。

曾经轰轰烈烈的阿拉伯之春为何会以如此结局收场？运动之初，作为底层人希望的灯塔，为什么最终在一些国家却升级成了持续不断的内战？当初那些普通人的期望难道在北非和中东地区根本就是一种不切实际的想法吗？

谜团之一：爆发得出乎意料？

现在回头来看阿拉伯之春，许多人都会对这场运动爆发和蔓延的速度吃惊非小。2011年，全球主流媒体在报道中几乎都认定阿拉伯之春是“突然出现的”。即使在今天，仍然有许多研究人员声称当时完全无法预测阿拉伯之春爆发后事态的发展路径。然而，如果仔细审视一下2011年之前的情况，就会发现这场席卷半个世界的运动完全是有迹可循的。

自20世纪90年代以来，北非和中东一些国家已经开始陆续发生围绕反对腐败、社会不公平的示威活动。这一地区许多国家的人们纷纷举行罢工要求提高工资，并抗议越来越高的失业率。但大多数抗议活动仍然相对局部化，仅限于国家内部部分领域，在区域和全球层面并未受到关注。直至21世纪之初，随着抗议活动在多个国家的激增，这种情况才开始发生“由量到质”的转变。2000年巴勒斯坦领土上的两次起义、2003年的伊拉克战争以及2005年穆罕默德漫画的出版等事件都在一步一步地把西起摩洛哥东至也门的大量年轻人逐渐地推上街头。然而，前期这些示威游行还只是局限于单个国家内部，且在当时这种不成体系的抗议活动基本都被当权者很快平息了下去。

早在2000年，联合国就曾起草过《阿拉伯人类发展报告》[1]，该报告对北非及中东地区的政治、经济和社会问题进行了深刻的剖析，指出了该地区存在的一些严重问题，诸如经济状况逐渐恶化、国家内部贫富差距越拉越大、国家与国家之间巨大的发展差异以及青年人群失业率持续升高等严峻问题。

阿拉伯之春前不久，关于一些阿拉伯政权的腐败问题世人早已皆知。就突尼斯而言，前总统本·阿里家族内部腐败的证据在该国国内曾经被媒体公开报道过多次，成为推动突尼斯后来抗议活动升级的主要因素。

因此，阿拉伯之春的源头，所谓社会底层人群的集体不满情绪的宣泄其实并不是一个最终是否能够爆发的问题，只是一个时间问题，是何时爆发的问题。但在阿拉伯之春爆发之前，一些北非国家政权仍然认为没有必要进行较大动作的改变，而是继续专注于稳固当前的局面。所以，阿拉伯之春运动看似是突然而至，实质上早已在北非国家社会的各个层面均埋下了伏笔。

谜团之二：到底为何而走上街头？

许多学者认为要求进行一定程度的社会变革是阿拉伯之春运动的最主要诉求。但从过后的结果来看，事实似乎并非如此。阿拉伯之春只能算是打着变革的旗号，仅处于早期萌芽阶段的“试探”性运动。即使是在阿拉伯之春运动爆发最早、规模

[1] “Arab Human Development Report,” United Nations Development Programme (UNDP) paper. As of April 15, 2024: https://arab-hdr.org/

最大的国家突尼斯，许多人所希望看到的那种变革直到今天仍然还只是处于一个初始实验阶段。在埃及，2013年的军事政变则彻底粉碎了变革的前景。其他发生阿拉伯之春的国家也同样如此。换言之，如果整体社会变革是阿拉伯之春运动的主要诉求的话，那么这个诉求和阿拉伯之春运动本身已经可以宣告彻底失败了。

所以，认为阿拉伯之春是一股变革浪潮的想法从一开始就是错误的，是一种外来强加的一厢情愿。事实上，阿拉伯之春运动中只存在极少数要求国家进行全方位变革的诉求，更多的抗议者诉求的实际上仍集中于经济范畴。他们反对腐败，在一些国家也出现了一些推翻原有体制的声音，却没有一个北非国家强烈要求建立一种完全的新制度。

阿拉伯之春中的抗议者几乎来自社会各个阶层，随着运动的不断推进，世俗主义者、伊斯兰主义者以及各个阵营中多元化、支离破碎的前反对派力量发现他们根本无法形成一致的愿景。反对派认为未来的国家权力划分是一场零和游戏，只能有你没我、有我没你。而且除突尼斯外，其他国家反对派的力量非常薄弱，根本就没有可能建立起一个全新的政权。所谓的变革在本质上不是，也没有可能成为阿拉伯之春的首要目标，主要因为以下三点。

第一，世俗反对派和伊斯兰反对派理念的根本性差异使得批判性文化在许多北非国家完全没有成长所必需的土壤。

第二，北非国家早已说服西方国家，让他们相信目前所采用的“渐进式”变革的形式更加适合北非阿拉伯国家。在美国“9·11”事件发生后，西方已经默许并接受了阿拉伯国家对国内抗议活动的镇压，并慢慢恢复了对阿拉伯国家的武器出口，同时辅以大量的财政援助来支持北非国家所谓的“渐进式”改革。从西方的角度来看，因为反恐等战略需要，北非以及中东国家的稳定性显然是压倒一切的，是对西方最有利的，而不是所谓的变革。

第三，北非国家中许多人对能否真正变革本身持怀疑态度。2003年，美国无视国际法以推行民主为由入侵伊拉克，西方国家又容忍甚至支持极端伊斯兰主义者于1992年赢得了阿尔及利亚大选，并于2013年还极力反对力推改革的埃及穆斯林兄弟会候选人当选总统。甚至，一些西方国家还带头抵制了2006年在加沙地带和约旦河西岸通过民选方式当选的哈马斯领导的政府。

因而，当面对西方的宣传时，许多北非民众开始愈发怀疑西方国家在自己的国家推行变革背后的真正意图。

谜团之三：一场同质化运动？

许多人认为“阿拉伯之春”是在整个北非及阿拉伯地区发生的一场有组织、有凝聚力的泛阿拉伯运动，并认为从北非到中东，人们在对正义、尊严、公平和经济发展等各方面的总体要求上存在很大的相似性和重叠性。

但是，尽管以上这些在名义上存在相似之处，但从实际的阿拉伯之春运动中能够看到，北非及阿拉伯各国之间还是存在巨大差异的，这不得不使我们质疑这场运动的所谓“同质化”特征。

在现实中，北非阿拉伯各个国家抗议运动的组成、示威活动的发起和既定发展方向、反对派的具体要求以及当权者对这些要求的反应，甚至各国的镇压形式等都大相径庭。

从本质上讲，这些差异的产生与北非各个国家内部的贫富差距是有很大相关性的。此外，不同国家的社会结构、教育水平、工业化程度和城市化程度也是决定这些差异的关键因素。由于这些差异的存在，各个国家抗议活动的形态也大不相同，而每个国家对国内抗议活动的反应也不尽相同。

在埃及、黎巴嫩、摩洛哥、突尼斯和阿曼等国，城市里接受过教育的中产阶级和青年人更多是通过社交平台和网络呼吁和组织抗议活动。在这些国家里，中产阶级和文化青年还成功地鼓动了社会中下阶层的参与，当权者对示威活动的镇压并未产生什么实际效果，反而导致了示威游行活动的进一步动员和扩散。

在约旦、巴林、叙利亚和沙特阿拉伯等国爆发的抗议活动则首先来自社会中下层人士，并被严格限制在以地区或宗派、种族为界限划分的特定社会范围和阶层内。虽然这些国家后来也出现了全国性的抗议运动，但这些抗议运动仍仅局限在一些地区，并非最终全部形成了强大的凝聚力而对当权者产生了较强的冲击。比如在沙特阿拉伯，抗议活动完全局限于首都利雅得之外。沙特的抗议活动虽然后来也扩散到了更多的城市和地区并愈演愈烈，但始终也没有能够联合起来形成广泛的全国性运动。

此外，北非和阿拉伯各国不同的历史背景也对抗议活动发展的进程产生了不同的影响。阿拉伯之春期间，在黎巴嫩、苏丹、阿尔及利亚等有过内战经历的国家，以及巴勒斯坦和伊拉克，抗议活动要么根本没有发生，要么反而显得相对温和一些。因为这些地区的人们担心进一步的社会两极分化有可能导致更大范围流血事件的发生，显得较为克制。反倒是在极少甚至没有发生过内战的国家，抗议活动异常激烈，完全是不顾任何后果的。

阿拉伯之春中各国军队和安全部队对抗议活动的反应方式也有所不同。突尼斯军方拒绝遵守政府下达的向示威者开枪的命令，埃及军方最初执行了类似命令，后来军方领导人命令军警停止镇压示威者，并促使前总统穆巴拉克辞职。当然，埃及军方的做法不仅仅是出于一颗对群众的“关爱之心”那么简单，主要还是为了确保他们自己在国家和社会中的权力、地位及利益不受损害。埃及军方在埃及国内拥有大量产业，因此对埃及军方领导人而言，激进的政治、经济改革以及国家权力平衡短时间内发生根本性的转变将会直接影响军方的巨大利益。相比之下，突尼斯军方最后反而与反对政权结盟，以武力的方式逼迫突尼斯总统流亡海外。叙利亚军方则在阿拉伯之春的镇压行动中先后经历了几次大溃败，最后只剩忠于阿萨德的安全部门特种部队仍然在对示威者进行残酷镇压。

因而，就阿拉伯之春背后的逻辑而言，这并不是一场遍及北非和中东的有组织、同质化的运动，只是一场各个国家民众各自为战的“无组织”活动。之所以能够给人以“有组织、有纪律、有秩序”的错觉，只是因为其规模大到了从表象上能够掩盖许多异象的程度。

谜团之四：幕后究竟谁是推手？

多年来，可称之为阿拉伯之春运动最大的一个谜团，就是阿拉伯之春到底是由什么力量引起的，或者说，究竟谁是这场几乎毁了大半个北非及阿拉伯世界运动的真正幕后推手。

牛津大学当代伊斯兰研究所教授塔里克·拉马丹（法语：Tariq Ramadan）认为[1]："将阿拉伯之春运动与阿拉伯国家的民意联系起来是一种非常天真的想法。相反，美国则是在背后推动这些起义爆发的根源，因为美国试图根据自己的地缘战略利益来重组阿拉伯世界。"

美国著名经济学家、地缘政治学家威廉·恩达尔（F.William Engdahl）甚至直言不讳地指出[2]，完全是美国策划了从埃及、利比亚到也门及其他阿拉伯地区的一系列政权更迭，这是美国对北非和阿拉伯国家实施的一种"创造性破坏"战略。实施这一战略的目的是，创造有利于时任美国总统乔治·布什（George Walker Bush）所倡导的"大中东计划"顺利推行的有利条件。

但是，有几个问题的确需要再次进行仔细和深入的推敲。例如，在评估美国在"阿拉伯之春"中的作用时，需要首先搞明白以下几个问题：

阿拉伯之春之前，美国在促进阿拉伯世界的变革方面发挥了什么作用？

实际当中，美国到底在多大程度上促进或阻碍了阿拉伯之春的进程？

阿拉伯之春对美国而言也是始料不及吗？

---

[1] Tariq Ramadan, "Interview: Arab Spring is West-pushed process out of control," RT News Online, June 14, 2012. As of April 15, 2024: https://www.rt.com/news/arab-outcome-ramadan-countries-782/

[2] William Engdahl, "Egypt's revolution: Creative destruction or a Greater Middle East?" Voltaire Network, February 7, 2011. As of April 15, 2024: https://www.voltairenet.org/article168381.html

美国当时对阿拉伯之春的发生有什么具体反应，又采取了哪些行动？

归根到底，导致北非以及阿拉伯世界改革问题前所未有国际化的源头，当属发生在美国的“9·11”事件。“9·11”事件发生后，布什政府立即声称对美国本土前所未有的这次袭击主要来自阿拉伯世界，并开始给阿拉伯世界贴上了之后被广泛传播的“恐怖主义温床”的标签。美国认为，多数阿拉伯国家的社会体制助长了恐怖主义和极端主义的成长和壮大，从而促使美国政府将促进阿拉伯世界的改革当成了美国全球反恐战略的一个重要组成部分。美国认为在进行反恐战争的同时，也需要一并促进阿拉伯地区的社会、政治和经济进行三位一体的变革。

阿拉伯之春发生前的多年里，美国这种对阿拉伯国家改革的浓厚兴趣导致美国在阿拉伯地区陆续建立或实施了许多所谓的民主促进项目，包括2002年的“中东民主计划东部伙伴关系倡议”（MEPI）[1]、2004年的“大中东倡议”（GMEI）[2]等。2003年，美国改变阿拉伯地区社会政治经济体制的意图随着入侵伊拉克达到了顶峰。

结果却事与愿违。随着伊拉克战争的结束，全世界都清楚地看到，美国的阿拉伯民主促进行动并没有完全达成布什政府所希望的阿拉伯世界民主化的愿望。相反，阿拉伯世界的民主化虽然在美国的官方言论中是一个“热点词”，但在美国的全球外交政策中仍然处于次要地位。在实际当中，美国外交政策的重点反而依然是在寻求维护亲美阿拉伯政权的稳定。

就伊拉克战争本身而言，其实促进民主也从来不是美国入侵伊拉克的最重要理由。在入侵之前，布什政府强调了美国发动伊拉克战争的主要理由，即伊拉克拥有大规模杀伤性武器，并对其邻国、美国和国际社会构成了迫在眉睫的重大威胁，以及伊拉克政府与基地组织和“9·11”袭击有直接关联。

然而在伊拉克战争结束之后，人们发现这些理由居然都是伪命题。在战后的伊拉克，英美联军根本没有发现所谓的大规模杀伤性武器，也没有发现任何证据能够证明萨达姆·侯赛因与基地组织或“9·11”袭击有直接的关联。随着最初发动战争的两大理由均被推翻，迫于无奈，布什政府才转向了“Plan B”，声称发动这场

[1] MEPI 项目官网：https://mepi.state.gov/

[2] “民主改造”与中东秩序的重塑——小布什政府的中东政策新论 [J]. 闫伟 . 近现代国际关系史研究 , 2016 (01) : 202-224.
袁川 . 小布什政府“大中东计划”受挫影响因素研究 [D]. 广州：暨南大学 , 2012.

战争最主要的目的其实是要促进包括伊拉克在内的阿拉伯世界的变革。

另一方面，美国并不愿放弃支持阿拉伯政权的固有传统思维，而这种思维定式在美国的许多政策操作层面都能轻而易举地观察到。

首先，美国对阿拉伯世界所谓的民主促进援助与美国对友好专制政权的援助相比根本不成比例。例如在2002年至2005年期间，美国向阿拉伯世界的“中东民主计划东部伙伴关系倡议”和其他类似民主促进计划总拨款大约为6亿美元。相比之下，美国同期向阿拉伯一些君主制政权提供的经济援助总额却达到了133亿美元[1]。并且，大部分所谓民主促进项目的援助在实际当中都用在了对一些阿拉伯政权的统治几乎没有任何实质威胁的方面。这些项目要么是普通的基础设施建设项目，要么是其他在本质上相对谨慎、温和以及纯技术性的项目。因此，名义上的民主促进援助资金非但没有解决实际问题，反而给一些阿拉伯政权解决了大问题，减轻了很大压力。

其次，在“9・11”事件发生后，美国的确最初向一些阿拉伯国家施压要求进行改革。但从2005年起，美国又逐渐放弃了这种想法。在实际当中，美国还继续向埃及、约旦、也门、沙特阿拉伯和其他一些海湾国家提供大量的财政和军事援助。

因此，其实在现实中美国在阿拉伯世界早就已经放弃了所谓推动改革的目标，实质性地转变成为帮助这些国家来压制反对派的崛起，最明显的例子便是埃及的穆斯林兄弟会和巴勒斯坦。2005年，倡导改革的穆斯林兄弟会在埃及选举中获得了议会多达88个席位，巴勒斯坦哈马斯2006年也通过投票方式被选举上台，结果两者都被美国打压了下去。

基于上述两点，可以得出结论：布什政府实质性放弃了在阿拉伯世界推进变革，以换取阿拉伯国家在美国全球反恐、巴以冲突和伊朗核计划等重要问题上对美国进行支持并与美国进行更紧密的合作。换言之，美国打着反恐的旗号，却是在朝着与一些阿拉伯国家建立更密切关系的方向前进。

自此之后，大多数阿拉伯国家便开始逐渐边缘化阿以冲突，甚至开始与以色列达成关系正常化协定。如2002年的《阿拉伯和平倡议》，2007年的安纳波利斯会议，以及支持阿拉伯联盟与以色列联合参加的“地中海联盟”，这也是阿盟作为区域性组织首次参加有以色列参与的区域性合作组织。与此同时，一些阿拉伯国家在

---

[1] US Overseas Loans and Grants: Obligations and Loan Authorizations Database, USAID, 2006. As of April 15, 2024: https://www.foreignassistance.gov/reports

美国的“监督”下开始与以色列就伊朗核计划达成默契。

到2007年，美国推动中东社会变革的努力实际上已经正式结束，美国的阿拉伯政策又重新回到了接受并拥抱这些老朋友的旧模式。

至2009年1月奥巴马（Barack Hussein Obama）上台，美国的阿拉伯国家改革推进议程进一步被边缘化。

2009年6月，美国时任总统奥巴马在埃及开罗大学向伊斯兰世界发表演讲，公开赞扬埃及与美国的战略伙伴关系，并且承诺围绕发展、国防和外交三个维度，美国将在未来与埃及等北非国家建立更加牢固的战略盟友关系。奥巴马在长达一个小时的演讲中，对“改革”一事只字未提。

与此同时，美国开始名正言顺地减少对阿拉伯世界民主促进项目的经济援助。在埃及，美国对“民间社会倡议”的资金援助从2009年的3200万美元削减到了2010年的700万美元。很明显，美国并没有在阿拉伯世界真正卖力地推行所谓的民主化议程[1]。

实际上，美国对一些阿拉伯政权的支持反而导致了阿拉伯群众对当权者的不满，反倒成了阿拉伯之春爆发的一个重要推手。比如，当时的埃及完全承认并支持美国对巴以问题的态度，不但支持美国入侵伊拉克，同时还支持美国孤立伊朗的政策，最后居然还与以色列一起共同对付巴勒斯坦。埃及甚至还参与了以色列对加沙地带的围困行动，并且支持以色列分别于2006年和2008年对黎巴嫩和加沙地带进行军事打击，以及以远低于市场的价格向以色列出售天然气。

可以说，2011年突尼斯和埃及突然爆发的民众起义在当时打了美国和其他西方国家一个措手不及。以至于到2011年下半年，美国还在向突尼斯总统本·阿里和埃及总统穆巴拉克表达支持并尽可能地进行援助。

之所以如此，是因为2011年前后北非大部分穆斯林政权都是美国全球战略合作的坚定伙伴，尤其是埃及的穆巴拉克，为了靠向美国不惜得罪一众阿拉伯国家与以色列长期保持暧昧关系。因此，美国在此时推翻这些政权有点不容易理解。以至于后来美国白宫发言人和国会发言人曾双双在新闻发布会上多次对中央情报局（CIA）未能准确预测突尼斯和埃及的大规模起义进行过严厉的批评。从各方面情

---

[1] Mcinerney, Stephen, “Shifts in US assistance to Egypt alarm democracy advocates,” Arab Reform Bulletin, April 7, 2010.

况来看，美国中情局这一次可能真的没有向白宫和国会提供准确的情报信息。

美国未能提前预见到阿拉伯之春的大规模爆发也不是什么不可能发生的事。二战期间日本偷袭珍珠港、德国入侵苏联、1973年阿以战争、1991年苏联解体等事件美国统统都没能提前预测准确，甚至连袭击美国本土的“9·11”事件美国中情局也没能提前搞明白。

仅就阿拉伯之春事件中美国的战略误判而言，两大心态决定了美国出现战略判断失误的必然性：

- 对过去的成功过分高估；
- 对当前政策的过度自信。

就美国的北非和阿拉伯政策而言，美国显然对入侵伊拉克以来所取得的成就感到相当满意。当时的奥巴马政府似乎已经确信他已经完全成功地在美国的阿拉伯盟友以及以色列之间达成了默契。因此，美国在潜意识里根本就没有对北非民众日益高涨的不满情绪和慢慢开始的零星示威活动提高重视，完全忽略了来自这些国家群众正在不断上升的不满情绪所带来的危机信号。同时，由于阿以关系的逐步升温，美国反而把自己置于一个非常被动的处境，那就是无论如何，美国在事实上都必须捍卫当时的北非阿拉伯政权。慢慢地，这就使得美国开始忽视突尼斯和埃及等国国内局势的微妙变化所敲响的警钟。同时，还导致美国自身陷入了“自证”陷阱，产生了严重的矛盾情结，一厢情愿地认为只要这些国家保持稳定和发展，他们就有能力处理好自己国内的事情；想要解决这些国家国内民众的不满，就必须更加强力地支持他们的社会体系保持稳定。

但令人完全意想不到的是，阿拉伯之春运动却异常给力，在第一波浪潮中就摧枯拉朽般地首先摧毁了当时两个北非地区最亲美的阿拉伯政权——突尼斯和埃及。

在阿拉伯之春初期，美国十分担心失去这些盟友的支持会对美国在该地区的战略利益造成严重损害，包括美国领导的反恐战争可能受挫，全球能源市场的潜在波动以及危及美国本土安全等。于是，美国采取了许多策略朝着迅速遏制阿拉伯之春运动的方向迈进。在突尼斯、埃及和也门，美国在爆发全国性大规模抗议示威活动之前就曾公开支持本·阿里、穆巴拉克和萨利赫。

到了阿拉伯之春中后期，这些当权者明显显露出败象之后，美国才改变策略选择站在革命力量一边。但美国此时仍不忘努力维持这些国家中有利于美国利益的潜在势力，尤其是在埃及和也门。

利比亚的情况则稍显不同，因为美国的目的就是要推翻卡扎菲，所以美国成功地将利比亚国内革命进程从非暴力抵抗主动引导到了与当地反对派相结合，并打着联合国的旗号对利比亚发动了一场全面战争，最终导致卡扎菲下台，利比亚原政权结构被彻底摧毁。

在其他阿拉伯国家如巴林，美国则是在暗中协助并在新生的反对派运动达到临界规模之前及时镇压了他们，从而帮助巴林巩固了现有的社会秩序。

总而言之，“9·11”事件后美国短暂的改革促进议程实质上并未给北非和阿拉伯世界带来多少有意义的改变，最后美国也放弃了这一议程。2011年前后，北非的一些阿拉伯国家其实正在尽一切可能确保美国和以色列在北非和阿拉伯地区的利益。再如利比亚，的确发生了彻底的洗牌过程，但结果是利比亚最初的革命运动到了最后同样被边缘化了。现在，新的亲美政权已经控制了利比亚，反而取代了原来对美国不屑一顾的卡扎菲。

另一个值得深度关注的并不是阿拉伯之春运动本身所造成的短期结果，而是其长期效应。归根到底，阿拉伯之春并未真正解决北非及阿拉伯世界的主要问题，相反还在一定程度上激化了一些矛盾。比如，北非国家所谓新自由主义经济政策的连续性前景到底如何，因为这一政策在北非已经造成了前所未有的巨大的社会贫富差距，以及美国联合北非国家全面支持以色列的政策等。在未来，这种发展趋势势必会在北非甚至更广大的中东地区引发更强烈的反美情绪。

换句话说，在阿拉伯之春运动爆发时，美国并未对北非的社会、人文和历史情况做到全面掌握。从长远来看，阿拉伯之春这场运动或许会令美国在北部非洲所面临的形势更加严峻。

本质，始终离不开经济

埃及现任总统阿卜杜勒·法塔赫·塞西（Abdel Fattah al Sisi）于2006年就读于美国陆军军事学院［The United States Military Academy；又称“西点军校”（West Point）］时曾撰写的一篇论文[1]就很好地阐明了这个问题。在塞西的这篇论文中，他直截了当地指出了北非及阿拉伯世界社会改革的关键制约因素：贫困；缺乏民主文化；宗教极端主义；阿以冲突；阿拉伯人对西方特别是美国的负面看法。

塞西认为：“民主化是一个长期的过程。说民主是一种首选的政权形式是一回事，但关键的是如何去适应民主的要求并接受随之而来的一些风险，这完全是另一回事。政体的变化将对一个国家的经济、宗教、教育、媒体、安全和法律体系都将产生深远的影响。因此，人民和国家都需要时间来适应新的形势，民主不是一蹴而就的。民主的实行需要良好的土壤作为生长环境，例如公平的经济分配秩序，受过教育的人民，以及对历史、文化及宗教问题的充分理解。”

塞西在论文中对北非地区社会发展进程的诠释可谓一语中的。先不谈普及，即便只是对民主的定义和理解，北非国家的大部分民众仍然处于比较原始的阶段。因此，本质上真正决定阿拉伯之春这把烈火在北非首先被点燃的，仍然是北非国家背后隐藏的巨大的经济危机。

如果当时的北非国家人民心中没有不满，任何外部势力都无法让大批年轻人走上突尼斯、埃及和摩洛哥的街头。革命者呼吁的口号里固然有社会正义和尊严，但不要忘记人们的呼喊声中要求最多的仍然是“面包”。换句话说，阿拉伯之春运动

[1] “Sisi's student paper lifts lid on Egypt's new regime,” France 24 Online, August 10, 2013. As of April 15, 2024: https://www.france24.com/en/20130810-sisi-democracy-student-academic-usa-egypt-new-strongman-morsi-islamist

的革命口号里，喊得最响亮的依然是对经济改善的渴求。阿拉伯之春过后，“阿拉伯晴雨表”[1]曾在突尼斯进行过一项民意调查，结果显示大约63%的受访者表示经济疲软其实才是他们走上街头的主要原因。

乍看起来，这个结果或许有些出人意料，因为突尼斯的经济表现在阿拉伯之春革命前一点都不差。2011年，突尼斯GDP达到了481亿美元，比10年前的2001年（221亿美元）足足翻了一番还要多。反倒是阿拉伯之春10年过后的2021年，突尼斯GDP却只有467亿美元，还不如发生阿拉伯之春的2011年。

但问题的关键则是，在阿拉伯之春运动发生前，尽管突尼斯经济发展突飞猛进，许多突尼斯人却并未从国家经济的高速增长中受益。所以，从普通人的视角看来，整个社会经济仍然是十分疲软的。

阿拉伯之春发生的第二个原因则是腐败严重，这自然也可被归为经济因素当中。同样是在“阿拉伯晴雨表”的民意调查中，约47%的突尼斯人表示腐败是阿拉伯之春发生的主要推动力。

当然，严格来讲腐败属于经济范畴，但却不仅仅是一个纯粹的经济问题。以突尼斯（包括埃及）为例，当时社会中存在的大规模腐败现象实质上反映了政治和经济精英之间的一种特殊关系。经济精英因为得到了政治精英的支持，因此获得了特殊的特权和保护。

[1] “阿拉伯晴雨表”官方网站：https://www.arabbarometer.org/

可怜的社会中下层群体

在阿拉伯之春运动中，北非国家中产阶级群体的发展趋势对这场运动的形成起到了至关重要的推动作用。在一国经济中，中产阶级群体通常被视为是对稳定的社会环境最为重要的保障，又是推动整个社会经济发展所必需的创业精神和创新动力的重要源泉。通常，中产阶级群体的价值观十分强调对教育和储蓄的投资，因此中产阶级又是整个社会中人力和物质资本投资的主要来源。同时，中产阶级又有着最稳定的对消费品和服务的需求，是一国产业发展最为重要的推动力。

在阿拉伯之春的前十年即2000—2010年，埃及的中产阶级相对规模至少增加了一倍。在摩洛哥和突尼斯，同期中产阶级的相对规模也增加了60%以上。

尽管中产阶级数量所占比例在北非持续增加，但除突尼斯外，大部分北非国家中产阶级以下的人口数量也在同步快速增长。在埃及和摩洛哥，中产阶级以下人口分别由1990年的5250万、2340万增加到了2010年的6300万和2850万。突尼斯的表现比其他几个北非国家要稍好一些，但生活在中产阶级以下的突尼斯人的绝对人数仍常年保持在600万人左右，而且，那些被排除在中产阶级以外的人往往都集中在突尼斯的内陆贫困地区。

客观来讲，在北非国家，绝对贫困人口比在阿拉伯之春前总体上确实有所减少，而中产阶级也在稳步增长，然而，一般贫困人口的数量却是在不断增加。也就是说，人们确实摆脱了极端贫困，但生活水平只是稍稍高于贫困线而已。埃及的中下层阶级人数从20世纪90年代初的3650万人迅速增加到了阿拉伯之春前的5720万人，摩洛哥的这一数字则从1440万人增加到了1900万人。

所以，尽管北非国家的整体经济规模在不断增长，但从公平性的角度以及大多数人的感受来看，被排除在国家经济增长受益者之外的人是在不断增加的。最终，才导致越来越多心生怨气的人会走上街头来宣泄他们的不满情绪。

在经济学里，一部分经济学家秉持这样一种观点，即随着中产阶级的进一步扩大以及经济的持续增长，那些最初被忽视的群体最终也会随着整个经济的发展而受益，即所谓的“涓滴效应”。但在现实中这并不现实。换句话说，如果在阿拉伯之春前，北非国家政府能够采取积极扩大中产阶级规模的政策，而不是一直等待所谓的“涓滴效应”出现，可能会对阻止阿拉伯之春的发生更有意义。

迷茫的青年人群

如果按年龄群体来看，在阿拉伯之春发生之前，北非国家的年轻人群体似乎比其他群体更有一种被社会抛弃的感觉。年轻人几乎完全没有享受到社会经济高速增长的红利。这也是为什么北非国家中大批的失业青年成了阿拉伯之春运动爆发最主要的推动力和最主要的革命力量。

再进一步仔细推敲，会发现一种更加玄妙的情况。其实北非国家的青年失业率并不算特别高，但北非国家青年人的就业存在着三个非常重要却异常隐蔽的问题。

首先，女性的失业率极高。这使得许多年轻夫妇在结合以后反而很有可能会掉出中产阶级的群体范围。

其次，在北非有一个与全世界完全相反的现象，那就是失业率随着教育水平的提高而提高，这就导致了失业的大学毕业生及其家庭产生了更大的不满情绪。

最后，那些找到工作的人也并不完全满意，因为他们终日只能干着那些极不稳定且报酬很低的工作。

对于女性失业率高这一点，读者可能会相对容易理解，伊斯兰国家毕竟还是多少存在着男尊女卑的社会现象。但由于北非国家缺少高科技产业，缺少重工业，缺少大量的外资引进，因而形成了高学历者反而找不到相应工作的反常现象。在摩洛哥，如果年轻人找一份在麦当劳打工的工作是非常容易的，但如果想找一个在高大上的外企从事高级白领的工作几乎不可能，政府公务员招聘的数量凤毛麟角，最终造成在北非国家学上的越多，学历越高，反而越难以找到合适的工作，到头来高学历者只能与那些没上过学的人一样去打零工。阿拉伯之春爆发前，在突尼斯，据统计2005年至2011年期间，没有受过教育的人失业率从6.5%上升到了8%，而受过高等教育的人失业率则从14%上升到了29.2%。

若不是这些由于特殊的宗教和经济制度造成的特色问题，那么青年失业问题并不会成为阿拉伯之春运动在北非国家爆发的主要推动力。毕竟现在就全球范围而言，青年人群的高失业率似乎已经成为一个普遍化的现象，不仅仅只存在于北非和阿拉伯地区。

然而，北非国家的问题却在于不只失业率高，青年人群的劳动力参与率也是全世界最低的。因而随着一波又一波沮丧的年轻人逐渐远离劳动力市场，过低的劳动力参与率反而使得失业率已经不能再成为一个合适的衡量年轻人怨气的标准了。

北非地区的女性面临着比男性更为严重的失业问题。在埃及，年轻男性的失业率要低于同为伊斯兰国家的印度尼西亚，但埃及年轻女性的失业率却是同龄印度尼西亚女性的两倍多。女性的劳动力参与率极低，再加上女性失业率极高，造成在埃及只有大约18%的年轻女性能找到一份合适的工作。

如今，世界各地大多数国家的情况是，中产阶级家庭基本都要依赖两个成年人养家糊口，但在北非国家的家庭结构中能够同时拥有两个成年人收入都较高的情况却比较少见。从某种意义上来讲，一些北非阿拉伯国家的家庭经济结构现在似乎仍与20世纪中叶的水平相当，这就造成了一些北非国家想要培养中产阶级变得异常困难。当然，如果北非国家的生产力和收入能如日本那般，家庭中一个人工作便可确保一家人过上中产阶级生活，那阿拉伯之春大概率也不会发生，但北非的实际情况却并非如此。

结果便是，北非国家的青年群体普遍都产生了严重的挫败感，在这个群体里充满了巨大的不满情绪。年轻男性无法挣到足够的钱结婚、买房、生子、养家糊口，受过高等教育的年轻女性则迫不得已只能留在家中等待结婚和就业，这就导致大量年轻人都处于茫然无措的生活状态中，等待工作、等待住房、等待结婚、等待生孩子。直到今天，仍能在一些北非国家观察到由这种情况而引致的一些社会弊病或矛盾。

进一步来讲，对于北非国家就业市场的这种奇特情况至少有两种原因可以解释。

第一，劳动力需求不足。以往，受过教育的北非青年传统上一般可以有竞争政府公职人员的机会。但随着政府财政预算收紧并逐步减少导致冻结招聘，北非国家对高学历劳动力的需求（或其他高薪有保障的工作）在阿拉伯之春运动的前十年里急剧下降，尤其是民营经济的持续疲软，最终导致大量年轻人长期处于失业状态，只能在家等待职位的出现。

第二，技能与全球化劳动力市场需求之间的不匹配。阿拉伯教育体系存在两大非常严重的缺陷。首先是课程质量问题。阿拉伯国家的教育体系过于依赖死记硬背，无法帮助学生获得劳动力市场所需的创新技能、解决问题的能力和团队合作精神。再就是课程设置的问题。许多国际数学和科学测试的结果表明，大部分阿拉伯儿童尽管在上学时也会学习数理化，但数理化能力普遍不如其他大洲的同龄人。

最终，奇特的文化传统、教育体制、教育方法、经济结构等因素聚合在一起，导致了北非国家青年群体如此奇特的就业状况。在利比亚，女性的教育与失业率之间的关系就显得特别有趣。女性失业率方面，文盲女性的失业率为0.1%，而拥有较高学历的女性失业率则是70%。利比亚女性的劳动力参与率是随着教育水平的提高而上升的，因此很少有文盲妇女真正能够进入劳动力市场，结果使得这个群体的失业率很低。而受过高等教育的女性虽然能够进入劳动力市场，但她们的失业率却是同等学历男性失业率的三倍之多。

大多数能够找到工作的北非青年人其实都在从事着一些极不稳定的工作，如自营职业、无底薪家庭工人以及一些非正式工作。对于他们中的绝大部分人来说，没有劳动合同，也没有稳定的工作保障，甚至也享受不到什么社会福利。

据统计，北非青年人能够获得一份正规全职工作的概率仅仅比部分撒哈拉以南非洲国家高一点点，低于全世界其他所有地区。只有34%的北非年轻男性能够有一份全职固定工作，而世界平均水平为57%。同样，只有29%的北非年轻女性有全职工作，而世界平均水平为47%。

此外，落后的观念此时又起到了相当大的阻碍作用。许多北非国家的女性认为，在非公共部门工作对妇女来说是一个极不安全的环境。例如在埃及几乎所有在非公共部门工作的妇女基本都从事农业生产，与丈夫和孩子一起在家庭农场工作，通常都没有报酬。对此，许多埃及妇女给出的理由是，如果她们无法找到一份正式、体面的工作，比如政府部门的工作，她们宁愿“尊重自己”并留在家中。

由此造成的结果便是缺乏个人职业发展的机会，逐步导致年轻人的不满情绪持续累积，最终成了阿拉伯之春革命最重要的一个的驱动力。年轻人丝毫享受不到国家经济发展的红利，于是北非的大多数年轻人开始将这种状况慢慢归咎于政府。大多数年轻人开始拒绝参加任何社会活动或志愿工作，他们感觉自己的声音已经在这个社会消失了。甚至，一些北非国家里加入非法组织包括恐怖组织如ISIS的激进青年也在逐渐增多，因为这样反而使得他们找到了存在感和成就感。

极端的地域不平等

在北非国家，社会中下阶层和青年人群并不是唯一被社会所摒弃的群体。北非国家各个地区之间以及城乡之间经济发展不平等的加剧也使得身处这些区域的许多人被排除在了能够分享国家经济发展成果的群体之外。这也是为什么阿拉伯之春始于突尼斯相对欠发达甚至是比较贫困的西迪布齐德地区的重要原因。

用传统经济学指标衡量，从突尼斯到摩洛哥，北非国家农业对GDP的贡献低者为3%，高的也只有17%。但是，这却大大掩盖了在北非国家农业对整个经济体尤其是就业方面的重要贡献。

在摩洛哥，近40%的劳动力从事农业生产，埃及这一比例也达到了30%。此外北非国家平均有40%以上的人口（埃及高达57%）生活在农村地区，这些人的生计直接或间接地都受到农业生产的影响。

劳动生产率低下就意味着低产量，进而导致低收入和农村地区的贫困程度升高。在摩洛哥，农村的平均贫困率大约是城市的三倍。在埃及，这一数字是两倍。城乡之间的生活水平差距导致农村人口大量向城市迁移，但北非国家城镇的经济发展状况无法创造出足够的就业机会给这些农民。因此，迁移到城市的农村青年最终要么失业，要么仍然从事着极不稳定且朝不保夕的工作。

除了城乡差异外，地区差异在北非国家也尤为明显。埃及和突尼斯就是两个活生生的例子。埃及一般划分为四大区域，分别是大都市区，包括开罗和亚历山大；

下埃及，包括开罗北部肥沃的三角洲地区；上埃及，包括开罗以南的尼罗河谷；以及边境地区，包括与利比亚接壤的边境地区和西奈半岛的沙漠地区。以上埃及为例，此区域拥有埃及全国50%的人口，同时也包含全国83%的极端贫困人口和67%的一般贫困人口，并且该地区在教育、住房、儿童营养水平等诸多方面在整个埃及是最落后的，这使得大部分生活在上埃及区域的人完全无法享受到埃及经济增长的红利，造成极端主义意识形态在上埃及年轻人群中传播得异常广泛和迅速。

在突尼斯，西部地区的总体经济发展水平明显不如东部和沿海地区。突尼斯最富裕的地区（如大突尼斯区域）的人均消费水平是最贫困地区（中西部）的两倍多。在西北地区，人均消费量仅为东北地区的76%。此外，这种“西慢东快”的经济发展模式意味着会有大量人口逐渐从西部涌进东部，反而使得经济不平等的现象在西部和东部同时在加剧。

突尼斯西部地区的贫困率比全国其他地区高出许多，农村地区则更高，比全国平均水平还高出约50%。突尼斯的贫困率在2000—2010年（阿拉伯之春革命的前十年）期间有着明显的下降趋势，但地区差异却并未根本改变，这导致突尼斯西部地区民众的不满情绪从来都没有消退过，反而是愈发强烈。

阿拉伯之春的爆发地，位于突尼斯中西部的西迪布齐德便是突尼斯乃至整个北非国家中贫穷地区的一个典型代表。直到今天，农业仍然是西迪布齐德经济的主要支柱，并且大部分农业生产仍以粗放的谷物生产和半游牧为主，只有少数人掌握了经济作物的种植技术。

过去的几十年里，突尼斯政府采取了三管齐下的方式来推动落后地区的农业发展以促进当地经济。

首先，原来的部落土地被划分给了私人以刺激农业生产，鼓励投资；其次，政府建立了依靠地下水和深层含水层的供水系统，并为农民发放少量补贴，减轻农民的农业生产负担；第三，政府大力开拓基础设施建设，比如道路、电力和用水管网等重要公共项目。

随后多年的投资使得西迪布齐德的整体收入水平开始缓慢增加，生活条件也得到了一定程度上的改善。然而许多人特别是年轻人却完全没有从当地的经济增长中受益。来自该地区以外的投资者在这里开发了大型现代化的农场，占用了西迪布齐德最肥沃的土地，反而使得当地农民以极低的价格失去了土地。

尤其是西迪布齐德的年轻人，随着外来先进观念的引入，使他们认为接受高等教育是他们改变未来命运的关键。但当他们真的接受完以前心心念念的高等教育后，才发现还是没有任何让自己的人生发生改变的机会。

阿拉伯之春爆发的当年即2010年，西迪布齐德大学毕业生的平均失业率约为40%，年轻女性的失业率高达59%。年轻人发现，拿着珍贵的大学毕业证书，他们唯一能找到的工作还是只有那些季节性的、薪水很低的农场劳工工作。由于没有本钱，大多数年轻人连小生意也做不了，更别提什么创业了。而由于之前突尼斯政府的土地改革使得许多家庭还失去了大部分土地。于是，西迪布齐德的年轻人只能被迫加入了政府失业人员长长的统计名单中等待救济。

总而言之，阿拉伯之春事件虽然在历史上有鼎鼎大名，但却完全不需要把它想得那么复杂和深邃。我们只需静下来打量一下阿拉伯之春这场运动，来想几个最为简单和基本的问题：

如果当时推着车子的小贩布瓦吉吉有一份固定的全职工作，那么这样一件在人类历史上留下了深刻影响的重大事件，还会发生吗？

或者，如果布瓦吉吉有能力和本钱自己经营一家正规的小商铺，而不是一个整天活在阴影下并且需要时刻提防着警察勒索的无证小贩，阿拉伯之春会发生吗？

又或者，如果布瓦吉吉的母亲，或他的兄弟姐妹们哪怕任何一人能有一份正式的工作，起码能支撑整个家庭活下去而不是让整个家庭的重担都落在布瓦吉吉一个人的肩上，他会压力大到去自焚吗？阿拉伯之春还会发生吗？

所以，追根究底，经济问题才是阿拉伯之春的核心问题。

虽然阿拉伯之春结束了，但如果北非国家的社会经济问题不能得到有效解决，那么北非国家乃至整个阿拉伯国家的社会和政治稳定就很难得以真正实现。

经济学中的“涓滴效应”已经是一个过时的理论，完全不符合现代化社会的发展趋势和具有现代思想人的期望。未来，北非国家最需要的是进行重大经济体制改革的勇气，尤其是在已经实质上造成两极分化非常严重的国家中，重点关注的应是包容性增长，即扩大中产阶级、增强社会正义、提高社会公平，并为所有公民提供更多机会。

第五章

非洲的英雄们：救赎者还是毁灭者？

乍得首都恩贾梅纳国家解放广场

狂人：不被理解的人最可悲

在非洲所有性格独树一帜的领导人当中，也许，没有哪一个能比卡扎菲更具有神秘，乃至诡秘的色彩。自1969年领导了一场血腥政变上台直到2011年悲壮地死去，在同情他的人心里，卡扎菲是一个不屈不挠、至死不屈的民族英雄；在痛恨他的人心中，卡扎菲则是一个十恶不赦、罄竹难书的恶棍。他是利比亚革命警卫队上校，利比亚绿色革命的精神领袖，还曾担任非洲联盟主席。对利比亚长达42年的统治使他成为迄今为止北非及阿拉伯国家执政时间最长的领导人。

从阿拉伯长袍，到标志性的太阳镜，再到身边环绕着的全世界独一无二的女保镖，他既古怪，又神秘；既洒脱，又善恶难辨。

卡扎菲堪称是非洲历史上最著名的独立运动领导人之一。在他执政的42年间，许多非洲国家均把他视为非洲的代表与象征。作为曼德拉的好兄弟，曼德拉每每提及卡拉菲时从不吝啬赞美之词，甚至曾称他是非洲的救世主。而在西方世界，卡扎菲这个名字似乎就是“邪恶”的代名词。在一些发达国家眼中，他是极端独裁者，是一个彻头彻尾的“恐怖分子”。美国总统里根曾完全不顾体面在联合国大会上公开称卡扎菲是一条“疯狗”[1]（原话：mad dog）。

一人眼中的恐怖分子，恰是别人眼中的自由战士。卡扎菲穷其一生好像都在不断为人们诠释这样一个道理：一个人无论做什么，只要能让一部分人满意就足矣。因为，一些人觉得美好的东西，总有另一些人觉得无比丑陋。如果你做坏事，好人会骂你；而你做好事，坏人会骂得你更凶。

---

[1] “疯狗”卡扎菲的传奇一生 阿拉伯国家革命路难走 [OL]. 凤凰网 . 2011-10-25. http://phtv.ifeng.com/program/xlksj/detail_2011_10/25/10128974_1.shtml. 访问日期：2024-04-15.

穆阿迈尔·穆罕默德·阿布·明亚尔·卡扎菲（Muammar Muhammad Abu Minyar al-Gaddafi），1942年出生于意属利比亚的黎波里塔尼亚（今利比亚苏尔特省）苏尔特南部沙漠地区贝都因人的一个叫做卡扎菲的部落。此部落总人口只有6万，在利比亚国内也仅算是一个规模不大的部落。这个部落在历史上是由阿拉伯帝国时代的苏丹在入侵北非后，军队中的也门士兵与当地柏柏尔人所繁衍的混血后代。卡扎菲的父亲是一个老实巴交的农民，常年靠为财主放牧维持一家的生计。卡扎菲是家中最小的孩子，也是唯一的一个男孩儿，他还有三个姐姐，一家人常年过着传统质朴的游牧民族生活。

小学时，由于生活在偏僻的沙漠之中，卡扎菲每天走路往返上学大约需步行3个小时。中学时，因家中贫穷负担不起住宿费，卡扎菲每天放学都要到清真寺蹭饭并打地铺睡觉。周末放学后，再步行3个多小时回到沙漠与家人团聚，周日一早再步行返回学校。

俗话说，穷人的孩子早当家。十几岁的卡扎菲就已经开始对世界政治和利比亚局势产生了浓厚兴趣。中学时代的卡扎菲，便已经开始对时任埃及总统贾迈勒·阿卜杜-纳赛尔（Gamal Abdel Nasser）心生了强烈的崇拜之情，并且经常在课下积极收听纳赛尔在阿拉伯之声的演讲广播。在学校时，卡扎菲便已经显露出一定的“领袖气质”，他非常善于表达，因而在学生中十分具有号召力。

卡扎菲甚至在学校里创建了一个名为“第一小组”的组织。这个组织分工严密、组织有序，很难想象是由一个上中学的孩子建立并管理的团体。这个“第一小组”采取了严格的层级制，小组成员可建立次级组织，吸纳新成员，但均需要得到卡扎菲的认可，其中各级间的成员彼此互不相识。这也能从侧面看出，中学时代的卡扎菲虽尚不能用深谙“政治手腕”或“工于心计”来形容，但已经在年纪轻轻之时显现出比同龄人更加成熟和老练。

因为不务正业创立了这个“传销”组织，卡扎菲被所在学校开除。之后，他的父亲通过疏通各种关系才将他转到米苏拉塔的一所高中完成了学业。但英雄走到哪里也不会轻易改掉英雄本色。在米苏拉塔的高中里，卡扎菲很快就再次建立了一个与之前类似的学生组织，甚至在1956年还带领着自己的组织领导了米苏拉塔支持纳赛尔及反对以色列的学生示威游行。

1961年，卡扎菲进入班加西大学开始学习历史。但仅仅一年之后，卡扎菲便顿觉自己的雄心壮志完全不在于“文能提笔定乾坤”，而是更喜欢做一个“武能上马安天下”的飒爽英雄。于是，大学未读多久，他便自作主张瞒着家人悄悄转学到了班加西军校。

军校一毕业，卡扎菲就报名远赴英国桑赫斯特皇家军事学院接受了为期半年的军事训练。回国后，卡扎菲便以其独特的人格魅力与强大的号召力很快成了军队中的佼佼者。由于利比亚老国王伊德里斯一世年老昏庸，使得利比亚政局腐化，军政界多有不满情绪。于是，待时机成熟之后，他成立了以中下级军官为核心的“自由军官”组织，开始正式积极谋划革命。

经过数年的准备与策划，1969年，卡扎菲认为时机已经完全成熟，便开始率众揭竿而起。8月31日，当时身为中尉的卡扎菲率众从班加西出发，利用夜间训练为名做掩护带领三个营的装甲部队于夜间进军首都的黎波里，轻而易举地击溃了利比亚禁卫军，同时软禁了国王卫队司令。紧接着，作为任何政变中都是最重要一环的舆论控制，卡扎菲抢占了利比亚电视台和广播电台，使得禁卫军无法向外发布求援信息。翌日清晨，在整个利比亚仍笼罩在一片朦胧晨色之中时，卡扎菲旋即通过电视台向利比亚全国发表讲话并宣布革命成功，表示推翻了伊德里斯王朝。

9月5日，利比亚王储宣布放弃王位，这标志着利比亚王国在历史上被正式推翻。从此刻起，卡扎菲实际上便成了利比亚的最高领导人。

于是，在仅仅27岁的年纪卡扎菲便走上了人生巅峰。直到现在，全世界尚没有一位领导人能够打破卡扎菲保持的全球最年轻领导人纪录。

卡扎菲上台伊始倒还稍显低调，并没有给自己加封什么“总统”或“国王”之类的头衔，而是一直仅担任利比亚革命委员会主席兼任利比亚武装部队总司令。由于长期反西方思想的根深蒂固，卡扎菲上台后立即在利比亚开始推行反西方政策。他强行收回了美国在利比亚的空军基地，1972年又单方面宣布废除之前与美国签订的多项不平等条约。可以说，卡扎菲当时在利比亚推行的激进政策于当时的非洲而言，没有第二个国家敢于效仿。于是，卡扎菲便在短时间内给全世界树立了强人的形象，并被许多非洲国家人民在内心里奉为了实质上的“非洲领头人”。凭借着在非洲大陆强有力的号召力，1982年卡扎菲被选为“非洲统一组织”（现“非洲联盟”前身）主席。

由于卡扎菲本人深深笃信伊斯兰教，同时他认为利比亚作为一个伊斯兰国家，国旗一定要有代表伊斯兰教的绿色。于是，他亲自操刀设计了在人类历史上前无古人也很有可能是后无来者的一面全部都是一片绿色的利比亚国旗。此国旗一度成了全世界最简单和朴素的国旗，无人能出其右。更加不可思议的是，利比亚用此作为国旗直至2011年卡扎菲政权被推翻。

1970年，卡扎菲的良师益友——埃及总统纳赛尔与世长辞。卡扎菲悲痛欲绝，以泪洗面。悲伤过后，卡扎菲重新振作精神，孤身一人挑起了泛阿拉伯主义的大旗，继续努力奋斗在纳塞尔理想中的那个强大的阿拉伯联盟国家宏伟愿景的路上。为了这个虚无缥缈的目标，在整个20世纪70年代，卡扎菲所做的主要事情可以说只有一件，那便是联合中东及北非阿拉伯地区的各个国家，以期建立一个强大的阿拉伯联盟政权。在北非地区，卡扎菲先后联系了苏丹、突尼斯、叙利亚、乍得以及摩洛哥等国，以各种经济援助等手段使这些国家均成为利比亚的“铁哥们儿”。

但给钱可以，想让别人把国家合并进来却谈何容易。所以，虽经数载艰苦卓绝的努力，一个强大的泛阿拉伯联盟国家始终还是未能如卡扎菲所愿得以建立。卡扎菲看到自己数年来的心血尤其是真金白银就这么被瞎折腾没了，很是失望。在某种程度上甚至有些恼羞成怒。在卡扎菲发表的一篇文章中，他曾亲口称阿拉伯世界已经结束了[1]。

但卡扎菲不屈不挠、百折不回的坚韧性格毕竟已深深烙在了他的骨骼和每一寸肌体当中，又怎会轻易被生活所折服？虽然建立泛阿拉伯联盟国家的宏伟愿景并未最终实现，但作为一代枭雄，历史是不会容许他停下前进的脚步的。于是，卡扎菲重新振作，打起精神，把精力从建立泛阿拉伯联盟转变到了泛非洲联盟的建立上。

卡扎菲当年甚至在利比亚还发行了一本绿色的《卡扎菲语录》，俗称“绿皮书”，此书分为上、中、下三册，详细地阐述了卡扎菲治国理政的宏伟理念[2]。

上册，卡扎菲大讲民族主义；中册，卡扎菲大谈经济建设；下册，重点讲述的

---

[1] Muammar Qaddafi, “Muammar Qaddafi on Population and Power,” Population and Development Review, Vol. 13, No. 3(Sep., 1987), pp. 563-565.

[2] 狂人末日：卡扎菲沉浮录[OL]. 央视网 . 2011-08-30. http://jishi.cntv.cn/kuangremorikazhafeichenfulu/videopage/index.shtml. 访问日期：2024-04-15.

卡扎菲时代：利比亚人手一本《绿宝书》[OL]. 中广网 . 2011-03-20. https://www.cnr.cn/2010tfzt/libya/ history/201103/t20110320_507808529_3.html. 访问日期：2024-04-15.

是卡扎菲自创的“第三世界”理论。总体而言，卡扎菲在这套绿皮书里表达的中心思想就是要建立一个既不同于西方资本主义又不同于东方社会主义的一个真正完全公平且没有任何歧视的社会体系。

信心满满的卡扎菲居然还敢于向伊斯兰教传统的《古兰经》发起挑战。在试图组成阿拉伯国家大联盟失败后，卡扎菲就宣称伊斯兰教法中对私有财产保护的规定与他自己绿皮书当中的“第三世界”理论相冲突。这一发言不得了，顷刻间便招来了整个伊斯兰世界狂风暴雨般猛烈的抨击。

本质上，当时的卡扎菲的确有搞个人主义之嫌，变着法儿地想在利亚国内把自己的绿皮书地位提高到与《古兰经》相同的高度。虽然卡扎菲曾多次表示他的治国理政方针不同于西方的“假民主”，但卡扎菲的理想化主义本质上仍然是资本主义、古典自由主义与伊斯兰宗教的一种结合体。他想去其糟粕取其精华，但结果到最后仍然被他自己演变成了一种比西方资本主义、古典自由主义以及伊斯兰宗教更加极端的主义。

但是，在文化方面卡扎菲倒是非常开明。例如，与女性社会地位方面表现较为恶劣的其他阿拉伯国家相比，当时卡扎菲领导下的利比亚拥有相对于整个阿拉伯世界而言最好的女性待遇和世俗主义政策。例如，当时的利比亚女性不再被强制要求佩戴头巾及穿罩袍，可以说完全是一个已经世俗化了的伊斯兰国家。

经济方面，由于原油是利比亚的主要出口创汇资源，所以卡扎菲自上台后就开始了对利比亚石油行业大刀阔斧的改革。1969年10月，他宣布因为现有的全球贸易条款不公，更加偏向外国企业而非产油国，所以威胁减产。这一招使利比亚成功地提高了石油出售价格。尝到甜头后，1970年石油输出国组织（OPEC）其他国家也迅速跟进，最终导致全球油价上涨，众多阿拉伯产油国也赚得盆满钵满。

虽然卡扎菲对非洲确实做了一些善事，在一定程度上帮助了非洲和利比亚的发展，但卡扎菲的性格和他那些惊为天人的诡秘行为又让他在国际上四处树敌，最终导致利比亚“仇人遍天下”的局面，也直接导致了他本人悲惨的下场。

虽然在经济和文化方面，卡扎菲表现出了相当程度的开放性、包容性与改革性，但在“主义”方面，卡扎菲却始终没有改变偏激、固执和自以为是的性格。他认为流亡国外的利比亚人都是叛徒，于是他对其中许多人直接下达了处决令。在卡扎菲统治时期，利比亚国内存在着大规模的政治暗杀和虐待，一些异议人士经常无故“被消失”。据统计，在卡扎菲执政的42年里，利比亚国内大约有5000

人失踪。同时，卡扎菲还经常在利比亚国内实行极端酷刑对待手无寸铁的利比亚平民。

其中一个最典型的事件便是1996年阿布萨利姆监狱大屠杀事件[1]，这一事件还成了日后利比亚内战的直接导火索。阿布萨利姆监狱位于首都的黎波里郊外，是一座令利比亚人闻风丧胆的“集中营”，里面关押的基本都是对卡扎菲施政不满的政治犯。监狱里条件极差，囚犯们的基本生存条件丝毫得不到保障。因为实在受不了监狱的恶劣条件，1996年6月28日，3名重刑犯开始发动越狱，这3人趁着狱警送饭的机会瞅准时机将狱警打伤，抢了牢房钥匙并绑架了监狱长，还释放了几乎所有囚犯。事情一下子扩大成一个震惊利比亚全国的大事件。

没过多久，大批警察就将监狱包围，绝大部分越狱者都被堵在了监狱里。利比亚军事情报负责人赛努西也亲自来到阿布萨利姆监狱。赛努西是卡扎菲的亲信，在当时的利比亚，他的话几乎可以代表卡扎菲，是卡扎菲面前说一不二的红人。事后据幸存者回忆，赛努西对越狱事件十分震怒，声称如果越狱的犯人不立刻回到牢房，他将派两架飞机把监狱炸平。

第二天上午11点左右，居住在监狱周围的利比亚人听到监狱里传来了爆炸声，一声接着一声。一名利比亚人告诉记者，那些声音感觉好像是屋顶的军警在往监狱里扔手榴弹。爆炸声过后便响起了持续不断的机关枪扫射声音，“就像军队在训练射击一样”。

2011年9月，利比亚政府在的黎波里发现了一处巨大的乱葬岗，里面埋葬着多达1270具尸体，据称这些正是1996年被卡扎菲下令屠杀的阿布萨利姆监狱的犯人，这也是全世界首次发现阿布萨利姆监狱大屠杀事件的直接证据。阿布萨利姆监狱大屠杀事件被卡扎菲当局掩盖多年，导致民怨越积越深，最终成了加速卡扎菲政权倒台的一个重要原因。

卡扎菲的凶残和自大，使得在他大力倡导的泛非主义框架下一些非洲国家领导

---

[1] 利比亚在安理会第 6491 次会议上的发言 . 联合国 . https://www.un.org/zh/focus/northafrica/sc_libya.shtml. 访问日期 : 2024-04-15.

利比亚狱囚回忆屠杀事件始末 : 机关枪扫射 2 小时 . 央视网 . 2011-10-30. http://news.cntv.cn/world/20111030/100805.shtml. 访问日期 : 2024-04-15.

姬贺礼 . 扇动利比亚风暴的那只蝴蝶 . 中青在线 . 2011-03-29. http://qnck.cyol.com/content/2011-03/29/content_4290501.htm. 访问日期 : 2024-04-15.

人也逐渐开始对利比亚极具侵略性的外交政策怨声载道。

20世纪七八十年代，卡扎菲不顾自己所倡导的泛非主义，竟然主动挑起了多场与同为伊斯兰国家以及非洲兄弟国家的领土争端。

1977年，利比亚邻国埃及首先登场，与利比亚打了一场历史上著名的“四日战争”[1]。这场战争的起因是因当时的埃及总统萨达特不同意卡扎菲提出的利比亚、埃及两国进行合并的提议。之所以被称为“四日战争”，是因为这场如此“高级别”的国家级冲突只匆匆进行了四天便草草收场。但此后，双方结下的梁子并没有随着战争的完结而结束。自“四日战争”后，卡扎菲和萨达特便开始不停地对对方进行暗杀行动，虽然到最后两人谁都没有取得成功。

1986年，利比亚又派兵入侵乍得[2]。1987年1月，利比亚和乍得在乍得北部城市法达展开激战。得益于英美的军事支援，乍得军队战斗力变得异常强大，使得当时的利比亚警备部队几乎被全数歼灭。在三个月的激战中，乍得部队收复了几乎整个乍得北部。1987年9月，利比亚与乍得签署停火协议。整个战争期间，利比亚共损失了全国十分之一的军队，还有价值15亿美元的军事装备被摧毁，而乍得只有1000名士兵阵亡。因为乍得军队在战争中大量使用了丰田Hilux和陆地巡洋舰皮卡，为乍得军队提供了高度的机动性和灵活性，因而在历史上这场战争也被后人戏称为“丰田战争”。

1980年，为了巩固自己的泛非主义，卡扎菲又成为全球首个支持利比里亚政变夺权者、历史上著名暴君多伊的国家元首。但令卡扎菲万万没有想到的是，1983年多伊访问美国时曾公然对着世界媒体评论：“卡扎菲是一个令所有人都感到很恐怖的人。”[3]恼羞成怒的卡扎菲调转枪头又马上开始支持利比里亚反对派查尔斯·泰勒领导的叛军。这一次卡扎菲倒是赌对了人，泰勒领导的叛军最终如愿以偿，成功推翻了多伊领导的政权。

---

[1] 陈显泗．中外战争战役大辞典 [M]. 长沙：湖南出版社 . 1992.
张丽荣．第四次中东战争对埃及、利比亚关系的影响 [J]. 渤海大学学报：哲学社会科学版 . 2016 (5) .
周晓光．马克思现代性理论视野下“后发国家发展困境”解析——以埃及政治风暴和利比亚战争为例 [J]. 黑龙江社会科学 . 2013 (3) .

[2] 孙焕章．乍得内战的经过 [J]. 国际问题研究 , 1982, (4) : 62–65.

[3] MCGOVERN, M., MONROVIA MODERN-Monrovia Modern: Urban Form and Political Imagination in Liberia, North Carolina: Duke University Press, 2017.

归根结底，卡扎菲对外的众叛亲离在很大程度上还是取决于他自己的选择。虽然泛非主义对当时的非洲而言的确是一件有意义的事，但卡扎菲却没有把一件好事办好，这与他性格的偏执和较为狭隘的三观有着很大的关系。从他的“朋友圈”便可一窥端倪，利比亚在他的带领下恐怕不会有什么未来。全世界范围内，只要数得着的暴君、独裁者，卡扎菲都大力支持，丝毫不顾及后果。

非洲另一个著名的独裁者和暴君，则是卡扎菲的挚友，乌干达前总统伊迪·阿明（Idi Amin）。

在全世界范围内，大部分国家历史上或许都曾出现过暴君。但许多也是利弊皆备，要么领导过民族独立，要么对国家和民族有其他的好处。即便是中国历史上备受争议的暴君——隋炀帝杨广，至少还大力兴建了京杭大运河。但如阿明这般对自己的国家没有半点好处只有祸国殃民的君主，在历史上也实属罕见。

阿明下台后，国际舆论为他总结的八大罪状为：侵害人权、政治迫害、种族迫害、草率处决、法外处决、裙带政治、政治腐败以及经济管理不当。可以说，具备上述任何一条的人恐怕都不配成为一个国家的领导人，何况是将这八大罪状集于一身者。另据估计，阿明在乌干达统治的8年期间，乌干达国内被残忍杀害的人数或达50万之巨[1]。

半文盲的阿明是一个典型的墙头草式人物，作为乌干达军队的总司令，他于1971年1月通过军事政变罢黜了乌干达前总统奥博特夺取政权。当政初期，阿明较为亲西方，并获得了以色列的强力支持。但后期逐渐转向利比亚，后来又投入了苏联及东德阵营。在1978年发生的乌干达与坦桑尼亚的战争中，卡扎菲曾派遣上千名利比亚武装人员支援阿明，有超过600名利比亚士兵战死于乌干达。在阿明的独裁王朝被推翻后，阿明流亡的首站就选在了利比亚。卡扎菲全然不顾阿明在乌干达的反人类罪行，为其充当保护伞。只是后来由于阿明带去利比亚的保镖与利比亚当地警察接二连三发生暴力冲突，阿明不得已才辗转到沙特阿拉伯继续流亡，直至2003年因心脏病客死沙特。

20世纪70—90年代，除阿明外，卡扎菲还支持了许多非洲国家领导人，包括

---

[1] [美] 约翰·鲍威尔 . 20 世纪世界领导人传记百科 [M]. 北京：大众文艺出版社 , 2001.
[加纳] 乔治·B.N. 阿耶提 . 解放后的非洲：非洲未来发展的蓝图 [M]. 北京：民主与建设出版社，2015.

厄立特里亚首任总统伊萨尔斯・阿费沃尔基（Isaias Afwerki）、津巴布韦首任总统罗伯特・加布里埃尔・穆加贝（Robert Gabriel Mugabe）、埃塞俄比亚联邦民主共和国首任总统门格斯图・海尔・马里亚姆（Mengistu Haile Mariam）、塞拉利昂臭名昭著的反叛组织革命联合阵线（RUF）创始人福迪・萨伊巴纳・桑科（Foday Saybana Sankoh）以及在中非共和国自立为帝，号称“中非帝国皇帝”的让-贝德尔・博卡萨（法语：Jean-B é del Bokassa）。

对非洲各国在金钱和军事方面的慷慨解囊也给卡扎菲带来了无尽的成就感和荣誉。当时在非洲大陆，他甚至得到了一个无比响亮的称号——非洲大陆的“王中王”（The king of kings of Africa）。

再不见，沙漠雄狮

如果卡扎菲能够把野心限制在非洲大陆范围内，一心一意谋发展，触角不要那么着急地伸到非洲大陆以外，那么急迫地挑起与国际社会的全面对抗，卡扎菲的政权恐怕不会如将倾之大厦那般独木难支，他本人也不会落得一个如此悲剧的结局。恰恰是因为卡扎菲在非洲大陆以外的所作所为，才导致他一步一步的把自己慢慢变成了全球公敌。乃至在他还没有完全倒台的时候，利比亚的一些原“友好盟邦”便开始陆续承认了利比亚反对派的合法性。

卡扎菲上台伊始，他就开始与许多被国际社会定义为恐怖组织的团体保持密切往来。1975年，卡扎菲曾一次性资助了爱尔兰共和军（Irish Republican Army），一个被英国政府明确列为恐怖组织的武装团体3.5亿美元[1]。造成11名以色列运动员

[1] “Report on compensation for Gaddafi-backed IRA attack victims to be focus of Committee session,” UK Parliament report, March 22, 2021. As of April 15, 2024: https://committees.parliament.uk/committee/120/northern-ireland-affairs-committee/news/153005/report-on-compensation-for-gaddafibacked-ira-attack-victims-to-be-focus-of-committee-session/

被残忍杀害的1972年德国慕尼黑奥运会惨案，后来虽经证实为巴特斯坦的“黑色九月”组织所为，但据联合国调查，背后也源于卡扎菲向“黑色九月”组织提供了近7亿美元的活动经费。

在处理诸多外交事件方面，卡扎菲也表现出了明显的不成熟和冲动的一贯个性。根据他的命令，当时伦敦一些报刊亭因出售批评卡扎菲的报纸而被蒙面人投掷炸弹。1980年，卡扎菲的许多政敌在英国陆续被暗杀。1984年4月17日，卡扎菲曾亲自下令利比亚驻伦敦使馆公然用机枪向和平示威的群众扫射，造成当时年仅25岁的英国女警伊冯·弗莱切尔遇害，导致利比亚使馆被愤怒的抗议人群包围长达整整11天，英国与利比亚政府断交15年。这次冲动也为其最后的灭亡埋下了一个大大的伏笔。2011年，在以北约为首的联合国军对利比亚发动的战争中，英国首相戴维·卡梅伦第一个便高举双手表态同意美国使用英国基地空袭利比亚，这正是卡扎菲多年来一贯的外交政策所导致的必然结果。

1988年、1989年接连发生的两起震惊全球的大事件算是终于给卡扎菲判处了死刑。虽然，在这两件事里其实卡扎菲着实有些许“委屈”。

1988年12月21日，泛美航空公司一架由法兰克福机场起飞中途停留英国伦敦希思罗机场再飞往美国底特律的航班——PA103，在途经苏格兰洛克比上空时因爆炸引起机身解体而坠毁，机上243名乘客及16名机组人员全部罹难。同时，坠机还造成了11位洛克比当地居民丧生。这次袭击被视为一场直接针对美国的恐怖袭击，也是2001年“9·11”事件发生前针对美国最为严重的恐怖袭击事件。这起惨案的发生在全世界范围内引起了巨大争议。利比亚、伊朗及巴勒斯坦都成为重点怀疑对象，甚至坊间还出现了怀疑美国中情局自导自演的传闻。

1991年，苏格兰官方与美国联邦调查局在共同进行了为期3年的调查后，宣布对利比亚阿拉伯航空公司前保安主管阿卜杜拉·迈格拉希、阿明·费希迈发出逮捕令。迫于强大的国际压力，2002年10月，利比亚政府为死难者提供了27亿美元赔偿，平均每人约1000万美元。赔偿过后，2003年9月12日，联合国终止了对利比亚长达15年的制裁。

但2014年3月11日，英国媒体突然爆出一条震惊世界的新闻，据叛逃英国的前伊朗情报官员梅斯巴希称，洛克比空难幕后主使者实为伊朗，并由一个叙利亚恐怖组织负责具体执行，背后始作俑者并非利比亚[1]。梅斯巴希透露，泛美航空103号班机之所以在英国洛克比镇上空爆炸，乃是因为伊朗要报复同年7月伊朗航空655号班机的空难事件。

1988年7月3日，两伊战争行将结束前，伊朗航空655号班机被美国海军提康德罗加级文森斯号导弹巡洋舰击落。事后，美国政府解释这架伊朗客机被误认为是正在执行任务的伊朗战斗机。这次事件中共造成290名乘客和机组人员遇难。除少部分外籍人士外，其余旅客全部为伊朗国籍。

巧合的是，另一件牵扯到卡扎菲的事件也是一起空难。1989年9月19日，一架法国联合航空（UTA772）航班自乍得首都恩贾梅纳机场起飞飞往巴黎。飞机起飞46分钟后在撒哈拉沙漠上空突然发生爆炸并迅速解体，导致机上155名乘客和15名机组人员全部罹难，无一生还。

法国政府经调查后认为，UTA772航班爆炸事件为利比亚所为，并要求利比亚政府进行赔偿。最终，利比亚政府向法国遇难者家属每人赔偿了约3300万美元。2004年，位于日内瓦的卡扎菲基金会又宣布与遇难者家属重新签署赔偿协议，每位遇难者家属可另外得到100万美元赔偿。

接连两次骇人听闻的空难以及利比亚政府的巨额赔偿使当时全世界都普遍认为，利比亚支付赔偿金就相当于承认了自己是幕后主使者。但实际上，这只是卡扎菲为自己多年鲁莽行为所不得不吞下的苦果而已。

20世纪90年代中后期，利比亚经济形势开始出现好转，经济政策逐渐开始放开，在国内开始大力惩治腐败并实行了高福利制度，这一系列经济调控措施使卡扎菲的政权变得相对稳定起来。但另一方面，由于国际社会的强力制裁尤其是美国给利比亚扣上的“恐怖主义”这顶大帽子，使利比亚经济的外向型发展受到了严重制约。当时的利比亚连基本的石油开采设备和零配件都无法正常进口，吸引外国投资和发展技术则更加成了天方夜谭。

2002年初，利比亚政府就曾公开表示不仅想要与美国改善关系，而且愿意与美国进一步实现关系正常化。8月，卡扎菲的儿子赛义夫在接受阿拉伯半岛电视台采

---

[1] “Former Senior Libyan Intelligence Officer and Bomb-Maker for the Muamar Qaddafi Regime Charged for The December 21, 1988 Bombing of Pan Am Flight 103,” U.S. Department of Justice press release, December 21, 2020. As of April 15, 2024: https://www.justice.gov/opa/pr/former-senior-libyan-intelligence-officer-and-bomb-maker-muamar-qaddafi-regime-charged

访时也提到利比亚非常希望与美国改善关系并积极开展对话。当时的利比亚外长沙勒格姆曾直言不讳地指出，利比亚签署空难赔偿协议实际上就是为了“花钱买解禁”。自1993年以来，以美国为首的联合国对利比亚实施的历史上最为严厉的经济制裁和禁运给利比亚造成的实际经济损失至少达到了400亿美元，使得当时的利比亚和卡扎菲均难以为继。因此，卡扎菲也只能心甘情愿地穿上这双“小鞋”，把所有的锅都背下来。

然而，在1988年7月3日以“搞错了”为由被美国导弹巡洋舰文森斯号击落的共造成248名伊朗人丧生的伊朗航空655号民航班机事件中，美国总共向伊朗支付的赔偿金仅有6180万美元，每个有工作的受害者平均得到的赔偿约为30万美元，无工作者获得的赔偿为0。

或许，萨达姆的最终倒台触动了卡扎菲的神经，让他仿佛看到了自己可能得到的下场。俗话说，兔死狐悲、物伤其类。卡扎菲在伊拉克战争后对一些国际问题的态度的确产生了较大的转变。首先，他宣布利比亚放弃发展核武器。其次，决定对洛克比空难遇难者家属进行高额赔偿。最后在政策层面，利比亚开始试探性地尝试改变长久以来与西方国家对抗的政策基调，并于2006年5月与美国正式恢复了外交关系。

但在全世界心中，再次信任卡扎菲的确不是一件容易的事情。一向文质彬彬的美国总统里根曾评价卡扎菲是一条“疯狗”（Mad Dog）。这也不能完全归咎于里根太粗鲁，因为在联合国大会上，卡扎菲曾公开称美国总统奥巴马是“自己的儿子”。

2009年9月23日，卡扎菲因不满美国总统在联合国大会上的发言时间比既定时间超出了5分钟[1]，作为抗议，他在发言时居然一口气讲了94分钟！

站在联合国大会现场，面对台下的联合国成员国元首，一开口，卡扎菲就指责联合国已经完全形同虚设。话锋一转，他便开始指责五大常任理事国完全未担负起应有的责任，应该被集体撤换。当卡扎菲马拉松式的漫长演讲进行到第80分钟时，联合国口译员都已被卡扎菲洗脑式的言论搞到崩溃，最后直接停止了继续翻译。虽然利比亚和美国在2006年正式恢复了外交关系，但美国总统小布什仍坚持把卡扎菲政权列入了“流氓政权”之一。

---

[1] 根据联合国规定，每位国家元首发言时间为15分钟。

最终，2010年席卷整个北非及中东地区的阿拉伯之春成了压倒卡扎菲的最后一根稻草。2011年2月15日，是卡扎菲政权最为关键的转折点。从这一日开始，卡扎菲下令精锐部队哈米斯旅开始对反政府武装正式进行全面武力镇压，但形势却已然非卡扎菲所能左右。卡扎菲2月24日警告示威者停止抗议，否则将“烧毁整个利比亚”。当时刚刚辞职的原利比亚司法部部长贾里尔于2月24日声称，卡扎菲拥有生化武器且随时都有动用的可能。2月26日，联合国安理会15个理事国以15比0的票数一致通过决议，对卡扎菲和其七子一女及亲信等16人实施制裁，制裁措施包括冻结资产、禁止出境，并把利比亚当局涉嫌侵犯人权的问题提交至海牙国际法庭。此后，世界上许多国家迅速跟进，纷纷宣布对利比亚和卡扎菲进行严厉制裁，并在全球范围冻结其家族资产。

但是，有些后知后觉的卡扎菲即便到了此时，似乎仍然没有意识到事态的严重性。利比亚安全部队对利比亚群众的残酷镇压也从的黎波里、班加西等大城市逐渐蔓延至利比亚全境。卡扎菲在反政府示威发生后面对国内外压力，还曾多次公开表示自己不是利比亚总统或国王，自称“革命领导人”的他表示自己没有任何正式职务，也没有国会可以解散，只有“人民大会”，所以他无法下台，妄图使用这种咬文嚼字的方式继续为自己换来苟全性命的机会。

2011年3月17日，英国、法国和黎巴嫩三国向联合国安理会提出议案，促使联合国安理会通过了著名的1973号决议，甚至于利比亚的前“友好盟邦”俄罗斯都在1973号决议投票中投下了弃权票。在卡扎菲的自大、后知后觉和鲁莽的综合作用下，国际社会终于在武装干预利比亚方面补足了最后一块拼图，联合国1973号决议的通过完成了国际社会出兵利比亚的法理准备。3月19日，联合国设立禁飞区以防止卡扎菲的盟友前来支援。禁飞区的设立，则彻底宣判了卡扎菲的死刑。

2011年6月27日，国际刑事法院以涉嫌反人类罪为由签发针对卡扎菲的逮捕令。随后，以美国为首，北约军队开始打着联合国的名义发起了代号为“奥德赛黎明”的武装干预利比亚的军事行动。8月20日，得到西方在背后强力支持的利比亚反对派发动了针对首都的终极之战——的黎波里大会战，最终一举攻入并占领首都，同时对卡扎菲展开了全国范围的大搜捕。

2011年10月20日，利比亚全国过渡委员会通过半岛电视台宣布卡扎菲已于当日清晨在其故乡苏尔特附近被利比亚革命军俘获。据称，卡扎菲和几个侍卫在城郊某道路的下水管道中被利比亚革命军发现，他在被北约的空袭锁定后试图逃离城市，于是便藏匿于该处。

利比亚革命军高级官员阿卜杜勒·梅吉德描述，当时卡扎菲双腿受重伤，头部亦中枪。随后，数名利比亚革命军高层也证实了卡扎菲的死亡，死因乃是其被俘获时身体所受的枪伤。利比亚“全国过渡委员会”执行委员会主席马哈茂德·吉卜里勒在随后的新闻发布会上证实，卡扎菲当天在其家乡苏尔特的一个废弃下水管道中被捕，并在随后执政当局武装与卡扎菲支持者的交火中，因头部和腹部遭到致命连环枪击而身亡。

随后，英国《卫报》在其网站上发布了全球第一张由法新社提供，卡扎菲被捕时上半身布满血迹的照片。最终，联合军事行动在2011年10月20日以卡扎菲的惨死而宣告胜利结束。

一代狂人的时代就此落下了帷幕。但想必，从他政变上台的第一天起，卡扎菲心里就应该很清楚，未来等待他的，不是大立，便是大破。

史无前例、空前绝后的典礼

非洲独立后的前两代领导人，包括卡扎菲、穆加贝、桑科、阿明，以及刚果（金）的蒙博托在内，一个共同的特点便是在自己的国家或民族压抑了许久之后突然重获自由，这时个人的意志便开始无限放大，就好像被判了无期徒刑在监狱里度过几十年之后突然遇到大赦，出狱后便开始无节制地放纵自我。

在当时的年代，许多非洲国家领导人不是不想让国家好起来，只是不知道该怎样带领国家变好。但相比之下，也有完全就不想让国家得到一点好处的。纵观非洲前两代领导人中的暴君、独裁者，基本上没有一位能够比这位在中非共和国自立为帝，号称“中非帝国皇帝”的让-贝德尔·博卡萨（法语：Jean-B é del Bokassa）更加登峰造极的[1]。

作为前法国军队中的一名军官，博卡萨在1966年通过军事政变成功的把中非共和国首任总统戴维·达科（David Dacko）赶下台，自己成为国家元首。在解散原国家议会后，博卡萨任命自己为中非共和国总统。六年之后的1972年，博卡萨在未经修宪程序的情况下宣布自己为中非共和国终身总统。1974年，他还厚颜无耻地为自己加冕了“非洲马歇尔”的荣誉头衔。

穷其一生，让博卡萨着迷的只有两件事情——头衔、面子。非洲前两代领导人的另外一个共同特点则是，基本都有一个崇拜对象，博卡萨也不例外。这位终身总统最崇拜的人，便是法国历史上的著名政治家、军事家拿破仑。因为拿破仑曾于1804年将自己的统治地位正式确立为皇帝，随即建立了法兰西第一帝国，于是博卡萨也准备效仿拿破仑，追随偶像的步伐，在人类文明已经高度发达的20世纪，也过一把皇帝瘾。

博卡萨的雄心壮志是要把中非共和国变为“中非帝国”，自己则理所当然是中非帝国的首任皇帝。在1976年博卡萨对法国的国事访问中，他首次把这个荒诞无稽的想法以及想要举办一场前无古人后无来者的大规模加冕典礼的计划向时任法国总统的瓦莱里·吉斯卡尔·德斯坦（法语：Val é ry Giscard d'Estaing）作了“汇报”。出人意料的是，德斯坦非但没有劝说博卡萨放弃这个近乎疯狂且反人类的想法，反而同意了博卡萨的加冕计划，更加让博卡萨对当皇帝的想法信心百倍。

博卡萨认为，这样一场加冕仪式能够极大地提高中非共和国在非洲大陆乃至全世界的影响力，对国家是一件“惠及千秋、功在万代”的大好事。只是有一个小小的问题，按博卡萨的设计，举办这样一场宏大的加冕仪式，中非共和国实在是囊中羞涩，拿不出这么多钱。于是，博卡萨再次向德斯坦寻求财政援助。浪漫的法国人，居然同意了向博卡萨提供财政援助，帮助他举办一场举世瞩目的加冕仪式这样一个荒唐的想法。看似法国是在助纣为虐，但其实，法国也有自己的小算盘。

首先，法国想继续笼络博卡萨，作为交换条件是法国的公司能够继续独占中非共和国宝贵的铀矿和钻石资源。其次，就地理位置而言，中非共和国与法国在非洲

[1] 安德烈·克罗特科夫．最后一个食人狂 [J]. 国外社会科学文摘，2004 (07).
李石．博卡萨称帝前后的所见所闻（一）[J]. 世界知识，1988 (13)：30–31.
庄慧君．中非暴君的末日 [J]. 西亚非洲，1980 (05)：28–29.

其他的两个铁杆盟友加蓬和刚果（金）正好成鼎足之势，因而法国希望中非共和国能够继续鼎力支持法国在非洲保持政治、经济影响力，与其他法语区非洲国家一同相向而行，而非背道而驰。更重要的是，20世纪70年代正值反法、反西方斗士卡扎菲在非洲四处拉拢盟友的时期。于是，法国能够逆人类社会发展潮流而决定继续支持博卡萨出国际洋相的前提条件便是要求中非共和国断绝与卡扎菲的一切往来，义无反顾地站在法国一边。

有了法国雄厚的财政援助，博卡萨的创世纪加冕仪式最终在1977年12月4日，也就是拿破仑1804年称帝仪式的173周年纪念日这一天隆重举行了。为了这次登基大典，博卡萨前后总共花费了3000万美元，相当于当时中非共和国四分之一的GDP。

在准备这场盛大的加冕仪式过程中，博卡萨还专门成立了全国筹备委员会，首都班吉的街道被打扫一新，沿街建筑全部被重新粉刷一遍。由于非洲的气候因素，中非的植被并不丰富，于是博卡萨命人把沿街的许多地方都刷上绿色油漆。远远看上去，植物浓密而优美，首都班吉各处都洋溢着一片欣欣向荣的盛景。

博卡萨专门请了30位法国知名艺术家为其设计加冕仪式的宝座、皇袍、皇冠和手杖。仅宝座后面的一只铜质镀金雄鹰就花费了250万美元。8匹从比利时进口的纯种阿拉伯马用来拉着在法国手工打造并运至中非共和国的巡游花车。另外还从法国进口了60多匹安达卢西亚马用来组成引导花车的马队。200多年前为拿破仑登基设计皇袍的同一家法国公司被邀请与意大利著名时装设计师皮尔·卡丹一起为博卡萨设计登基仪式的“皇袍”。两家公司联手共为博卡萨设计了13套“皇袍”供其挑选，总共价值14.5万美元。仅博卡萨头顶上的皇冠，造价就高达7.2万美元，是由一家在拿破仑时期就已建立的法国珠宝公司为博卡萨精心打造，整个皇冠几乎完全由钻石、宝石和黄金组成。仅皇袍、手杖和皇冠上所镶嵌的宝石、黄金就价值数百万美元。

为了使来访的世界各国政要在中非共和国能够度过一段舒适、美好的时光，博卡萨还花费巨资从德国引进了60台奔驰S级轿车。但中非共和国是一个内陆国家，这些豪车都必须先运到邻国喀麦隆的港口，再通过陆路运输到首都班吉，每一辆汽车的运费就将近5000美元。

能够举办这么光宗耀祖的登基仪式，博卡萨自然十分希望全球政要、名人均能来参加他的加冕典礼。于是，他几乎向世界各国政要、皇室都发出了邀请。但事实却是，博卡萨在砸下3000万美元重金后，最终却只买来一个“寂寞”。

除毛里求斯总理外，世界其他国家的政要和皇室都没有来参加博卡萨盛大的加冕仪式，甚至连在财务方面大力支持他的法国总统德斯坦或许也觉得有些惭愧，没好意思露面。在博卡萨发出的2500份全球邀请中，最后只有60人来到了中非。事后博卡萨还对媒体说，世界上只有他拥有一个王朝，别人都没有，是那些领导人嫉妒自己所以才不来参加。

典礼的仪式也是十分“博卡萨式”的。首先，他让29个孩子中的8个作为引导，盛装走在队伍的最前列，跟在后面的则是被立为“太子”的博卡萨最小的儿子。博卡萨与9位妻子中的一个走在队伍的正中间，缓缓步入礼堂，走向他的皇位。尽管中非共和国异常炎热，年平均温度高达28摄氏度，且当时举行典礼的礼堂连空调都没有。但是，博卡萨本人仍然格外注意皇帝的气派。当天他穿着一件长可拖地、镶嵌着785颗珍珠和价值120万美元水晶的裘皮大衣登上了自己梦寐以求的宝座。

人类历史上的1977年12月4日这一天，博卡萨终于登基成为中非帝国首任皇帝，并自封了“按照中非人民的意愿，团结在国家政党内及‘黑非洲’社会进化运动中的中非皇帝”[1]这一人类历史上最长的元首封号。

虽然他邀请的绝大部分世界政要没有来参加这场哗众取宠的加冕典礼，但过后博卡萨还是凭借这场加冕典礼轰动了全球。他盛装坐在皇帝宝座上的照片迅即登上了世界各大媒体的头版头条，成为他本人以及中非共和国历史上永远无法抹去的耻辱。

虽然，博卡萨的行为对中非造成了无以言表的伤害，但博卡萨也是一个可以用可怜来形容的统治者。这一点，也体现在许多独立后的第一代、第二代非洲国家领导人身上。只是，在博卡萨身上体现得更加充分，他的行为也最为令人不齿。

之所以用可怜一词是因为博卡萨也是一个地地道道的殖民主义受害者。在孩童时期，他就曾经目睹自己的父亲被法国侵略者杀害。他的母亲在他父亲死后一个礼拜选择了自杀，留下了包括博卡萨在内的12个子女相依为命。换句话说，就是自生自灭。但博卡萨并没有在长大后选择与殖民者进行对抗为自己的国家和家庭一雪前耻，反而选择加入了法国外籍军团，并陆续参加了法国在印度和越南的战争，直至

[1] 原文：“Emperor of Central Africa by the will of the Central African people, united within the national political party, The Movement for the Social Evolution of Black Africa.”

最后加入法国国籍。

被殖民、被侵略、被欺辱的经历在以博卡萨为代表的一代非洲人心里深深地种下了“弱肉强食、胜者为王”的思想，让他们认为只有强权才能实现理想，只有物欲的满足才可算作人生的成功。为了成功，甚至可以不择手段。深受法国殖民贻害的博卡萨从小就发生了巨大的心理变化，导致后来他居然把拿破仑作为膜拜对象，甚至极度热衷于法国文化和传统。

博卡萨在掌权后，经常炫耀当年在法国军队服役时所取得的成就。用他自己的话来说，他永远都是坚定不移的“法国士兵，和法国人的朋友”。

讽刺的是，1979年，正是资助他举办盛大登基典礼，他坚定的法国朋友，时任法国总统的德斯坦，又把博卡萨从宝座上拉了下来。在法国的支持下，中非共和国前总统戴维·达科重新成为总统，结束了博卡萨13年荒诞无稽、小丑式的政治生涯。中非共和国这个国家也被他糟蹋得国力虚弱，在接下来的几十年里都没有能够重新站立起来。

2022年，中非共和国GDP只有25亿美元。同年，美国的GDP刚好超过25万亿美元。这一字之差，便差出了10000倍。在今天的中非，绝大部分人仍然从事自给自足的农业生产，艰难度日。

截至2021年末，联合国会员国共有193个，外加2个观察员国[1]。中非共和国的人均GDP仅有513美元，全世界排名第186位，与前文中提到的布隆迪一样，常年稳居联合国全球最不发达国家排行榜前列。2022年，在中非仍有65%的人每天生活费不足2美元。在联合国公布的人类发展指数（HDI）中，2022年，中非共和国得分只有0.38，全球排名第189位，非常不适合人类生活。

在中非的首都班吉，我曾遇到一个在路边卖太阳镜的小伙子，那年他只有18岁。当我同他聊起博卡萨时，让我出乎意料的是他居然对如此一位暴君无比崇拜。他崇拜他的权力，崇拜他的军队，崇拜他的财富，甚至崇拜博卡萨能娶几十位妻子。

我问他：“你觉得博卡萨是个好人吗？”

他不假思索地回答：“不，他太坏了。”

我又问：“那么为了财富和成功，你想做一个好人还是坏人？”

---

[1] 梵蒂冈与巴勒斯坦。

中非街头售卖太阳镜的年轻人

他低下头笑，不再回答。

我花1美元买了一副太阳镜，他高兴得差点要和我拥抱。他说上一笔买卖还是在几天前。

他的回答虽寥寥数语，却让人细思极恐。极端的贫穷和极端的富裕都会让人失去理智。在极端的情况下，占据人类意识的恐怕只有本能。在非洲一些极端贫穷的国家中，不知道还隐藏着多少个博卡萨、阿明，甚至是卡扎菲。

但是，当离开自己的安乐窝，我们换位思考，站到他们所处的极端环境中，却发现我们竟张不开口给他们讲什么大道理。当面对一个全部生活的希望只是能够活下去就可以的人，不知为什么心中难免会出现一丝不安，甚至愧疚。

因为没有找到合适的餐馆，我们几人就在下图中路边这家烤羊肉店里随便点了几条羊腿。

价格倒是很便宜，一整条羊腿仅15美元。没有添加剂，没有瘦肉精，只撒上些盐，这味道才叫纯正。

40摄氏度的高温下，人的胃口很难放得开。所以，剩下的羊肉我们几乎都送给了这个小贩。他千恩万谢，简直不知该怎样表达感激之情。他说，他一个月的收入刚好够买这一条羊腿。

衷心希望，中非共和国能够早日安定下来。但无论别的国家如何帮扶，说到底，最后他们还是只能依靠自己。

中非共和国路边的小商贩

摆脱“羊群效应”

“群体”一词在词典中的解释是：聚集在一起的个人，不管他们属于什么民族、性别、职业，也不管是因为什么事情使他们走到一起。但在心理学中，“群体”一词却有着完全不同的含义：在某些既定的条件下，一群人会表现出十分相似的特点，它甚至会完全不同于组成这一群体的个人本身的特点。

非洲独立后的前两代领导人便是这样一个有着极为相似特征的“群体”。由于他们中的大部分在童年时均遭受过相似的被殖民经历，感受过沉重的压迫和极致的贫穷，迅速获得政权后又仿佛在一夜间甩掉了所有的绑住手脚的枷锁和牵绊，于是他们的感情和思想完全都走向了同一个较为极端的方向。在看到群体里有少部分人通过某种手段快速拥有了财富和权力，彻底摆脱了被压迫之后，“羊群效应”便开始在这个群体里蔓延开来。

最终，一部分人的独立思想逐渐消失，很快便形成了一种集体极端的心理效应。这种群体效应必然是暂时的，不会永久地持续下去。然而在20世纪60—80年代的非洲，它确实表现出了一些非常鲜明的特点，首当其冲的便是在权力和财富来得太容易的情况下，这个群体产生了一种“集体错觉”，即自己作为国家元首的翻身，就代表了整个国家和民族的翻身。

换句话说，他们当中的一些人把时代车轮沿着历史规律向前转动错当成了自己的个人功劳和个人能力的彰显。于是，在非洲独立后的前两代领导人中，有许多完全沉浸在了自己的乌托邦里，在不断积累个人财富与权威的同时，还幻想着自己将要带领国家和民族摆脱殖民主义并一步步走向富强。其实，这是两个水火不容的发展目标，也是经济学中常说的一大悖论。但在当时的一些非洲国家，一些国家领导人却颇具自信，相信自己能够将这一悖论实现。

“如法炮制”这句成语在心理学中还有一个专门的解释，即：当特定人群组成一个心理群体后，该群体在做出判断、决策、行为时总体所表现出的智能水平一般会远低于该群体成员作为个体进行决策时所能表现出的智能水平。客观来讲，20世纪80年代以前，一些非洲国家的决策者便是集体处于这样一种状态当中。

但凡事皆有例外。在独立后前两代非洲领导人中，还是存在相对而言头脑清醒、战略清晰、判断准确之人的，曼德拉便是其中具有代表性的一个。

在那个年代，他能不顾个人荣辱，把南非黑人的权利始终作为自己坚持斗争的方向，多年如一日。这种毅力诚然宝贵，这种坚持的精神更加值得后人永远铭记。尤其是在他上台后，只任一届总统便毅然而然地选择急流勇退，主动让贤，完全不痴迷于所谓的权力、地位和金钱，在彼时那种环境下更显难能可贵。在一个刚刚从废墟中走出来的国家，作为一国元首，在如此一个法制、规则皆不健全的环境中，若想要谋取一些个人利益，可说是一件再容易不过之事。

许多人把曼德拉的伟大归结于他带领南非黑人最终取得了独立。现实中，带领人民取得独立的领导人在世界上比比皆是。这当然算是一种成功，但更重要的是，一位领袖人物如曼德拉，在权力达到巅峰后还能继续保持清醒的头脑、睿智的眼光和深邃的智慧，这才是他真正的伟大之处。

在革命方面，曼德拉的确是一位伟大的政治家和革命家。但在经济发展方面，南非所走过的路却布满荆棘。

在黑人获得独立后，南非的经济状况反而每况愈下，雪上加霜。黑人在获得了梦寐已久的平等权利后才猛然发现，等待他们的并不是越来越鼓的钱包，依然是面前空空如也的饭碗。那么，当今的南非经济到底是何种状况，我们从以下几组数字中便可略窥一二。

–3.2%。2022年，在疫情结束全球经济开始企稳增长的大环境下，南非的GDP增长仍然是负3.2%。下图为近十年里南非GDP的增长情况。

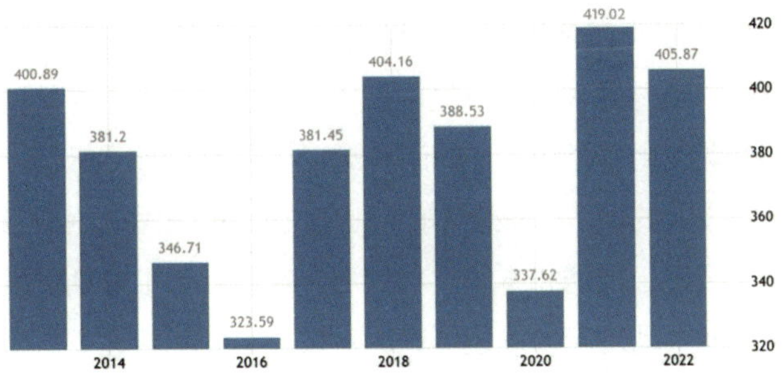

2013至2022年南非GDP统计图

关于南非的GDP，读者甚至可以直接忽略具体数字，只看趋势足矣。能看到，2013—2016年的四年间，南非整个国家的经济就好似高台跳水急速下行。其后在经济历经数载波动后，2020年南非经济再次上演了一波过山车式的大幅震荡。目前在全世界所有国家中，GDP的发展趋势能走出犹如一位冠心病患者心电图一样走势的，恐怕唯有南非。总体而言，在过去的十年间，南非GDP只有三年处于增长，其余七年全部处于同比下降。

30%—60%。南非刚独立时，曾被全世界公认为非洲未来最有希望的国家。但现在，南非全国失业率已高达30%，比许多撒哈拉以南非洲国家还要惨不忍睹。年轻人的失业率高达60%，许多年轻人找不到一份合适的工作便只得浪迹街头，南非当前的治安状况目前几乎是非洲国家中最不安全的。我到南非的第一天朋友就对我说，在南非开车等待红灯时车子千万不可熄火，否则很有可能会有歹徒在车外举枪对你进行抢劫，一定要一脚油门加速冲出去。若车子处于熄火状态，非常有可能被歹徒控制。

数千亿美元。这是南非目前的外债数额。在白人统治时期，南非基本没有外债。而当黑人翻身之后，在经济无法正常发展的情况下，政府还意图不断提升黑人的福利水平。于是，囊中羞涩的南非政府只能不断对外举债，导致国家债台高筑。

当前，南非政府几乎置身于破产的悬崖峭壁上了。

三成。得益于得天独厚的地理优势，独立前的南非曾被世界誉为“非洲粮仓”。现在，经过黑人的一番革命输出，虽说早已从白人手中把土地抢了回来，但黑人却不愿种地，也不会种地，反而造成大量农田荒芜，导致南非从一个粮仓国家沦落到当前全国饥饿率达到三成。许多人吃不上一口饱饭，只能上街打砸抢烧，进一步导致了南非安全状况的不断恶化，同时，又影响了经济投资大环境，导致恶性循环。

此外，现在的南非在贪污腐败、科技倒退、环境退化等问题上均面临巨大压力。半个世纪前，经过黑人艰苦卓绝的抗争，一个由黑人领导的南非的确站立了起来。但是，一个现代化、经济发达的南非却正在离我们渐行渐远。

南非沦落到今天的地步，最根本的原因就在于被殖民统治成百上千年后，整个民族几乎都失去了核心技能和本领。独立后，在还处于上升期、发展期和壮大期的时候，南非便选择主动挑起与发达国家的对抗，实非明智之举。倘若当时的南非能有一位如新加坡独立后首任领导人李光耀先生般睿智的领袖，懂得韬光养晦、韫匵藏珠的道理，恐怕时至今日，南非不至于此。

事实上，曼德拉在上任后也意识到了这个棘手的问题。只是作为黑人运动领袖和革命的领头人，他绝不可从自己的口中表达出这一观点。但是，他的行动却把他的意图展现得一览无余。在当选总统后，曼德拉首先做的便是到当年审判他入狱的白人法官家中做客，表现出了宽大为怀的大度和器宇不凡的风度。曼德拉还说过这样一句名言：“告别仇恨最好的方式就是宽恕。”的确，不能否认这是曼德拉高尚人格和宽广胸襟的体现。但实际上，以当时南非的国情而言，曼德拉不这样做也别无他法。他不想宽恕，也要宽恕。

即便如此，他带领南非黑人对仇恨的宽恕来得也有些迟缓。一旦当民族情绪被调动起来，便不会那么容易被平息下去。在革命伊始，身为极具号召力的政治家，曼德拉需要这种民族情绪为革命的探索试验蹚出来一条路子，这是一种审时度势的务实策略。但当革命成功以后，这股被调动起来的情绪却像无尽的野火般开始迅猛地烧遍整个南非大地，再也不那么容易被熄灭了。甚至以当时南非高涨的民族情绪而言，倘若曼德拉本人想去尝试灭火，自己也极有可能引火烧身。因此，在独立后的南非，无人敢去碰触这团烈火，只能眼睁睁地看着这把火烧遍整个国家。

当然，曼德拉仍然是一位英雄。人无完人，我们绝不能以南非在经济方面的不佳表现就全盘否定曼德拉的丰功伟绩以及他对南非整个国家所做出的历史性贡献。

忘记一位被世界所公认并获得过诺贝尔和平奖（1993年）之人的丰功伟绩，本身就是一种犯罪。

至少，他比本章前述那些领袖们都要伟大得太多。

那么，在非洲前两代领导人中，难道就没有一位集睿智、远见、大度于一身，能够带领国家和民族真正走向复兴的人吗？

从“副班长”到奥赛冠军的逆袭

自1966年彻底摆脱英国殖民统治开始，南部非洲国家博茨瓦纳共和国（The Republic of Botswana）就是整个非洲大集体里的“垫底生”。

博兹瓦纳国土面积大致与西班牙相当。但1966年独立时，该国全国公路通车里程只有可怜的12公里。全国没有一家正规医院，无一所大学，95%的国民都是文盲。在剩下5%的非文盲中，也仅有100多人高中毕业。刚建国时，博兹瓦纳严格来讲并不存在一个经济运行体系，大多数人都是通过种地或养鸡鸭牛羊来自给自足。

经济方面，在1966年刚建国时，博兹瓦纳的GDP总量在非洲54个国家当中排名倒数第二。由于当年非洲国家塞舌尔的官方经济统计数据不足，因此被联合国、世界银行等国际组织因技术原因排在了非洲国家GDP排行榜的末位。实际上许多经济学家估计，博兹瓦纳才是非洲这个大集体里名副其实的“副班长”。

在经济落后的非洲大陆上都属垫底，博茨瓦纳的起点的确是不能再低了。但令人啧啧称奇的是，仅用了短短半个世纪的时间，博兹瓦纳就创造了非洲乃至全世界国家中经济增长的一个奇迹。

在非洲的3年里，我陆陆续续踏上过将近30个非洲国家的土地。在这些国家中，不同的风土人情给我留下了许多美好的记忆。但我敢说，当你踏上博兹瓦纳土地的那一刻，你会对非洲的印象产生震撼性的转变。一出机场你能发现，如果按中国标准，博兹瓦纳首都哈博罗内（Gaborone）完全可算得上是一个“准二线”城市。

在博兹瓦纳，完全没有如一些非洲国家那样的脏、乱、差景象，整个城市整洁有序，马路上也少有冒着黑烟连门都关不上的二手出租车和车厢里挤着几十人连窗户都没有的公共汽车。一次，在当地一家大型超市购物时，由于收银系统突然出现故障，顾客需要等待系统恢复，博兹瓦纳人便自觉地排起了长队，队伍从超市里一直排到了超市外面。但整个队伍整齐有序，没有人插队也没有人抱怨，大部分顾客都在安静地等待着。

博兹瓦纳钻石储量巨大，钻石出口是博兹瓦纳经济增长的主要源泉。但在非洲，有太多的国家拥有钻石、石油、钴矿、铁矿等重要自然资源，如刚果（金）、南非、马里、塞拉利昂等。但是，这些国家却没能像博兹瓦纳一样真正发展起来。原因在于，博兹瓦纳的发展本质上并非依靠它拥有多少资源，而是仰仗着它到底是如何利用这些资源的。

现在的博兹瓦纳是撒哈拉以南非洲国家中少有的能够达到中等收入水平的国家。2021年，博茨瓦纳人均GDP已达到7238.8美元，与墨西哥、土耳其水平相当，甚至超过了巴西和伊朗。在“透明国际”组织公布的全球国家腐败指数排行榜上，博兹瓦纳在非洲54个国家里独占鳌头，其清廉指数排名甚至超过了韩国和意大利。作为目前非洲大陆上最开放、最包容的一个国家，博兹瓦纳是非洲国家中少有的几乎在半个世纪里没有发生过一次政变和暴力活动的国家。

许多学者把博茨瓦纳的成功归功于大量的自然资源储量。然而，博兹瓦纳的快速发展本质上并不是因为资源，而是使用资源的人，一个可以被载入博兹瓦纳历史史册的至关重要的人物，博兹瓦纳首任总统——塞莱茨·卡马（Seretse Khama）。

卡马是一个各方面经历都十分丰富的人，包括他的婚姻。20世纪40年代，卡马与英国人露丝·威廉姆斯冲破世俗和种族的偏见勇敢地结合在一起。黑人与白人通婚在当时可以说十分鲜见，所以这一对情侣的结合立即引起了双方家族甚至两国政府的强烈反对。但最后，他们还是冲破重重阻碍勇敢地走到了一起。当时卡马与露丝的婚礼曾轰动全球，以至后来这段伟大的爱情故事在2006年被英国导演阿马·阿桑特搬上了荧幕，拍摄成电影《联合王国》（*A United Kingdom*）。

离开博兹瓦纳后，我还特意欣赏了这部电影。的确，真正的爱情确实能够跨越距离、政治、种族和阶级。或许现在的我们完全无法想象，在那个年代要做出这样艰难的决定需要多么大的勇气。在20世纪四五十年代，卡马因为与白人通婚之事差点令他断送了自己的政治前程，因为大半个非洲外加英国政府都反对这桩婚姻。博兹瓦纳的邻国南非甚至宣布卡马是不受欢迎的人，禁止卡马夫妇踏足南非。在博兹瓦纳国内，反对卡马的声音也是一浪高过一浪。最终，这对新婚夫妇被自己的家族驱逐出博兹瓦纳，在国外开始了将近二十年的流亡生活。

1961年，卡马正式步入政坛。今天发生的事，当未来回头再看，才会知道这是一件好事还是坏事。正如当年的卡马，经过了将近二十年的蹉跎与忍辱负重，再加之博兹瓦纳国内形势的急转直下，到20世纪60年代，博兹瓦纳国内迫切需要一位能团结上下一切力量并领导这个国家实现独立的人，命运和机遇终于再次辗转回到了卡马身边。

1961年，卡马回国组建了爱国民主党，令人意想不到的是，博兹瓦纳人纷纷争先恐后加入该党。二十年前，卡马因跨种族婚姻被国人骂得狗血喷头。二十年后，同样的一段故事，摇身一变却成了坚守爱情的典范和榜样，反成了许多人歌颂他、喜爱他的理由。带领博兹瓦纳人艰苦斗争五年之后，1966年9月30日，博兹瓦纳终于正式独立，卡马也顺利当选为博兹瓦纳独立后的首任总统。

当上总统后，面对博兹瓦纳一穷二白的社会底子，卡马立即开始推动堪称非洲历史上最具有远见、最成功的经济转型计划。卡马的经济转型计划依托的是当时博兹瓦纳仅有的也是最重要的三种资源：镍、铜和钻石。与当时其他一些刚刚独立的非洲国家把自己丰富的资源在不断的国内冲突甚至贪污腐败中浪费殆尽不同的是，卡马领导的博兹瓦纳开创了另外一条完全不同的发展之路。

当时许多非洲国家大力推行资源、企业和土地收归国有的策略，卡马却在博兹瓦纳大力鼓励私营经济，努力打造了一个私营经济友好型社会。博兹瓦纳陆续出台了降低企业所得税和个人所得税、降低进口关税等对私营经济十分友好的政策。在整个社会氛围方面，不同于以中非皇帝博卡萨为代表的完全倒向西方和以南非为代表的完全与白人进行全面对抗这两种极端政策，卡马鼓励按才录用，真正做到了任人唯贤。

在当时的中非共和国，政府部门里几乎看不到黑人。而在南非，政府公务员中又几乎一个白人都没有。卡马提倡“不以肤色论英雄”，只按能力选人用人。所以，博兹瓦纳在当时的非洲国家里是为数不多的政府部门中既有白人又有黑人的国家。这样，卡马把贤能和人才全都吸引到了博兹瓦纳。

卡马这样做在当时也遇到过极大的阻力。因为许多非洲国家独立后，政府迫于民意不得不开除所有原外籍雇员，只留下本国黑人。博兹瓦纳国内自然也受到了这股思潮的影响，卡马的政策一开始造成博兹瓦纳国内民怨极大。但是，卡马依然顶住压力，力主在当地黑人的技能能够达到相应工作要求前绝不会开除外国白人雇员，也不允许博兹瓦纳任何一个企业这样做。

同时，卡马还从世界各国聘请了许多专家作为政府政策顾问，邀请外国企业进入博兹瓦纳进行矿产勘探，这让博兹瓦纳各种矿产的探明储量迅速增加，在短时间内使政府的财政收入连续翻番。

1969年，博兹瓦纳政府与当时总部位于南非的大型矿业集团戴比尔斯（De-Beers）达成合作协议，成立了博茨瓦纳戴比斯瓦纳公司（Debswana）。1974年，博兹瓦纳政府把持有的戴比斯瓦纳公司的股权份额由15%提升至50%，并与戴比尔斯达成一项重要协议，凡是合资公司戴比斯瓦纳于博茨瓦纳境内开采、加工并出口的钻石，博茨瓦纳政府至少应获得收益的70%。

至20世纪70年代，博茨瓦纳已通过钻石出口赚得盆丰钵满，并且成为非洲国家中为数不多的财政收入和外汇储备双双连年增长的国家。

此外，在发展博茨瓦纳经济的同时，卡马从没有放弃对博兹瓦纳传统文化的保护与传承，没有放弃对博茨瓦纳人道德水平的教育和培养，甚至，视传统与道德比经济更加重要。这也是为什么在20世纪80年代中国改革开放之前，博茨瓦纳一直都是全世界经济增长速度最快的国家，直到20世纪80年代才被中国超越。

博茨瓦纳没有人口红利，也没有巨大的消费市场，这样一个小国能保持将近20年的全球经济增长奇迹，完全离不开卡马起初所建立的自由、包容、清廉、高效的社会和经济发展氛围。

博茨瓦纳在发展经济的同时，还同步在国内建设了大量医院、学校等基础设施，并在非洲首先实施了全民免费医疗和义务教育。整个国家没有因经济建设而让人们丢掉传统、丢掉文化、丢掉三观。卡马的理念是，宁可经济发展得慢些，但教育、医疗、养老等方面也一定要同步得到发展。根据世界银行的统计，2021年，博茨瓦纳基尼系数为0.4，社会收入贫富差距情况大致相当于东欧国家的平均水平，远超其他非洲国家。

最能够彰显卡马领袖气质的是一次在出访欧洲时，他亲自与欧盟贸易代表进行谈判，成功与欧盟签署了牛肉出口协议，使博茨瓦纳牛肉出口欧洲的价格要远高于其他国家出口欧洲的价格。协议签署的第二年，博茨瓦纳全国养牛农户的收入就提高了50%。

博茨瓦纳独立后，由于重心都放在经济方面，博茨瓦纳的军事和国防事业发展的一直较为缓慢。在一次采访中，记者曾问卡马："你只发展经济，提高人民收入，但整个国家连一支像样的军队都没有，就不怕别人侵略吗？"卡马答道："我不四处树敌，又何必担心别人侵略呢。"但说归说，一个国家不可能永远没有一支像样的军队来保家卫国。在经济、社会以及老百姓的收入发展达到一定程度后，1977年，博茨瓦纳在独立11年后终于正式组建了国防军。

由于卡马的政策在博茨瓦纳国内受到百姓的极大拥护，他分别于1969年、1974年和1979年连续三次全民票选为总统。不幸的是，1979年在刚刚第三次当选总统后，卡马就被查出为胰腺癌晚期。1980年7月13日，卡马与世长辞，享年59岁。然而，这样一位给博茨瓦纳留下了不可磨灭的贡献之人，最后却不是死在病床上，而是死在自己的办公室里，趴在自己的办公桌上。据当时急救人员回忆，在冲进办公室的一刻，看到卡马的手里仍攥着一支钢笔，面前摆放着堆得像小山一样高的文件。

在卡马的葬礼上，有将近5万群众自发赶去送别这位博茨瓦纳人心中的英雄最后一程。要知道1980年时，博茨瓦纳的总人口仅为94万。

庆幸的是，卡马的传奇并未就此结束。卡马的儿子伊恩·卡马（Ian Khama）在2008年博茨瓦纳总统大选中全民票选为总统，并于2013年连选连任，至2018年离任，按博茨瓦纳宪法完成了最多两任十年的总统任期。

也许在名气上，卡马无法与其他一些同时期非洲著名的政治家如曼德拉、桑卡拉甚至卡扎菲相提并论，但是，卡马一定会被博茨瓦纳人永远铭记，这位带领一个一穷二白的"副班长"在二十年时间里，拿到非洲"奥赛冠军"的英雄。

无奈，与彷徨

一直很喜欢香港的一部电影——《无间道》。因为这部可被归类为传统警匪片的电影中，其实蕴含了许多发人深思的道理。片中主人公刘建明十分想做一个好人，但却因此充满了彷徨与无奈，最终反而使自己一步步走向了人格分裂。在无间的黑白里，人有时很难做出自己原本想要做出的选择，这才是人生的切肤之痛。

《无间道》这部电影触及人心灵最深处的不是大人物的一举一动，反而是一个个小人物内心的彷徨与挣扎。电影中梁朝伟的那句“对不起，我是警察！”在电影上映后一度成了当时香港年轻人常说的口头禅。梁朝伟的另一句台词“明明说好三年，三年之后又三年……就快十年了，老大！”，轻描淡写的一句俏皮话，却道出了人生最沉重的枷锁：可能你真的想成为一个好人，但是过去的一切并不能就那么轻易地被拂拭得一干二净。出来混，迟早是要还的。

非洲那些看似荒诞无稽的事和人，其实他们的内心也是无比挣扎。可能有时他们也想做一个好人，却挣脱不了内心的另一个自己。于是，就在这种亦邪亦正中，这片古老的大陆在刚获得新生后，又开始不断备受煎熬。

就如卡扎菲，虽然性格放荡不羁，完全可以称之为阿拉伯世界和非洲大陆的“令狐冲”，但总体来讲在卡扎菲执政期间，利比亚的老百姓确实得到了许多实惠，利比亚整个国家的经济也确实是在不断向前发展。

众所周知，利比亚是一个石油储量丰富的国家。然而，许多人不知道的是，正是在卡扎菲的领导下，利比亚成为非洲第一个能够自主掌控自己石油资源的国家，单凭这一点就已经非常了不起。多年来，在通过石油贸易赚取了大量外汇后，卡扎菲对利比亚国内的基础设施、医疗和教育等民生项目陆续投入了大笔资金。

卡扎菲上台后没收了西方殖民者原来拥有的大量土地。但不像乌干达的阿明那样把土地据为己有，卡扎菲把大部分土地在土改中分给了穷人和农民，而且卡扎菲规定，在农民种地实现盈利之前，所有的收入都由政府负责发放。换句话说，在卡扎菲时期，农民也是有固定工资的，这算是“卡扎菲经济学”中一个独创之处。同时，利比亚政府还投入大量资金建设保障房，以极低的价格甚至免费分配给利比亚穷人。

在卡扎菲执政的42年间，利比亚全国识字率从10%提高到了88%，人均寿命从57岁提高到74岁，婴儿出生死亡率从非洲平均水平的每千人125降低到每千人15。在卡扎菲下台的前一年也就是2010年，利比亚人均GDP已经达到1.16万美元，在非洲54个国家中雄踞榜首，是前面提到的博茨瓦纳（6022美元）的将近两倍，与欧洲国家波兰相当（1.25万美元）。

2010年联合国公布的人类社会发展指数报告[1]显示，利比亚是非洲54个国家中唯一一个跻身高指标群体的国家，其2010年的人类发展指数得分比俄罗斯、乌克兰以及一些东欧国家如保加利亚、罗马尼亚都要高。在卡扎菲统治下，利比亚完全实现了经济自主和经济独立，当时的利比亚不欠任何国际组织和多边金融机构的外债，整个国家没有任何财政负担。

卡扎菲执政期间建设的一些著名基础设施项目，如被称作“伟大的人工运河”（the great man made river）的令世界瞩目的农业灌溉工程，在30年前就耗资将近250亿美元，并且直至今天仍在实际使用当中。在这项工程里，利比亚围绕全国的东西南北边境共建设了4000公里输水管网，把干净的水源绕着利比亚国境传输了一圈，让利比亚彻底摆脱了长期缺水的局面。

除了在国内投入巨资促进发展外，卡扎菲还在国际舞台上几乎以“一己之力”推动了半个非洲的发展。利比亚曾向非洲卫星组织捐赠3亿美元帮助非洲国家在卫星发射和卫星监控方面摆脱欧洲的影响。卡扎菲还帮助许多非洲国家进行基础设施建设，他还投资50亿美元成立了非洲基础设施发展基金，在非洲建设了许多五星级豪华酒店，大量的宗教设施、电信网络以及采矿公司等。在卡扎菲执政期间，接受过利比亚财政援助的非洲国家几乎遍及整个非洲大陆。

在从泛阿拉伯主义彻底转向泛非主义之后，卡扎菲又号召非洲国家模仿美利坚合众国建立“非利坚合众国”以抵御西方的压榨。当然，他提出的许多理论包括“非利坚合众国”在内最后都没有得以顺利实施。客观而言，“非利坚合众国”的想法确实过于怪诞甚至荒谬，但他提出的其他理论倒是展现出了一些前瞻性。比如，他号召非洲实行统一货币，建立统一的非洲中央银行，施行非洲独立的财政和货币政策，这些的确都是非洲的痛点所在，而且以现在的眼光来看，卡扎菲当年提出的这些计划或设想都是当前非洲国家正在大力推动的。

卡扎菲的大力呼吁和资金支持也是非洲联盟能够于1999年得以顺利建立的一个非常重要的因素。当时的利比亚首都的黎波里可以说是整个非洲大陆最繁忙的网红打卡地，一年到头经常举办非洲各种大型会议，几乎每次举办这种会议利比亚都会承担大部分会议费用。此外，当时的利比亚还主动承担了非盟成员国中许多交不起会费国家的缴费义务。在当时整个非盟每年的会费中，至少1/3都是由利比亚所

[1] “Human Development Report 2010,” UNDP report, January 01, 2010.

缴纳。就在2011年卡扎菲被赶下台的前几个月，他还在忙着呼吁要建立非洲统一货币——第纳尔。

另一方面，多年来当联合国和西方国家一直宣称当年那场对利比亚的军事干预会为这个国家带来和平与发展的时候，现实却狠狠地抽了人们一记耳光。美国前总统奥巴马卸任后，曾公开承认发动利比亚战争是他任内犯下的最大的错误。的确，抛开奥巴马在任内发动的利比亚战争根本就没有得到美国国会的授权甚至都没有跟国会打招呼不谈，利比亚国内的发展也完全没有像奥巴马当年宣称的那样，实现所谓的民主和繁荣。

自2011年利比亚战争结束卡扎菲倒台之后，这个国家便立刻陷入了各部落的争权夺利当中，经久不绝的内战一直持续至今。权力的真空也使得臭名昭著的恐怖组织“伊斯兰国”（ISIS）在利比亚从此扎下了根，让这个内忧外患的国家变得更加支离破碎、体无完肤。

在废墟中玩耍的利比亚儿童

为了争夺国家政权和利比亚油田控制权而持续不断发生的武装冲突使得利比亚

普通人的生活已经完全陷入极度无奈和痛苦的状态。据联合国统计[1]，自2011年卡扎菲被推翻后，利比亚国内共有1万人失踪，130万人需要靠联合国难民署的救济度日。一个曾经在人类发展指数排名中超过韩国、新加坡的国家，现在已经变成了一个绑架和人口贩卖盛行、饥荒遍地、缺衣少药、断水断电的“人间炼狱”。2021年，利比亚人均GDP已经下降至5900美元，只有卡扎菲下台前一年的一半。仅就利比亚经济发展和生活水平而言，有卡扎菲的时候要远远强于没有他的时候。

卡扎菲对利比亚和非洲做了如此之多的贡献，但最终还是换来如此悲惨的结局。与其他一些非洲国家的前两代领导人相似的是，大都是因为本质里“凤凰男”的特质在作怪。让他们从最底层一夜之间变为了高高在上、不可一世的凤凰，反倒忘记了自己手中的筹码。没有了约束，失去了控制，思想便开始扭曲，意识愈发回到了原始的状态。于是，才做出今天看来让人啼笑皆非甚至有些毛骨悚然的诸多“奇事”。

乌干达的阿明在上台后曾于1972年下令一次将以印度裔为主的8万名亚洲人赶出乌干达，并声称是上帝给他托了梦让他赶走印度人，将经济大权还给乌干达人。此外，风流成性的阿明还下令从全国选送美女来给他做妻子。鼎盛时期，阿明仅明媒正娶的妻子就有12位，一生给他生育了50多个孩子。刚果（金）前总统蒙博托在治国理政方面虽不出类拔萃，但在贪污受贿方面却有“经天纬地”之才。在他下台后，据估计他的个人资产达到了50亿至80亿美元，相当于刚果（金）每年接受国际援助资金的40%，接近当时整个国家三分之一的GDP。

在瞎折腾方面，卡扎菲自然也不示弱。每次外出，卡扎菲都有由美女组成的“亚马孙护卫队”进行护驾，他出访到任何一个国家都要睡在自己带的部族帐篷里。卡扎菲死后，他曾经的五名贴身女保镖曾向班加西的一名心理学家投诉称她们都曾遭受过卡扎菲和他儿子们的强奸，之后又被政府军的其他官员侮辱。卡扎菲代表了非洲独立后前两代领导人中最典型的一类，既是一个邪恶的独裁者，却又在千方百计地带领国家和人民向前踱行。

这一类人共同的特点是，不能深刻洞察国际形势，因此导致许多想法根本就不

[1] Lansana Gberie, “Forgotten war: a crisis deepens in Libya but where are the cameras?” Africa Renewal of the United Nations, no date. As of April 15, 2024: https://www.un.org/africarenewal/magazine/december-2017-march-2018/forgotten-war-crisis-deepens-libya-where-are-cameras

切实际。卡扎菲想要团结非洲力量以对抗西方，想法固然是好的，但非洲54个在各方面差异巨大的国家绝无可能像他想象中那样团结在一人的领导之下。对于面积达3000万平方公里，人口超过10亿，语言超过500种，文化各不相同，自然环境、气候和经济发展状况差别迥异的非洲大陆而言，建立一个“非利坚合众国”这样的非洲超级国家根本就是无稽之谈。或许，打造一个共同市场或自由贸易区会更为现实，也更加有利于非洲各国的团结和未来经济一体化之路。又或者创造一种统一货币，这样也可以在一定程度上来对抗美元霸权，让非洲在金融领域更加独立，更加团结。

其次，以卡扎菲为代表的这一类非洲领导人的失败（包括曼德拉统治下的南非经济方面），其实并不全是因为经济因素，也不是因为所谓国内的反对派从而导致政权更迭。

当年在利比亚，政府军试图镇压国内叛乱分子时，西方随即发起了一场规模空前的媒体运动，将利比亚内战描绘成针对本国公民的一场独裁战争。联合国设立禁飞区阻止政府军轰炸叛乱分子，但北约空军却没有遵守联合国禁飞区的规定，为利比亚叛军提供了决定性的战场支援。那些所谓的当地叛军许多并非来自利比亚，他们拿着北约提供的武器，其中还有许多讲着法语的特种部队指挥官。在利比亚内战初期，政府军曾俘虏了数百名外来雇佣兵。叛军起初在进攻无果的情况下，北约军队立即开始大规模违反联合国禁飞区的规定对利比亚政府军发动了大规模的轰炸以帮助叛军的进攻。

导致卡扎菲下台的利比亚内战，实际上是一次昭然若揭的外力干预，并非完全是由内力所致。如果没有数万名外国雇佣兵以及世界上最为精良的空军对利比亚政府军轮番轰炸，利比亚内部那些所谓的反对派很难在这场战争中走得远。

最后，这一类非洲领导人被推翻最根本的原因则是，在自己实力尚不具备的情况下贸然觊觎别人的蛋糕。本章中曾提到过，在卡扎菲统治下的利比亚当时不欠任何国际金融组织的外债。换句话说，这很有可能恰恰是卡扎菲“需要”被赶下台的一个重要原因。卡扎菲让利比亚货币与黄金和石油挂钩，打破美元的垄断，因而就美国而言，是十分不想看到卡扎菲成功的。如果他继续掌权，恐怕会让美国和欧洲的诸多大企业以后越来越无法染指非洲的资源，有可能让非洲就此摆脱贫穷，也有可能让利比亚最终变为一个区域性的超级大国。

非洲的殖民历史刚刚结束时，一些域外国家曾声称非洲在未来应自强自立。后来，卡扎菲确实这么做了，结果也显而易见，他又被那些教导非洲应自强自立的国家贴上了杀人犯和恐怖分子的标签。最终，利比亚横尸躺在了通往自强自立的道路上。

卡扎菲曾说："他们想对利比亚做他们在伊拉克和伊朗所做的同样的事情。他们想霸占因这些国家的革命而被国有化的石油。他们想重建因革命而被关闭的军事基地，并建立附庸政权，使这些国家的财富和劳动力服从于帝国主义企业利益。其他的一切，都是谎言和欺骗。"[1]

以中非皇帝博卡萨为代表的则是第二类对国家和人民有百害而无一利的领导人。拿破仑成为历史伟人当然有其原因，首先拿破仑至少有能力打下自己的江山。博卡萨应是读了许多关于拿破仑的传记，但他似乎只学会了一些阴谋论，而忘了当"皇帝"的第一步便是，要自己有能力亲手先打造出一个帝国来。法国前总统德斯坦虽然给了他3000万美元法国纳税人的钱来挥霍，但法国也并不吃亏。因为，这些钱换来的是中非与卡扎菲的决裂，使得法国能继续掌握中非的铀矿、钻石和石油等宝贵资源，对法国而言，绝对是一笔"稳赚不赔"的买卖。

如果博卡萨、阿明等人把自己贪污和挥霍的钱财用于修建道路、学校、医院等惠及人民的工程建设，他们必定也能为自己的国家留下一大笔宝贵的财富。但是，他们的结局很可能会是在医院或学校建成之前便被另一个外部扶持起来的傀儡取而代之。因为本质上，一些国家到底是否真正想看到非洲变得强大起来，需要画上一个大大的问号。

卡马则是第三类全心全意为国家和人民服务的非洲领导人中杰出的代表。虽然第三类领导人在当时的非洲实在是为数不多，而且全世界知道卡马的人也不多，因为小小的一个博茨瓦纳和卡马实在称不上是什么热点话题。这却恰恰反映了以卡马为代表的这一类非洲领导人的特点：睿智、大气、低调与务实。由此，才避免了国家和他们本人成为国际舞台上的众矢之的，能够闷声发大财。这足以说明他们其实比别人更加聪明，懂得安静地做好自己本职工作的重要性。

在当时非洲的大环境中，卡马这一类领导人是在一个时代里所罕见的，甚至今天的我们仍可以从他们身上学到许多。卡马能够抛开一切世俗争论，始终把人民和

[1] "General Debate of the 64th Session (2009)," UN, September 23, 2009. As of April 15, 2024: https://www.un.org/en/ga/64/generaldebate/LY.shtml

国家的利益放在首位。他没有被别人利用，同时也没有一味地与谁搞对抗。他广开合作之门的方式无疑开创了非洲国家治理的先河，对非洲和世界其他发展中国家有着极大的启示。正因如此，博茨瓦纳才能够成为非洲大陆上经济发展最为耀眼的明星。博茨瓦纳与亚洲的新加坡一样，是一个国家如何从贫穷转变为富裕最为典型的例子。

当一个非洲国家能够拥有一位足够睿智的领导人，能够将人民的价值置于仇恨、贪婪、暴力和阶级之上，当政府足够成熟，能够超越阶级利益，睿智地利用手中的资源，这个国家的未来一定不会差。就非洲国家而言，无论其拥有多少资源，只要有足够优秀的文化和领导力，那么未来就一定繁荣可期。

虽然博茨瓦纳盛产钻石，但或许卡马才是这个国家有史以来出产的最珍贵的一颗钻石。他不仅自己能发光，还能令整个国家都发光，通过一己之力塑造了整个博茨瓦纳，惠及了千百万子孙后代。

卡马和博茨瓦纳的经验值得全世界落后国家和发展中国家学习。虽然，世界上每个国家的国情不尽相同，所有的国家都效仿博茨瓦纳的发展模式是不现实的，但至少，发展中国家从卡马身上应该学到许多有价值的东西。

还记得一位博茨瓦纳朋友曾对我说："我从小就在博茨瓦纳长大，很荣幸还曾见到过卡马总统本人。他是一个安静、聪明、谦虚且十分风趣的人，他深爱着这个国家。这世界上没有任何一个国家能比拥有一个廉洁、不分阶级、平等地包容和热爱所有人民的领导人的国家还有更大的福祉。我不会选择移民到其他任何一个地方，博茨瓦纳永远都是我的家。"

第六章

又爱又恨，欧洲如何『塑造』了非洲

位于塞内加尔首都达喀尔的“非洲复兴”雕像

欧洲的目光，最初不在非洲

欧洲与非洲，这段源远流长的“情缘”至今已有千百年。在人类的殖民历史中，欧洲国家可说是当仁不让的开山鼻祖。正是由于数百年前欧洲人的所作所为，才在很大程度上铸就了今天非洲的方方面面。

欧洲国家在不远万里“开疆扩土”“攻城略地”的那段历史时期之初，原本非洲大陆并未排在欧洲人殖民名单里的首位。论资源，非洲大陆的确储藏了无数宝贵的自然资源，但再怎样富足也比不过一个从未被现代文明征服过的北美大陆及澳大利亚大陆；论人类社会发展程度，非洲在诸多东南亚国家面前又要甘拜下风；论战略位置重要性，英国当时殖民的印度半岛和马六甲海峡不知要比非洲的战略位置重要多少倍。

但是，最终欧洲人还是把目光聚焦到了非洲大陆身上。要搞明白个中原因，我们就有必要先对欧洲人的整体殖民思路和殖民历史的演变进行一定程度的理解。否则，许多人不会明白为什么同为殖民地，欧洲人在非洲的做法却与在印度、北美、南美、东南亚等地完全不同。

欧洲人对人类世界的殖民曾经达到多么疯狂的程度？19世纪初的时候，欧洲国家曾经一度控制了地球上35%的土地。换句话说，地球上除了海洋之外，有将近三分之一的陆地都被掌控在欧洲人的手中。一个世纪后，情况又发生了显著的变化。当然，这种变化依然是朝向有利于欧洲人的方向发展的。1914年，通过殖民、代理以及保护国等多种方式，欧洲人已直接或间接地控制了世界上所有陆地面积的84%。

客观而言，当今天我们再回过头来审视人类历史上那段至暗的殖民历史，仔细端详欧洲人数百年来在地球上的殖民版图扩张曲线，能够发现，从古至今，在人类社会的发展过程中倘若抛开所谓的命运等主观因素不谈，促进人类社会发展至关重要的因素无外乎科技与思想。

人类的历史长河中，在科技与思想方面进步程度的超越使得欧洲人一度接近于统治了全世界。同时，欧洲人数百年来对地球上大部分土地的殖民统治也在人类历史的长河中逐渐影响着整个人类社会发展的方向。过去几百年的殖民历史，在许多方面仍然对今天的人们有着种种或深或浅的影响，比如当今的全球贸易规则、金融市场、经济和社会发展观念等。许多殖民时期留下来的影子也已被深深地镌刻下来，正在被一代又一代的人继承下去，难以赶走，无法甩掉，挥之不去。

最简单的例子便是英语。英国人的母语，现在已经成了全世界最为通用的语言，甚至没有之一。据统计，目前全球范围内有110个国家将英语作为母语、官方语言或通用第二语言，其他任何一种语言在全世界范围都无法得到如此广泛的使用。目前，将英语作为母语人数最多的国家分别为美国（3亿）、英国（5560万）、加拿大（3000万）和澳大利亚（2100万）。其他主要使用英语的国家还包括南非、爱尔兰、新西兰和新加坡等，地理范围几乎涵盖了全球各大洲。其中，英国作为老牌帝国主义殖民国家，其他无一不是被大英帝国殖民过的国家。若没有英语在百年前的“异军突起”，想必人类现在也必会有另外一种通用语言来被用作进行相互交流的工具。之所以英语成了目前全世界最通用的语言，绝对离不开英国的对外殖民历史。

即使后期英国殖民地纷纷独立，英国彻底结束殖民历史后，英语依然是世界上一门最为通用的语言，其地位并没有随着英国殖民历史的结束而消失。与之类似的是，目前在西部和北部非洲，仍然有超过20个国家的官方语言是法语。

所以，每当谈到殖民，许多人的反应都是，这已是一段遥远的历史，是离今天的我们格外陈旧的话题。但是，那段所谓遥远的历史现在其实仍然在影响着这个地球上每一个人的生活，还在影响着人类的经济、社会、文化和思想。殖民历史的确已经烟消云散，但殖民的影响却并未一概随风而逝。今后，恐怕也不会彻底消失。

作为欧洲在历史上对外扩张的始作俑者或称“领军者”，当属两个国土面积其实不大的国家——西班牙和葡萄牙。这两个国家在地理上占据了地中海和大西洋交汇的绝佳位置，向西直面广阔的大西洋，大西洋的另一侧便是北美大陆，向东通过地中海又可横跨欧亚大陆。因而，西班牙和葡萄牙对外扩张的历史早在15–16世纪就已经开始初露端倪。

1492年8月3日，出生于意大利热那亚的航海家克里斯托弗·哥伦布（意大利语：Cristoforo Colombo）带领87名水手初露锋芒，驾驶“圣马利亚”号、“平特”号和“宁雅”号三艘帆船离开西班牙巴罗斯港开始了全球远航。他们在海上经过漫长的两个月零九天的航行后，终于到达了美洲巴哈马群岛中的华特林岛。哥伦布把此岛命名为“圣萨尔瓦多”，意思是“救世主”。哥伦布虽然踏上了新大陆——美洲，但实际上当时的他却误以为这里是亚洲。因为那时人们完全不知道在欧洲与亚洲之间，还存在着一个美洲大陆。

哥伦布于1492年的伟大发现即刻在整个欧洲引起了巨大轰动。随后，西班牙国王也正式确认了《圣塔菲协定》所许给哥伦布的一切权益。所谓《圣塔菲协定》，大致内容即赐予哥伦布“唐”的贵族封号，委任他为所发现海岛和大陆的司令。他逝世后，封号和属于他的所有权力均可由他的继承人继承。哥伦布还被封为发现和夺得的海岛和大陆的总督。同时，所有的交易商品无论珍珠、宝石、黄金、白银、香料或其他货物，凡在哥伦布管辖区内购买、交易、发现或夺得的，他都有权得到十分之一的利润，其余十分之九则呈献给西班牙国王。

后来，其他欧洲国家眼见西班牙和葡萄牙通过航海探索和对外扩张带回无数的金银财宝，国家强了，人民富了，于是其他欧洲国家也开始眼红了。自此开始，众多欧洲国家便纷纷加入西班牙和葡萄牙的队伍当中，正式开启了欧洲集体对外扩张的历史。

也由此开始，一个由海洋连接起来的世界便开始逐渐形成了，人类历史上的海权时代正式来临。

此外，欧洲作为当时由商业资产阶级掌权的地方，伴随着空前发展的海权时代，恰好又赶上了一场发生在欧洲的商业革命，“公司制”这个能够为欧洲国家日后顺利迈入帝国主义阶段而迅速积累财富的制度，在荷兰被正式建立了起来。

荷兰毗邻大西洋，地处北海、波罗的海至地中海的商业要道上，属于欧洲商业革命的贸易中心。得天独厚的地理位置、资产阶级掌权的先天优势、站上了海权时代的风口、专注于在商贸产业上发展的基本国策这四项基本条件同时于16世纪末在荷兰得到了匹配，于是，便迅速催化出一个在当时十分强大的荷兰商业帝国。换句话说，如果缺少上面任意一个基本条件，当时荷兰的商业帝国美梦都是不可能实现的。然而历史往往就是如此的机缘巧合，这四个难以凑在一起的条件，偏偏在当时的荷兰齐聚一堂。

1602年，世界上第一家股份制公司——荷兰东印度公司正式成立。自此，随着公司制治理理念的引入和由公司制所带来的资本聚集效应，使得许多欧洲国家迅速学会和掌握了“集中力量办大事”的道理。

于是，16—17世纪的整个世界，好像一下子变成了由欧洲国家用轮船、枪炮来运营的一个大“公司”。这个公司存在的目的与现在的许多公司本质上完全一致，那便是尽可能多地创造利润。越来越多地被作为“子公司”的殖民地开始源源不断地向“母公司”——欧洲国家输送利润，使得欧洲国家的“归母利润”愈发丰厚，“合并报表”也逐渐变得更加令人赏心悦目。

非洲不幸闯进了欧洲帝国主义2.0时代

在欧洲国家开始疯狂对外扩张争夺殖民地的头一两百年里，由于人类科技的不发达，欧洲国家单打独斗的实力并不像如今那么强大。他们能去到的地方虽然很多，但能够彻彻底底全盘掌控的却并不多。所以，帝国主义这种制度形式并没有随着欧洲国家版图的扩大而在全球范围内开枝散叶、遍地开花。

此外，资本主义是资本主义，然而帝国主义则是另外一个并非所有资本主义国家都可轻易企及的高度。换言之，并非每一个资本主义国家都具备最终成为帝国主义的硬实力。在当时的欧洲，客观上讲，其实连一个有实力可称之为帝国主义的国家都没有。

但随着对殖民地的不断开拓，获取的资源、财富与日俱增，欧洲国家逐渐羽翼丰满，能够不断把掠夺来的资源和财富投入到科技研发当中。随着核心生产力科技的不断发展，社会进步的步伐也随之加快，又致使欧洲人的意识形态和思想观念继而开始出现由量到质的转变。最终，由于殖民地的不断扩大，终于催生了帝国主义在欧洲的萌芽和正式形成。

究其本源，帝国主义之所以能够在人类社会形态中产生，其最主要的推动力依然是科学技术的不断迭代发展。这也是为何欧洲国家能够成为最早推动人类工业革命等一系列变革的地区，并使欧洲国家的科技和社会发展水平在整个人类社会中最早迈上更高台阶的本质因素。

如果当时的欧洲国家可以算作已经迈入帝国主义阶段的话，那么从18世纪开始，当欧洲国家的科技水平再一次达到巅峰后，此时的帝国主义则可以被称作“帝国主义 2.0”版本。

随着欧洲国家从帝国主义1.0升级到2.0，欧洲国家对整个世界的殖民征服也从1.0版本自然而然地过渡升级到了2.0版本。但历史有时就是如此玄妙，在当初欧洲1.0版本的殖民历史行将结束之际，发生了一件差点让欧洲无法升级换代到2.0版本的大事件。这件事，差一点就让欧洲整个的殖民历史宣告终结。

18世纪末期，欧洲国家位于全球的各个殖民地曾爆发了持续不断大规模的反殖民运动，令大部分欧洲国家开始逐渐失去他们辛辛苦苦在外海开拓出的许多殖民地。当时，这股反抗殖民的潮流恰巧是由欧洲国家在海外拥有的最大一块殖民地，也是今天欧洲国家最铁杆的盟友——美利坚合众国所发动。

1776年，美国正式宣告独立，定国名为美利坚合众国。在1776年以前，美国东部13个州皆为英国殖民地。那时，处于英国殖民统治下的美国主要以农业作为经济支柱，并与欧洲有着密切的贸易往来。后来受英国工业革命的影响，先进的技术和专业化分工理念很快便传播到美国，于是以农业生产为主的美国开始不断扩大和发展手工业和制造业。到1776年，美国的人均收入水平已经达到15英镑，与当时欧洲国家的平均水平相差无几。

1776年不但是美国历史上的转折点，也可看作是整个人类社会历史的转折点。这一年，英国著名经济学家，被称为经济学鼻祖的亚当·斯密（Adam Smith）发表了经济学中堪称具有划时代意义的经典著作——《国富论》[1]，在人类社会发展史中首次系统阐述了政府在社会经济发展中只需做好守夜人，维护好社会秩序即可的经典理论。亚当·斯密认为，这样不仅可以充分发挥各个经济主体逐利的本质，还可带动整个国民财富的增长。

美国联邦政府采纳了亚当·斯密先进的经济思想，对经济的干预程度很低，并且大力鼓励和倡导发展私营经济，保护私有财产，使得美国在独立后迅速实现了经

[1] 全称：《国民财富的性质及原因研究》(An Inquiry into the Nature and Causes of the Wealth of Nations).

济的持续高速增长。

还是在这一年，1776年，太平洋彼岸的东方，正处于清朝统治时期，乾隆四十一年。在这一年里，清政府最大的贪官和珅登上了历史舞台。和珅本是一名侍卫，凭借自己过人的察言观色、溜须拍马的“才能”逐渐被皇家所重用。从此，清朝的腐败便被推上了一个崭新的高度。

同期的美国却牢牢把握住了历史发展的机遇，以《独立宣言》的发表为标志，美利坚合众国正式建立。美国的历史从此开创了新纪元，从殖民地翻身成为独立国家，翻开了资本主义发展史当中的新篇章。而大洋彼岸的乾隆帝，手握一副绝世好牌：清朝GDP占全世界的30%，国土面积高达1453万平方公里，是现在的1.5倍。但却打出了一手臭牌，使得当时的中国没能赶上世界发展的潮流，清王朝也一步步走向了没落，直至消亡。

1776年之后，紧跟美国的步伐，欧洲殖民者在全球“百花齐放”的众多“子公司”开始纷纷闹起了自主经营，要求翻身当“独立法人”。在加勒比地区，西班牙的殖民地突然开始集体闹革命、闹独立，最后均成功陆续独立。在中美洲等多地也爆发了轰轰烈烈的反殖民运动。最终，法国人、英国人、西班牙人、葡萄牙人大部分都被赶回了欧洲。

那段时期对欧洲人来讲，可谓是“辛辛苦苦数百年，一夜便回到了解放前”。最致命的还不仅是在海外的节节败退，欧洲本土范围内也开始耗子动刀窝里反，法国波旁王朝的路易十六便是死在那个时代的代表性人物。波旁王朝被推翻后，法国人民迫切要求处死路易十六，后来法国吉伦特派公开于1793年于巴黎革命广场将路易十六推上了断头台。

彼时的欧洲，好不热闹。既有欧洲国家政府间的冲突，又有本国老百姓站起来反抗国王与贵族的斗争，同时还要镇压海外殖民地的起义反抗。一向以富饶、文明、先进著称的欧洲大陆，眼看就要发展成为一个无法收拾的烂摊子了。以当时的形势而言，欧洲资本主义国家大有集体崩溃并化为一片瓦砾之势。

难道欧洲国家真的会束手就擒，任由历史将他们无情地抹去吗？当然，历史也早已给了我们答案，对欧洲人而言，历史并未那么无情。不但没有将强大的欧洲从人类历史的教科书中揩抹得一干二净，反而升级版本且更加强大的以帝国主义为引领的殖民2.0版本最终还是在人类历史上发生了。

那么，欧洲国家究竟是如何能够做到不但成功结束了内部混战，并且还把对外殖民扩张又顺利升级到2.0版本，乃至于到了1914年，欧洲又再次创纪录地控制了全世界将近90%的土地呢?

这个问题恐怕仍旧要归功于欧洲人本身。当时的欧洲国家由于在各方面早已遥遥领先于世界上其他国家，因此在理智方面，欧洲人还是具有相当的克制力的。当时的欧洲人也认为如果再这样继续混乱下去，整个欧洲国家必将会被消耗殆尽。他们从这种混乱中意识到，欧洲国家需要加强团结来保护自己的利益。然而当欧洲国家开始停止相互战争，协商谈判共谋如何更好地开展殖民2.0战略以后，他们随即发现了一个致命的问题，那就是在以前，他们的许多殖民地都存在一个共同的特点，远离欧洲本土。这样既不便于管理，又使得各方面治理成本过于高昂。

比如英国的海外殖民地印度。一开始英国人采用的是委任统治，扶植印度本土的土地主，只通过对土地主征收税收来获得利润。然而，印度的土地主们搜刮本国国民的本事可比英国人要强得太多，乃至后来，在作为殖民地的印度，一个叫海得拉巴的王公居然超过了英国人成了当时的世界首富。

面对如此被动的局面，英国迫不得已开始直接插手印度的管理并建立了庞大的政府体系和军队，结果花费如流水一般。到最后，英国人仔细一算，殖民印度许久反倒赔了不少钱。再加之连年战乱，欧洲国家的自身元气也已损伤大半，很难再像以前那样撑起风帆，随时就可来一场说走就走的殖民旅行了。

思来想去并经过周密细致的调查研究，于是当时几乎所有欧洲国家不约而同地把目光集中到了一片之前从未精心开垦过的大陆上。据说，在这片大陆上充满了各式各样的自然资源和数不尽的金银财宝。最终，欧洲国家携起手来，排着长队出发去开拓这一片就坐落在自家门口的新大陆了。

一块儿改变非洲命运的树皮

在正式殖民非洲之前，欧洲人对非洲大陆也并非完全陌生。第一章中曾提到，很早以前欧洲便和非洲开始了奴隶贸易。但当时仅局限于双方的“平等”买卖，尚未大规模地牵扯到政治或军事侵略甚至是殖民统治。也正是因为过往的奴隶贸易，才使得欧洲人脑海里对非洲大陆最为熟悉的地方仍是非洲的西海岸和东海岸，但对于广阔的非洲大陆腹地而言，欧洲人当时仍然十分陌生。在当时欧洲人的认知里，非洲整个内陆地区只是一片荒无人烟的不毛之地，甚至不太可能存在人类文明。

当时许多欧洲人在到达非洲的东西海岸之后，也曾试图继续挺进非洲内陆地区进行远途探险。只是，当时试图去往非洲内陆地区探险的许多欧洲人再也未能重返家园，大约有40%的欧洲人死在了非洲大陆腹地。他们统统都受到了一种强大的生物武器——蚊子的无差别攻击。非洲蚊子的武器，便是当时的欧洲人从未见过也无力抵抗只能束手就擒的恐怖疾病——疟疾。

疟疾主要是由人类感染疟原虫而引发的一种寄生虫病，且只由雌性蚊子传播。感染疟疾后，临床主要以反复发作的间歇性怕冷、高热、出汗为主要症状，一般可分为间日疟、三日疟，最严重的为脑疟。倘若不幸感染脑虐，就算是在当今的医疗技术水平下，几乎也可以直接宣判死刑。

庆幸的是，我在非洲几年中从未感染过疟疾。但我身边的朋友中招者却为数不少，有的还不止感染了一次。一般感染后的症状令人十分难以置信，下午还活蹦乱跳，晚饭后一发病顿时感觉身体出奇寒冷，捂上三层厚棉被还会止不住地打哆嗦。但仅仅几小时后又感觉身体热得不行，体温甚至可以达到40多度。如果摸一下病人的额头，感觉此人体内就像是着了火一样。就是在这种间歇性地不断发冷、发热中，疟疾会耗尽感染者的体力和精力，重创免疫系统和身体各个器官，最终导致感染者在这种忽冷忽热的“求生不得求死不能”的状态中耗尽体力和精力而亡。

随着现代医疗技术的发展，人类目前已经可以应对大部分种类的疟疾。但哪怕是在今天，疟疾仍然是非洲致死率最高的疾病之一。据世界卫生组织统计，2020年全球范围内大概发生了2亿疟疾感染病例。其中，恶性疟疾主要发生在非洲，占非洲疟疾总病例数的99%。

因此，就当时的状况而言，欧洲人对疟疾可以说基本是不设防的。所以当时的欧洲人给非洲大陆中部这一大片空白区域起了一个令人毛骨悚然的称谓：the White Man's Grave（白人的坟墓）。但很快，欧洲人对非洲中部地区的无知和胆怯就因为两件意外之事的发生被彻底改变了。

金鸡纳树（Cinchona Calisaya Wedd）是一种原产于玻利维亚和秘鲁等地，在印度、斯里兰卡、菲律宾、印度尼西亚、非洲、中国云南和台湾等地均有种植的树木。1820年，两位法国化学家佩尔蒂埃（法语：Pierre-Joseph Pelletier）和卡旺图（法语：Joseph Bienaim é Caventou）在人类历史上首次从一块儿金鸡纳树皮上提炼分离出一种叫做“奎宁”（Quinine）的物质。通过反复实验，人们惊奇地发现这种物质居然能够治疗让人类束手无策多年的恐怖疾病——疟疾。

这一发现在人类历史上具有划时代的意义。随后，金鸡纳树的种子和树苗也因此被荷兰、日本和美国等国在19—20世纪圈定为国家战略资源，严格禁止出口。除了药学方面的贡献外，奎宁的发现还使得非洲广大的中部地区成功摘掉了“白人的坟墓”这顶令人为之色变的帽子。因此，奎宁的发现不但改变了人类的医学史，还改变了非洲的命运。有了对抗疟疾的特效药，欧洲人从此在面对“白人的坟墓”的时候，也同时拥有了“白人的盾牌”。非洲的大门终于向欧洲人完全打开了。

第二件意义重大的事件则是一个人的出现，他便是当时绰号为“剁手狂魔”的比利时国王利奥波德二世（Leopold Ⅱ，1835年4月—1909年12月）。当时的比利时建国仅40多年，在欧洲列强面前仍是一个“小字辈”。以比利时的国力而言，尚无法与传统的欧洲老牌帝国主义国家如法国、德国、英国、西班牙和葡萄牙等相提并论。1875年，利奥波德二世看着世界地图上其他欧洲国家在海外的殖民地，一阵阵羡慕和酸楚之情顿时涌上心头：“想我堂堂比利时好歹也算一个欧洲国家，竟连一块儿海外殖民地也没有，实在是愧煞人也。”

于是，他毅然决然地加入了欧洲军团对外扩张的大军之中。但此人扩张版图的方式却十分另类。不知利奥波德二世是否曾读过罗贯中《三国演义》里“刘备远来救援，先礼后兵，主公当用好言答之，以慢备心；然后进兵攻城，城可破也”这则故事，利奥波德二世竟然也效仿起当年诸葛亮的战略战术，采取了先礼后兵的方式。

首先他来到西班牙和葡萄牙，对西班牙和葡萄牙国王说道：“你们现在实力已经不断下降，控制不了如此多的海外殖民地，莫不如分给比利时一些，由我代为管理。”可想而知，利奥波德二世自然在西班牙和葡萄牙吃了闭门羹。碰了一鼻子灰的他仍不死心，即刻又登上了去往英国的轮船。见到英国首相后，利奥波德二世还是老一套：“首相阁下，大英帝国在非洲殖民地众多，又刚刚拿下几内亚，不知比利时可否与贵国共同开发？”结果这次却更为悲惨，他连“闭门羹”都没有吃到，当天就被英国打发回了老家。

回到比利时的利奥波德二世懊恼不已，下决心一定要自己想办法搞到一块儿真正属于比利时的殖民地一雪前耻。于是，他打开非洲地图开始了埋头研究。以当时的情形而论，非洲东、南、西、北四个海岸基本都被老牌帝国主义国家所控制。于是，利奥波德二世眼前一亮，把目光落在了“白人的坟墓”上。现在有了奎宁，还有何可畏惧!

由于常年无人敢于踏足，所以那时的非洲地图中部几乎是一片空白。于是，利奥波德二世闭着眼睛随手一挥，便指向了现在非洲国家——刚果（金）的所在地。从此，也随着他的这一记“夺命阴阳指”，刚果（金）这个国家的灾难算是正式开启了序幕。

在确定地点以后，比利时立即开始组建远征探险队，把众多比利时人送到了当时非洲地图上的这片空白区域进行探险。他们来时带足了两种先进的武器，一种是坚船利炮，而另一种则更加至关重要，那便是奎宁。

之所以本节要单独提到此人，是因为利奥波德二世麾下比利时人的到来为非洲日后被殖民甚至惨遭蹂躏起了非常恶劣的示范作用，倒并非因比利时叩开了非洲的大门，相反比利时尚属一个迟来者。主要是因为，比利时殖民刚果（金）的方式方法极其恶劣、狠毒。

自侵占刚果（金）后，利奥波德二世一不做二不休，索性把这片广阔的殖民地变成了自己的个人财产，而非比利时政府所有。自此，刚果（金）的土著黑人便开始经历炼狱般的折磨。在当时，刚果（金）最有经济价值的资源包括橡胶、象牙和铜矿等。尤其是橡胶，由于可作为轮胎原料，对于当时刚刚被发明的汽车、轮船以及军工产业有着极高的利用价值。

那时，负责采收天然胶的刚果（金）奴隶一旦没能完成比利时人制定的“KPI”，双手双脚就会被砍掉。然而，砍断手脚还只是针对当事人，更加恶劣的是利奥波德二世有时还会向奴隶的家人开刀。曾经有一名奴隶因为采收没有达标，他五岁的女儿双手也被砍下来作为惩罚，最后竟然被活活肢解。

利奥波德二世可谓开创了残酷虐待非洲人的恶劣先河。虽然之后，许多殖民国家并没有完全效仿他的残酷和无情，但自从有了利奥波德二世这样的反面教材，其他欧洲国家在对待土著黑人方面下手也变得越来越重。

比利时并没有采取诸如其他欧洲国家那样“大开大合”的殖民统治方式，而是采取了与当地土著黑人进行谈判，进行“合作开发，共谋发展”这种工于心计、后患无穷的卑劣统治手段。具体而言，就是使用离间计来对付本土黑人，挑拨土著黑人间的不同部族，制造本土黑人间的矛盾。扶植一部分，借其之手打压另一部分，使得比利时区区几万人的殖民队伍就顺利控制了一个比比利时本土大几十倍的刚果（金）。后来，许多欧洲国家也纷纷开始效仿此种拙劣的手段，在非洲各部落之间不停地制造矛盾，挑拨离间，以维持自己的统治。

比利时对刚果（金）的占领彻底激起了欧洲国家全面占领非洲的野心，引发了“群狼效应”。第一个迅速做出反应的便是法国。紧随比利时的到来尤其是利奥波德二世令人“耳目一新”的统治方式，法国也一改过往对殖民地松散的管理方式，开始严格划定边界并宣示主权。继法国之后，其他许多欧洲国家也都接连开始了类似的转变。直至最后，在非洲大陆上几乎从未有过大动作的德国都来到非洲插进了一脚。

但这样一来，乱圈乱占，丝毫无秩序可言，到头来欧洲国家又开始相互产生矛盾。难不成还要像以前一样，在欧洲本土大动干戈来一场窝里斗来解决在非洲的分歧吗？思来想去，欧洲国家最终达成了共识，殖民了这么久，众多欧洲国家还从未坐下来谈一谈，共商一下未来发展大计。因此，是时候召集所有欧洲国家，一起好好研究一下未来究竟该怎样合作共谋开发非洲大陆了。

一场决定非洲命运的会议

1884年的那个秋天，欧洲的冷空气来得比以往任何时候都要早一些。在寒风凛冽的德国首都柏林，全球15个主要资本主义国家齐聚一堂，开了一场热闹无比的“非洲殖民扩张范围划分暨投资研讨会”。会议由时任德国首相俾斯麦主持，整个会期持续了104天。会议的主题是“如何在欧洲内部加强分工合作，旨在更有效率地推进瓜分非洲”。

会议现场，气氛十分热烈，与会成员热情尤为高涨。会议期间，几乎参会的所有欧洲国家领导人都激动地全程站立，在会议室中对着墙上挂着的巨幅非洲地图比比划划，积极献言献策。不知情者，还真的会以为这些国家是在共商如何推动非洲大陆的未来发展。

讽刺的是，这一事关非洲大陆未来发展大计的重要会议上，居然没有邀请一个非洲国家参会。会上，老牌殖民国家西班牙、葡萄牙首先发言，指着地图向新兴资本主义国家详细介绍了非洲大陆的基本情况以及他们自己殖民历史的经验总结与分享。之后，会议进入问答环节，新兴殖民国家如比利时、德国纷纷针对自己的疑惑和问题踊跃提问，老牌儿殖民国家则给予详细的解答与指导。

此次会议的一个特别之处在于，组织者还专诚邀请了一个观察员国——美利坚合众国参加会议。美国当时刚刚独立不久，翅膀还不像现在这般硬实，再加上原本自己也属于被殖民国家，现在突然转换角色作为侵略者参会令美国人内心多少有些尴尬。但又受邀参加，情面难却，所以当时的美国代表主要抱着学习取经的态度，几乎没有什么发言。

总体而言在1884年这次柏林会议上，但凡属于欧洲范围内并且有能力组织起一支远征军的国家几乎都受邀前来。这场会议拟定的最重要的一个原则，也是日后对非洲贻害最大的一个原则便是，欧洲决定要对非洲真刀真枪地下手了。欧洲国家认为，不能再像以前那样“公平”地与非洲国家进行所谓的奴隶和资源贸易。贸易本身仍然是需要付出金钱成本的，怎能比得上明抢划算！会议结束后，欧洲国家顷刻间开始启动落实会议精神的行动，正式开始了对非洲大陆真刀真枪的瓜分。

首先，法国人在西北非区域开始跑马圈地；英国人很快拿下了苏丹，又从苏丹南下一直侵占了南非及南非北部毗邻的一些非洲国家；德国在非洲获得了坦葛尼喀、德属喀麦隆、多哥兰和德属西南非洲等殖民地；意大利则占据了厄立特里亚，之后侵入索马里南部沿海地带以及索马里南部地区，俗称意属索马里，后来又侵入利比亚，宣布其为意殖民地。

经过一番激烈的你争我夺，许多欧洲国家才猛然发现，原来比利时占领的殖民地面积居然是最大的。当时经过比利时人仔细丈量，发现刚果（金）的面积居然有比利时本土77倍之大。

在柏林会结束后短短的十几年间，欧洲国家就在非洲完成了各自势力范围的划分。自此，非洲的各种宝贵资源也开始被欧洲国家源源不断地无偿抢回欧洲。

作为全球大洲中陆地面积排名第二大的非洲大陆，外加疟疾、霍乱、黄热、伤寒等天然的"生化武器"为屏障，又怎会在短短的十多年间就被欧洲人瓜分殆尽呢？

关于这个问题，其实并不难理解。因为当时的欧洲国家表面上在柏林开会，但背地中并未彻底闲下来。因为，19世纪的欧洲国家从未停下过升级改造自己的步伐。在人类历史上，欧洲人首先创造了资本主义。第一个步入资本主义又给了欧洲人充足的时间在科学领域进行探索。资本主义提供了时间、资本、资源、人力和物力让欧洲人充分地发展了医学、物理、化学、生物、经济和金融等领域。同时，所有这些科技上的进步反过来又极大地提高了欧洲资本主义国家的生产力。最重要的是，这个循环一旦进入就很难停止，最后造成在全世界所有国家中，发达的越来越发达，贫穷的则越来越贫穷，差距越拉越大。科技水平的提高促进社会经济的发展，整体社会的发展又促进科技水平的继续提高，周而复始、循环往复。在科学领域所进行的探索又让欧洲人在各方面始终领先于其他人类的大部分族群，这一系列的正向循环让欧洲人在当时所向披靡，几乎达到了人力所能达到的巅峰。因为欧洲人率先踏入了资本主义，所以能够让自己置身于这种不停歇的正向循环当中，自己得以不断地升级改造自己，不断拉开自己与全世界之间的差距。

在实际当中，伴随着欧洲国家快人一步完成了工业革命，欧洲殖民者由此便获得了一种最为先进且极为重要的殖民工具——蒸汽机。在蒸汽机出现之前，从欧洲到非洲只能乘坐帆船。帆船的航行主要依靠风向和风力，如此，便很难说从伦敦出发行驶到开普敦，到底是需要航行半年还是一年了。运气不好的话，从伦敦一出发，一阵风吹来，船有可能就被吹到了美国。

蒸汽机的出现令这种不受控的情况大为改观。从此以后，远洋航行中的不确定性大大减少，轮船再也无需担心风向和风力，只要确定好航线，到达目的地基本就是十拿九稳的事了。蒸汽机作为一项足以改变人类发展进程的科技发明，在推动人类社会整体向前发展的同时，它在殖民方面的作用也尤为显著。有了蒸汽机，欧洲人终于可以沿着非洲内陆的众多河流和支流向着梦寐以求的非洲广大腹地进军。蒸汽机使得欧洲人终于不必再像以前那样徒步非洲的荒漠草原，在还没有见到非洲土著人之前就已被蚊子和各种豺狼虎豹等野生动物消耗掉大半人力。

第二个在当时恰如其时地出现在欧洲人面前且再次极大地帮助了欧洲人加快殖民非洲步伐的是铁路的出现。火车可以快速地运送大量人员、物资到很远的目的地，比起欧洲人刚刚开拓殖民地时用马拉、用驴驮的原始装备，铁路的出现使得殖民地的边界向外拓展了数倍、数十倍。同时，火车与蒸汽机的出现不仅在非洲，在世界其他地方也帮助欧洲人加快了殖民步伐。在印度，火车和蒸汽机帮助英国人在很短的时间内就拿下了相隔万里的几乎整个印度半岛，包括印度、巴基斯坦和孟加拉等国。

第三个升级换代，则是电报的发明。以前，从非洲传递信息回欧洲本土需数周时间。自从发明了电报，几小时便可从万里之外传回信息和情报，使得信息共享的速度、指挥战斗的效率瞬间提高了不知多少倍，欧洲军队的战斗力自然也发生了质的飞跃。

第四个因素也是最直接的一个因素，便是欧洲人武器的升级换代。19世纪在怀揣奎宁向神秘的非洲内陆进军的同时，欧洲士兵手中的武器也已经随着工业革命和科技的持续升级换代换装成了水冷式机枪马克沁、温彻斯特M1894杠杆步枪、李恩菲尔德步枪、毛瑟步枪、左轮手枪等在当时属于极为先进的武器。

如李恩菲尔德步枪，其各种型号在全球共生产了1700万支，至今仍是全球销量最多的步枪之一。水冷式马克沁机枪的诞生更是改变了人类的历史，也随之改变了非洲的命运。这种重型机枪口径为 11.43毫米，枪身重 27.2千克，采用短枪管后坐式自动方式，并配备了载弹量333发的6.4米长的帆布弹带供弹，理论射速最快可达600发/分钟。

1896年，马克沁曾带着机枪参加于英国举办的军事博览会。当时代表清政府出席博览会的是晚清重臣李鸿章。在实弹射击演示中，演示人员扣动扳机，在短短一分钟内就打完了600发子弹，一棵大树被拦腰斩断，现场所有人都被惊得目瞪口呆，李鸿章更是惊呼“太快了，太快了”。但当时积贫积弱的晚清政府财政状况不佳，李鸿章也只能望枪兴叹，暗自遗憾地说道：“太贵了，太贵了。”最终，清政府因为“差钱”，终与马克沁机枪擦肩而过。

而当时非洲人使用的武器大多仍是长枪、木棍、石头和大刀等，最多再加上一些结构较为简单的弓箭。哪怕黑人天生再强壮、再英勇无畏，但在手持原始的冷兵器面对欧洲人马克沁机枪构成的钢铁洪流时，抵抗也显得那么的苍白无力，毫无意义。最后，只能为自己徒增几分悲壮的色彩罢了。

在人类历史上，19世纪堪称是人类创造奇迹的一百年。在这一百年间，人类社会首次被工业化的坚船利炮强制连接到了一起。凭借着非洲人做梦都没见到过的这些“科幻”武器，欧洲国家只派出很少量士兵就可以战胜数以万计、十万计的非洲军团。曾经在英国侵略苏丹的一场战役中，英国只用区区数百人的部队便镇压了苏丹当地5万土著黑人的反抗。英军损失100多人，苏丹却阵亡2万人。英国媒体在报道这场战役时写道：“那些野蛮的土著人被大英帝国英勇的士兵用强有力的武器全部打倒，英国为文明在非洲的发展铺平了道路。”

除科技外，欧洲人当时还普遍采用了从比利时国王利奥波德二世那里偷师来的离间战略。每当占领一地，欧洲人便开始在非洲的诸多部落中散布谣言、挑拨离间、制造矛盾。与实力最强、最听话的部落搞好关系，利用非洲当地人来镇压非洲当地的起义活动，把非洲人当枪使来维持自己对非洲的统治。

当然，欧洲对非洲的殖民过程中也并不是从未碰到过钉子。一开始，荷兰人先于英国人想要抢占南非。但荷兰人在南非受到了极大的反抗阻力，始终也没有完成对南非的占领。意大利人在占据了索马里后几次想进军埃塞俄比亚，一举拿下这个高原国家，但都是无功而返，反而自己损兵折将，并且还促成埃塞俄比亚成为非洲大陆上自始至终唯一一个没有被殖民过的国家。

若抛开侵略和殖民，从完全客观的角度来审视人类社会的19世纪，这一百年留给我们的其实也并不只有黑暗。人类相互的你争我夺其实在某种程度上也对人类社会的发展起到了一定的推动作用。正如哲学中所言，矛盾是一切事物发展的动力。也如《易经》中所言，“一阴一阳之谓道”。之后老子秉承《易经》的精髓，认为“万物负阴而抱阳”“道生一，一生二，二生三，三生万物”。“一”是“德”，“二”是“阴阳”，“三”是阴阳规律，而这“三”，便造就了万事万物。

19世纪时，奎宁的发现使得人类首次获得了对抗疟疾这种不治之症的特效药。在当时这种药物被批准上市之前，法国政府曾在非洲保护国阿尔及利亚进行了大规模的人体实验，结果反倒让阿尔及利亚因疟疾死亡人口的比例大幅下降，直至非洲最低。即使现在，从医学的角度而言，我们仍然可以说奎宁的发现是人类医学史上一个不折不扣的伟大奇迹。

人类的战争，其实很难断定到底是一种理性行为还是非理性行为。当许多问题无法解决，资源无法平衡，或许战争便成了人类重新分配资源、建立秩序、进行再平衡为数不多但行之有效的手段。且无需回避的是，战争有时也是为了重建和平的社会环境，在一个平安、自由的环境里，才能有人类全面正常的生产和生活基础。

纵观历史，在战争时期，一般大都会出现人类军事和科技水平突飞猛进的现象。战后，许多用于军事的科技又会迅速转化为人类社会运行机制的一部分，并以另外一种方式继续推动人类社会向前发展。当然，并不是所有战争都是积极和正义的，如一些人已经站在权力之巅但仍然利用战争来满足个人喜好和私欲进行屠戮，使战争最终成为一小部分人获得成就感的手段，这样的战争则是人类社会的不幸和最大的悲哀。

寻求独立：达尔文和世界大战

人，毕竟是一种高度社会性的动物。就算是针对被殖民者，殖民国家也不可能完全切断与被殖民者的所有社会联系。所以在科技之外，欧洲人在几百年的殖民历史中对被殖民者思想意识领域的控制也是促成欧洲人能够快速完成对非洲殖民统治的一个关键因素。

而在这其中，人类学作为一门独立的学科在19世纪突飞猛进的发展也起到了无比重要的作用。依据当时的人类学理论，欧洲人认为地球上每一个人不管肤色、种族、语言、高矮等特征有何不同，只要作为人类，都应该并且能够以他（她）当前的发展程度来划分为不同等级。根据这一理论，欧洲人首先便把自己划分成了地球上所有人类等级中最高的那一级。

在对非洲侵略的过程中除了想要获取财富和资源外，欧洲人还有一种别出心裁的想法，那就是他们认为自己肩上担负着沉重而伟大的历史使命：把文明传播到非洲，传播到全世界。当时的欧洲人其实是带着这种“光荣”的使命感来到非洲进行侵略的。

可能今天的读者在听到这套理论说辞后会觉得十分荒诞无稽，但当时的欧洲人对待这件事情却是认真且严肃的。那么，欧洲人脑海中又是从哪里来的这么强烈的使命感呢？这就不得不提到19世纪英国一位伟大的生物学家——查尔斯·罗伯特·达尔文（Charles Robert Darwin）。

1858年，达尔文在人类历史上首次提出了进化论并一举轰动全球。该理论认为，人类是从低等动物主要是猿类慢慢经一代代繁衍进化成为现在的形态。而19世纪中期又恰好是欧洲即将要展开对非洲进行全面殖民侵略的关键时刻，此时达尔文进化论的出现立刻对当时欧洲人的思想进行了一次致命的头脑风暴。

达尔文的进化论简单来说主要可解释为两方面，一是认为物种是可变的，生物是进化的；二是认为自然选择是生物进化的动力。达尔文认为，生物本身都具有繁殖过剩的倾向。但人类生存空间和资源却是有限的，所以生物必须为了生存而斗争。在人类种群中，个体存在差异，那些具有优势的个体将存活下来并繁衍后代，不具备优势的个体则会被淘汰。虽然，达尔文的进化论在日后产生了许多争议，但至少在当年，对欧洲人而言这一理论学说的重要性简直不亚于《圣经》。

依据达尔文的进化论，欧洲人推导出两个“一脉相承”的观点。

第一，动物可以经过不同阶段最终演变成人，那么地球上所有现存的人类难道都处于同一演化阶段吗？自然必定是有的处于高级阶段，有的处于中级阶段，有的仍然处于低级演化阶段。

第二，既然人类的总资源有限，那么宝贵而有限的资源是不是应该更多地留给更高级的人类，这样整个人类社会的发展才会更加有希望。

我们暂且不去评论当时欧洲人的这种观点正确与否。关键问题在于，即使假设这种推论是正确的，但哪个国家的人处于低级阶段，谁又处于高级阶段？最终，谁有权力来进行这样的划分？划分的依据又是什么？这些问题该如何界定呢？

但当时的欧洲人一拍大腿，自己就给全世界进行了划分，还把自己划分到了最高级的一类里。欧洲人到了非洲以后，又开始整日拿着笔记本、铅笔和尺子开始给不同的黑人族群划分等级了。

当时的欧洲国家除了出兵非洲以外，随军的还有大量科研工作者。每到一地，他们便开始测量和统计不同种族黑人的身高、体重、额骨的宽度、牙齿的长度、族群数量甚至男性生殖器的尺寸等。欧洲人当时进行这些活动的时候还真不是在儿戏，他们的确是在很认真地对非洲人进行分类，想分出他们中哪些是高级，哪些是中级，哪些又是低级。何以见得欧洲人是认真而为呢？因为当时，许多欧洲科学家在欧洲本土依据他们在非洲的研究成果发表了诸多论文和学术著作。从这些论文发表的数量和质量能看出，当时欧洲人的确是在认认真真地把这个问题当成一个学术课题来加以研究。

所以，当时欧洲人对自己在非洲所做的一切甚至是感到非常光荣的，他们普遍认为自己的肩上正承担着推动整个人类社会前行的重任。当时英国著名的金融家、经济学家（也是非常著名的殖民者）塞西尔·约翰·罗兹（Cecil John Rhodes）就曾说[1]：“碰巧，我们成了这个地球上所有人类里等级最高的人。我们有最高水平的科技、思想、文化和道德。我们在这个地球上拿到的领土越多，就代表我们越能够把人类真正的文明传播到这个世界上更多的地方。”

当人类的时钟指向20世纪初，在幅员辽阔的非洲大陆，除埃塞俄比亚外，都已经被欧洲国家瓜分殆尽。在全世界范围内，欧洲国家也基本完成了殖民版图的合纵连横。

在非洲没有占到多少便宜的荷兰，掉转矛头在亚洲占领了印度尼西亚。除拿下了在非洲的大片殖民地外，法国在亚洲还占领了越南及越南周边的一些东南亚国家。但要说当时在全世界范围内抢占殖民地最多的，仍要数英国。英国除了在非洲拥有大片殖民地以外，在亚洲，还控制了整个印度半岛，包括印度、巴基斯坦和孟加拉等国。亚洲的新加坡也沦为了英国殖民地。如果把当时英国在全世界的殖民地列个清单，做成一个Excel表格的话，恐怕一张A4规格的纸张甚至无法在一页之内全部打印完毕。

据统计，在英国全球殖民地数量达到最高峰的时候，大英帝国曾经在全球间接或直接地统治了4.12亿人口。而在1900年的时候，整个世界的人口也只有16亿。从国土面积上讲，大英帝国当时在全球范围内统治的土地面积占到了全世界的25%，使得大英帝国成了人类历史有史以来最强大的殖民者，号称“日不落帝国”。

为了能够维持统治，欧洲人不断把人口、政治经济体制、社会体制以及语言文化从欧洲本土输出到世界的各个角落。20世纪初，欧洲成了全世界的财富中心、政治中心和经济中心。但历史有时就是如此的富有戏剧性。古语有云：“盛极必衰，否极泰来；物极必反，强极必伤。”

就在欧洲各方面都达到了人类历史上前所未有的顶峰之时，或许是再次触动了自己不知哪根暴躁的神经，欧洲人开始突然用那些自己创造出来的高科技和先进思想自相残杀了。

1914年，第一次世界大战爆发。一战以及接下来的30年时间里，全世界相继爆发了两次世界大战，共造成全球7000多万人死亡。

若没有发生这两次世界大战，倘若欧洲继续延续原来工业革命和科技发展的势

[1] Judith Diane Trunzo, “Eurafrica–Counterpart? Counterpoint?” , graduate dissertation at the University of Virginia, United States, 1973.

头，恐怕世界上其他国家与欧洲国家之间的差距只会越拉越大。或许真的有一种可能，那就是欧洲人有一天真的把全世界都变成自己的殖民地了。纵观两次世界大战，虽然全世界许多国家都为此付出了巨大的牺牲，但对欧洲国家而言，用他们自己的高科技和尖端武器互相拼杀一阵后，客观上导致欧洲不得不在继续对外扩张的进程中强行按下了停止键。

经过两次世界大战的洗礼，欧洲的殖民地纷纷站起来争取民族独立。尤其在非洲，猛然间风云突变，各地的反殖民运动如雨后春笋一般地爆发了。

在美国著名黑人学者杜波依斯（Du Bois）倡导下，1919 年于巴黎召开了著名的第一次泛非会议，要求“让非洲各国人民实行自决”。1921年在布鲁塞尔举行的第二次泛非会议明确提出要实现非洲的完全自治。泛非主义不但强调民族解放，并且号召全球的非洲人后裔互相支援合作。两次泛非主义会议的召开无疑对非洲人民思想的觉醒犹如打了一剂强心针。

此后，坚持不懈的努力终于取得了累累硕果。1951年，利比亚成为二战后第一个独立的非洲国家。此后数年中，苏丹、摩洛哥、突尼斯也相继独立。紧接着，加纳和几内亚又在撒哈拉以南非洲率先宣布独立。

1958—1963年间，非洲的民族独立运动空前高涨，在短短五年里就先后有24个非洲国家摆脱殖民统治宣布独立。仅1960年，就有17个撒哈拉以南非洲国家宣布独立，其中有11个是原法国殖民地。因而1960年在历史上也被称为“非洲独立年”。

1963年5月，31个独立的非洲国家元首在非洲历史上唯一一个从未被殖民过的国家埃塞俄比亚首都亚的斯亚贝巴一致通过了《非洲统一组织宪章》，成立了“非洲统一组织”。在非洲统一组织的推动和支援下，非洲反殖民运动逐渐向南部蔓延，许多欧洲国家在非洲的殖民统治开始摇摇欲坠并相继崩溃。在这一时期，又有肯尼亚、毛里求斯、科摩罗和赤道几内亚等15个非洲国家宣告独立。

1976—1980年，塞舌尔、吉布提和津巴布韦先后独立。1990年3月，纳米比亚共和国正式宣布独立。作为非洲大陆上最后一个独立的国家，纳米比亚的独立在非洲反殖民运动进程中有着特殊的地位，标志着非洲大陆数百年来的殖民历史彻底宣告结束。

就这样，欧洲人花费将近400年时间在非洲建立起的殖民帝国，在短短几十年间就迅速土崩瓦解了。

但非洲国家的独立，会是真正意义上的完全独立吗？许多殖民者给非洲留下的东西，其实并没有随着枪炮的离开而一起消失殆尽。欧洲人几百年来对非洲社会和文化的诸多影响，对非洲人思想的影响，纵使到今天依然在方方面面制约着许多非洲国家。

从“欧非”到“非欧”，向左还是向右

1973年，在英国加入欧洲经济共同体（European Economic Community，简称“EEC”或“欧共体”）后，非洲便开始主动与欧共体进行贸易谈判，并在1975年签署了第一个《洛美公约》（也称《洛美协定》）。《洛美公约》是欧共体与71个非洲、加勒比和太平洋国家（Group of African, Caribbean and Pacific Region Countries，简称“ACP”或“非加太集团”）之间签署的贸易和援助协定，允许非洲国家的农产品和工业品以零关税进入欧共体。此后，分别还于1981年、1985年和1989年更新并签署了第二次、第三次和第四次《洛美公约》。

然而1995年，美国向世界贸易组织（WTO）提出申诉，认为《洛美公约》违反了世贸组织贸易公平规则。1996年，世贸组织裁决美国的申诉成立。自此，使非加太地区国家获得了一些经济利益的《洛美公约》正式被终结了。

《洛美公约》的产生是二战后79个非洲和加勒比海地区国家地缘政治力量逐步强大的产物。随着冷战、1973年石油危机和20世纪70年代国际经济新秩序的逐步形成，《洛美公约》的终结也标志着非洲和太平洋国家刚刚成长起来的地缘政治影响力的一次猝然“夭折”。

另一方面，1975年到1990年接连三次《洛美公约》的更新，表面上看是欧洲国家在随着世界经济形势的发展不断调整对非洲国家的优惠政策，使得非加太国家获得了一些实惠。但实际上则是非洲国家正一步一步地丧失自己的经济主权。

首先，公约使得非洲国家之间的相互依赖性变得愈发羸弱，造成许多非洲国家之间产生了大量无谓的竞争；其次，欧洲开始逐渐把人权和政治经济结构改革当做非洲国家从一些国际组织得到资金支持的先决条件；最后，尽管公约在几十年时间

里看似给非加太地区国家的商品出口敞开了大门，但最后这些国家才发现实质上他们的商品在欧洲市场上的份额始终没有上升过。而过度的国际分工又让这些国家从一开始便没能建立起相对完整的产业体系。捡了芝麻，却丢了西瓜。

2007年12月31日，欧盟再次做出战略调整，结束了所有与非加太地区国家的非互惠关税安排，提出了新的“互惠经济伙伴关系”协议（Economic Partnership Agreement，简称“EPA”）。但是，这次欧盟又耍了一个小花招。协议中，欧盟作为一个统一实体参与其中，但非加太地区国家被分为七个不同的区域进行单独谈判，分别是西部非洲、中部非洲、南部非洲、东部非洲、东南部非洲、加勒比地区和太平洋地区。

之所以说这是欧盟耍的花招，是因为早在2002年就早已成立的非盟却并未作为一个主体被邀请参与这一协议。在策略上，欧洲人仿佛又把当年比利时国王利奥波德二世化整为零的战术重新拾了起来，对非洲分而治之、各个击破，使得非洲国家对欧洲的经济依赖有增无减，甚至更为严重。

随着从洛美到EPA，一个个多边协议走马灯似的签署，非洲国家也开始逐渐意识到，欧洲正在以一种新的方式孤立、分化非洲，以一种新的形式在经济层面企图继续钳制非洲国家。现在的欧非关系与一百多年前的柏林会议时期相比较，本质上并无太大变化。当年的柏林会议只不过是更加直白地让欧洲国家对非洲进行了版图上的划分。而现在与当时的主要区别则在于，欧洲国家已不再是进行内部竞争，而是不得不与更多意图扎根非洲的域外国家进行更加白热化的角逐。

此外，因为几十年来的各种所谓互惠条约给非洲国家严格限定的生产分工体系，反而切断了非洲国家效仿欧洲、美国和当时的亚洲“四小龙”等国家（地区）所采取的经济发展模式的可能性。

于是，非洲终于恍然大悟，在经过了几十年的各种互惠协议的“帮扶”下，一方面那些在本土失去优势的欧洲公司源源不断地带着商品和服务涌入了非洲市场，另一方面，非洲的许多产品和服务却仍然被以所谓知识产权保护的名义挡在欧洲市场的大门之外。同时，欧洲国家还在思想领域妄图继续充当非洲的“导师”，不断敦促非洲一定要“自己打造自己的未来，不能依靠别人”。然而，当非洲国家主动制定了自己的自主发展策略后，却又被欧洲国家借由各种“帮助非洲”名义的协定扼杀在摇篮中。

自20世纪80年代开始，欧洲为了把非洲国家各式各样的“自主发展计划”扼杀在摇篮中，可谓煞费心机。他们隐藏在角落里，打着各种国际组织的旗号推出了种种让人眼花缭乱甚至常人难以理解的“扶持非洲计划”。如1980年的《拉各斯行动计划》、联合国《非洲经济复苏和发展行动纲领》（1986–1990），以及联合国于20世纪90年代制定的非洲发展新议程（UN–NADAF）等。这些计划无不对非洲国家提出了林林总总的在现在看来以当时非洲国家的发展水平，根本不可能完成的政治、经济和社会体制改革要求。使得许多非洲国家无不面临着到底是要主权，还是要发展的两难境地。老谋深算的欧洲人一边在不断地告诫非洲国家务必要自强、自立，一边每年对自己的农业领域补贴超过500多亿美元。

1960年，非洲的加纳和尼日利亚与韩国、马来西亚若按GDP口径比较，基本上处于同一发展水平。然而，在非洲经过几十年与欧洲的贸易互惠后，至2000年，韩国、马来西亚的经济发展水平已经甩开了加纳和尼日利亚不知有多少条街的距离。

1999年对非洲大陆而言可谓一个重要的转折之年。在这一年，非洲联盟（African Union，简称“AU”或“非盟”）正式成立。非盟的成立可被看做是非洲国家加强团结与一体化的一个重要标志。2008年7月的非盟峰会上，非洲国家提出了非洲一体化进程的许多具体措施，如加强非洲国家之间的跨境自由流动，加强跨国和跨区域间的基础设施发展，加强非洲企业跨国整合，以及加快推进非洲大陆金融一体化（如尽快建立非洲央行等）诸多远景目标。

然则，真正的考验还不是非洲是否有能力一一实现那些宏伟的远景目标，而是欧洲到底能在多大程度上接受非洲一体化的进程。非洲真正的一体化，无疑将是对1884年柏林会议及其后欧洲所推动的一系列“互惠协议”以及“EPA”的集中打脸。

20世纪70年代以来，联合国也一直致力于推动发展中国家间的经济合作，即“南南合作”。经过40多年的努力，许多发展中国家已经在南南合作中的众多领域发挥了诸多积极作用。但是，欧洲国家对非洲的发展依然是忧虑多于积极，担心自己可能在即将到来的“非洲争夺战”中败下阵来，并且这种担心也一直延续到了今天。

2022年2月，欧盟委员会主席乌尔苏拉·冯德莱恩（德语：Ursula von der Leyen）在对摩洛哥的访问中表示，下一步欧盟将在摩洛哥投资16亿欧元用于摩洛哥的绿色能源和数字化转型[1]。这不但是近十年来欧盟对非洲单一国家所承诺的最大一笔投资，关键之处还在于这笔投资除了本身金额巨大之外，宣布的时机也耐人寻味。以往，欧盟的对外经济合作与其他国家十分不同。欧盟在对外经济合作与经济援助中几乎很少支持纯基础设施建设项目，重心多在于多边经贸领域。而此次欧盟一改往日作风，大手笔地对非洲进行大规模基础设施领域投资，标志着欧盟对非洲的战略正孕育着一个重大的转变。

这种转变想必是欧盟经过深思熟虑和无数次沙盘推演后，最终做出的一种选择。对摩洛哥这笔投石问路的16亿欧元投资恐怕也只是一个开始，是未来欧盟大规模重返非洲整体计划的排头兵。未来数载后回头来看，2022年这笔16亿欧元的投资打破的恐怕不仅是摩洛哥一国的外交政策平衡，它打破的极有可能会是非洲大陆整体的地缘策略平衡。

2021年，欧盟曾提出举世瞩目的“全球门户倡议”计划[2]（the Global Gateway）。据欧盟官方介绍，该计划是欧盟依据“某些原则”从而投资基础设施项目并旨在建立全球经济伙伴关系的一项全球战略，是当前欧洲战略自主计划中非常重要的一部分，要为欧洲及其合作伙伴建立更大、更民主和更加可持续的全球贸易网络。根据该计划，欧盟未来计划投入3000亿欧元到全球发展中国家，帮助发展中国家推动社会可持续发展。在这3000亿欧元中，欧盟已承诺至少一半将投向非洲。通过如此大手笔资金的投石问路，欧盟期望可以再次重新回到全球地缘政治舞台的中央，继续提高欧盟在全球地缘政治中的影响力。

欧盟之所以会挑选这样一个时间点，以这样一种方式高调回归非洲，是因为欧洲绷紧许久的神经在近些年来屡次受到了严重刺激。对欧洲的神经刺激最大的，便是土耳其、中东、印度、俄罗斯等国与非洲各种合作的不断加强以及与非洲关系的不断紧密。

全世界都能清楚地看到非洲大陆蕴藏的机遇，作为历史上对外开拓的鼻祖，欧

[1] “Statement by President von der Leyen at the joint press conference with Moroccan Head of Government Akhannouch,” European Commission press release, February 9, 2022. As of April 15, 2024:
https://neighbourhood-enlargement.ec.europa.eu/news/statement-president-von-der-leyen-joint-press-conference-moroccan-head-government-akhannouch-2022-02-09_en

[2] 欧盟委员会官方网站介绍：https://commission.europa.eu/index_en

洲人的嗅觉自然也不会愚钝。考虑到经济因素，又考虑到地缘政治因素，在看到其他许多国家近年来纷纷不断涌入非洲后，欧洲人终于再也坐不住了。但欧盟这次的回归却与以前有着天壤之别。

以欧盟集整个欧洲之力提出的“全球门户倡议”计划为例，在这一计划里，欧洲人把自己的战略意图毫不避讳地完全对外公布了出来。正如欧盟委员会主席冯德莱恩在摩洛哥所提到的那样，欧洲未来要大力支持非洲的绿色能源和数字化转型。通过“全球门户倡议”计划，欧盟也开始试图把自己的地缘战略目标与经贸投资正式捆绑在一起。

但欧盟的这份基础设施投资计划主要还是着眼于数字经济，换句话说，着眼于未来，而非当下。与土耳其、印度等国对非洲的支持方向区别最大之处在于，欧盟完全避开了公路、桥梁、机场等传统的基础设施项目，把焦点直接对准了数字基础设施领域。从可持续发展的角度而言，欧盟所选择的投资方向的确在非洲有着广阔的发展空间。但是，无论欧洲在未来选择从何处着力来帮助非洲，如果的确是真心想要推动非洲国家的全面可持续发展，欧洲首先要做的是要改变自己的传统思维。

早在1935年，日本发展经济学家赤松要（Kaname Akamatsu）就曾提出过经济学中著名的“雁形理论”（Flying Geese Paradigm），其大意是指某一产业在不同国家伴随着产业转移会出现先兴盛、后衰退的过程。二战后，东亚地区的经济发展恰恰采取了这种“雁形”结构：以日本为头雁，其次为亚洲四小龙，其后是东南亚各国。日本先发展某一产业，当技术成熟时生产开始向下一梯队国家转移，然后日本的产业结构再升级到另一个更高层次。同样，在亚洲四小龙产业体系成熟后，这些产业的生产又转移到东南亚国家，亚洲四小龙的产业也完成升级。总之，在一个区域内呈现出有先后顺序的发展。

回头来看20世纪60年代起东亚地区的经济发展历程，完全印证了“雁形理论”的发展模式在亚洲的确是如此依次进行的。“雁形理论”的发展模式促进了工业化在东南亚的传播，是奠定二战后出现“亚洲奇迹”的重要基础。几十年前，欧洲本应该在非洲同样推广类似的发展模式。但最后，欧洲为非洲量身定制的却是我们看到的种类繁多的互惠协议和EPA，导致非洲国家的经济被人为拆解得分崩离析。

现在的非洲经济仍然处在全球化这只大雁队伍的末尾。欧洲与非洲之间，甚至非洲54个国家之间在未来完全可以采用“雁形模式”，非洲也并非毫无机会冲到大雁队伍的头部。但如何帮助非洲向前挺进，才是欧洲真正应该解决的问题。从“欧非”到“非欧”，这种方向的转变其实并不困难。但是，如果欧洲在骨子里仍然只把非洲当作一个附庸，那么这种转变就永远也不可能发生。

非盟在2007年的一份报告中指出，非洲社会的多样性和非洲大陆发展的多方参与必须作为一个有机整体融入非洲大陆未来的可持续发展进程当中。因此，泛非主义必须建立在非洲国家集体自力更生和自我独立的基础之上。

除此之外，另一个非常关键之处则是，一些非洲国家也需要进行适当的“心理建设”，摆脱他们长久以来以为的对非洲大陆的救赎只能来自非洲大陆以外这种天真的理念。

在发展方面，非洲需要的是真诚的帮助，而不是指手画脚。欧洲能否在未来将非洲真正地视为一个完全平等的合作伙伴，放弃几个世纪以来塑造的欧洲与非洲殖民关系的过气思维，把非洲真正地当成这场全球游戏中的一个“玩家”，而不是“玩物”，才是从“欧非”转变到“非欧”的关键所在。

摩洛哥首都拉巴特的海岸线

第七章

半个非洲都属于『浪漫』的法兰西

法兰西共和国对她的子女一视同仁。

——曼努埃尔·瓦尔斯（Manuel Valls），法国前总理[1]

看看巴黎北站[2]，你不会有在法国的印象，而会有身处非洲的感觉。当你到达巴黎北站时，你肯定会以为这里是非洲，而不是法国。我们不应该这么说，但这是事实。

——那迪·莫拉诺（Nadine Morano），法国前萨尔科齐政府内阁官员[3]

---

[1] 曼努埃尔·瓦尔斯（Manual Valls）于2015年5月在社交媒体上回应法国南部贝济耶市市长罗伯特·梅纳德(Robert Ménard)，后者声称他根据镇上穆斯林儿童是否有穆斯林名字来计算他们的数量(法新社2015)。

另可参见报道：https://newlinesmag.com/podcast/the-republic-makes-no-distinction-among-its-children-with-chahrazade-douah-and-jean-beaman. 访问日期：2024-04-16

[2] 巴黎北站位于巴黎第十区，是巴黎的主要火车站之一，周边地区因众多非洲移民及后裔而闻名。

[3] 那迪·莫拉诺(Nadine Morano)于2016年5月接受Canal+有线电视网络电视节目Le Suplément的采访时谈到此观点。法国共和党(Les Républicains)成立于2015年，前法国总统尼古拉斯·萨科齐(Nicolas Sarkozy)将其更名为人民运动联盟(UMP)。

法国和非洲，究竟谁殖民谁

2021年，法国官方公布的新生人口数据显示，全年共有72.3万名婴儿出生。其中，黑人新生儿占比高达60%[1]。甚至一些欧洲人口学家预言，按照现在法国人口有色人种的生育趋势，50年后法国可能会有幸成为欧洲境内第一个黑人在总人口数量中占绝对多数的“黑化”国家。我在巴黎街头的感觉亦是如此。大街上放眼望去，至少一半以上是有色人种，尤以黑人和阿拉伯裔居多。在戴高乐机场转机时，若不看工作人员样貌，甚至感觉像身处在一个非洲国家的机场之中。

再以体育为例。2018年俄罗斯世界杯法国国家队阵容中，仅有 3 个白人，剩下的则全部都是非裔法国人。其实，有许多中国球迷以为的“白人球员”如齐达内、本泽马等，实际上也都是阿尔及利亚裔法国人。在U21法国国青队中则更为夸张，20人中有19名非洲裔球员，首发的11人阵容中有6名黑人球员。近年来，法国国家队之所以能够在世界足坛各大赛事中所向披靡、势不可当，完全离不开非洲人的功劳。但除此之外，非洲只为法国带来了大力神杯、荣誉和骄傲吗？

2015年1月7日，法国著名的政治漫画讽刺杂志《查理周刊》总部突遭武装分子袭击，造成12人死亡多人受伤的惨剧，成为近年来法国遭受的最为严重的恐怖袭击之一。当晚，数十万人聚集在巴黎共和国广场举行示威游行，并且时任总统奥朗德（法语：François Gé rard Georges Nicolas Hollande）宣布1月8日为法国全国哀悼日。事件发生后，法国警方和特种部队立即对嫌犯展开大规模抓捕行动，后来发现3名暴徒——34岁的赛义德・库阿希、32岁的谢里夫・库阿和18岁的穆哈德均为阿尔及

---

[1] PATTIEU, SYLVAIN, et al., editors, The Black Populations of France: Histories from Metropole to Colony, Lincoln: University of Nebraska Press, 2021.

利亚裔法国人。

在这起骇人听闻的杀戮发生后，法国人几乎把全部的悲愤和同情都倾注在了《查理周刊》的漫画家和专栏作家身上，“Je suis Charlie”（法语：“我是查理”）的口号在法国各大城市的街头如雨后春笋般比比皆是。讽刺的是，当一名阿尔及利亚裔法国警察艾哈迈德·梅拉贝特（法语：Ahmed Merabet）因追捕库阿希兄弟而牺牲后，“我是梅拉贝特”的呼声在法国却远没有当初“我是查理”般喊得响亮。相反，法国的许多北非后裔受到了法国社会的集体道德谴责，他们被要求大声批判与他们本身一点关系都没有的穆斯林暴恐行为。

《查理周刊》事件发生后，法国国内至少发生了超过120起反穆斯林暴力袭击事件。法国著名喜剧演员姆巴拉·姆巴拉（MBala MBala）仅仅因为在社交媒体上开玩笑地说了一句“我感觉自己像查理·库利巴利（Charlie Coulibaly）”就被认定是在为《查理周刊》屠杀者辩护，最后因支持恐怖主义罪被法国政府逮捕。

但此后，恐袭事件却并没有在法国偃旗息鼓，仿佛自此便成了法国人挥之不去的阴影。

2015年1月9日，两名暴徒在Hyper Cacher犹太超市进行劫持并杀害4人，法国警方后来证实嫌犯出生于法国，父母均为马里移民。

2015年11月13日当日，法国巴黎更是接连发生了一系列恐怖袭击事件，造成至少132人死亡，300多人受伤。此后，法国本土和科西嘉岛立即进入紧急状态。其中，仅巴黎一地就发生了5次爆炸袭击和5次枪击事件，仅法兰西体育场附近一公里内就发生了3次大爆炸。虽然制造此次系列恐怖袭击事件的绝大多数暴徒均被法国警方现场击毙，但事后证实袭击分子几乎全部都是非裔法国人。法国政府表示，当天的恐袭造成的直接经济损失高达20亿欧元。

袭击发生后，法国总统奥朗德曾一度提议剥夺被怀疑进行恐怖主义活动的具有双重国籍非裔法国公民的法国国籍身份，后因反对党的坚决反对才作罢。但法国的“非洲之殇”却并未到此结束。

巴黎特大恐怖袭击发生后，本以为法国从政府到警方的强力高压震慑会令法国社会秩序有所好转，令恐怖分子有所收敛，结果却在第二年，法国就又出了大乱子。而且，这一次恐怖分子还直接把下手的时间选在了7月14日法国国庆日当天，赤裸裸地向法国政府进行挑衅。

2016年7月14日法国国庆日当天，正当法国全国人民载歌载舞欢庆国庆佳节之时，出生于突尼斯并于2005年移居法国的31岁男子穆罕默德·拉胡艾吉·布赫勒（Mohamed Lahouaiej Bouhlel）在法国南部城市尼斯驾驶卡车冲向聚集观看烟花表演的人群，造成80人当场死亡，300多人受伤的惨剧。屡次发生在法国的非裔法国人所制造的恐怖袭击虽然骇人听闻，但实际上只是一个矛盾的突破口而已。法国白人与非裔居民的矛盾其实早已渗透进了法国社会的各个角落。

2016年夏天，在法国还出现了一件非常有趣的唇枪舌剑之争——“布基尼禁令”事件。“布基尼”是一些北非后裔穆斯林妇女发明的只露出脸部而把全身都遮住的泳衣。换句话说，这是一种与始创于中国的“脸基尼”恰恰相反的泳衣。“脸基尼”主要是为了遮挡脸部，而“布基尼”则是只有脸部不遮挡，别的地方都挡得严严实实。结果，简简单单的一件泳衣又在法国社会引起了轩然大波。

首先，几个法国城市公开颁布禁令，严禁穿着“布基尼”，法国媒体还发布了几名北非裔妇女在海滩上因穿着“布基尼”而被罚款并被迫脱掉“布基尼”的新闻报道。后来，芝麻大的一点事竟然惊动了法国政府，时任法国总理的曼努埃尔·瓦尔斯宣称“布基尼”是现代奴役的代名词，是对法国公民自由和人权的公然挑衅。最后，法国政府虽然没有荒唐到为了一件“布基尼”而进行国家层面立法，但直到今天，法国社会对“布基尼”的反对声依然存在，理由是法国人认为“布基尼”严重挑衅了法国人的价值观[1]。

我在非洲时，我的一位法国朋友曾告诉我，说心里话，其实许多法国球迷并不喜欢国家队中大量黑人的存在。许多球迷也一直渴望着一支“纯粹”的法国国家队，而不是法国“黑人队”。

2022年世界杯中，法国国家队曾一路杀进决赛，最后点球惜败于阿根廷。赛后，许多激进的法国球迷把输球的责任与矛头完全指向了黑人球员。只是因为姆巴佩上演了帽子戏法因此才幸免于难，其余的黑人球员如阿梅尼、科曼等均遭到了严重的网络霸凌，在社交媒体上遭到了无数配着猴子、猩猩和香蕉等表情符号的留言侮辱。

种族歧视行为固然应该遭到全世界人们最为强烈的谴责。但这一系列从体育到

[1] “Three more French towns set to join burkini ban as PM gives backing,” France 24 Online, August 17, 2016. As of April 16, 2024: https://www.france24.com/en/20160817-three-more-french-towns-set-join-burkini-ban-pm-gives-backing

泳衣再到恐怖袭击事件的接连发生也充分说明，一些法国白人对非洲后裔在法国的存在究竟是持何种态度。在法国，即使许多北非后裔并不认同自己属于穆斯林，但他们仍然会因为他们的北非血统和面貌被法国主流社会边缘化。很简单，因为他们不是白人。甚至很多情况下，他们都不被当作法国人来对待，充其量只能算是一个在法律层面持有法国护照的人而已。

历史上殖民过非洲的国家有许多，但现在，只有法国不仅给自己留下了这样一个烂摊子，同时也给非洲留下了一个更大的烂摊子。即便到现在，法国也仍然没有像其他一些传统殖民国家一样把手彻底从非洲拿开。

法国的反击：从被非洲霸凌到殖民强人

在人类漫长的历史中，法兰西帝国堪称是最强大的帝国之一。鼎盛时期，法兰西帝国几乎控制了全世界陆地面积的十分之一，仅次于号称“日不落帝国”的大英帝国。这个在今天我们提起来首先想到的便是红酒、戛纳电影节以及各种奢侈品牌并且以浪漫闻名的国度，曾几何时，也是地球上不折不扣的帝国主义“老大”。

谁又能想到在一两千年前，法国竟也是一个被人经常欺负、霸凌的国家。而且，欺负法国的恰好正是非洲。历史上，法国的领土曾数次被非洲国家攻陷。甚至于首先教会法国人什么是文明的，也是非洲人。

公元8世纪早期，阿拉伯和北非柏柏尔人的联合军队就曾攻占法国南部，最远抵达了今天法国的普瓦捷和罗讷河谷一带。那时，远至法国阿维尼翁、里昂和欧坦都曾被北非军队占领。其后，包括法国在内的欧洲大片领土又被倭马亚王朝占领。倭马亚王朝在中国古代《旧唐书》中被称为“白衣大食”，是一个由倭马亚家族统治的哈里发王国，也是阿拉伯帝国第一个世袭王朝。在伊斯兰教最初的四位哈里发执政结束之后，由阿拉伯帝国的叙利亚总督穆阿维叶建立。

7—8世纪，倭马亚王朝是地球上伊斯兰世界的主要统治者。在倭马亚王朝时代，阿拉伯帝国的对外征服一度达到了人类历史上的顶峰，其疆域东至中亚和印度半岛、西至伊比利亚半岛，向南包括北非大部分区域，拥有对整个地中海及沿岸地区的控制权。可以说在成吉思汗的蒙古帝国兴起以前，人类历史上还没有一个帝国的疆域比倭马亚王朝还要广阔。

法兰西帝国命运的转折点则发生在732年，历史上著名的“图尔之战”。图尔之战是在倭马亚王朝对欧洲进行了长达数十年的统治之后发生的一场令双方战略态势近乎彻底反转的战争。732年10月10日，由查理·马特尔领导的法兰西帝国军队在连年战败的情况下终于扬眉吐气了一次，在战场上大胜倭马亚王朝的穆斯林军队。这场战役的意义十分重大，甚至被许多历史学家称为是一场“基督教的胜利”，也是历史上对遏制西欧进一步伊斯兰化进程至关重要的一场胜利。

当年的战场大致位于现在法国普瓦捷市和图尔市之间的某个地方，并靠近阿基坦公国边界。这场惨烈战斗的许多细节包括双方战斗人员的具体数量和确切地点都已无明确记载了。大多数历史学家一致的观点是，倭马亚人的军队规模其实要更庞大，伤亡更惨重，而当时法兰西帝国的军队甚至没有重骑兵的参与。所以，这场战斗的胜利对法国人而言实属来之不易。这场战役的意义还在于，它为法国人在接下来几个世纪中对西欧的统治奠定了基础。大多数历史学家也都认为，法兰西帝国在西欧的建立和逐步强大直接决定了欧洲大陆在接下来几个世纪中的命运。

虽然在8世纪法国人打了这样一场漂亮的大胜仗，但当时的法国人却还是有许多东西要向非洲人学习。比如10世纪，法国第一任教皇西尔维斯特二世就曾前往摩洛哥城市非斯的卡拉维因大学学习。甚至直到12世纪，法国仍在受到不断扩张的摩洛哥阿尔摩拉维德帝国的军事威胁。因而，在一千多年前，法国就是处于这样一个经常被非洲国家霸凌的窘境中。

到了14世纪，法国与非洲的关系才开始出现反转，终于敢和非洲国家平起平坐进行对话了。1364—1413年间，来自法国的商人开始与冈比亚、塞内加尔沿岸、科特迪瓦和黄金海岸的非洲人进行商业贸易。1526年，法国与奥斯曼帝国结成了军事联盟，并很快与正在成为奥斯曼帝国附庸的一些北非国家建立了密切联系。1533年，法国弗朗西斯一世派遣皮埃尔·德·皮通上校出任驻摩洛哥大使，从此开启了法国与北非国家的正式外交关系。1659年，法国在塞内加尔圣路易斯设立了贸易站。1677年，法国在法荷战争击败荷兰，最终占领了塞内加尔的戈雷岛，并在接下来的300多年里一直保留着对戈雷岛的控制权，直到1758年被英国打败。但1783年英国又把这座小岛归还给了法国。

法国对阿尔及利亚的侵略发生在1830—1847年期间。当时，阿尔及利亚的抵抗力量分为艾哈迈德·贝伊在君士坦丁的部队和西部的民族主义部队。法国人于1837年攻占了君士坦丁，艾哈迈德·贝伊继续藏身于邻国摩洛哥领导阿尔及利亚人在西部进行顽强抵抗。直到摩洛哥在第一次法摩战争中战败，在法国强大的外交压力下摩洛哥才将他赶走。艾哈迈德·贝伊于1847年向法国军队投降，从此阿尔及利亚正式成为法国殖民地。

随着北非的摩洛哥、阿尔及利亚、突尼斯，西非的塞内加尔，到非洲中部的加蓬、刚果一个个落入法国人手中，“法属西非”（法语：Françafrique）一词终于在1895年正式在人类历史和法语词典中首次出现了。法属西非一般指的是法国在西非所统治的一大片殖民地，面积达470万平方公里，包括现在的毛里塔尼亚、塞内加尔、尼日尔、马里、几内亚、科特迪瓦、布基纳法索和贝宁等国。

19世纪90年代后期，法国政府开始直接管理在非洲取得的这些新领土，并将加蓬以西的领土转由在塞内加尔的总督直接管辖，并直接对法国当时的海外事务部负责。稍微向南一些靠近赤道的国家如加蓬等则被法国变为“法属赤道非洲”。

二战后，由于法国国力的下降以及非洲独立运动的高涨，法国开始逐渐放松对殖民地的管制。1946年，法国正式开始赋予非洲殖民地的本地黑人有限的公民权。1956年，法国又在非洲殖民地建立了仅有咨议权的议会。同年，“法兰西帝国”改称为“法兰西联盟”。1958年则再次将“法兰西联盟”改为“法兰西共同体”，每一个殖民国家都被转换身份成了法国的保护国。

在每个被殖民的非洲国家里，法国均会任命一位总督。在转换名称成为保护国后，这种带有强烈殖民色彩的头衔也被改称为“高级专员”，实际上就是保护国的国家元首。每个殖民国的国民议会有权指派一名非洲人作为对国家元首有建议权的政府首长。至1960年，由于法国在法越战争中的失利以及阿尔及利亚国内反法局势的紧张，法国不得已又对宪法进行修改，正式允许殖民地国家有权单方面更改本国宪法。

至此，在中西部非洲才有了非洲国家能够独立建国的法理基础。于是在此之后，在历史的见证下，这一区域里许许多多新的国家如雨后春笋一般诞生了。

枪打出头鸟

二战后，法国对非洲殖民统治的思路开始随着世界形势的变化发生转变。这种转变的开拓者便是，法兰西共和国历史上最伟大的总统之一——夏尔·戴高乐（法语：Charles de Gaulle）。不可否认，戴高乐的确是法国历史上一位卓越非凡的领导人。但是，许多人或许不甚了解的是，在法国对非洲的殖民历史中，也正是戴高乐开创了“金融殖民”这种更加具有隐蔽性且破坏力更大的殖民方式。

1958年戴高乐重新担任法国总统时，法国已经因为第二次世界大战、越战以及在印度和阿尔及利亚的数场战争几乎耗尽元气。不得已，法国人便有了尽量减少与法属撒哈拉以南非洲众多殖民地继续纠缠下去的想法。随之而来的则是法国逐渐开启了对非洲的“金融殖民”这种成本更低、见效更快但对非洲毒性更大的“新殖民”方式。

起初，眼见再也阻挡不了非洲国家要求独立的这一大势，法国干脆顺水推舟在非洲国家面前做出了很大的让步，比如开始允许撒哈拉以南非洲所有剩余殖民地独立，以便取得非洲国家的信任换取继续能够与这些国家保持密切的文化、经济联系来避免在西部非洲再次发生类似在印度和阿尔及利亚那样代价很高的反法战争。

但戴高乐是一位十分热衷于维护法国全球强国地位的总统。他认为，与法国前非洲殖民地继续保持密切联系是提升法国全球影响力的一个重要条件。同时手握非洲这张牌，也使法国在冷战期间能够作为美国和苏联之间一个极其关键的制衡力量。当时的美国为了防止非洲在法国完全撤出后落入苏联之手，也就决定继续支持法国在非洲的存在。另外一个唯一能与法国较量的老牌殖民国家英国本来对西北非区域兴趣就不大。所以在天时、地利与人和的帮助下，最终使得法国在二战后继续成了支配几乎半个非洲的唯一一个超级大国。

1958年，戴高乐访问刚果（布），在首都布拉柴维尔他第一次深深地体会到了非洲国家在独立方面的强烈要求。但戴高乐认为非洲国家还是应该继续留在“法国共同体”中经历一段时期的“思想学习”和“社会实践”，这样更有利于法国与非洲国家未来的交往。于是在法国的倡议下，1958年9月28日，原来被法国殖民的所有非洲国家举行了全民公投来决定是否加入“法国共同体”。投赞成票意味着加入“法国共同体”并可以在法国的协助下逐渐走上独立之路，同时还能获得法国源源不断的各种援助。投反对票则意味着立即无条件独立，不加入“法国共同体”，未来法国无权干预该国的一切事务。

投票前夕，戴高乐曾在暗地里放下狠话，投反对票的国家意味着对法国犯下了分裂国家的罪行，法国将立即撤回全部财政、人员和物资援助。话已至此，法国相当于几乎把刀架到了非洲国家的脖子上。但俗话说，“人上一百形形色色，人上一千无边无沿”。即便是已经威胁到这种程度，还是有不信邪的，这个国家便是几内亚共和国（The Republic of Guinea）。

在10多个原法属非洲国家全部投出同意票后，1958年10月2日，几内亚毅然决然地投下了反对票。于投票当天，几内亚就立即宣布国家独立，塞古·杜尔（法语：Ahmed S é kou Tour é ）就任几内亚首任总统。在法国看来，几内亚的举动就好似一家企业开会审议重大事项，结果一名委员提前不进行沟通，在会上直接投出反对票，此举着实让法国十分被动。

屋漏又逢连阴雨的是，当时的法国仍在处理与东方大国印度的那场败仗所带来的一系列影响。更为关键的是，此时喀麦隆等国仍尚未投票，法国十分担心因为几内亚的反对票会引致连锁“起义”效应。因而，几内亚在关键时刻的这一票反对在法国看来，完全是对自己权威的一种赤裸裸的挑战，相当于在法国的背后捅刀子，更加是在明目张胆地煽动非洲国家暴动。于是，戴高乐决定对几内亚出手，杀鸡儆猴。法国随即展开了一场对几内亚从政治、经济等各方面全方位的打击报复。

首先，法国立即全面暂停了对几内亚的所有援助并撤走了驻几内亚的法籍专家。其次，在几内亚事后致信法国表示，虽然未加入法兰西共同体，但仍愿意留在非洲金融共同体法郎区的意愿后，法国仍坚持将几内亚逐出了非洲法郎货币联盟。

面对法国坚决孤立的态度，刚刚建国百废待兴的几内亚此时已是被逼上梁山。最终，走投无路的几内亚只能选择与苏联越走越近。而塞古·杜尔本人作为在几内亚名噪一时且带领国家获得独立的伟大领袖，怎能甘心忍受法国如此无礼的打压。在与法国翻脸后，他立即提出在几内亚建设社会主义的想法。1962年，他在几内亚民主党全国代表大会上正式宣布把建设社会主义作为基本国策。为了实现这一宏伟目标，杜尔立即开始着手在几内亚采取一系列改革措施，包括大力清除法国残余势力，全面推行国有化，将法国原先控制的工厂、企业、金融机构、机场、码头、港口和铁路等全部收归国有。同时，大力推行土地国有化改革，农民只有使用权，且不允许进行土地买卖。而且几内亚还在苏联专家的帮助下开始研究发行自己的独立货币。

但在当时的国际形势下，与法国正面硬刚对几内亚而言纯粹是“杀敌八百自损数千”的无奈之举，对于刚刚成立百废待举的几内亚而言没有任何好处。尤其是自己独立发行货币这一行为，被法国政府认为是对法国的权威和地区稳定做出的最为严重的挑衅。因为此举一旦成风，被其他非洲国家纷纷效而仿之，将对法国未来在非洲继续获取经济利益起到极大的阻碍。于是，法国政府开始无所不用其极地破坏几内亚的政治、经济和社会稳定，一个由法国政府直接策划并被命名为“宝莹行动”[1]的惊天阴谋即将在几内亚上演了。

1959年，法国情报总局向几内亚派遣了五名间谍，同时从其他驻非洲国家的谍报机构招募了一大批联络员，针对几内亚专门组建情报网以便收集几内亚政府的各种方针政策，尤其是关于几内亚与苏联所签署的各种经济合作协议。为阻止苏联与几内亚政府的各种合作计划的顺利实施，法国不惜向几内亚投入巨资进行政治游说及贿赂，造成直到今天几内亚国内的贪污贿赂之风仍然极其盛行。除此之外，法国还企图釜底抽薪，破坏几内亚政府的财政管理能力，从本质上整垮几内亚刚刚成立的新政权。

双方既然已经撕破脸，那自然无需顾忌许多了。所以，当时的几内亚也不顾一切开始着手计划发行自己的货币，为彻底脱离法郎区做准备。一开始，其实几内亚是想利用过渡时期继续使用法属非洲国家货币与其他非洲国家进行贸易。但法国通过情报渠道得知几内亚的打算后，没等几内亚付诸行动便连夜宣布取消在几内亚流通的全部法属非洲货币——非洲法郎的合法性和有效性。虽然这一下子把几内亚打了一个措手不及，但同时也让几内亚政府更加坚定了发行自己货币的决心。另外，作为几内亚历史上一代伟人的塞古·杜尔，从自身而言其实也十分梦想让自己的头

[1] Rudin, Harry R. “Guinea Outside the French Community.” Current History, vol. 37, no. 215, 1959, pp. 13–16.

像印到自己国家发行的钞票上，千古流芳。

但独立发行货币牵扯到一系列复杂的财政金融体系安排，并不是随便说说便能做到的，更何况是刚刚建国的几内亚。最关键的一点是，当时一穷二白的几内亚甚至连印刷纸币的技术和设备都没有。这时，东欧国家捷克立即向几内亚抛来了橄榄枝，表示愿意帮助几内亚印刷新货币。法国政府在获知此情报后，立即命令情报机构第一时间获取到了几内亚的新货币并进行仿造，制造假币。法国人首先在东欧国家捷克设法搞到了几内亚新货币的样张，然后通过法国情报局下属的秘密印刷厂开始印刷，企图大量复制几内亚的新货币再散播进入几内亚国内，扰乱几内亚的经济运行。

在这场“真假钞票”大战中还发生过一段十分有趣的插曲。由于法国的印钞技术处于当时的世界前列，远高于东欧国家捷克，最后竟使得由法国印刷并流入几内亚国内的假钞比捷克印制的真钞质量还要好。由于几内亚国内气候炎热且降雨量极大，年降雨量平均超过6500毫米，首都科纳克里常年处于极端潮湿的气候中。在捷克印制的纸币无法适应当地这种极端潮湿的气候，极易损坏，用不了多久纸币上的图案甚至数字都已看不清楚。一般流通半年以上，纸币就已经变成了烂纸片儿。而法国印制的纸币却经久耐用，基本不受潮湿天气的影响。以至在一段时间后，几内亚国内流通的真币开始慢慢被人弃用，当地人开始争相持有“法国版”假币。

与此同时，几内亚人自己也在伪造货币。几内亚国内一些犯罪分子也纷纷开始利用复印机翻印政府新发行的货币。于是，最后造成在几内亚政府发行新货币短短几年的时间里，几内亚国内便同时存在“法国版”“东欧版”和“国内版”多个版本的货币。

最终，法国的愿望实现了。几内亚政府发行的新货币完全无法在社会上流通使用，国内通货膨胀高企，几乎可以与当代的津巴布韦相媲美。塞古·杜尔的反法计划在金融方面就此彻底破产了。

陷入走投无路境地的几内亚如戴高乐一开始所设想的那样，终于服软了。但戴高乐虽然预测对了几内亚会服软的这一结果，但却预测错了方向。塞古·杜尔作为几内亚民族独立运动领袖，必须在全世界尤其是自己的国民面前表现出硬汉和强人的形象，怎能苟且偷生。就算跪，也绝不能跪在法国面前。

最终，经过法国一系列的内外部打压，从20世纪60年代开始，几内亚便开始彻彻底底地投向了苏联社会主义阵营。之后，塞古·杜尔为了巩固自己的权力开始在国内推行白色恐怖政策。反对派、各类犯罪嫌疑人被政府任意逮捕、刑讯逼供、拷打审问，最后纷纷被投入大牢。当时几内亚的监狱系统一度人满为患，根本装不下新增加的犯人。几内亚这个国家在建立短短几年之后就开始面临再次崩溃的危险。

尽管如此，在社会主义阵营老大哥的帮助下，塞古·杜尔在几内亚一直掌权，直到1984年在美国因心脏病不治而去世。

2017年至2018年间，我曾多次到访几内亚。非洲国家大部分经济较为不发达，各方面条件也并不好，这是尽人皆知的。但是只有几内亚是为数不多的让我去了之后几乎不想再去的国家。

在 40 多摄氏度高温下卖杂货的几内亚人

一是几内亚气候太过潮湿，雨季中几乎天天都在下雨，且几乎都是倾盆式的大雨，让人感觉非常的不舒服。二是天气实在太过炎热，时常超过40摄氏度，一般中午几乎能接近50摄氏度。然而许多正式活动一般都会安排在下午两三点钟左右，读者们可以想象一下在接近50摄氏度的时候穿上一身全副武装的西装再打上领带，即使车上和室内都有空调，但下车走到室内那短短几步路便能让人感觉像立即要中暑晕厥一般。再从室内回到车上，身体从降温状态一下子回到50摄氏度的环境中，给人的感觉就像是身体在感冒和发烧两种状态中不断交替转换，痛苦难当。

几内亚首都科纳克里市中心的天桥和市场

尽管几内亚整体上一穷二白，但却并不影响富人的生活质量。在几内亚的富人区，家家户户都有独立游泳池，每家都有三五个仆人。在其他国家常见的所谓豪车，在几内亚的富人区完全拿不上街面。

几内亚富人区的别墅群

而穷人，就如下页图中我们逛街看到的一家小商店里这个非常可爱的小朋友。当时，我拿了5美元给她的父母，让他们给孩子买点奶粉等营养品，不要整天只吃木薯。结果孩子的父母对我说，不知道“奶粉”是什么，从来没有听说过……

几内亚首都科纳克里路边商店里的小朋友

从 Tank 到 Bank 的创新迭代

自1960年以后，法国与非洲盟国们逐渐开始进入了一段感情比较稳定的“蜜月期”，法国在非洲的影响力也在此期间随之达到了鼎盛。后来，戴高乐为了实现他对法兰西的伟大愿景，任命了法国资深外交家雅克·福卡尔（法语：Jacques Foccart）作为负责非洲事务的秘书长。这位法国外交家上任后也没有令戴高乐失望，在他的主导下，法国与许多非洲国家签署了一系列涵盖政治、经济、文化和军事领域的合作协议，这些国家包括法国在撒哈拉以南非洲的前殖民地［贝宁、布基纳法索、中非共和国、乍得、科摩罗、吉布提、加蓬、几内亚、科特迪瓦、马里、毛里塔尼亚、尼日尔、刚果（布）和塞内加尔］、联合国给法国的托管领土（喀麦隆、多哥）、原比利时殖民地［卢旺达、布隆迪和刚果（金）］以及原葡萄牙殖民地几内亚比绍和西班牙原殖民地赤道几内亚。

戴高乐的继任者乔治·蓬皮杜（法语：Georges Pompidou）继续严格执行了戴高乐的非洲政策。彼时的非洲大陆上好不热闹，有超过 26万法国人在非洲大陆上工作生活，源源不断地把非洲的各种自然资源如石油、矿石等运回法国本土。

但1974年上台的法国前总统德斯坦却打算打破戴高乐的做法，尽量让法国与非洲国家的关系展现出一些现代化的特色。但最后，他本人却因为卷入了与非洲国家领导人之间的腐败丑闻而不得不放弃了自己改变法非关系的宏伟理想。据报道，当时中非共和国总统博卡萨曾多次向他送去装满钻石的手提箱，在历史上被称为“钻石事件”（Diamonds Affair）[1]。起初，德斯坦一直对此事保持沉默，但随着法国媒体揭露的证据越来越多，他终于承认曾收到过这些礼物，但已经全部出售变卖，所得款项也已捐献给了非政府组织做慈善之用。

总体而言，不论谁当总统，法国对非洲的殖民体系基本都没有发生过质的改变，均是以地方领导为基础，这与英国管理殖民地的情况形成了鲜明的对比。法国殖民一个国家的终极目标是要让当地人完全融入法国文化，所以法国在非洲的殖民地特别强调法语的推广。从最初戴高乐的出发点来看，这样可以为法国提供一个稳定的市场，最重要的是保证了法语这门语言和法国文化在人口迅速增长的非洲大陆保持持续而强大的影响力。

近代以来，法国对非洲战略的一步步调整与转变，其精髓就在于正在朝向一种更精简、效率更高、更有利可图且更具有隐蔽性的形式发展。这种隐蔽的方式有几个典型的特征，首当其冲的便是充分发挥了现代金融体系的作用，代表性事件则是“非洲法郎区”的设立。

第二次世界大战之后法国加入了布雷顿森林体系，结果造成法郎迅速贬值，法国不得已开始与美元形成了固定汇率。法郎的贬值造成了法国在非洲资产的大幅缩水。所以为了保住其在非洲的资产，于是法国创造了“非洲法郎”。

顾名思义，“非洲法郎区”是撒哈拉以南许多非洲国家形成的一个货币联盟，

---

[1] “The remains of Central African Republic's imperial past,” France 24 Online, December 22, 2017. As of April 16, 2024: https://www.france24.com/en/20171222-video-central-african-republic-revisited-imperial-past-emperor-bokassa-1st

非洲法郎便是这些法国殖民地的官方货币。即使在20世纪60年代非洲国家开始逐渐独立后，这种货币依然存在。法属西非殖民地和法属赤道非洲殖民地国家相继独立后，却继续使用非洲法郎作为法定货币。其中，原法属西非殖民地国家组建了“西非货币联盟”，包括贝宁、布基纳法索、科特迪瓦、几内亚比绍、马里、尼日尔、塞内加尔和多哥等国，并成立了“西非国家中央银行”（BCEAO），负责发行货币。原法属赤道非洲国家喀麦隆、中非共和国、刚果、加蓬、赤道几内亚和乍得则组建了“中部非洲货币联盟”，也成立了“中非国家中央银行”（BEAC）。非洲金融共同体法郎与法国法郎的汇率挂钩，现在则是与欧元挂钩，固定汇率为1欧元兑656非洲法郎。

在强行规定固定兑换比率的情况下，法国不但在与非洲的经济交往中取得了经济优势，同时还顺带取得了压制非洲国家产品出口竞争力的这一重要武器。因此，从某种程度上讲，法国在二战后的经济复苏大部分功劳都应归功于把非洲的财富转移到法国这一途径。对非洲财富的转移是怎样通过“看不见的手”来实现的呢？就是通过法国与中非和西非两个金融共同体法郎区进行合作的四个基本原则：货币的无限制兑换、固定平价、自由转移以及集中外汇储备。而“猫腻”也正是出在这四个基本原则上。

首先，非洲法郎的无条件兑换性由法国财政部做官方担保。表面看起来法国政府似乎很有诚意。但这诚意的背后却是有代价的，前提条件是法国要求非洲国家要把外汇储备集中在一起[1]。问题是，集中在哪里呢？那便是法国财政部，或者说法国中央银行。也就是说，西非和中非两个经济共同体的所有国家都要把外汇储备的70%存放在法国，这就意味着非洲国家实际上只能动用三成左右他们自己的外汇储备。这种安排使得法国能够完全控制非洲金融共同体国家的货币供应量，并进一步影响西非国家中央银行和中非国家中央银行的货币政策决策过程。

其次，中非和西非的两个央行都被要求在法国央行开设特别账户来储存外汇，但此账户却是以欧元计价，并非非洲法郎[2]。这便意味着如果一旦特别账户里的欧元储备充足，由于法国的本币就是欧元，换句话说欧元对非洲国家是外汇，对法国而言不是外汇，是本币，则代表着法国实际上就可以任意使用非洲国家的外汇了。但如果

---

[1] “Financial Arrangements of Countries Using the CFA Franc,” IMF paper, January 1, 1969. As of April 16, 2024: https://www.elibrary.imf.org/view/journals/024/1969/002/article-A006-en.xml

[2] “Africa-France partnerships,” The Banque de France Online, no date. As of April 16, 2024: https://www.banque-france.fr/en/banque-de-france/africa-france-partnerships

一旦账户中非洲国家的储备不足，由于非洲国家内部流通的非洲法郎数量是不变的，那么这就要求非洲国家要在特别账户里补足欧元的数量。基本上，这些工作都是由法国央行代替非洲完成的。并不是说法国有多么大方，而是把欧元作为本币的法国实际上只要更改一下数字，并不需要真正把钱存进去就可以做到了。但因为法国“借”给非洲国家欧元用以补足了账户，所以非洲国家需要向法国支付利息。

所以，不管特别账户中的资金是多还是少，法国都稳赚不赔：用着非洲国家的资金，还收着非洲国家的利息。最为关键的是，法国保管着非洲这么多国家的大量外汇，却从来没有披露过用这些钱做了什么。换句话说，非洲国家自己也不知道法国在用自己的钱做什么。

有了非洲提供的大量欧元，同时非洲金融共同体法郎与欧元还保持平价，并维持无限制兑换，这也就意味着法国公司和法国人无需向非洲支付任何外汇就可以从非洲进口各种资源。除石油外，法国从非洲获取最多的资源便是铀，这种支撑法国核电和原子能工业发展的重要资源有四分之三都来自非洲。其他的非洲法郎联盟国家里，加蓬向法国输送了大量石油，毛里塔尼亚输送了大量铁矿石，多哥和贝宁则向法国提供了大量农产品，而法国又拥有西非许多国家主要港口的控制权和经营权。

同时，法国央行手握的大量非洲国家的储备金还能为法国在非洲的投资提供担保。另外，由于非洲金融共同体法郎与欧元挂钩，也就意味着货币波动的风险很小。所以，许多法国公司就可以利用这种资本的自由流动把在非洲国家赚取的利润安全带回法国，而不需要担心任何外汇汇兑波动方面的风险。法国公司可以低价进口非洲的资源，再把终端产品以高价卖回给非洲，赚取巨额利差。

此外，由于欧元区的经济周期波动与西非经济货币联盟和中非货币联盟的经济周期波动不可能是完全同步的，因此这又间接造成了非洲国家在货币政策方面总是要受到法国货币政策的挟制。

最终，依托于这四项基本原则，每当法国想收割一轮非洲的时候，只要让欧元稍稍升值便可达成目标。因为无限制兑换，因为固定平价，因为可以自由转移，所以欧元的任何升值也就意味着会同步降低非洲国家出口产品的价格竞争力。

现实中，我们来看看塞内加尔的经济发展是如何被西非法郎牢牢锁死的。2000—2009年间，欧元兑美元处于升值通道，其间西非法郎的价值也随着欧元币值的提高而迅速提高。但是，这却使得塞内加尔本地出产的大米价格一步一步变得比从万里之遥的泰国进口的大米还要贵。那段时间，塞内加尔正在大力推广农业生产，想要凭借自己肥沃土壤的优势建立自己的国内大米生产加工产业，却硬生生地被西非法郎的不断升值扼杀在了摇篮里。几年过后，塞内加尔许多的农田几乎荒废，种植大米的农民也纷纷转行。

由于货币升值所导致的国内产品价格的高企使得非洲国家根本难以建立起出口驱动型的经济增长模式。而通过亚洲许多发展中国家的经济发展经验能看出，出口对一个经济落后的国家意味着什么。最关键的是，每当非洲国家想自主发展某个产业时，法国通过欧元挂钩西非法郎这件强力武器，只需“小手一挥”，就能让非洲国家的某个产业瞬间瘫痪。

就连法国前总统雅克·希拉克（法语：Jacques Ren é Chirac）都曾不禁感慨：“如果没有非洲，法国将沦为第三世界国家。”[1]

金融：一把斯文的锋芒利刃

如果没有拿捏住非洲国家的金融主权，法国在二战后不可能在政治、军事和文化领域在非洲“横着走”。也正是通过对非洲经济体制尤其是金融系统的掌控，才使法国逐渐意识到，原来“Bank”比“Tank”还要更有杀伤力。同时，随着对非洲一些国家金融主权的全面把持，法国对非洲国家的野心已不仅仅局限于金融领域。

1970—2010年间，科特迪瓦的资本外流总量达到了400亿美元。这些流出的资本如果留在科特迪瓦国内进行投资，可以使这个国家在40年间平均每年减少10%的贫困人口。与此同时，主要石油生产国赤道几内亚和刚果（金）在2000—2009年分别流失了相当于各自国家GDP43%和30%的资本总量。西非的其他产油国加蓬和喀麦隆等的资本流失也大致类似，相当惊人。

[1] Antoine Roger Lokongo, “African nations can no longer afford to be France's garden,” Global Times, October 22, 2012. As of April 16, 2024: https://www.globaltimes.cn/content/739771.shtml

如今在一些非洲国家能看到的是，上层社会精英越来越富，而处于社会中下阶层的普通百姓却相对越来越贫穷。随着非洲国家经济总量的攀升，GDP的连年增长，在一些非洲国家内部，贫富差距却正在逐渐变大。

一位非洲当地富人朋友周末到郊外出游的车队

由于非洲路况普遍较差，所以在一些非洲国家的有钱人家中，一般都会常备一至两辆丰田兰德酷路泽这种价格比较便宜的车当作跑烂路之用。而普通人坐的车，基本都是下图这种核载10人却塞下30多人冒着黑烟的报废汽车。

几内亚首都科纳克里普通人乘坐的公交车

在我与一些拥护和支持非洲法郎制度的非洲当地社会精英交谈时，发现他们的观点是因为有了法国的背书，所以非洲法郎制度才给非洲国家的经济带来极大的稳定性。但是，他们却闭口不谈货币主权的丧失造成了一些非洲国家财政政策和货币政策的独立性几乎丧失殆尽。

位于非洲法郎区的科特迪瓦国内通货膨胀率近年来基本维持在6%左右。从数据上看，确实低于非法郎区的邻国加纳的29%。但这种所谓的稳定给科特迪瓦带来的却是高达30%的全国贫困率，而邻国加纳的贫困率却只有13%。非洲法郎区国家在整体经济增长率方面也大幅低于其他非洲国家，有一些甚至处于经济连年倒退的窘境。科特迪瓦2000年的人均GDP比1978年低了将近三分之一。在塞内加尔，其2016年的人均GDP仅相当于其1960年的水平。喀麦隆、刚果（金）和加蓬到现在为止人均GDP也再未能够超越其各自1986年、1984年和1976年的最高水平。换句话说，处于非洲法郎联盟的许多国家几十年来经济几乎没有任何实际增长。

此外，法国与非洲的关系有别于其他许多原殖民国家的另一个核心特征便是法国在非洲精心建立的“个人关系网络”。这种网络涵盖了社会政治、经济、军事和文化等几乎方方面面，其重要性甚至超过了法国政府与非洲国家政府层面的官方交往。

在传统上，法国政府高层十分愿意与非洲国家领导人之间保持一种非正式的甚至类似于家庭式的互动关系。维持这些私人层面交往的经费自然是由法国政府负担。其表面上是非官方交往，但本质上还是为了维护法国在非洲国家的利益。虽然背后由政府出资支持，但高层之间的这些私人交往活动一般是不受国家权力机构监督或审查的，从而滋生了一些腐败、贪污，甚至是政治暗杀事件。一旦把国家、政党和个人的利益模糊化，这就使得“法非”小团体的不断产生，从而使特定利益集团或一小部分特定的法国人和非洲人开始从中受益。

比如在法国，一些政党为了实现政治目标，通常会在表面上削减部分预算，暗地里通过非洲国家以及法国的石油公司进行秘密交易，使被削减的预算进入“政治小金库”。当然，非洲的领导人、社会精英也对这种私人交往乐此不疲，因为从个人角度而言，他们也可以从这种“非正式关系”中受益颇丰。

自这种关系建立以后，法国在非洲的行动就更加有恃无恐。自二战后，法国与撒哈拉以南非洲的许多法语国家建立了正式的防务合作关系，使法国成了该地区安全稳定和政权统治最强有力的保障者。从20世纪60年代至90年代中期，法国对撒哈拉以南非洲国家每年进行的军事干预活动平均达到了120次。这些军事干预行动有的是为了保护法国国民，有的是为了镇压非洲国家内部的叛乱来支持亲法的部分非洲国家领导人。于是从南到北、从东到西，整个北非、中非和西非地区无处不见法国军队的身影。

当然，这个世界上没有永远的敌人，也没有永远的朋友。

1963年1月，非洲国家多哥发生军事政变，多哥于1958年独立后的首任总统斯尔法纳斯·奥林匹欧（Sylvanus Epiphanio Olympio）遇刺身亡[1]。这次政变之所以闻名世界，是因为它是于20世纪50年代和60年代法国在非洲的殖民地相继独立后爆发的首次政变。政变本身倒是没有什么特别之处，与一般政变大同小异，反对派逼宫、抓住总统、杀死总统、发表宣言、政府军管……但这次政变在历史上的一个特别之处在于，即使到现在也没有揭露出背后的幕后黑手到底为何方神圣。

多哥的邻国加纳，当时成了最大的被怀疑对象。之所以加纳被国际社会重点怀疑，是因为两国在多年前就已经结下了很深的梁子。被刺杀的多哥总统奥林匹欧早年间曾与邻国加纳的独立运动领袖、后来加纳的首任总统恩克鲁玛（Nkrumah）关系十分要好。但在独立前夕，两位领导人却因为在欧洲分割多哥的问题上起了争端。为了团结国内部族，加纳总统恩克鲁玛公开提议多哥应并入加纳，成为加纳的一部分。而奥林匹奥则希望欧洲将旧多哥兰殖民地（一部分属于加纳境内）全部归还给多哥。

于是，加纳和多哥之间的关系开始突然变得剑拔弩张。20世纪五六十年代，两国间曾多次发生针对两国领导人的相互暗杀行动，且两国都将责任归咎于对方。直到后来，更是发展成为在表面上互相拆台。来自加纳的反对派被多哥收留，多哥的反对派则在加纳找到了避难所。

屋漏偏逢连阴雨，此时多哥的另一邻国尼日利亚也跳出来“捣乱”。尼日利亚在多哥政变发生后旋即表示，此次政变完全是由“某国设计、组织和资助的”。同时还声称：“如果加纳军队趁乱进入多哥，尼日利亚一定会进行干预。”加纳政府当然坚决否认参与了多哥政变。但问题是，尼日利亚政府毫无缘由地抛出几句话，点到了加纳，却始终不说明“某国”到底是指哪一国。于是，舆论开始一边倒地猜

---

[1] Christophe Boisbouvier, “Togo: Who killed Sylvanus Olympio, the father of Togolese independence?” The Africa Report, November 4, 2021. As of April 16, 2024: https://www.theafricareport.com/142678/togo-who-killed-sylvanus-olympio-the-father-of-togolese-independence/

测一定是加纳在幕后支持了多哥的政变。

其实此次政变中最蹊跷的事则是作为多哥原宗主国的法国始终保持沉默，这与法国一贯的作风截然不同。那么作为政变中被刺杀的总统奥林匹欧，与法国的关系又如何？奥林匹欧被刺杀，最得益的到底是谁呢？

法国自1922年便开始控制多哥东部，多哥西部则成了英属多哥兰被并入加纳，导致多哥当地的埃维族人硬生生地被划分到了两个不同的国家。当然，这也是传统欧洲殖民者分化肢解非洲国家屡试不爽的手段，却为日后非洲国家之乱埋下了一个巨大的祸根。后来，法国把在多哥颇具影响力但与英国走得更近的奥林匹欧家族视为眼中之钉、肉中之刺，因此奥林匹欧家族的许多成员均被法国拘捕，其中就包括被刺杀的奥林匹欧本人。奥林匹欧被法国逮捕一事应是在他的心中留下了巨大的阴影，以至于后来奥林匹欧在被释放之后，曾在多次公开演讲中反复提及此事。

二战后，奥林匹欧成为带领多哥在法国殖民统治下追求独立的民族领袖。因为认定法国人干预了多哥选举，奥林匹欧的政党几乎在整个20世纪50年代都在抵制多哥的各种大小选举，且奥林匹欧还曾多次请求联合国出面解决法国干预多哥国内政治的问题。

1958年，尽管法国仍然明里暗里地进行干涉，但奥林匹欧仍在选举中击败对手，迫使法国不得不任命他为多哥总理。胜选后，奥林匹欧乘胜追击，以强硬的姿态迫使法国不得不调整了多项在多哥的殖民政策，由此还引发了一系列在各个法属殖民地的独立运动。1961年，他以超过90%的得票率当选为多哥首任总统。

在奥林匹欧执政期间，他采取了尽量不依赖于外国援助的政策。但在迫不得已时，奥林匹欧宁愿接受英国和德国的援助也不要法国人帮忙。针对法国在西非地区提出的这个联盟、那个协议，多哥一个也没有参加，反而与前英国殖民地尼日利亚和美国均保持了良好关系。关键的是，在上文提到的几内亚挑头不加入非洲货币联盟遭到法国“棒打出头鸟”之后，几内亚事件刚刚平息没过多久，1962年多哥又跳出来明确反对并且公开表示自己也不会加入。

对法国而言，真的是“摁下葫芦瓢又起”。当时正处于非洲货币联盟建立的起步阶段，法国迫切希望得到非洲各国政府和舆论的支持，为自己亲手创建的新制度体系营造良好氛围。结果作为原法国殖民地的多哥不按套路出牌，在关键时刻不但给法国撤梯子，坚决不加入，而且奥林匹欧还倒打一耙，把法国的殖民历史公开狠批了一顿，使法国哑巴吃黄连，有气也撒不出来。

紧接着，1963年1月，奥林匹欧就被刺杀了。

有意思的是，奥林匹欧是被反对派军队枪杀并死在距离美国大使馆大门3英尺远的地方，是当时的美国驻多哥大使莱昂·B.普拉达（Leon B. Poullada）把奥林匹欧的尸体搬进美国大使馆内，后其家人来美国大使馆接走的。从表面上看，连奥林匹欧死亡的地点都与英美有关，而与其他国家无关，可见此次暗杀事件策划是何等缜密。

回过头来我们再复盘这一事件，如果单单从谁能够从奥林匹欧之死中获益最多的角度去分析，显然唯法国无疑。至于加纳，整天与多哥一起互相喊狼来了，结果当狼真的来了，加纳反而有点懵圈。但正是加纳这样一个整天与多哥作对的邻国，才最适合成为人们怀疑的对象。

历史的真相，已经变成了另一艘泰坦尼克号，永远地沉入了冰冷的大西洋海底。直到现在，法国政府也从未解密过关于1963年多哥总统被刺杀事件的任何档案。但自几内亚和多哥事件发生后，原法属殖民地的非洲国家就再也没有出现过任何“捣乱者”，法国在该区域倡导的各种联盟和协议都按部就班地执行了下去。

当然，法国在非洲也不只是棒打几内亚和多哥这种不听话的国家。对顺从、听话的国家，法国从来也是“奖罚分明”。

在法国所有的非洲殖民地中，加蓬是与法国关系最为亲密的国家之一。1967年，一个叫奥马尔·邦戈（Omar Bongo）的人成为加蓬总统，很快就把加蓬变成了一个实质上的一党专政国家。邦戈与法国的关系从他胜选前急于飞往巴黎与法国总统会面就能看出些许端倪。在加蓬民间一直流传着这样一则笑谈，许多加蓬人都认为，之所以邦戈当年的当选是完全合法的，是因为邦戈是在法国通过了正式“面试”的。由于邦戈对法国的暧昧态度，因此法国认为在邦戈的领导下，法国和加蓬的关系对两国的政治、经济以及精英阶层都是有利的。邦戈当选后，先是把加蓬的石油几乎都给了法国国有石油公司，随后又把宝贵的铀矿低价卖给了法国作为回报。而法国政府每年都会给加蓬政府反向提供大量的财政补贴。

一些国际组织文件显示，现在总统邦戈的资产已经超过了1.3亿美元[1]，在非洲

---

[1] “Complaint with civil-party application filed by Transparency International France and Mr. Grégory Ngbwa Mintsa with the Paris Tribunal de grande instance,” Cour internationale de Justice report, December 2, 2008. As of April 16, 2024: https://www.icj-cij.org/public/files/case-related/163/163-20170330-WRI-01-01-EN.pdf

属于“首富级”的政治家。2007年，邦戈的儿媳曾一次性全款支付2500万美元购买了位于美国洛杉矶的一处豪宅[1]。但与此同时，加蓬仍然是一个十分贫穷落后的国家。近几十年里，加蓬的婴儿死亡率一直是全球最高的国家之一。

普通老百姓经常逛的农贸市场

加蓬的财政收入基本都没有被投资到国内老百姓的衣食住行当中，也很少用于发展加蓬经济，大部分被“循环”回了法国。法国也投桃报李，在加蓬常年驻扎有大量军队来帮助和支持现政府维护统治，巩固政权。

另一个被联合国定义为世界上最贫穷国家的中非共和国与加蓬的情况不分伯仲，简直是如出一辙。也是由于法国的大力支持，导致中非共和国精英阶层富甲天下，而许多普通百姓的日常生活却逐步沦为了名副其实的“人间地狱”。

[1] “Bongo looted Gabon with impunity,” The Sunday Times, September 1, 2009. As of April 16, 2024:
https://www.timeslive.co.za/sunday-times/lifestyle/2009-09-01-bongo-looted-gabon-with-impunity/

为何法国殖民地比英国殖民地更落后

现实中，能看到一个有趣的现象，即英国之前的许多殖民地现在的经济都发展得有声有色，一些国家诸如美国、新加坡、新西兰、澳大利亚和加拿大等都早已迈入发达国家的行列。反观法国殖民地，即使掰着指头数，也找不出一个像样的发展中国家。是因为地域差异，资源不均，还是英法的治理水平不尽相同从而造成了这种巨大的差异呢?

这一问题之所以能够产生，其本质原因便是基于宗主国对待殖民国的态度和“用途”。

在态度方面，法国一直都否认自身给非洲带来的伤害，否认法国主导下的与非洲不平等的商业贸易往来，也一直否认给许多法语区非洲国家人民带来的痛苦和诸多的不公平。

今天，法国在非洲仍然继续着一些非常值得商榷的做法的同时，仍在不断“教导”非洲国家应该做什么，应该怎样做。漫漫历史的长河中，法国只是数百年来非洲所面对的众多殖民者中的一个。但在维护法国的权威和影响力方面，法国应算是所有殖民者中最为努力的一个。英国、德国以及其他一些欧洲国家现在已然能够坦诚地面对和讲述他们过去不光彩的殖民历史，并且人们能够或多或少地感受到从他们的字里行间中流露出的愧疚感。但是，仅以我个人的感受而言，很少能从一些法国朋友的言谈举止中觉察到这一点。法国一边享受着非洲国家的低价资源和大量外汇储备，一边还继续将一些非洲国家的双手捆绑得紧紧的。

当前，部分非洲国家与法国双边关系的退化程度十分值得观察。2023年3月，在法国总统马克龙对前殖民国家刚果（金）进行访问时，刚果（金）总统费利克斯·齐塞克迪（法语：F é lix-Antoine Tshisekedi Tshilombo）居然与法国总统马克龙在记者会上当着全球媒体的面上演了一场“口水大战”。

在国际舞台上，即使是在两个敌对国家，这种国家元首间正面硬碰的交锋也十分罕见，何况是在法国与自己的前殖民地国家之间，更何况又是当着全球媒体的面。

记者会现场，刚果（金）总统齐塞克迪说：“法兰西已不复存在，我们必须制定平等的政策。（我们）必须改变我们的合作方式以及法国和欧洲对待我们的方式。你们必须开始尊重我们，并用与以前不同的方式看待非洲人。你必须停止以那样的语气与我们交谈，就好像你们总是绝对正确，而我们不是。”

马克龙说：“自1994年以来，你们一直没有能力恢复你们国家的主权，无论是军事、安全还是行政方面。这不是法国的错，请原谅我如此直白，但这是现实。我们绝不能在这件事之外寻找罪魁祸首。法国一些记者发表的一些言论，并不代表法国政府。”

然而，刚果（金）总统齐塞克迪不给法国总统留丝毫情面，马上补充道：“之前发言的不是记者，而是您的外交部长勒德里昂先生[1]。”

不只是刚果（金），现在在法语区的非洲国家中，不少国家对法国已心生不满，法国领导人在非洲已经不再像以前那样拥有看似至高无上的权威了。

如果法国打心底想和非洲国家建立一种面向未来的新型关系，那么法国首先必须要自我审视一个问题：道德与诚信的标准究竟是什么。

刚果（金）总统齐塞克迪的愤怒我们完全能够理解。当一个人的痛苦之源都不承认他给你带来的痛苦，而且你还必须要依靠他前行的时候，你该如何去继续信任他?

表面上看，殖民主义的烙印早已褪去，但一些发达国家对发展中国家的经济不公正待遇却有增无减。许多“新形式”“新态势”与以往的坦克大炮比起来，却是效率更高、更隐蔽，让一些非洲国家更为受伤的做法。隐蔽在各种所谓公平的经济协议和条约之下的，是更为不公正的经济剥削。

2019年，现任欧盟委员会中东问题特别代表、时任意大利外交部长的路易

---

[1] 新闻发布会视频链接一：https://stream24.ilsole24ore.com/video/mondo/battibecco-macron-e-presidente-congo-felix-tshisekedi/AEVOBhzC?refresh_ce=1 访问时间：2024-04-15.

新闻发布会视频链接二：https://www.agi.it/vista-tv/video/2023-03-07/sottotitoli-battibecco-tra-macron-presidente-congo-flix-tshisekedi-20397930/ 访问时间：2024-04-15.

吉·迪马尤（意大利语：Luigi Di Maio）曾经在一次访谈中直截了当地说[1]：“如果法国没有那么多原来在非洲的殖民地，现在法国的经济总量全球排名只能排在第15位。相反，如今法国却排在世界前列[2]，这完全是因为法国在非洲大陆上的所作所为。”

今天，法国在非洲的经济利益仍然对法国的经济发展有不可估量的重要作用。目前，依然有超过40000家法国公司活跃在非洲大陆上。过去20年里，美国对非洲的出口在下降，法国对非洲的出口则从130亿欧元增加到了现在的280亿欧元，并且法国对非洲的直接投资还增加了10倍，从2000年的59亿欧元增加到了2020年的585亿欧元。

尽管法国在整个非洲法语区的影响力在减弱，但法国和非洲国家的紧密联系依然存在，其中的关键所在便是——法语。共同的语言无疑让法国在非洲法语区国家面前比其他国家多了一分优势。

可喜的是，非洲国家没有坐以待毙，已经开始团结起来挑战法国当前在非洲的核心武器——Bank。

在2023年3月举行的中非货币联盟峰会上，许多中部非洲国家已经达成共识，现在该是吹响号角，朝着实现货币独立迈出重要一步的时刻了。非洲国家也意识到，这绝对不会是一个如隔靴搔痒般的改革，而是要对法国在非洲经营超过半个多世纪的金融体系发起最后猛攻的决定性时刻。在这场惨烈的战役中，很有可能会导致法国的不满甚至是歇斯底里的报复。但这场战役获胜的一方所能够收获的利益将是极其巨大的。

就非洲国家而言，一旦独立货币发行成功，非洲国家将完全掌握自己的全部外汇储备。更重要的是，非洲独立货币的发行还能彻底把一些发达国家从非洲国家财政和金融政策的制定机制中赶走，由非洲国家央行自己作为决策和控制机构。从某种意义上来讲，这不仅仅是一场“金融之争”，更加是一场“命运之战”。

此外，这也并不是历史上非洲国家第一次采取这样的去“金融殖民”举动，非洲大陆法语区以外的其他许多国家早就已经建立或正在着手建立独立的货币体系。

---

[1] Baffour Ankomah, “Saying the unspeakable,” New African Magazine, March 12, 2019. As of April 16, 2024: https://newafricanmagazine.com/18269/

[2] 2019 年法国 GDP 全球排名第七位。

比如，东非共同体就一直致力于建立被称为“东非先令”的区域货币；南部非洲发展共同体也早就表达了对未来南部非洲国家统一货币的强烈愿望；在西非，一些国家甚至早已在联合设计一种名为“ECO”的西非货币，而且早于2003年西非货币联盟就设定2020年底为ECO货币体系正式建立的最后期限，只是因为新冠疫情的影响和一些主客观原因导致该计划被推迟到了2027年。

历史的车轮是拥有巨大惯性的。无论何时能够成功，或者最后能否成功，非洲国家现在所做的所有努力都代表着一种趋势，一种能让所有人看到希望之光芒的趋势，那就是非洲正在努力拿回属于自己的金融主权，减少对前殖民大国的经济依赖，重新掌控自己的命运。

有消息称，目前中非经济共同体正在考虑在未来合适的时机加入西非经济共同体。倘若两者能够合二为一，那么离非洲迈向真正的自由和独立就又向前迈进了一大步。两个法属经济联盟一旦合并，将使14个国家近2亿人在百年之后再一次深深地感受到，自己能够掌控自己的命运是一种多么幸福的感觉。

但在这场没有硝烟的角力中，为巨大的利益所羁绊，法国必不会轻易放弃“辅助”其成为全球最发达国家之一的非洲大陆。法国前总统密特朗就曾说过这样一句耐人回味的话[1]：“没有非洲，21世纪的法国就没有历史。”

未来，就看非洲自己如何选择与坚持了。

---

[1] McKesson, John A. “France and Africa: Today and Tomorrow.” French Politics and Society, vol. 8, no. 1, 1990, pp. 34–47.

第八章

远涉重洋，梦回『第51州』

利比里亚首都蒙罗维亚海滩一隅

左上为美国国旗，右下为利比里亚国旗

这幅图片中，左边的国旗大多数读者应不陌生。而右面的这面国旗对于许多人来说，很有可能在第一印象中会误以为是印刷错误的美国国旗。但其实这幅图片并无任何印刷错误，右面这面国旗的主人便是——利比里亚共和国（Republic of Liberia）。通过这面国旗的图案，想必大家能够想象得到，这个地处西非的国家与美利坚合众国的关系究竟会有多么耐人寻味。这面国旗设计的初衷便是把利比里亚当作美国的第51个州。

美国之于非洲，也好似利比里亚的发展历程一样，从诞生到如今，经历过辉煌，也陷入过失落。

利比里亚位于非洲大陆西海岸，国境四周分别为科特迪瓦、几内亚、塞拉利昂与广阔的大西洋，整个国家面积只有11万平方公里，人口约500万。虽然仍较为贫穷，但利比里亚自然风光如诗如画，令人流连忘返，尤其是迂回弯曲而又优美迷人的海岸线。黄昏时，当夕阳的余晖尽数洒在松软的沙滩上，慢慢地靠近徐徐涌动稍显慵懒的潮汐，眼前的一切尽是熠熠生辉，仿佛是守护这片土地的金色卫士。

利比里亚优美如画卷般的黄昏

利比里亚国旗由五白、六红共十一条横线组成，美国国旗则是由十三条红白相间的横线组成。美国国旗上的十三条横线指的是最初建国时东部的13个州，而利比里亚国旗上的十一条横线代表的则是利比里亚建国时的3个县所派出的11名代表。

利比里亚虽为一个并不引人瞩目的非洲小国，但若细数它的历史，则是大有来头。利比里亚曾经是美国之音（VOA）在非洲的重要中转站，有着美国在非洲大陆最大的导航塔以及美国中央情报局（CIA）在冷战时期位于非洲最主要的基地。一位曾在利比里亚工作多年的朋友告诉我，在这个仅拥有500万人口的小国，美国大使馆工作人员规模竟将近2000人。

2021年，利比里亚人均GDP仅有675美元，属于联合国界定的世界最不发达国家之一。之所以美国愿意远涉重洋去非洲与这样一个国家交好，正是因为利比里亚与美国在历史上作为“知己好友”的亲密关系。

遗留在非洲的身影

美国与利比里亚的关系可追溯到1819年。19世纪初，美国北部各州先后废除奴隶制后，获得自由的黑人数量如雨后春笋般迅速增加。该如何对待这些自由了的黑人在当时顷刻间成为美国全社会所关注的焦点。有的白人害怕黑人会暴动，有的则担心黑人会与白人竞争工作机会，甚至在未来争取政治权利从而威胁到白人社会的稳定。此外，一部分黑人本身也希望回到非洲，在那里他们似乎更加能感觉到一丝自由的气息。

在对待自由黑人的问题上，美国第三任总统托马斯·杰斐逊（Thomas Jefferson）的观点非常具有代表性。他出版的《弗吉尼亚札记》（*Notes on the State of Virginia*）中第一次提出了把自由黑人遣送回非洲的想法。把自由的黑人送回故乡既可以维护美国的社会稳定，又可以在非洲传播基督文明，实乃两全其美之举。因此，他的观点一经提出便立即得到了当时美国政界和宗教界人士的广泛赞同。

但同时，问题也随之而来。这些黑人多年在美国繁衍生息，再加之非洲许多国家疆土的不断变化，实际上许多黑人已经分不清祖上到底是来自哪个国家。所以，到底该把这些黑人送到哪里成了当时美国的一个棘手的难题。由于历史过于久远，要想彻底搞清楚每一个黑人祖先的国籍显然是不现实的。于是，美国决定把这些黑人统一集中送到一个收容地。

最终，美国在非洲一些国家经过了短暂和小规模的试点之后，利比里亚被选为了返非黑人最终的目的地。

1824年，美国殖民协会根据拉丁语“自由”的含义，正式将这里命名为利比里亚。为了纪念正式实施遣返活动的美国第五任总统詹姆斯·门罗（James Monroe），当时在非洲土语里被叫做梅苏拉多角的定居点被正式更名为蒙罗维亚（Monrovia），即今天利比里亚的首都。

美裔黑人大量回到了自己的故土，但许多问题也继而发生。之前，这群人生活在美国，接受美国教育，传承美国文化和习俗，所以他们与当地土著黑人在文化和语言上完全格格不入。慢慢地，这些人开始自诩自己来自“文明世界”，心中充满了无比的优越感，开始对土著黑人进行打压。“返非黑人”与土著黑人之间完全无法建立起互信与包容。对于土著黑人而言，这些“返非黑人”只是有着黑色皮肤的殖民者罢了。据美国1920年的一份报告显示，在利比里亚，美裔利比里亚黑人完全把土著黑人当作奴隶使用，甚至连最没有社会地位的美裔利比里亚黑人家中也会有好几个仆人伺候他[1]。

但无论如何，自美国回来的这些“海归”在当时毕竟人数不占优势，建国时也只控制了三个县。于是在美国的授意下，就把这三个县的11个代表当作“横杠”全部都印在了利比里亚国旗上。虽然海归们人数不占优势，却有美国在背后撑腰，所以一直能够牢牢地把持利比里亚的国家权力。

利比里亚从建国到20世纪80年代中期，前后共有20多位总统，没有一位不是美裔利比里亚人。现如今，利比里亚许多政府官员和社会精英阶层也基本都是操着流利美式英语的黑人，土著黑人所讲的英语则带有典型的非洲口音。所以，在利比里亚可以很轻松地区分一个黑人属于哪个阶层，只要听听他的口音即可。

但是，既然美国要把利比里亚打造成跟美国一样的“非洲版美利坚”，按理说依照美式民主，利比里亚的选举也要搞一人一票制才对。但是这些海归们在人数上不占优势，他们究竟是怎样每次都能选上总统呢？其实很简单，因为长久以来，投票、计票这些重要工作实际上都被人口仅占5%的海归群体把持着，当地各个部落的土著黑人们几乎没有见过选票，至多也仅是部落酋长作为代表去投上一票。然而，这些酋长们早已被海归们的糖衣炮弹所击倒，票投给谁自然也就不言而喻了。换句话说，那段时期的利比里亚其实就是在玩一个叫做“我投我自己”的游戏而已。

当然，这种少数管理多数且极为不公平的模式也在利比里亚的社会深层悄悄地埋下了一颗定时炸弹，谁也不知道在未来哪一天它会猛地发出一声惊天怒吼，划破天际。

[1] CHURCH, R. J. HARRISON. “The Firestone Rubber Plantations in Liberia.” Geography, vol. 54, no. 4, 1969, pp. 430–37.

1973年，第四次中东战争爆发导致严重的全球石油危机，使全球油价猛涨，最后还引发了全球经济危机。国际市场对利比里亚的铁矿、橡胶等产品需求量大幅下降，导致利比里亚经济陷入停滞。于是，愈发严重的失业和通货膨胀开始让利比里亚国内的反政府运动层出不穷地涌现。

1980年，上文中提到的在当时还是一名军士长的多伊横空出世，率众揭竿而起发动军事政变，打死了当时的总统，最终终结了美籍利比里亚人的统治。多伊上台后接连做出了许多不明智的决策，最终导致自己成为利比里亚历史上下场最为悲惨的一位总统。

上台后，对战争意犹未尽的多伊没有把精力放在认真治理国家方面，反而是对前政府官员展开了大规模的集体清算。

多伊为了清算几乎可以用“不计后果”来形容，结果导致他又犯下了让他招致惨死结局的第二个也是最致命的错误。

多伊为了按照自己的意愿来处理被抓捕的前高官，居然宣布在利比里亚国内暂停宪法。这下子，可是捅了马蜂窝。虽然打江山的人跟着多伊现在可以吃香喝辣，但兔死狐悲物伤其类，谁又能预料这位杀人如麻的总统哪天不会反性，再把身边的他们一网打尽呢。况且前政府的一众高官虽然失势，但毕竟在利比里亚从政多年，树大根深，对他们的残忍迫害也最终招致了利比里亚国内对多伊大规模的声讨浪潮。

为了起到威慑作用，多伊甚至采用了电视直播现场处决的方式以期震慑百姓和反对派。许多人在被逮捕后不审判、不定罪，直接剥光衣服绑在木桩上进行枪决，其行为之残忍、暴力和反人类让人瞠目结舌。

1989年底，受多伊迫害流亡科特迪瓦多年的利比里亚前商务部部长泰勒率自己组建的武装从科特迪瓦杀回利比里亚，针对多伊的军事政变终于爆发了。最终，由于多伊早已失去民心，很快被俘。在泰勒的命令下，士兵先是一个个地砍下多伊的手指，后又割掉了他的耳朵。之后，多伊的尸体还被游街示众。最终，一代独裁者用一种极尽屈辱且痛苦的方式走完了自己的一生。

虽然自多伊的政变成功开始便标志着美裔黑人在利比里亚掌权的时代就此结束了，但是，利比里亚这个国家的噩梦才刚刚拉开帷幕。

利比里亚国内的土著黑人族群繁多，但人口最多的族群也仅占总人口的20%。本土首任黑人总统多伊又是一个“仅四肢发达”的独裁者，除了枪杆子和强权，其他政治、经济、文化几乎一无所知。他还格外偏向自己的部落，对其他部落的利比里亚黑人的压迫要更甚于前任海归们。由于美裔利比里亚人与土著黑人的矛盾、土著黑人各个族群之间的矛盾交织共存，再加上多伊这般“瞎搅和”，最终，利比里亚的内战终于爆发了。这场始于1989年的大规模内战共持续了将近14年，造成当时总人口仅300多万的利比里亚有20多万人因内战而死亡，200多万人流离失所，无数儿童成为娃娃兵。

时至今日，利比里亚内战为这个国家留下的创伤依然无法抹去。直到今天，利比里亚民间散落的各种枪支弹药在数量上也仅次于美国。

一次，我的一位朋友在利比里亚做短暂停留，曾应邀赴联合国驻利比里亚特派团中国维和部队营地参观。路上，一行人乘坐联合国车辆赴维和部队驻地。大大的UN标志令他们很是新奇，还不时把脑袋伸出窗外欣赏利比里亚美丽的风景，并与海滩上的游客不时挥手致意互相打招呼。

到了驻地，维和部队才告诉他们，其实在利比里亚，联合国目标是武装分子重点打击的，尤其是印着大大的联合国UN字样的车辆。由于移动慢、距离近，几乎一打一个准，可以说是利比里亚国内最为危险的交通工具。就在他们去之前一个月，一辆印有UN字样的联合国装甲车在蒙罗维亚遭到武装分子袭击，导致一名联合国维和部队士兵英勇牺牲。

听完此语，一行人顿时惊出冷汗，无不在心里埋怨这位维和士兵为何不提前说明。后来，他围着他乘坐的车仔细转了一圈，果然在左后门上发现一个大大的弹孔。

利比里亚持续多年的内战，究其根本原因仍然离不开美国的因素。由于当时美国国内矛盾重重无暇再顾及利比里亚，又无力调和利比里亚的国内矛盾，最终选择撒手不管，任由利比里亚自生自灭。

美国这一走，给这个国家留下了无尽的灾难。但美国走得又不是那么彻底，所以才让利比里亚无法根本性地从泥潭中拔出双脚。

失去光泽的星条旗

在美国的传统地缘战略里，非洲大陆一直都被视为一潭死水，一块儿可有可无的鸡肋，处于美国国家战略的最边缘。最为滑稽的是唐纳德·特朗普（Donald Trump）首个任期内，不但没有做多少有利于美非关系发展的事，反而是尽其所能地搞破坏。

2018年，特朗普在白宫与美国国会议员就移民体系改革进行讨论之时曾公开发表言论称："我们为什么要让那些来自粪坑国家的人进入美国？我们要让他们滚出美国。"

这一言论迅速在整个非洲大陆引发了极其强烈的震动。博茨瓦纳外交部立即召见了美国驻博茨瓦纳大使就特朗普的言论提出严正交涉。塞内加尔总统萨勒也在推特上表示对特朗普的言论表示强烈反对和谴责。加纳、尼日利亚等十多个非洲国家的外交部均发表了措辞强硬的抗议声明。就连非洲联盟都专门发表了一份措辞严厉的谴责信，表示非盟对特朗普的言论感到极度的失望和愤怒，并称相关言论使得美国的价值观蒙羞。这恐怕是全球外交史上迄今为止国际性组织针对一国在任领导人的个人言论发出的唯一一份也是措辞最为严厉的官方声明[1]。

拜登在当选总统后第一年就迅速访问了欧洲、亚洲和中东等大多数盟友，只在结束总统任期前才访问非洲。

在加蓬时，我们居住的院子里另一侧便是美国驻加蓬大使馆的一部分工作人员。

---

[1] 非洲联盟官方针对特朗普言论的声明：https://au.int/en/pressreleases/20180112/african-union-mission-washington-dc-reacts-president-trumps-shithole. 访问日期：2024-04-16.

"African nations condemn Trump's 'racist' slur, demand apology," France 24 Online, January 13, 2018. As of April 16, 2024: https://www.france24.com/en/20180113-african-union-condemn-trump-shithole-countries-demand-apology-racist-ignorant-ambassadors

在非洲出门基本上很少采用步行的方式，一般都是乘车。所以虽然大家同住一个院子，但碰面的机会并不多。其中有一人我还算熟悉，就是当时美国驻加蓬大使馆的商务参赞，一位70岁的老者。之所以熟悉，是因为这个偌大院子中只有我们俩喜欢游泳，几乎每天下午六七点钟我都会在院子里的泳池碰到他。

一次游泳时，他曾向我提出一个请求，让我听后直接在泳池里呛了一口水。老头子很严肃认真又带着一丝央求的口吻对我说，明天凌晨他有一个朋友从科特迪瓦来到利伯维尔（加蓬首都），问我是否能够帮忙联系一下利伯维尔机场管理局，给他的朋友安排一个VIP通道。虽然我婉转地拒绝了他，但心里还是觉得有些吃惊：堂堂一个美利坚合众国的商务参赞，现在居然沦落到在加蓬连机场VIP通道都搞不定的地步了。

虽然这只是一件不起眼的小事，但我在非洲多年切身的感受则是，美国近年来在非洲的影响力正如此参赞先生，简直像坐过山车一样直线下降。

美国与非洲的双边贸易额曾在2008年达到1420亿美元的峰值，之后便开始逐渐下降。到2021年，美非双边贸易额仅剩640亿美元，而中国与非洲之间的双边贸易额早已突破2000亿美元。这仅剩的640亿美元里，占绝大多数的都是自然资源如矿产、石油等，不属于通常意义上所说的经贸往来，比如高科技产品、电子产品、日用品、汽车、家电等。现实中，美非间这600多亿美元的经贸往来对于整个非洲经济和社会发展能起到的推动作用早已是微乎其微。伴随着当前全球经济一体化和国际分工合作盛行的大趋势，美非经贸数据却是越来越难看。目前，非洲与美国间的贸易额仅占美国贸易总量的1.1%。

2023年2月，联合国大会就乌克兰等国提交的“和平公式”决议草案进行投票。在这次投票中，54个非洲国家里有17个投下了弃权票，厄立特里亚和马里更是投下了仅有的7张反对票中的2张。埃及等国虽投了赞成票，但仍坚持中立立场，主张通过谈判而非军事手段解决问题，并刻意避免对俄罗斯的军事行动使用“侵略”一词[1]。倘若倒回几十年前美国在非洲的影响力如日中天之时，非洲是绝无可能出现17张弃权票和2张反对票的。

[1] “UN General Assembly calls for immediate end to war in Ukraine,” UN news, February 23, 2023. As of April 16, 2024: https://news.un.org/en/story/2023/02/1133847

棋差一招，进退两难

从美国与非洲近十年来关系的曲折与坎坷能看得出，如果美国继续秉持原来的思路，不把非洲国家当成真正的朋友平等看待，未来想要在非洲继续保持其过往的影响力是很困难的。

聪明之人，一味向前看；愚鲁之人，事事向后看。全世界越来越多的国家已经充分意识到，拥有54个国家和超过12亿人口的非洲在未来塑造国际新秩序方面将发挥何等重要的作用。但这些年来，美国对非洲的忽视已经对其在非洲的影响力和公信力产生了严重的负面影响，也使其对非策略开始步步遇阻。

美国忽略的第一个重要问题就是非洲的战略地位。与非洲国家的密切合作对于推进世界各大国目前面临的许多错综复杂、相互交叉的全球战略至关重要。虽然当前在全球事务中，还没有一个国家能强大到让其他国家对自己的各方面政策均无条件支持，但是，国与国之间脱离接触则必然会导致更多不信任的产生。

非洲54个国家占联合国全体会员国总量的四分之一还多。若按地区划分，非洲作为一个整体已经是许多国际组织中体量最大的单一区域。但美国却一边在全球范围内利用各种国际组织和平台对非洲发号施令，要求非洲国家在诸如核不扩散、粮食安全、支持以色列等问题上与其保持步调一致，一边却好像又忘记了，非洲的54张选票在关键时刻能起到多么决定性的作用。

比如，美国目前严重依赖于联合国机制对恐怖主义组织如基地组织（al-Qaeda）和伊斯兰国（ISIS）采取制裁和切断融资等反恐措施，而这些恐怖组织目前在非洲的身影却开始逐渐密集起来。不但如此，非洲在联合国安理会上的投票也已经能够很大程度上影响到美国的提案能否顺利通过。

其次，非洲联盟声音越来越具有分量，而美国近年来与非盟关系的渐行渐远也对美国许多全球战略的推行产生了很大的影响。

2011年初，北非石油大国利比亚国内连年的混乱局势最终演变成为内战。同年3月，美、法、英等国出动战机和舰艇开始对卡扎菲政权实施军事打击。在以美国为首的北约国家军事干预下，利比亚反对派最终推翻了卡扎菲政权。但令人意外的是，非盟一改以往较为亲美的态度，在美国尚未出兵之前就明确宣布反对任何外部军事干预利比亚的行动[1]。

当年，在联合国已经默许并且几乎美国的大部分盟友都已全力参与的情况下，若不是非盟仍然坚持立场，坚决发声，恐怕不会引起国际社会对美国军事干预利比亚行动如此广泛的关注和批评。以至于在战后的许多年里，英国仍未终止对当年那场战争的调查。2016年英国议会的特别委员会发布报告[2]称，英国对利比亚发动的空袭最终导致利比亚社会崩溃、人道主义危机以及国内部落敌对和恐怖主义在北非的扩张。报告中还重点指出，本来存在可避免武装冲突的其他解决办法。这份报告认为，当时由时任首相卡梅伦领导的政府应当提前知道，恐怖主义组织企图利用反对卡扎菲的这场利比亚内战。英国政府事前没有明确表达卡扎菲是否对利比亚平民造成了实质性威胁，就对“卡扎菲是独裁者”的言论深信不疑。

同样，在2013年，前叙利亚总统巴沙尔·阿萨德（Bashar al-Assad）也曾成功地邀请非盟与叙利亚坚决地站在一起反对联合国安理会通过的对叙利亚进行军事干预的决议。非盟此次之所以全力支持域外国家叙利亚，正是因为叙利亚在当时已经成为非洲联盟的观察员国[3]。

非洲国家的战略重要性还体现在非洲对中东局势也开始产生越来越强的影响力。也恰恰是由于对这方面的忽视，使美国近年来犹如“哑巴吃黄连，有苦说不出”。

中东与非洲（尤其是北非和东非）地理位置非常接近，在历史、宗教信仰、经

---

[1] “AU opposes foreign military intervention in Libya,” South African Government News Agency, March 21, 2011. As of April 16, 2024: https://www.sanews.gov.za/africa/au-opposes-foreign-military-intervention-libya

[2] “Libya: Examination of intervention and collapse and the UK's future policy options,” UK Parliament report, September 9, 2016. As of April 16, 2024: https://publications.parliament.uk/pa/cm201617/cmselect/cmfaff/119/11902.htm?utm_source=119&utm_medium=fullbullet&utm_campaign=modulereports

[3] “Statement of the Chairperson of African Union Commission on Syria,” African Union report, April 15, 2018. As of April 16, 2024: https://au.int/ar/node/34133

济和人文联系方面自古以来便联系紧密。伊朗支持的胡塞武装与沙特支持的政府军之间爆发的也门冲突就清晰地诠释了这一点。尤其是，沙特游说了一些非洲国家为也门冲突单方提供支持和支援甚至提供保障基地更加说明非洲开始在中东问题上凸显出越发重要的作用[1]。也门冲突仅是一些中东大国与其他一些阿拉伯国家在非洲开始展开白热化影响力争夺战的众多例子之一。

2020年，伊朗伊斯兰革命卫队下属“圣城旅”指挥官卡西姆·苏莱曼尼（Qasem Soleimani）遭美军空袭身亡，曾让美伊间的紧张气氛迅速升级，一场区域大战看似一触即发。几乎同时，相隔万里之外的美国驻肯尼亚军事基地在夜间突然遇袭。遇袭的基地名为“坎普辛巴海军基地”，位于肯尼亚曼达湾，距索马里不到100公里。苏莱曼尼遇袭身亡的第二天晚上，索马里极端主义组织“青年党”对这一基地展开了长达四小时的武装袭击，共摧毁美军4架飞机和6辆军车，造成3死2伤，包括1名美军、2名承包商和2名美国防部工作人员。

近年来，非洲国家与海湾国家的战略互动和角色转变正在影响着自西亚至北非整个地区的战略再平衡。在未来，东非至海湾国家连线的这片区域很可能会对非洲、西亚以及红海周边区域带来严峻挑战。而美国恰恰在这片连线区域有着至关重要的国家利益。近年来，美非关系的降温已经开始对美国的国家利益、中东战略以及区域影响力产生了较大的负面影响。

历史上尤为著名的美军于1993年开展的“摩加迪沙行动”，那场震惊世界的“黑鹰坠落”，便是美军在非洲至今都无法忘记的伤痛。

2017年10月，美军特种部队在尼日尔遇袭，4名美军在激战中阵亡。同月，美军在尼日利亚执行任务时遭武装分子伏击，造成多名美军士兵死亡。

2018年4月，马里廷巴克图，美军遭极端分子武装袭击，后法国和俄罗斯维和部队及时赶到才替美军解了围。

2018年6月，美军特种部队在索马里西南部参与清剿极端分子行动，当时有近800名索马里政府军士兵及肯尼亚政府军士兵协同美军一起行动。即便在如此严密的防范下，美军仍突遭极端组织袭击，造成惨重伤亡。

---

[1] Rondos, Alexander. “The Horn of Africa: Its Strategic Importance for Europe, the Gulf States, and Beyond.” Horizons: Journal of International Relations and Sustainable Development, no. 6, 2016, pp. 150–61.

就在2017年10月驻尼日利亚美军遇袭后，白宫曾开出悬赏令，悬赏500万美元（约合4000万元人民币），只为寻求ISIS首领阿德南·阿布·瓦利德·萨赫拉维（Adnan Abu Walid al-Sahrawi）的相关情报。这500万美元也仅是提供线索的价格，美国政府表示如果能击毙萨赫拉维，则将会得到总共3500万美元的巨额奖金[1]。

但让美国不解的是，面对这高达数千万美元的人类历史第一巨额悬赏，结果却是无人“接单”。一是萨赫拉维本人的确行踪诡秘，极少有人能够提前获知或发现他的踪迹。二是萨赫拉维本人手段残忍，没人敢出卖他。第三，美国还要思量在非洲多年来所推行的一系列战略。俗话说，朋友多了好办事，人多力量大。在缺少朋友的情况下，想在非洲大陆找出一个人来，恐怕要比海底捞针还难。

2021年9月16日，法国政府宣布萨赫拉维已经被法国军队击毙[2]。只是，不知道美国政府有没有像承诺的那样把高额悬赏金支付给法国军方。

自2020年以来，西方国家对非洲的人道主义援助呈明显上升趋势，美国也的确是全球范围内对非洲人道主义援助金额最大的单一捐助国。但西方国家的人道主义援助，真的是全心全意为了非洲吗？

埃塞俄比亚由于工业基础薄弱，一直都是一个各方面严重依赖进口的国家。尤其是药物，几乎无法自给自足。多年前，埃塞俄比亚政府想把本地药品的生产比例逐步提高至50%以上，以摆脱在药物方面仰人鼻息的窘境。最简单也是最快速的方法便是在引进外国制药企业建厂投资同时带动本国制药业发展。

当时，欧美制药巨头G多次到埃塞俄比亚考察，但最后一分钱也没投在埃塞俄比亚。该企业表示是由于埃塞俄比亚市场潜力太小因此不值得投资。但事实果真如此吗？拥有超过1亿人口，GDP增长率连年保持在5%以上且制药业极度落后，对各种药品需求量都极高的埃塞俄比亚，真的没有任何投资价值吗？

其实，欧美制药企业不愿投资埃塞俄比亚并非因为经济回报不高，而是想要

---

[1] 美国国务院网站公布的悬赏令：https://2017-2021.state.gov/rewards-for-justice-increased-reward-offer-for-information-on-isis-leader-amir-muhammad-said-abdal-rahman-al-mawla/ 访问日期：2024-04-16.

[2] “On the Death of ISIS-GS Leader Adnan Abu Walid Al-Sahrawi,” US Department of State press statement, September 17, 2021. As of April 16, 2024: https://www.state.gov/on-the-death-of-isis-gs-leader-adnan-abu-walid-al-sahrawi/

通过“药物援助”的方式进入非洲，而非投资建厂。通过援助的方式，既可以从联合国和其他国际组织获得高额补贴，又可防止技术转移，起到打压当地制药业的作用。但如果投资建厂，就会培养出竞争对手，有可能会搬起石头砸了自己的脚。

当前美国与其他国家相比，除了在非洲仍拥有较多的军事基地以外，美国的优越感相比之前已经不那么明显了。在非洲影响力的下降也是美国全球领导力下降的一个缩影。对美国而言，自二战以后慢慢积攒起来的“软实力”在20世纪八九十年代达到巅峰后，现在已经进入了“下行通道”。

然而近20年来，中国在非洲的影响力却与日俱增。2020年，非洲知名民调机构“非洲晴雨表”（Afrobarometer）曾发布报告显示，大部分受访的非洲民众认为中国已经是在非洲影响力排名第一的国家，其中63%的受访者认为中国对本国的政治经济影响“非常”或“比较”积极，66%的受访者认为中国在非洲的政治经济影响是正面的。

贸易往来方面，早在2009年中国就超过了美国成为非洲第一大贸易伙伴，并且连续15年保持非洲第一大贸易伙伴国地位。在基础设施方面，非洲已经成为中国对外承包工程的第二大市场。中国企业应非洲的要求为非洲建设了大量基础设施和民生项目。自中非合作论坛成立以来，中国企业为非洲新建和改造铁路超过1万公里，新建公路近10万公里，累计创造就业岗位超过450万个

一些美国人一直不理解的一个问题是，为什么中非之间的这些数据会一直增长，而经过多年的努力后，美非之间的这些数据反而却持续下降？其实，有时对问题的思考不必过于高深和复杂。

下页图中这张照片拍摄于马里，时间是当地晚间8时28分，车内显示的车外温度为45摄氏度。中午的时候，当地温度甚至可接近60摄氏度。在如此炎热的天气里，当地许多人都忍受不了纷纷寻找树荫乘凉，而中国工人却仍在拼命施工。

慢慢地，许多非洲人也开始明白，谁在真正帮助他们，谁在真正关心他们。中国对非洲的投资，既全面提高了中国的软实力，又让非洲得到了更好的教育、医疗、物流和基础设施，以及更多的文化交流机会和更多的商机，是典型的“双赢”模式。

笔者于夜间拍摄的车外温度

面对这一现实，美国前国务卿希拉里也曾感慨道：“（在非洲）我们正在输掉这场战争。”[1]

与此同时，其他一些国家在非洲影响力的快速上升也大大超出了美国的意料。如俄罗斯在2000—2020年期间与非洲的贸易额增加了足足15倍，且俄罗斯还是非洲许多国家主要的武器供应国。土耳其在短短6年内就在非洲新建或翻新了27个大使馆，其中在发生“黑鹰坠落”的索马里，土耳其还兴建了在非洲大陆上规模最大的一座大使馆，可见下一步土耳其对非洲之角、亚丁湾和曼德海峡一带战略地位的重视程度。目前，全世界每年与非洲举行峰会的国家包括欧盟、中国、日本、以色列、印度、中东国家甚至拉丁美洲国家，非洲与世界的深入交往已是遍地开花。

---

[1] “China Steps Up Media Charm Offensive Across Africa,” This is Africa, February 22, 2017. As of April 16, 2024: https://newvoicesfellows.aspeninstitute.org/china-steps-up-media-charm-offensive-across-africa/

调转枪头，重返非洲

2021年，美国开始一改往日对非政策基调，终于开始从各方面对非洲政策做出全方位的调整。

2022年12月，美国时隔八年重新召开美非峰会，邀请了非洲大陆54个国家中的49位国家领导人齐聚华盛顿。这次峰会首次提出了要与非洲“共享机遇与成功”的口号，同时还表示要帮助非盟代表非洲54个国家在未来加入G20组织，成为G20正式成员[1]。

此外，本次峰会还承诺将在未来五年内对非洲增加投资约550亿美元。以目前全球大型基础设施领域平均每个项目5亿美元左右的融资额度计算，未来五年美国至少在非洲将投资110个大型项目，非洲54个国家平均每个国家至少有两个来自美国支持的大型基础设施项目。

同时，时任美国总统拜登还在峰会上承诺将适时对非洲大陆进行其当选后的首次访问。如果成行，这将是自2015年时任美国总统奥巴马访问非洲近十年后美国总统再次踏上非洲大陆。

虽然特朗普一度将非洲国家诋毁为“粪坑里的国家”，但拜登已经承诺要与非洲国家发展“相互尊重的关系”，并且说到做到，立即取消了针对来自许多伊斯兰国家公民的旅行禁令。2023年11月30日，拜登在与安哥拉总统若昂·洛伦索（葡萄牙语：João Manuel Gonçalves Lourenço）于白宫椭圆形办公室举行的双边会谈中说：“美国将对非洲倾尽全力。”[2]

---

[1] 本节中涉及本次美非峰会的内容均可参见美国国务院官网报道：https://www.state.gov/africasummit/

[2] 拜登会晤安哥拉总统称“将对非洲倾尽全力” 媒体：访非承诺仍未兑现．参考消息．2023-12-01. 访问日期：2024-4-15. https://baijiahao.baidu.com/s?id=1784087729881039326&wfr=spider&for=pc

此外，与特朗普眼中只看到一个“粪坑”不同的是，拜登政府眼中的非洲是一个充满活力和机遇并且正在快速起飞的新大陆，一个在2050 年将拥有世界上四分之一以上年轻人口的地方，一个即将在国际舞台上发挥更加举足轻重作用的非洲。

但是，即便拜登在美非峰会上许下了各种各样美丽的承诺，就长期国策而言，非洲仍然很难成为美国外交关系中的核心关注点。2020年3月，拜登曾在美国《外交事务》杂志上发表过一篇阐述其外交政策思想的文章《为什么美国必须再次领导世界》，就能反映拜登的一些外交思路和战略方向。在这篇文章里，提到非洲大陆的只有可怜的一句话，拜登说：“我们需要做更多的事情来将我们在拉丁美洲和非洲的朋友纳入更广泛的网络里，并抓住这些地区的合作机会。”除此之外，整篇文章中再未提非洲半字。

总而言之，经济合作水平无法提升而一味地推广“三观”，或“三观”融洽但经济上没有互相依赖性，友谊很难天长地久。近年来，一些民意调查显示美国在大部分非洲人心中的好感度已经开始全面落后于其他国家。虽然美国也意识到了此问题的严重性，近年来相继建立了“国际访问者领导计划”和“雅利·曼德拉奖学金”等双边合作项目，开始在非洲大陆大力拓展民间社会交往活动，但是，这些举措主要针对的仍是非洲大陆范围内具有较好资历和家庭背景的人或国际组织雇员，却忽略了一个最重要的群体——普通非洲大众。

2020年时，一些非洲朋友曾对我讲，当时在美国驻加纳、尼日利亚和肯尼亚大使馆，预约申请访美签证的等待时间有可能超过创纪录的两年。非洲人申请美国普通签证等待的时间比其他许多国家的公民申请美国绿卡等待的时间都要长。这长达两年的签证等待时间，让无数未来的非洲企业家、中产阶级纷纷把机票目的地改签到了北京、莫斯科或迪拜等其他地方。

目前，高达22%的非洲适龄劳动力已经开始创业，这是一个令所有人都感到十分震惊的数字。正如20世纪80年代逐渐开始腾飞的东亚经济体，市场经济遍地开花，许多人的第一桶金也正是在那个“闭着眼捡钱”的时代积累起来的。现在，在前往迪拜或北京的飞机上，经常会看到去采购服装、各式各样日用品、电子产品或工业机械产品的非洲中产阶级商人或企业家。由于交通的便利，迪拜已经成了非洲的海外商业之都，有超过21000家非洲公司的总部设在阿联酋。相比之下，美国与非洲的小企业联系就显得太微不足道了。

无论政治、经济还是文化和历史，非洲都不是一片孤立之地。非洲不仅能够牵动世界的神经，而且将越来越影响整个世界。如远在万里之外发生的俄乌冲突，其实也在深深地影响着非洲。因为非洲长期以来一直严重依赖于从俄罗斯和乌克兰进口粮食。索马里和肯尼亚几乎90%的小麦、埃及和马达加斯加70%以上的小麦都是从俄罗斯和乌克兰进口的。厄立特里亚则更为夸张，几乎整个国家的粮食都要从俄罗斯和乌克兰进口。一个乌克兰，几乎养活了半个非洲。

2023年，非洲大陆整体需要进口的粮食数量达1亿吨。由于俄罗斯粮食出口受到了制裁，乌克兰的大量粮食被运往了欧洲，这种置非洲国家需求于不顾的做法在未来很有可能会引发非洲大规模的人道主义灾难。

特朗普第一任期，美国曾多次试图大规模缩减对非洲国家的人道主义援助，因为特朗普认为所谓的发展援助只能滋生腐败，对非洲国家的发展毫无用处。

美国国际开发署（United States Agency for International Development，简称“USAID”）[1]是承担美国对外援助和对发展中国家发展援助的联邦政府独立机构，年度预算达270亿美元，占美国对外援助金额的一半以上。美国国际开发署的任务计划遍及的100多个国家主要位于非洲、亚洲、拉丁美洲、中东与东欧等地区。

特朗普上一任期内，曾计划将USAID预算削减三分之一，最后因美国国会审议未通过而作罢。有意思的是，当时许多共和党成员也在国会对特朗普的提议投出了反对票。最终，USAID还是一如既往地在全球投入巨额资金进行大量援助。

2018年，美国国会通过了《更好利用投资促进发展法案》（Better Utilization of Investment Leading Development Act[2]，简称“BUILD”，又称《建造法案》），美国对相关对外经贸合作与援助机构进行了重大调整，试图借助援助、贸易与投资相结合的手段在基础设施领域与其他大国在非洲展开全面竞争。美国国会甚至坚持扩大美国国际开发署在非洲的战略布局，连美国一直看不上的中部非洲穷国尼日尔都首次获得了USAID的援助资金。

但总体上，特朗普期间的对非政策许多都是自相矛盾的。而且由于他本人的不重视，使得当时美国的许多涉非机构均面临地位不高且长期缺乏财政支持的窘境。

---

[1] USAID 官方网站：https://www.usaid.gov/

[2] BUILD 法案官方介绍：https://www.dfc.gov/who-we-are/overview

因而，特朗普执政期间美国通过的许多援助非洲计划大多都是雷声大、雨点小，象征意义浓厚，却没有什么实质进展。

但在2021年以后，美国已经从多方面表现出在非洲发力。2023年9月21日，在美国纽约举办的全球基金第七次增资会议上，拜登表示，全球任何国家每捐助2美元，美国就会同比例捐助1美元，美国的捐助封顶金额为60亿美元。这样搭配下来，在这一倡议下预计能筹得高达180亿美元的抗疟疾资金，且大部分将被投入非洲的抗疟领域。

千禧年挑战公司（Millennium Challenge Corporation，简称“MCC”[1]），又称作“千年挑战计划”，是美国国会于2004年设立的对外援助机构。MCC的职能是向发展中国家及低收入国家提供经济援助以帮助这些国家实现经济增长并摆脱贫困。发展中国家可通过签署正式协议或门槛协议的方式获得美国的经济援助。若受助国各项指标得分都很高，则可正式签署协议；若未达标，但在标准下有较为积极的进步趋势，则可通过门槛计划获得较低的援助资金。虽然MCC从未明确对外说明所谓的指标具体包括哪些，但却可以从一些具体案例中窥得一二。

2006年6月，西部非洲国家冈比亚因八个民主方面的标准不达标而被停止援助；2009年马达加斯加政治危机后，MCC终止了与马达加斯加的协议；马里于2006年得到了MCC4.61亿美元援助以帮助开发现代灌溉体系和工业园区，但2016年MCC又以马里2012年军事政变为由终止了对马里的援助。

在人员部署方面，也能看出美国未来加强非洲战略的信号非常明显。2021年2月23日，美国新任常驻联合国代表琳达·托马斯–格林菲尔德[2]（Linda Thomas-Greenfield）正式上任。本身就是非裔美国人的格林菲尔德自2013年至2017年曾一直担任美国国务院非洲事务局非洲事务助理国务卿。由此可见，虽然时任美国国务卿布林肯较少参与非洲事务，但隐身于布林肯背后的却个个都是“非洲通”。

此外，萨曼莎·鲍尔[3]于2021年被任命为USAID新任署长。鲍尔曾于2013—2017年担任美国常驻联合国代表，与拜登同期供职于奥巴马政府。在联合国任职期间，她的主要工作重心便是提升美国在非洲的战略地位。她也一直被外界认为

[1] MCC官方网站：https://www.mcc.gov/

[2] 琳达·托马斯-格林菲尔德官方简介 https://usun.usmission.gov/our-leaders/our-ambassador/

[3] 萨曼莎·鲍尔个人官方网站 https://samanthapower.com/

是在2011年说服奥巴马对利比亚进行军事干预的关键人物之一。2016年，鲍尔还曾被福布斯杂志评为全球排名第41位的最具影响力女性。关键之处在于，她还被任命为白宫国家安全委员会成员。美国国家安全委员会是由美国总统主持的最高级别国家安全及外交事务决策机构，依据美国《1947年国家安全法》设立，自成立以来的主要任务便是协助总统处理外交及安全事务并制定相关政策。一般而言，其主席为总统，正式成员包括副总统、国务卿、国防部长、财政部长和能源部长等。在此之前，美国USAID负责人还从未有过兼任白宫国家安全委员会成员的经历。鲍尔此次作为USAID署长能够参加美国国家安全委员会，不仅表明USAID地位的提升，同时还说明，美国显然已把对外援助事项上升到了国家核心战略层面。

除此之外，应对气候变化也有可能成为美国下一步拉近与非洲大陆关系的一个切入点。缺少了非洲，全球的减碳减排目标就很难实现。

首先，在联合国气候大会上，发达国家的各项计划想要获得通过自然离不开非洲国家的支持票；其次，美国作为全球节能减碳目标的“名义”领导者，也想让非洲国家在下一步发展中不要模仿其他工业国家和新兴国家那样产生巨大资源消耗和二氧化碳排放的发展模式。据美国媒体透露，美国正在策划一项旨在减少非洲国家对化石燃料依赖的倡议。该倡议一旦成型，极有可能将成为美国又一个标志性的援非行动。并且，类似的帮助非洲国家减碳减排的清洁能源行动计划很容易就能为美国的盟友如欧盟、日本、澳大利亚等提供多维度的合作切入点，让美国及其众多盟友们进一步团结在非洲。

战略反恐，战术撤军

美国在非洲的另一个战略重心便是永远也挥之不去的反恐。美国之所以在非洲把反恐当作战略重心，是因为在这片大陆上，美国心中有太多抹不掉的伤痛。许多让美国恨之入骨、疾首蹙额的恐怖分子，或多或少都与非洲有着千丝万缕的联系。前文提到过的一些美军在非洲遇袭的事件对美国而言还只是牛毛细雨般的皮外伤。在当时的美国看来，所谓的恐怖组织只是一些人数不多的松散小团体，没有明确的意图和诉求，所以一开始并未引起美国的足够重视。但从接下来发生的一系列恐怖袭击开始，美国就不得不把恐怖分子认认真真地重视起来，将反恐提升成为一项正经的战略来对待了。

1998年8月7日，肯尼亚首都内罗毕和坦桑尼亚首都达累斯萨拉姆先后传出巨响，两栋建筑瞬间被炸得面目全非。消息一经传出，许多人的第一反应便是，这肯定不是一场意外。因为，不只是身处两国的两栋建筑爆炸时间如此巧合，就连袭击的目标都完全一致，都是美国大使馆。两次爆炸共造成225人丧生，4000多人受伤。这次爆炸在美国国内也像引爆了一枚炸弹，因为自二战以后，全球范围还没人敢对美国发动如此规模的恐怖袭击。

“基地”组织随即宣布对两起爆炸事件负责，这更加激怒了美国，本・拉登（Bin Laden）居然靠爆炸案搞出了一次轰动国际社会的大新闻，让美国颜面尽失。

拉登通过这次恐怖袭击也顿时“名扬四海”，受到了全球各地不少反美人士的崇敬。一时间，“反美圈”中投奔他的人纷至沓来、络绎不绝。在所有投奔拉登的人中，有一个名叫穆罕默德・阿塔（Muhammad Ata as-Sayyid）的埃及人。此人反美情绪高涨，最重要的是其学历很高，属于典型的高智商型罪犯。后来，此人被拉登选为“9・11”恐袭行动的负责人。也正是因为“9・11”事件，本・拉登一时间登上了世界各大媒体的头版头条，也同时成了美国联邦调查局（FBI）的十大通缉要犯之首。

2001年9月11日，在毫无预警和任何征兆的情况下，美国多架民用飞机遭劫持并撞向多个地面目标。针对美国纽约世贸中心双子塔的撞击共造成包括87个国家公民在内的2996人死亡。事后据统计，“9・11”事件发生当天，共有19名恐怖分子劫持了4架民航客机，并驾驶其中两架撞击了纽约世贸中心双子塔，第三架飞机撞击了位于弗吉尼亚州的美国国防部总部五角大楼。在恐怖分子控制第四架飞机飞向华盛顿特区途中，由于乘客和机组人员与恐怖分子的殊死搏斗，最终夺回了飞机的控制权，飞机坠毁在宾夕法尼亚州，4架飞机均无人员生还。

“9・11”事件是继二战日本空袭美国西岸后（并未造成大规模人员伤亡）美国本土首次遭到袭击，也是继珍珠港事件后美国领土首次遭受如此重大的伤亡。

“9·11”事件中死亡或下落不明的人数比二战期间珍珠港事件中伤亡的2403人还多500多人。

拉登最初否认与此次恐怖袭击有任何关联，但2004年又改口承认是“9·11”事件的幕后主使。但蹊跷之处在于，美国FBI直到2006年仍表示，没有确凿证据证明本·拉登涉及“9·11”事件，因此美国始终没有公开正式追捕本·拉登。在2011年本·拉登被杀后，FBI才表示本·拉登就是主谋。

然而，就是这样一位几乎凭一己之力造成美国本土罕见重大伤亡的沙特富豪，从20世纪90年代初开始便一直藏匿于非洲国家苏丹的首都喀土穆。直到1996年，苏丹政府迫于美国压力才下达了逐客令，本·拉登辗转去了阿富汗。而本·拉登与非洲的渊源却没有就此画上句号。

美军在2011年对本·拉登在巴基斯坦的住所发动突然袭击，将其击毙并截获了多达数千页的基地组织秘密文件，其中就包括本·拉登的多份遗嘱。其中一份由本·拉登用阿拉伯文亲笔所写：“我希望……根据我的遗愿，将我所有留在苏丹的钱财，以真主的意志用于圣战。”根据FBI的线索，本·拉登死后留下的遗产高达2900多万美元，均藏匿于非洲。但是，这笔钱具体存放在什么地方，是现金抑或是其他资产形式，世人均不得而知，成了未解之谜，就连美国情报部门也再未对这笔钱的去向给出任何说明[1]。

自“9·11”事件以来，美国就逐渐开始在非洲加强反恐和军事力量部署。到目前为止，美国已在十多个非洲国家建立了庞大的军事网络，其中在非洲北部撒哈拉沙漠和中部苏丹草原地区之间，以及非洲之角的军事基地最为密集。

美国非洲司令部（简称“AFRICOM”）总部设于德国斯图加特，负责美军在非洲54个国家（不包含属于美国中央司令部负责的埃及）的军事活动。目前，美国非洲司令部在非洲至少拥有27个固定军事基地，大约驻扎有10000名军人。

多年来，美国已向非洲国家提供了数十亿美元的所谓“安全援助”经费。美国特种作战部队在2013—2022年间在至少20个非洲国家执行过反恐作战任务。2020年以来，美国平均每周就要对索马里青年党和基地组织目标发动一次空袭。美国每年还会派出成百上千的军事顾问到非洲帮助一些国家进行军事训练。

---

[1] International Institute for Counter-Terrorism (ICT) . The Death of Osama Bin Laden — Interview with ICT Senior Researchers. International Institute for Counter-Terrorism (ICT) , 2012.

有着"石油通道上的哨兵"之称的东非小国吉布提牢牢扼守着自红海进入印度洋的战略要道——曼德海峡（the Mandab Strait）。每年，经曼德海峡去往世界各地的航运量占全球总航运量的近四分之一。曼德海峡最窄处仅30公里宽，而且被小岛丕林岛一分为二，靠近亚洲的东半部叫作"小峡"，仅3公里宽，30米水深。靠近非洲的西半部又名"大峡"，25公里宽，310米水深。虽然西半部远宽于东半部，但却分布着诸多岛礁，大大降低了通行能力。在苏伊士运河开通后，曼德海峡也随之成了更具战略地位的重要通道。

曼德海峡巨大的战略意义也解释了为什么世界多国近年来均在吉布提建设基地。阿联酋则控制着海峡附近的诸多小岛屿，其战略重要性不言而喻。一旦非洲之角发生大规模战争，从战略角度来看，曼德海峡必会成为大国间极力争夺的要害所在。

而在这里，有着美国在非洲最大的军事基地——莱蒙尼尔营军事基地。美国在吉布提的驻军规模常年保持在大约4000人，包括陆、海、空和海军陆战队四个军种。吉布提也是美军在非洲诸多军事行动的指挥所，美军经常从这里派出战机对索马里恐怖分子和也门的基地组织进行打击。

非洲另外一个恐怖分子的天堂，则是位于中西非一带的萨赫勒（拉丁语：Sahil，意指"边缘"）地区。在这里，ISIS控制了布基纳法索、马里、尼日尔和尼日利亚的大片领土。自2016年以来，布基纳法索、马里和尼日尔的恐怖袭击次数增加了五倍。2020年一年间，恐怖袭击在此地区就造成了4000多人死亡，超过 150万人流离失所。在新冠疫情中，由布基纳法索、马里、尼日尔、乍得和毛里塔尼亚组成的萨赫勒"五国集团"联合部队受到了经济下行带来的严重冲击，基本失去了战斗力。同时，随着非洲国家将重点转向应对新冠疫情，对恐怖分子的打击则慢慢放松了下来。2020年6月，博科圣地的武装分子在乍得湖的一个岛上一次就杀死了92名乍得政府军士兵，成为有史以来乍得军队伤亡最为惨重的恐怖袭击事件。

随着不断加大反恐力度，美国目前在全球面对的却是"越反越恐"的尴尬局面。但是，无论是为了满足反恐需要，还是为了照顾背后资本的利益，预计美国接下来将继续借反恐为名在非洲维持现有的军事部署力度和范围，为美国资本重回非洲保驾护航。

但目前，美国国内也存在着较为响亮的"自非洲撤军"的口号。其他国家在未来也需要格外关注美国在非洲的所谓"撤军计划"究竟是果有其事，还是掩人耳目。

从结果上来讲，首先，美国在非洲军事存在的弱化自然有利于其他国家势力在非洲的延伸。然而客观上，世界上许多在非洲有影响力的国家也在某种程度上受益于美国在非洲的军事存在所带来的相对稳定以保护本国的基础设施项目、企业、人员和大量投资的安全。倘若美国果真短时期内从非洲大量撤军，势必将导致一些非洲国家在短时间内不稳定局面的加剧。由此，其他国家很可能被迫需要花费更大力气和成本来部署自己的军事力量以填补美国撤军后遗留下的“安全真空”。

蠢蠢欲动的心

现阶段，美国在非洲最大的两个贸易伙伴是尼日利亚和南非，合计占据了美非贸易总额的一半以上。但总体上，美非之间的双边贸易额仅占美国对外贸易总量的1%。非洲国家向美国出口的主要是自然资源，其中原油占到了非洲对美出口总额的三分之一。但非洲从美国进口的大都是各种高附加值产品，因此造成美非间日益扩大的“剪刀差”。

《非洲增长和机会法案》（African Growth and Opportunity Act[1]，简称“AGOA”）由克林顿政府提出，并于2000年5月正式实施。奥巴马政府将其延长至2025年。AGOA自建立以来就一直被美国称为美国与非洲经济关系的“基石”。自2000年实施后，共计为40个符合美国标准的非洲国家提供了近7000多种商品免税出口美国的优惠待遇。

但是，就在美国国内为推出AGOA而欢欣鼓舞的时候，许多非洲国家的看法却相反。因为经过多年的实践，一些非洲国家发现，只要美国的利益稍微受到损害，

[1] 本节中有关 AGOA 的相关信息可参加 AGOA 官方网站：https://agoa.info/

AGOA便会马上变脸成为美国对非洲国家施压的工具。

尤其是近些年来，美国开始频繁使用AGOA向希望保护本国产品的非洲国家施加压力。2015年，坦桑尼亚、肯尼亚、乌干达和卢旺达四国决定对来自美国的二手鞋子和服装加征关税，美国立即启用AGOA进行施压。最终，除卢旺达外，坦桑尼亚、肯尼亚、乌干达都在威胁面前屈服并取消加征关税。

2021年6月，在位于英国康沃尔郡举行的七国集团（G7）峰会期间，拜登还向全球正式宣布了美国的“重建更美好世界”（Build Back Better[1]，简称“B3W”）计划。

B3W计划的目标是旨在建立“以价值为导向、高标准和透明的基础设施伙伴关系，为中低收入国家的基础设施发展提供多样化的解决方案”。美国计划到2035年为全球发展中国家的基础设施建设提供40万亿美元的资金支持，其中至少三分之一将投向非洲。此后，美国便开始利用B3W计划在非洲大力拓展基础设施建设项目。2021年11月，在苏格兰格拉斯哥举行的COP26联合国气候峰会上，全球主要煤炭生产国南非就与美国、欧盟签署了一项价值85亿美元的合作协议用于建设安装清洁能源设施。

在未来，美国政府一旦利用杠杆效应撬动起私人领域资金，甚至包括养老基金、保险公司或机构投资者等，并且更多的美国盟友被吸引加入该计划，那么B3W的影响力将会成倍放大。比如日本，作为G7成员国之一，也是非洲大陆的最大投资者之一，在非洲有丰富的投资经验。尤其在健康和数字化领域，日本的技术可以说领先全球。在未来，日本的经验和技术对美国在非洲的基础设施合作项目将起到极大的补充和完善作用。

此外，美国也已与盟友开始建立“能源安全合作保护机制”。参与建立此项协作机制的主要为G7成员国和欧盟国家。作为该协作机制创立以来的首笔对外投资，美国就把资金给了莫桑比克的石墨烯资源开采公司。

同时，为了尽可能地降低在非洲资源领域的投资风险，美国已经开始充分利用自己在金融和资本市场上的优势。当前，美国已经开始计划着手利用不同的金

[1] 本节中有关B3W的相关信息可参见B3W官方介绍：https://www.whitehouse.gov/briefing-room/statements-releases/2021/10/28/president-biden-announces-the-build-back-better-framework/

融组合工具针对非洲能源和资源领域进行专项投融资。美国最常用的工具便是美国国际发展金融公司（U.S. International Development Finance Corporation，简称“DFC”）[1]以及美国进出口银行（Export-Import Bank of the United States，简称“EXIM BANK US”）[2]这两大机构。

截至2022年，仅DFC在非洲能源领域的各类贷款总额就已达到600亿美元。美国进出口银行作为美国联邦政府的官方出口信贷机构，其定位明确、职责清晰，专注于服务美国国家战略，对美非间的经贸往来起到了非常关键的提升作用。

2022年12月举行的美非峰会上，美国承诺将在未来五年内对非洲增加投资550亿美元。拜登在峰会上提到非洲时曾说：“非洲成功了，美国才能成功，世界才能成功。”在美非峰会上，拜登也曾多次提到“信任”二字。想必美国已经意识到，重新取得非洲国家的信任是何等重要。

更为关键的是，美国与非洲之间本身就存在着许多别的国家所不具备的独特优势，那便是人数众多的非裔美国人。倘若美国在未来把这些非裔美国人的作用淋漓尽致完全发挥出来的话，他们每个人都可能会变成非洲国家在美国的一位“大使”。而且，每年非洲还有许多富人会把子女送到美国接受教育。毕业后，这些人中的一些又会选择留在美国。所以，美国与非洲之间人与人的交往能为美国带来的好处是显而易见的。如果一旦美国在未来利用好这种人与人之间联系的天然纽带，可能将为美国的“重返非洲”战略起到巨大的推动作用。

就美国本身的政治制度而言，又是一个极其复杂的体系。在当前美国的政治制度和体系当中，非裔美国人已经占据了非常大的比例，而且在美国社会中越来越起到至关重要的作用。尤其是相较于共和党，民主党还有这样一个传统，那便是格外重视非裔美国人。拜登政府中就有不少非裔美国人担任要职，如拜登的副手、美国副总统卡玛拉·哈里斯（Kamala Harris），以及美国国防部长劳埃德·奥斯汀（Lloyd Austin）。再如拜登之前的上一任民主党人总统奥巴马，本身就是非裔美国人。

在新冠疫情暴发初期，美国曾存在数据收集不足、检测滞后、沟通缓慢和人际冲突等种种问题，显示了特朗普政府在疫情早期准备不足、应对十分不力。不但如

[1] 本节中有关DFC的相关信息可参加DFC官方网站：https://www.dfc.gov/

[2] 本节中有关美国进出口银行的相关信息可参加其官方网站：https://www.exim.gov/

此，美国鲜有的“援非动作”还被自己国内接二连三发生的对黑人种族主义歧视的各种抗议活动淹没。一时间，美国大街上形形色色的抗议种族歧视的游行和人们手中举着的“The Black Matters”（黑人的命也是命）的硕大标语充斥了全世界媒体的头版头条。

当前，美国要面对的是数万亿美元的政府债务，这无疑将会严重限制美国继续维持其全球影响力的能力。美国国内长期以来也一直对在非洲实施的诸多反恐计划存在争议，许多专家质疑极端组织远在万里之遥的非洲，究竟能够对美国本土构成多大程度上的实质性威胁。而随着美国在未来把更多军事资源转向全球其他地区，美国在非洲的军事行动规模很有可能会有所收缩。一旦美国的军力在非洲开始削弱，对于非洲之角和萨赫勒地区国家而言，恐怕在短期内会造成恐怖主义的快速反弹。

随着美国对外援助所面临的预算压力越来越大，美国极有可能退出那些让自己已焦头烂额又深陷其中的无底洞，如索马里、马里等恐怖主义频发的国家。因而在战略层面，美国可能会尝试将其大部分发展和安全援助资源集中在几个具有重要战略意义的非洲国家，如南非、尼日利亚、埃塞俄比亚、肯尼亚和塞内加尔等，把这些国家发展成为美国在非洲的坚定盟友，以点带面来发挥作用。

第九章

《友谊颂》

中国企业在非洲兴建的基础设施项目

1972年国庆，马季和唐杰忠两位相声大师带来的以坦赞铁路建设为背景的相声《友谊颂》，让非洲语言斯瓦西里语传遍了全国。

我第一次听到这段相声还是在20世纪90年代上小学的时候。马季那句“我是遵照伟大领袖毛主席的教导，光荣地履行国际主义义务，到坦桑尼亚帮助修铁路去了”给那时对非洲大陆仍然懵懂无知的我留下了极为深刻的印象。谁曾想在多年以后，我竟真的来到了这片神秘的大陆，并且，此一去便是数载，其间竟然踏上了30多个非洲国家的土地，不但亲手触摸到了《友谊颂》中提到的，当年无数中国人带着光荣而伟大的使命在坦桑尼亚和赞比亚用鲜血和汗水铸成的“钢铁长龙”。更加有幸的是，还能够亲临另一条标志着当代中非合作新时代开端的宏伟杰作——“蒙内铁路”。

“蒙内铁路”位于肯尼亚首都内罗毕的始发站

“蒙内铁路”站前广场上竖立着的带有中国国旗的纪念碑

笔者与“蒙内铁路”乘务人员合影

从相声《友谊颂》开始，非洲再次进入中国老百姓的脑海当中。对于大多数中国人来说，非洲就好似是一种传说般的存在，无论以时间还是空间衡量，距离中国人都太过遥远。

殊不知，自1979年中国改革开放以来，在经历了四五十年人类历史上前无古人的经济增长奇迹后，中国已经发展成为整个非洲当前最大的贸易和投资伙伴，与非洲国家在各方面的交往都已大幅领先于全球其他国家。

一场奇妙的渊源

中国人最远第一次接触非洲可以追溯到15世纪。明朝著名的“探险家”郑和七次下西洋，曾到达过现在东非的肯尼亚。在郑和的非洲之旅中，他曾慷慨地将许多丝绸、瓷器等中国特色礼物赠送给当地人。郑和从非洲国家也收到了许多当时的中国人闻所未闻的礼物，比如象牙、鳄鱼皮等，其中，还包括当时一直生活在明朝的“皇家动物园”直至生命终点的两匹非洲斑马和一头长颈鹿。

第二次世界大战结束以后，非洲爆发了此起彼伏的独立运动（历史上也称“反殖民运动”）。但由于数百年来的殖民历史给非洲国家带来的在国家治理能力方面极大的负面影响，使得许多非洲国家在独立运动初始阶段显得十分力不从心。经济方面，无法为独立运动提供保障；军事方面组织不起有效的军事对抗。刚刚独立的非洲国家虽有雄心壮志，却完全无法与欧洲发达的帝国主义军事力量相抗衡。

但幸运的是，年轻的非洲反殖民战士在遥远的亚洲找到了朋友。

彼时，作为第三世界的领军者，中国对非洲兄弟无私地伸出了援手，以各种形式向非洲许多国家提供了大量援助来帮助非洲国家进行反殖民主义斗争。由此，也一举奠定了中国人在非洲人民心中的地位。

1955年4月，29个亚非国家在印度尼西亚万隆召开了历史上著名的“亚非会议”。这是亚非国家第一次在没有西方资本主义国家参加的情况下，坐在一起讨论亚非人民自己的切身利益。在万隆会议上，许多发展中国家均表达了鲜明的反帝国主义态度。会议发表的“处理国际关系的十项原则”对推动国际关系朝着正确方向发展发挥了重要的历史性作用，后来被许多国家、国际组织所承认和接受，并载入了包括联合国大会宣言在内的一系列国际性重要文件。

万隆会议的召开有力地推动了亚非国家的团结和自强，对广大发展中国家争取民族独立和解放起到了巨大的鼓舞作用，也拉开了南南合作的序幕，深刻地推动了国际秩序的演变。更重要的是，恰好在此时，非洲大陆的独立运动也正处于最为关键的时期。万隆会议的召开为非洲国家注入了一剂效力超强的强心针。

1970年10月，东起坦桑尼亚达累斯萨拉姆，西至赞比亚中部卡皮里姆波希，马季和唐杰忠相声中所提到的全长1860公里的坦赞铁路正式开工。1975年6月，坦赞铁路全线贯通，10月开始试运营。1976年7月，铁路被正式移交给坦、赞两国政府。在坦赞铁路五年多的建设期里[1]，共从中国发运各种材料、设备将近100万吨，中国派遣工程技术人员近6万人次远赴非洲。在建设的高峰期间，处于非洲前线现场施工的中国人多达1.6万余人。在铁路的整个修建过程中，不少中国人还为此献出了宝贵的生命，永远地长眠在了非洲大地上。直到现在，在坦桑尼亚的中国援坦专家公墓里还安葬着65位中国专家、技术人员和工人。

1978年开始的改革开放开启了中国经济的高速增长期。在接下来的20年间，中国的GDP总量几乎每年都在以10%的速度增长。至1994年，中国一直在不遗余力地持续推行改革以提高国有企业效率，并在沿海地区建立了经济特区，还创建了以中国工商银行（成立于1984年1月）为首的大批国有商业银行和国家开发银行（成立于1994年3月）等国有政策性银行，全方位支持国家在工业、外贸、外交和经济方面的各项方针政策。国有企业以及国有金融机构在后期中国在非洲提升影响力的过程中无不发挥着至关重要的杠杆作用。

20世纪80年代，全世界对非洲的发展援助开始迅速下降，中国与非洲的往来却一直未曾中断。同时，随着中国改革开放步伐的不断加大，经济体量的不断扩大，中国对自然资源的需求量也在迅速增加，使得中国在2013年首次成为石油净进口国。随着生产成本和价格的上涨，中国企业也开始在全球范围内寻找成本更低的资

---

[1] 人民日报记者近日走访坦赞铁路——一条友谊之路、发展之路．华声在线．2023-07-26. https://baijiahao.baidu.com/s?id=1772458451509521736&wfr=spider&for=pc 访问日期：2024-04-16.

源生产基地。

因此，非洲大陆对中国经济的重要性就具有了三种作用：第一，非洲拥有大量的自然资源尤其是石油储备，而中国经济的高速发展迫切需要这些资源来维持未来发展的可持续性；第二，非洲大陆蕴含着巨大且尚未完全开发的市场潜力，对中国商品的输出和产能的转移而言是不可多得的绝佳目的地；第三，中国本就是世界工厂，非洲恰好可以成为中国这个世界工厂的低价原材料供应商。

总体来看，非洲大陆对中国的贸易是存在顺差的，但非洲各个国家之间却存在较大的差异。一些国家主要是因为自然资源的出口才对中国实现了贸易顺差，也还有许多非洲国家会大量进口来自中国的消费品和日用品，对中国形成了巨大的贸易逆差。

2000年，中国“走出去”战略正式提出，鼓励中国企业赴海外投资，获取战略资源，并逐步在海外市场站稳脚跟。同时，“走出去”还被作为四大新经济战略（西部大开发、城镇化、人才培养和“走出去”）之一。非洲拥有丰富的自然资源、年轻的人口、巨大的消费市场以及迫切需要资金来满足基础设施发展，因此，非洲几乎是在一夜之间就变成了中国企业“走出去”的完美目的地。

自2000年中非合作论坛成立以来，中非经贸合作又进入了互动更为密切的“蜜月期”。中非合作论坛外延极广，包括了非洲农产品对华出口、中国企业参与非洲基础设施建设、降低双边贸易关税、中国企业在非洲投资等绝大部分热门经济领域。

2006年的第三次中非合作论坛峰会宣布了一系列中非经济合作措施以实现中非双边的共同利益，包括增加对非洲援助、优惠贷款、设立中非发展基金、免除债务、支持中国企业在非洲投资、支持非洲国家工业化和重要基础设施建设等多项措施。2006年，还被中国定为“非洲年”。2007年，非洲还在中国举办了非洲开发银行年会。

到2007年，在非洲经营的中国企业已经超过3500家，其中约70%为民营企业。在此基础上，中非双边贸易也屡创新高，从最初的400亿美元，到2010年一举突破了1000亿美元大关。在过去的15年里，中国在非洲的直接投资每年增加额都超过10亿美元。同时，中国与非洲国家还签署了价值约20亿美元的贸易和投资协议，涉及原材料、纺织品、金融、通信和信息技术等领域。中国国有企业在非洲的投资领域涵盖了采矿、资源、渔业、木材、电信和基础设施等几乎所有重要经济命脉行业。

赞比亚中国经济贸易合作区是中国在非洲建立的第一个境外经济合作园区，也是赞比亚政府宣布的第一个多功能经济区，由中国国有企业负责园区的开发、运营和管理。该合作区的建立不但促进了赞比亚轻工业和建筑材料、家电、制药、食品加工等行业的发展，还大幅增加了该国的出口，并且为赞比亚创造了大量就业岗位。到2022年，园区内共有注册企业82家，累计完成产业投资额达27亿美元，入区企业累计实现销售收入总额达220亿美元，为赞比亚纳税近8亿美元，提供本地就业岗位近10000个。

总体而言，中国对非洲的投资结构中自然资源仍是最受关注的部分，但制造业企业在中国对非投资中所占的比例正迅速增长，大有后来者居上的态势。因为随着非洲消费能力的不断增强，消费市场的不断扩大，消费潜力的不断挖掘，非洲国家正在转变成为承接中国低成本消费品如服装、鞋帽或电子产品的绝佳市场。另外一点则是，中国企业于非洲投资建厂进行生产还可规避诸如美国和欧洲对中国初级产品如纺织品的配额限制，可谓两全其美之举。

经济合作新蓝图

当前，全世界不但将非洲视为一个极其重要的自然资源进口来源，而且尤为看重非洲不断增长的消费潜力和在未来巨大的出口和投资潜力。对中国企业而言，非洲不但能帮助他们获得宝贵的海外投资运营经验，还可带动国内富余劳动力就业。

此外，中国与非洲在经济方面具有很强的结构互补性。非洲有充足的资源，能够满足中国因经济持续快速增长而日益增长的资源需求。非洲大陆拥有超过全球10%的石油资源储量和全球7.5%的天然气储量（此为基于当前的勘探能力而言。随着勘探技术的进一步发展，这一比例未来仍会继续上升），并且在许多稀有矿产和金属方面拥有全球领先的储量。

例如，对未来新能源领域至关重要的钴金属，其最主要用途便是用于锂离子电池的核心之一——正极材料。钴基合金还是生产喷气发动机、火箭发动机、导弹和化工设备中各种高负荷耐热部件以及原子能工业的重要金属材料。2021年，全球钴矿石供应量为16万吨，刚果（金）一个国家便占到了11.8万吨。全球排名第二的澳大利亚供应量仅为5000多吨，仅占全球供应量的3%。

由于非洲工业基础薄弱以及技术水平落后，若想要实现这些资源的全面开发利用，就必须依托于外来投资和技术。如石油，目前非洲许多产油国家不但缺乏炼油的技术能力，甚至连独立开采埋藏于地下较深层原油的技术能力都不具备。因此，对自然资源领域进行大规模投资成了当前许多国家在非洲的一项重要经济战略。由于全球大部分工业化国家在资源供给方面存在巨大缺口，所以在战略上都不约而同地把非洲大陆当作了扩大供应量和资源供给多元化的重要战略目标。

当前，中国虽是全球第六大石油开采国，开采量仅次于美国、俄罗斯、沙特、加拿大和伊拉克，但早在2018年中国的原油进口量就超过了美国，成为全球最大原油进口国。2021年，中国消耗原油约7亿吨，每天约1400万桶，但自产比例仅为28%，进口原油占到了72%。按当前中国GDP和国内原油开采量的增长速度预计，到2035年中国国内生产的原油大致仅能满足国内消费量的20%。

近十几年来，亚洲的原油产量也已经趋于饱和，并且已经开始出现下降趋势。但亚洲经济增长势头迅猛，对原油的需求量连年大幅上升。在中国周边，日本、韩国、新加坡等均是经济增长迅猛且对能源需求量极大的国家。未来，亚洲尤其是东亚范围内的“抢油竞赛”对亚洲国家未来的能源安全将构成极大的挑战。

美国早在2018年原油产量就已超越沙特阿拉伯登顶全球第一，却仍然连年占据非洲石油采购量第一的位置。中国目前的原油进口量中将近三分之二来自中东和俄罗斯，但石油储量极为丰富的非洲却并没有进入中国石油进口排名前五的地区。所以在长期能源安全方面，非洲之于中国的价值亟需重新进行战略定位。

除自然资源外，非洲在中国的经济发展战略中还能扮演许多格外重要的角色，比如出口、投资、就业等方面。虽然，中国从非洲进口的石油明显少于美国和欧盟自非洲的进口量，但中国与非洲国家的综合贸易结构较西方国家更为平衡。这主要得益于中国始终强调非洲的整体价值，而非只盯着非洲的某一种资源。

2021年，非洲54个国家GDP总量为2.58万亿美元，虽仅为中国的六分之一，但同比增速却高达6.9%，一举超越了中国。而同期，欧盟的GDP增长率仅为4%不到。另外一方面，2021年，非洲人口总量已达13亿，约占全球人口总量的17%。当前，非洲许多国家的城镇化程度与40多年前的中国极其相似。眼下，非洲的城镇化程度虽然仍较低，但发展速度却非常快。联合国预计，未来非洲将是全球所有地区中人口增长率最快的大洲，未来20年里非洲的新增人口将占全球新增人口的一半以上。预计到2050年，撒哈拉以南非洲国家的人口将比2021年翻一番，非洲GDP总量和直接投资总量的增速也将领先于全球其他任何一个大洲。

目前在全球对外投资额排名靠前的国家中，中国无疑引领了对非洲投资的潮流，主要是因为中国更倾向用乐观的态度来看待非洲。

在非洲投资往往是高风险与高收益并存。经过中国数十载的改革开放，社会层面积累了大量财富，中国企业对投资机会的渴求、庞大的外汇储备都在支持着中国企业更加大胆地加快步伐迈向非洲。到目前为止，做得最好的还要数中国的建筑、工程和资源类企业，他们是中国企业中最早一批探索非洲市场的开拓者。非洲市场也已经完全向中国企业敞开了大门，为中国企业提供了非常宝贵的海外运营经验，并且使许多企业获得了不菲的经济利益。目前，中国在非洲的直接投资存量已达400多亿美元，是非洲大陆的第四大投资国。

在双边贸易和投资方面，中非经济合作在过去十多年里不管是“质”还是“量”都得到了显著提升，也使得非洲在中国的对外经济合作规划中的重要性迈上了一个新的高度。尽管一些国家对于中国在非洲日益增长的影响力仍然颇有微词，但他们自己也承认的一点是，近年来中国在非洲不断增长的贸易和投资对非洲经济增长作出了巨大贡献，特别是在基础设施发展方面。

但在详述中非经济合作（包括第十章、第十一章部分内容）之前，有三个问题首先需要进行强调。

第一，只关注统计数据会导致对于一些深层次问题的理解过于片面。比如，近年来全球大宗商品价格持续上涨推动了一些非洲国家GDP和对外贸易额的快速增长，但这些增长并不是全部都建立在充分、全面和可持续的社会经济发展层面上的。

第二，只紧盯中国与非洲的数据也会一叶障目。关注非洲，就不能脱离对非洲整体对外经济合作大框架的理解。当前，世界上大多数国家与非洲的贸易量都在增长，不仅仅是中国。美国对非洲的出口量在1997年至2022年期间增长了200%，从110亿美元增加到了320亿美元。同期，进口也翻了一番，从190亿美元增长到了380亿美元。

虽然同期中非间贸易额增长了将近18倍，但应该认识到，自2012年之后美国对非洲贸易进口数据的下降主要是由于美国减少了自非洲进口原油的数量，然而美国对非洲的出口还是在持续增加的。并且，美非双边经贸额也不能完全反映出美国与非洲之间的关系紧密程度相较于中国就差之千里。实际上，中非之间的贸易额虽然在快速增长，但中国尚无法完全取代其他国家在非洲经济中的作用，只是因为中国在过去十多年里更加灵活地抓住了非洲大陆关键发展期这个窗口。

第三，除个别行业外，其实中国和其他国家在非洲的许多行业和领域并不存在人们想象中如此激烈的直接竞争。总体而言，西方企业的优势在于高科技领域，中国企业则在劳动密集型产业更具优势。如在非洲，西方企业在飞机出口和能源行业中占据绝对领先的地位，而中国企业则在消费品出口领域遥遥领先。

就价值创造和经济规模而论，尽管近年来民营企业、中小型私营企业甚至个体工商户在非洲的经济活动正在迅速扩大并异常活跃，但大中型国有企业始终是在非洲代表中国经济最为耀眼的一个群体。基本上，较大规模和几乎所有代表国家形象的经济合作项目均是由此群体作为实施主体的。

在最关键的贸易方面，自2000年以来，中非双边贸易额就开始大幅增加，平均年增长率接近16%。2021年，尽管受全球新冠疫情的严重冲击，中非双边贸易额仍达到了2542亿美元，同比增长达到了创纪录的35%。其中，中国自非洲进口1059亿美元，对非洲出口1483亿美元，同比分别增长43%和29%，并且中国已连续15年保持非洲最大贸易伙伴国的地位。中国在非洲总出口量中所占的份额也已从1995年的约1%上升到了2021年的26%。美国却从多年前的第一位下降到了现在的第三位，仅占7%。在对非洲的出口中，中国所占份额自2000年以来几乎增长了12倍，目前占比已接近18%。相比之下，整个欧盟约为29%，美国则只有6%。

另外，自2010年以来，非洲对中国出口的增长速度明显要慢于中国对非出口。2015年，中国对非洲贸易逆差为308亿美元，介于美国的360亿美元和欧盟的23亿美元之间。但到了2019年，非洲对华贸易却出现了177亿美元逆差，是2018年的三倍之多。之所以中非贸易逆差方向会发生剧烈反转，主要是由于近年来中国对非洲出口额增长迅猛，但中国自非洲的进口额却增加缓慢。

非洲54个国家中，近五年来连续对中国贸易存在逆差的国家有30多个。在对中国存在贸易顺差的非洲国家中，由于对中国出口大量石油的缘故，使得安哥拉在众多非洲国家中多年来一直保持着对中国贸易顺差最大国家的头衔，年均对中国贸易顺差基本都在100多亿美元。

贸易结构方面，与美国和欧盟相比颇有几分相似之处的是，中国自非洲的进口中90%也均集中在资源领域。2021年，中国自非洲进口排名前五位的国家占据了中国自非洲进口总量的80%，其中均以资源为主。这也造成了非洲国家与中国的贸易差额差异很大，即12个对华资源出口国与中国之间均是贸易顺差，而30多个缺乏资源的非洲国家与中国普遍存在贸易逆差，其中一些逆差额还很大。比如，在2020年，中国成为毛里求斯第一大贸易伙伴和第一大进口来源国。2022年，毛里求斯共计从中国进口了9.7亿美元的商品和服务，而对中国的出口仅为3163万美元，仅为其自中国进口额的3%。

一个长远且可持续的经济伙伴关系永远不会是单向的。为改善中非双边贸易结构，中国已经开始通过一系列措施来解决局部不均衡的问题，包括鼓励国内企业加大自非洲进口力度，为国内银行设置自非洲进口业务指标并增加自非洲进口专项信贷支持等。但目前，这些努力仍然任重而道远，“中强非弱”的双边贸易趋势仍然很难在短时期内得到根本性的扭转。

相比之下，中国对非洲国家的出口分布比进口就要广泛得多。中国的各种商品十分符合非洲的需求，因为中国的消费品和服务通常比欧洲、美国的同类产品要便宜许多。近年来，机械、车辆和电信设备等机电产品对非洲的出口量增长势头尤为迅猛，几乎占到了中国对非出口的半壁江山。2022年，中国对非洲出口的机电产品达到5060.3亿元人民币，同比增长16%，已经占到了中国对非洲出口总值的46.1%。

“流动的黄金”将去往何方

当前，全球主要经济体都已把资源供应的安全保障纳入到了国家安全战略当中。因此，非洲广阔的大陆之下所蕴藏的丰富的石油、天然气、铁、铜、钴和黄金等诸多宝贵资源对全球主要国家的价值都在与日俱增，导致全球对非洲资源的“争夺战”已然箭在弦上。

在非洲对中国的商品出口中，无论从贸易额还是贸易量来衡量，石油都是占比最大的商品，大约占非洲对中国出口商品总额的50%。其次是铁矿石、棉花、钻石、木材和铜等自然资源。虽然中国自非洲进口的矿产和贵金属总量目前已经超越了美国，但中国自非洲进口的石油总量仍然无法与欧美国家相提并论。

要理解国际原油市场的游戏规则，首先需要了解一个国际原油市场的关键概念——份额油（Equity Oil）。份额油是指一国在国外的石油建设项目中参股或投资，每年从该项目的石油产量中分取一定的份额，而不是从国际原油市场上直接采购。这种定期获得份额的方式并不能降低实际采购价格，因为实际油品的交易价格还是要按照市场价格进行交割，却可以对一国的石油资源提供一种额外的保障。

获得份额油的前提是，要在前期进行大量财务支出以购买油气资源设施或油田股权，这显然比进行贸易油（即现货原油）交易要投入更多的成本。在起初，这种交易方式所产生的高昂成本使得仅有西方发达国家才能够承受。

但随着发展中国家经济实力的不断增强，获得份额油已不再是发达国家的专利。来自发展中国家的竞争者也已经开始纷纷仿效并追随发达国家的脚步进入国际份额油市场。一旦油气、油田等资产成为各国石油公司追捧的对象，油气资产的价格自然也会随之水涨船高。当更多的原油需求方选择通过资产并购获取份额油以保障原油需求时，反而贸易油会受到冷落，现货原油价格则会出现下滑。

在非洲，与欧美石油公司一样，许多来自新兴经济体的石油企业也更倾向于份额油而非贸易油。但目前，一些发达国家对发展中国家在非洲获得越来越多的份额油而进行的一些抨击严重歪曲了全球石油贸易的两个基本现实。

第一，由于石油是在具有高度可替代性的全球市场上进行交易，这就代表着发展中国家在非洲的投资每多生产出一桶原油，也就意味着全球石油交易市场上同时增加了一桶原油。换句话说，非洲每生产一桶发展中国家所拥有的份额油，理论上发展中国家在未来就会相应地从全球石油市场上少购买一桶原油。因而，发展中国家对非洲的油气资源投资不但不会威胁到他国的能源安全，反而会增加全球石油供应量，降低全球石油价格。

此外，许多发展中国家的石油企业历年在海外获得的份额油主要是通过就地销售的途径进行处理，并非把原油运回国内。因为高昂的运输成本使得份额油运回国内后，在经济成本方面会变得很不划算，所以，石油公司往往是在海外就地把份额油先行销售，然后重新在国际市场购买贸易油。从这个角度来讲，石油公司在海外大量投资油气资产完全是一般意义上的投资行为。

况且，石油资源拥有国政府对外国公司利润空间的控制历来都十分严苛。一般而言，资源国与外国公司的油气开采合同只会让其获得一个比较适度的利润，绝无可能让外国企业获得暴利。再加之近年来国际原油市场价格变化无常，也使得份额油的成本不一定就天然地比贸易油要低。因为当国际油价一路高涨的时候，获得海外油气资产的成本往往也会同时水涨船高。当然在国际油价下跌时，海外油气并购市场也会出现低迷，成本下降。因此，份额油并不是稳赚不赔，一劳永逸的。

第二，来自新兴经济体国家的石油企业近年来有时的确会以高价击败一些西方国家的石油企业中标非洲的油气资源，但这对他国的能源安全完全不构成威胁。土耳其、中国、印度等新兴经济体国家企业“走出去”中的能源部分更多反映了在宏观经济得到长足发展之后，这些国家的国有企业累积了大量资本，需要有的放矢地进行对外投资。因为在需要大量资本投入和承担高风险的资源行业中，往往民营企业很难承担起如此重要的使命。在能源安全问题上，许多国家采取的皆是以国家资本为中心的战略，这是一种长远的战略布局，更加倾向于资产的所有权，而不是简单地进行目光短浅的地缘战略资源竞争，进行所谓的“零和游戏”。

授人以“渔”还是授人以“鱼”

当前，中国已成为非洲金融资本的主要来源地。通常而言，中国资本流入非洲的三大主要渠道为：直接投资、贷款和出口信贷，以及官方援助。

近年来，众多国有银行在促进中国资本流入非洲方面发挥着越来越重要的主导作用。以国家开发银行为例[1]，其官方公布的数据显示，其已累计向40多个非洲国家近600个项目提供投融资近600亿美元。为响应2006年中非合作论坛北京峰会上的相关倡议，由国家开发银行承办的中非发展基金也于2007年6月正式开业运营，“中非金融合作银行联合体”也于2018年9月正式成立。联合体由中国国家开发银行牵头，非方创始成员行包括南非联合银行、摩洛哥阿提加利瓦法银行等16家具有区域代表性和影响力的非洲金融机构。与此同时，国家开发银行也为中非合作的中国国内侧发展提供了大量信贷资金支持。

虽然当前大多数国家都在利用类似的出口信用机构扩大双边贸易（比如上文中提到的隶属于美国国务院的美国进出口银行），但客观上讲，中国金融机构在中国海外经济关系中发挥的作用要远大于欧美同类型机构。

此外，中国的投资、贸易和援助虽然也是统一于宏观层面的对外合作战略当中，但相互之间的相关性远没有一些国际媒体宣传的那么夸张。比如，刚果民主共和国和尼日尔两国双双排在中国对非洲直接投资的前三位（仅次于南非），但它们在中非双边贸易额排名中均在十名开外。相反，拥有大量石油资源的安哥拉与中国

---

[1] 国家开发银行：融通资金、服务共赢，助力共建“一带一路”高质量发展．旗帜网．2023-10-19.
http://www.qizhiwang.org.cn/n1/2023/1019/c432994-40099040.html 访问日期：2024-04-16.
国开行：推动中非全方位多层次合作迈向更高水平．新华网官方自媒体号．2019-09-12.
https://baijiahao.baidu.com/s?id=1644454975636626774&wfr=spider&for=pc 访问日期：2024-04-16.

的贸易额在非洲国家中名列前茅，但安哥拉获得的中国直接投资却与其贸易量完全不成正比。

中国的财政援助也几乎是非常平均地分布于非洲大陆各个国家，与非洲各国资源丰沛与否并无明显的“因果关系”。就对外直接投资（FDI）而言，非洲还远不是中国FDI流出的主要目的地。2021年末，中国对外直接投资存量约2.79万亿美元，连续五年排名全球前三。但是，中国对非洲的直接投资存量仅为474亿美元。即便把中国对非洲的各类投资形式全部进行累加，也不会超过2000亿美元。

尽管如此，从2009年以来，中国对非洲的对外直接投资增长速度依然十分惊人，每年几乎都在以20%的速度增长。因为对非洲的投资也是中国企业“走出去”战略大框架下的一部分，是中国企业走向全球的一块重要拼图。

还需明确的一点是，全球任何国家的对外投资额统计都无法做到百分百精确。因为，许多民营企业、个体经济、私人资本的流动具有很强的隐蔽性和多样性，任何一个国家的外汇管制都不可能不存在任何一点纰漏。再加上资本时常会利用一些避税天堂进行“闪转腾挪”，因而给各国金融当局监管资本流动造成了极大的困难。从此角度而言，大部分国家官方公布的对外投资数据基本都是被低估的。

在投资领域方面，与美国和欧盟相似的是，中国的对非直接投资也基本都集中在了资源领域。总体来看，南非一直是中国对非直接投资最主要的接受国。但中国在非洲的对外投资在过去十年间仍然表现出了明显多样化和分散化的趋势。目前，中国超过90%对非直接投资都是经由国有企业渠道进入非洲，其中大部分用在了资源和基础设施建设项目领域。

按经济合作与发展组织（OECD）的官方定义，中国并不是对非洲官方发展援助（ODA）的主要贡献者。2000年至2015年，中国共向51个非洲国家提供了1666个官方援助项目，其中有1110个符合官方发展援助（ODA）的标准，作为促进发展中国家经济发展和福利的官方资助项目。相比之下，美国则一直是非洲最大的捐助国。根据美国威廉玛丽学院开发的一个对外援助数据项目网站“AidData”[1]显示，从2000年到2014年，美国的海外援助金额累计达到了3990亿美元，有大约三分之一援助了非洲。世界银行和法国紧随美国之后排在了全球对

[1] 官方网站：https://www.aiddata.org/

非洲援助的第二位、第三位。

众所周知，在贷款这种融资形式中，适当的担保措施一般是不可或缺的，这也是全世界金融行业的一致要求。当前在非洲存在着一种特别的贷款形式——资源支持贷款，也是全世界金融机构在非洲许多国家普遍采用的一种贷款形式，即由资源作为担保取得贷款资金，甚至把资源用于直接偿还贷款。许多国家在非洲都采用了这种贷款形式，同时一般会要求融资项目需与本国公司签订建设合同并从本国采购原材料作为贷款条件。

于是，这似乎又让一些国家抓住了什么大新闻，开始大肆报道并渲染包括中国在内的一些新兴经济体国家如何在非洲利用资金“掠夺”非洲资源，或者强迫非洲国家出卖资源。

但某些国家的这种说法，再一次显现出明显的“非经济”成分。因为，一些国家口中所声称的资源支持贷款以及由此产生的股权控制和腐败问题早在来自新兴经济体国家的资本亮相非洲大陆之前便已经出现。比如，许多国家的金融机构早就在安哥拉采用了资源支持贷款模式，并且为此还曾经深深卷入了安哥拉的国内冲突当中。如日本国际协力银行，早在20世纪90年代就开始在非洲一些国家发起“石油换基础设施项目”融资。

资源支持贷款作为一种融资担保形式对非洲国家来说本身并没有什么不利之处。通过这种资源交换的安排，非洲国家能够利用他们手中拥有的丰富资源获得其极度缺乏的资金，用以开发更大规模的基础设施项目并进一步促进社会经济发展。反倒是贷款提供国却面临着较长还款期和低利率所带来的巨大融资风险。虽然藏在地下的资源不会自己长腿跑掉，但受一些非洲国家频发的战乱、恐怖袭击、国际关系波动等诸多因素的影响，一旦自然资源无法按期进行开采，最后蒙受损失的只能是贷款提供国，而不是非洲国家本身。并且，非洲国家一旦违约，众多金融机构反而处于一个十分尴尬且无奈的地步，眼巴巴地看着资金打了水漂。

况且，资源支持贷款中所谓的“资源”也并非全部都是所有人紧盯着的“流动的黄金”。在历史上，加纳就曾成功地利用可可豆与美国开展过资源支持贷款，且如这样的例子在非洲大陆上比比皆是。

一饭之德

非洲有着与中国十分相似的经历：同为发展中国家的一员，并且在历史上同是殖民行为的受害者。在这一点上，非洲人民所经历的苦难中国人都有着切身的体会。而中国在历史上的所遭所遇，非洲国家也心有戚戚。这就使得非洲对中国人在非洲的存在有着一种天然的“亲切感”。

目前，非洲在联合国安理会拥有三个席位，并且占联合国大会投票权的四分之一以上。非洲如此高的投票权占比对任何一个国家而言都具有十分重要的外交价值。同时，由于中国在非洲各方面的投入不断加大，非洲的稳定对中国而言可谓愈发重要。中国经济规模的不断成长、国际影响力的与日俱增以及对非洲各种投资力度的不断加大也激发了非洲国家自身对稳定的内生要求。

在提升软实力方面，影响力和声望也是近年来世界各国在非洲重点突破的战略方向。

前文中曾提到的非盟会议中心，位于埃塞俄比亚首都亚的斯亚贝巴，是非洲联盟的总部。该建筑物高99.9米，象征着非洲联盟的成立日1999年9月9日。非盟会议中心作为中国援助非洲的重点项目之一，由中国无偿援助兴建，于2012年1月28日落成并移交非盟管理。迄今为止，中国已为非洲援建了1000多个成套项目，包括加纳国家大剧院、坦桑尼亚尼雷尔国际会议中心和莫桑比克国家体育场等。

此外，中国还向非洲国家资助了一系列各式各样的文化、技术交流项目。

青年文化交流项目——2013年，中国开始实施“非洲人才计划”。数据显示，2003年来华的非洲留学生人数约3000人，到2018年人数陡增至80000人。短短10多年间，人数翻了20多倍。

农业技术援助项目——20世纪60年代起，中国先后在30多个非洲国家建立了50多个农业合作项目，帮助非洲国家发展水稻、玉米、蔬菜、茶叶、甘蔗等作物的生产。以中国农业大学在坦桑尼亚进行的中非农业合作项目为例，中国专家将中国旱作农业的经验和技术推广到了当地，使坦桑尼亚农民掌握了玉米大豆套种及玉米高产技术等先进农业技术，当地农民的收入在数年间增加了4倍。从“种玉米到磨豆浆”，中国技术正在深刻地改变着非洲的农业生产。

中国驻非洲国家医疗队——1963年4月6日，一支中国医疗队由北京出发，经莫斯科、贝尔格莱德、拉巴特，辗转十多天后最终抵达阿尔及利亚赛伊达市。这是中国向非洲国家派遣的第一支医疗队。半个多世纪以来，中国累计向非洲派出医务人员2.3万人次，诊治患者2.3亿人次。目前，在近50个非洲国家派有援非医疗队近千人，共100多个工作点。

传播中国文化的桥头堡——孔子学院。肯尼亚首都内罗毕大学的孔子学院是非洲大陆上的第一所孔子学院，始建于2005年。经过十多年的发展，该校注册人数从建院之初的20多人已发展到现在的600多人，累计注册学员达16000多人，赴该院参加中国文化体验的当地人人数更是达到了8万多人次。截至2019年，中国已在44个非洲国家设立了59所孔子学院和41个孔子课堂，成为非洲学生学习中文、了解中国文化的重要平台。孔子学院在提升中国软实力的同时，也为让非洲进一步了解中国起到了至关重要的推动作用。

2017 年，笔者在塞内加尔首都达喀尔大学内的孔子学院门前

与此同时，非洲国家也在力所能及的范围内，向中国伸出友谊之手。2008年汶川地震后，非洲国家莫桑比克立即宣布向中国捐款4万元人民币。2021时年，莫

桑比克的人均GDP只有490美元，仅是中国的4%。礼轻情意重，滴水之恩当涌泉相报。在2008年后，中国不断在农业、基础设施、医疗、通信等方面为莫桑比克提供了诸多实质性帮助，到目前，累计为莫桑比克提供了数百亿美元的资金支持。

除了经济、金融外，媒体也已经成为中非合作发展领域中的“排头兵”。

早在1986年，新华社就在非洲设立了非洲分社。目前，新华社在非洲已经下辖23个分社，以中、英、法三种语言进行报道。2011年，新华社开始和肯尼亚广播电视网合作向非洲当地移动用户提供新闻节目。2021年起，新华社的新华新闻网英语电视台开始通过南非的电视网络播出节目，通过有线电视网络进入了500万个非洲家庭，实现了对非洲的全覆盖。同时，新华社的“新华短信”等也陆续在非洲国家开始运转。在许多非洲国家的首都，还设立了户外滚动播出新华社新闻的大屏幕。

相比于新华社，中央电视台进入非洲的时间虽较晚，但发展却相当迅速。2011年底，CCTV非洲台在肯尼亚首都内罗毕正式成立，成为中央电视台在中国以外建立的第一个播出枢纽。2012年初，CCTV开通了非洲频道，非洲观众在家中就能收看到CCTV播出的“非洲直播室”等栏目。2016年12月，中央电视台非洲分台（CCTV Africa）正式更名为中国国际电视台非洲分台（CGTN Africa）。

2012年12月，《中国日报》推出了英文版《非洲周刊》，其编辑部同样位于肯尼亚首都内罗毕。中国国际广播电台已经采用英语、法语、阿拉伯语以及非洲当地的豪萨语和斯瓦西里语在非洲进行广播报道。

中国的民营企业也不甘落后，已经在卢旺达等十多个非洲国家成立了数字电视运营公司，开通了无线数字电视网络。目前，已经开播了5个自办频道和中央电视台CCTV-NEWS、法语频道、国际频道，以及凤凰卫视等频道。2018年，中国开始援助非洲“万村通”卫星电视项目，旨在为非洲偏远乡村提供免费的卫星电视接收设备，帮助非洲人看上电视，更为便捷地接收外界信息。到目前，“万村通”项目已经遍及非洲23个国家超过10000多个村庄。

当你有想保护的人时，你会变得更加强大

因为快速增长的投资和人员部署，中国在非洲的安全利益这个新问题成为未来中国在非洲能否保障自身经济发展和各方面影响力的焦点。在可预见的将来，随着资本和人员数量的持续增加，中国也要开始在非洲面临其他国家长期以来所面临的安全问题。因此，如何保障各方面的安全利益便成了中国在非洲当下一个极为重要的话题。

众所周知，中国在非洲所涉及的安全利益主要包括驻非洲的中国公民和中国资产两方面，保障他们免遭恐怖主义、战乱和绑架的威胁。中国也已经意识到了尽快提高对在非洲的中国人员和资产进行安全保障的紧迫性和必要性。

2008年12月26日，由武汉舰、海口舰和微山湖舰组成的首批中国海军舰艇编队从海南三亚军港启航，于2009年1月6日到达索马里亚丁湾海域正式开启护航，标志着中国军事力量首次延伸至海外开始对中国公民的人身安全和资产进行保驾护航。1月6日抵达当日，护航编队便开始执行首次护航任务，为四艘中国商船护航。

进入21世纪以来，中国已经在海外开展了至少10次大规模撤侨行动。最广为人知且具有标志性意义的，还要数2000年的所罗门群岛撤侨、2011年利比亚撤侨以及2015年也门撤侨。

2000年的所罗门群岛撤侨之所以具有重要意义，是因为这是中国在海外首次有组织的大规模撤侨行动。在所罗门群岛，中国首次用专机从一个相隔万里的国家进行撤侨，首次在海外协同运用各种国际资源和外交手段，对中国提升保护海外安全利益经验和能力的积累起到了至关重要的作用。

2011年利比亚撤侨和2015年也门撤侨则标志着中国军事外交能力与海外安全战略的协同达到了一个崭新的高度。乃至后来，这两次撤侨行动均被改编成了广受欢迎的影视作品。2011年非洲利比亚撤侨行动被改编为电影《万里归途》，而电影

《红海行动》的故事背景则源自2015年由也门内战引发的撤侨行动。

在利比亚撤侨行动中，中国共计出动包括民航飞机、邮轮、海军舰艇、空军飞机等多种海陆空力量，从利比亚撤离中国公民达32000余人。

也门撤侨是自2014年12月2日起历时221天，中国第19批护航编队在亚丁湾、索马里海域安全护送36批次109艘中外船舶的行动事件。最终，中国海军从也门共撤出中国公民621人，并协助来自15个国家的276名外国公民安全撤离。

恐怖主义，是当前世界各国在非洲的安全利益受到的另一大严峻挑战。其中一部分原因是非洲的伊斯兰极端主义者与流窜海外的恐怖主义组织相互串联，造成非洲伊斯兰马格里布基地组织和尼日利亚的激进分子针对在非洲的各国企业和人员的袭击事件逐年增加。

近年来，中国工人在非洲遭到绑架的数量也明显上升。据不完全统计，自2007年开始，在非洲共发生过至少20起针对中资企业人员或中国个体经营者的绑架事件。

2015年11月20日，中国某国有企业的3位高管人员在马里首都巴马科的丽笙酒店恐怖袭击中遇难。事后经卡塔尔半岛电视台确认，劫持酒店的武装分子来自一个名为“Ansaral-Din”的恐怖组织，该组织是马里当地一个崇尚伊斯兰教义的极端军事组织。

我去马里时，也曾在巴马科的同一家丽笙酒店下榻多日。站在酒店大堂，想象着当时恐怖分子在酒店门口手持冲锋枪疯狂扫射的场面，仍然让人感觉不寒而栗。

这个世界上，没有那么多弯道超车。很多时候，即使拥有直道也很难超车。比如汽车行业，中国在拥有全球最大的消费市场几十年后，依然没有出现一家可以和奔驰、宝马、大众、丰田、本田或通用等世界顶级公司竞争的企业。有时候，现实是极其残酷的。即使有一天能研发出几纳米的光刻机并能够量产，但恐怕那时候市场机遇也早已随时光流逝而消失。市场，是绝对不会为了某一个人停下前进的脚步的，晚一两天或许都意味着会错失巨大的先机，晚上几个月则有可能使自己的优势完全丧失殆尽。你能想象到一个旗舰品牌手机比同级竞争对手的同类产品晚上市半年的后果吗？那便是，本来可以当作旗舰产品推向市场售价可达到近万元的产品，只能被当作性能落后的手机卖两三千元。

机遇是永远不会等待谁的。所以，发展中国家想要超车，有时候也不得不需要使用一些发达国家曾经用过的“非常规手段”进行反击。这样做不是为了两败俱伤，而是为了把对手逼回正常轨道。

第十章

跨越地球两端的邂逅

笔者于联合国非洲总部（肯尼亚内罗毕）

现代的东方元素

自2013年中国提出“一带一路”发展倡议以来，世界经济发展格局发生了很大变化。到今天，这一倡议也已经从最初的顶层战略构想迈入了务实合作并且在全球快速发展的阶段。

首先，它是一个地理概念，所指的便是欧亚大陆的交通网络。其次，在地理范畴之外，沿着这些交通网络逐渐形成了为贸易提供服务的产业集群。最后，再通过产业集聚的辐射效应逐渐形成了基础设施建设、资源、能源、旅游、金融、物流、通信等多产业全方位发展的经济走廊。

好比“西部大开发”，首先要明确的就是地理概念，重点开发的是西部地区，而不是东部沿海或者南部省份。其次，无论怎样开发，都需要调动其他地区的人员、资金等生产要素流向西部，这是最为重要的。最后，如果没有路，没有航班，没有物流运输，如何能够调动资源？所以，围绕策略本身会逐渐辐射到涉及上下游的几乎所有产业链。资金要过去，就必须吸引金融机构先到西部。人员要过去，就要首先修建高铁、开通航线，同时还要在沿线建设高铁站和飞机场。同时还要建设酒店、饭店以及人们所需的各种健身娱乐设施。最后，旅游、通信等其他产业也会逐渐被纳入整体策略之中。因此，最终“西部大开发”这个以地理概念命名的发展计划实际上演变成了一个海纳百川的全空间、全场景的开放式发展模式。

俗话说，“要想富，先修路”。没有交通和物流的支撑，人员、资源、资本和科技的引进都将无从谈起。因此，基础设施建设一直都是任何一个国家整体经济发展中至关重要的一环。

但是，“一带一路”又不同于西部大开发，因为它是一个外向型的全球发展倡议。西部大开发主要还是看中国的东部和南部地区能为中国的西部地区做些什么，资源的流向主要是单向的。对外经济发展规划却不同，这是一个典型的双向流动模式。抛开中国为其他国家能做的事情，中国本身能从中收获到的东西甚至要更多。

如大规模的基础设施建设项目，不只是推动了非洲社会经济的可持续发展，更重要的是，沿线国家的基础设施建设项目对中国国内的就业、原材料出口等都起到了难以想象的拉动作用，对中国宏观经济的三驾马车即消费、出口和投资都能够产生重大利好。

在非洲国家刚果（布）时，我曾几乎每周末都会去位于首都布拉柴维尔的一座体育馆游泳。因为这座体育场的游泳馆有着刚果（布）全国最好的国际标准泳道。一次游泳的门票是5000中非法郎，大约折合50元人民币。与这么好的泳道相比，这个价格真的不算贵。当然，对当地人来说5000中非法郎已经可以吃一顿丰盛的晚餐了。

这座体育场坐落于刚果（布）首都布拉柴维尔北郊金特雷区的刚果河畔，是一组气势宏伟的金色建筑群。这便是由中国企业承建，在当地有着“金太阳”之称的刚果（布）国家体育场。2015年，第11届非洲运动会即在此举办。刚果（布）国家体育场的规模在整个非洲范围内仅次于南非主办世界杯的第一国家银行体育场，为非洲的第二大体育场。如今，这座体育场已经成了刚果（布）几乎大部分重大活动和赛事的举办地。

刚果（布）国家足球队的比赛现场

规模如此宏大的一座体育场，中国企业仅用了短短两年时间便建造完成。在建设高峰期，最多时曾有数千名中国工人在相距万里之遥的布拉柴维尔投入在工地奋战之中。对刚果（布）而言，国家体育场当然算是一个奇迹。然而对中国而言，单单这一个项目能够解决的中国国内就业和物资、设备、原材料等的出口，也不可小觑。

在基础设施领域，中国的对外直接投资大部分流入了电力、资源以及桥梁、公路、港口和铁路的建设领域。因为这些都是非洲当前最为紧缺的基础设施，对非洲国家内部以及次区域间的互联互通起着决定性作用。这一类基础设施在非洲的缺口到底有多大，没有去过非洲的读者真的难以想象。

在非洲的几年时间里，我只在一个国家坐过几次火车，那就是摩洛哥。其他的非洲国家要么全国只有一两条火车线路，要么干脆连一条都没有。在有的国家坐火车有时比晚上12点钟一个人出门还要危险，因为许多非洲国家的火车上是抢劫等犯罪活动高发之地。我个人的建议是，如果有朝一日去到非洲，若不是为了特意体验一下在中国已经看不到的那种几十年前的老旧车皮的话，尽量不要乘坐火车。

摩洛哥首都拉巴特的中央火车站

在摩洛哥坐火车倒是不用担心安全问题，而且首都拉巴特的火车站气派非凡，与中国二线城市的火车站几乎没有太大差别。但是从首都拉巴特乘坐火车到著名的旅游城市卡萨布兰卡，虽说距离只有90公里左右，开车仅需一个多小时，但火车车程却需要一个半小时。

非洲最大的多边开发性金融机构——非洲开发银行（African Development Bank；简称“非发行”或“AFDB”），曾连续多年发布《非洲基础设施融资趋势报告》[1]。非发行认为，未来在非洲每年基础设施建设的资金缺口高达1800亿美元，折合1.3万亿人民币。2030年，仅南非一国就将面临4.8万亿兰特（约合1.97万亿人民币）的基础设施投资缺口。

2021年，中国国内的基础设施投资建设整体规模为19.69万亿人民币。因此，“一带一路”对非洲基础设施的投资建设不但将为非洲国家的经济发展带来巨大动能，也将为中国产能和原材料的消化提供至关重要的出海渠道。

除基建外，贸易可以算作是“一带一路”的另外一个核心要素。在经贸合作的对外拓展过程当中，还会为中国带来众多的“经济走廊”“出海口”和与许多国家签订的“贸易协定”。

因此，这一规划看似是一个外向型政策，但在对中国国内经济可持续发展的推动方面也发挥了举足轻重的作用，甚至在某些方面，对国内经济的支持作用更胜于对外。其关键就在于，大规模的对外投资还能够对中国未来可能出现的经济增速放缓起到十分巨大的拉动作用。

经过改革开放40多年的高速发展，从增速的角度看，中国经济已经可以向世界宣告取得了前无古人的卓越成就。以基础设施建设为例，越来越多的“中欧班列”和国际航线，不仅仅有助于促进中国的对外贸易，更重要的是也有助于大力推广“中国标准”和“中国规范”。

---

[1] “Infrastructure Financing Trends in Africa 2019-2020,” African Development Bank Group report, December 14, 2022. As of April 16, 2024: https://www.afdb.org/en/documents/infrastructure-financing-trends-africa-2019-2020

将丝绸之路延伸进非洲

早在公元9世纪，阿拉伯商人便开始与东部非洲进行贸易往来。到1400年，阿拉伯半岛与东非之间的贸易已经达到了一个高峰。在此期间，满载货物的商船沿着海上丝绸之路穿越印度洋、红海、波斯湾，在东印度群岛、中国和东非间进行往来贸易。商人们首先把东非的黄金、象牙、犀牛角、铁器、鳄鱼皮等珍稀物产运到阿拉伯半岛，然后再由此运到东方古国——中国。接下来，再把中国的丝绸、瓷器、棉花以及茶叶等贩卖到阿拉伯半岛和非洲。15世纪，海上丝绸之路的商业活动也促使东部非洲的索马里、坦桑尼亚、肯尼亚和莫桑比克等国家在此期间逐步繁荣兴盛了起来。海上丝绸之路不但在当时促进了东西方文明的交融，即便在今天，仍然是世界上最重要的贸易航线之一。

我最初认识马达加斯加，还是在2005年看了美国梦工厂推出的一部动画电影——《马达加斯加》，一个讲述一群被关在纽约中央公园的动物们逃往非洲生活的有趣动画片。那时，它就使我对这个在地图上都找不到在哪儿的神秘岛国乃至整个非洲大陆产生了浓厚兴趣。

马达加斯加是偏居于印度洋西侧的一个岛屿。虽然隶属于非洲，但相距非洲大陆海岸线却有400公里。历史学家认为，马达加斯加最早有人类居住大概是在2000多年前，据说是东南亚人经过东非辗转来到了这里。几千年来，马达加斯加经历了来自非洲大陆、阿拉伯半岛、伊朗、欧洲、印度以及中国的数波移民潮，使得这个国土面积59万平方公里的海岛居然成了非洲和印度洋之间经济和文化互动的交汇点。

如果有机会亲临马达加斯加，相信大部分读者一定会对这个国家因几千年来丝绸之路上东西方文化的交汇所受到的巨大影响留下深刻的印象。由于马达加斯加远离非洲大陆，因而许多马达加斯加人内心都比较高傲，他们认为自己不属于非洲人。若仔细观察，这个岛国上的居民与非洲大陆上的非洲人确实也有几分不同。拿肤色来说，虽然马达加斯加人的肤色整体上也属黑色，但与非洲大陆尤其是西非如马里、乍得、尼日尔那种“漆黑”还是不可同日而语的。

说到肤色，提到西非黑人的黑，我至今仍无法忘记第一次在塞内加尔夜跑时发生的一则趣事。那时我刚到塞内加尔首都达喀尔不久，第一次在晚上出门跑步。虽说我们居住的区域埃拉马迪（Almadies）属于塞内加尔首都达喀尔最为富裕的区域，相对也最为安全，大部分使馆和各国外交人员基本都居住于此。但是即使在这样的地区，许多马路到了晚间仍然没有路灯。一天晚上，我记得刚刚跑过美国大使馆正门口拐进一条海边不宽的小道，就隐约看见远方大约100米开外悬空中有两条白光晃晃悠悠地向我飘来。随着距离的由远而近，两道白光飘来飘去的也越来越清晰。

实话实说，在非洲第一次夜跑，人生地不熟，周围只能听见大西洋海浪拍打着岸边礁石发出的恐怖声音，再遇到这样一副诡异的景象……虽然我本人从来都不信什么鬼神，但也被吓得毛骨悚然，惊出了一身冷汗。过了大概三分钟，在空中飘忽飞着的两道白光终于快要到达我的面前了。我这才发现，原来是一个黑人穿着一身黑色背心短裤也在跑步，背心上有两道反光条。刚才那两道在半空中飘来飘去的白光正是那两道反光条反射发出来的。但对面跑过来的那个当地黑人，我真的什么也没有看见，完全与漆黑的夜色完美地融为了一体。

马里首都巴马科，笔者给车外的小孩子递水果

马达加斯加人的肤色却是夹杂着一定比例黄色皮肤的那种黑色。

走在马达加斯加的大街上，有时感觉就好像置身于东南亚一般。或许是因为自古以来作为丝绸之路贸易中转站和交汇点的缘故，印度人、巴基斯坦人、欧洲人、阿拉伯人以及中国人等在此定居，经过相互通婚，马达加斯加人血统已经与非洲大陆上的非洲人大相径庭。

通过马达加斯加，就容易理解为何东非能够成为非洲首先被纳入“一带一路”发展规划的区域了。目前，中国在东非支持了许多有代表性的项目，吉布提港口便是其中之一。另外一个具有代表性的旗舰项目，莫过于前文提到的“蒙内铁路”。

然而，比项目建设本身更具有价值的则是，中国资本进入非洲后对非洲的“互联互通”所带来的重大提升。

“拉穆港—南苏丹—埃塞俄比亚交通走廊”（LAPSSET）铁路项目连接了西非的杜阿拉—拉各斯—科托努—阿比让走廊，穿越了喀麦隆、尼日利亚、多哥、贝宁、加纳和科特迪瓦等六个国家，成功打通了非洲内部的交通要道，为非盟“2063年愿景”即实现非洲的和平、繁荣、融合和稳定以及非洲区域一体化作出了巨大贡献。

另外一个具有里程碑意义的项目则是“亚吉铁路”，一条连接埃塞俄比亚首都亚的斯亚贝巴和吉布提首都吉布提市的铁路枢纽。2016年建成通车后，亚吉铁路成为非洲第一条跨国标准轨距的全电气化铁路，全长752.7公里，设计时速120公里。亚吉铁路为埃塞俄比亚和吉布提两国所共有，目前也是两国间唯一的铁路。

历史上，其实早在19世纪法国也曾投资兴建了一条从埃塞俄比亚到吉布提的铁路“埃塞－吉布提铁路”。但该铁路属于一米窄轨铁路，早已年久失修无法利用。后来，因厄立特里亚脱离埃塞俄比亚独立使得埃塞俄比亚从此彻底丧失了出海口，沦为了一个完完全全的内陆国家。于是，埃塞俄比亚为寻求出海口曾多次求助于欧美国家为其建设新铁路连接周边沿海邻国，但却一直无果。直到2010年，中国开始为埃塞俄比亚设计建造连接亚的斯亚贝巴至邻国吉布提的电气化铁路。

亚吉铁路建成通车后，使得埃塞俄比亚重新获得了多年来梦寐以求的出海口。同时，该项目还吸引了加纳、南苏丹、乌干达、卢旺达等众多非洲国家派出代表前去参观考察，纷纷对采用中国标准的铁路表现出了浓厚兴趣。

因此，中非合作共建的许多项目无不在时刻增强非洲内部的互联互通，对非洲大陆内部贸易的发展尤其是对非洲一体化等泛非发展目标的尽快实现起到了巨大的推动作用。

同样，“一带一路”倡议中以信息技术为重点的“数字丝绸之路”也恰逢其时地迎合了非洲数字网络、高速宽带和下一代通信技术发展的需要。目前在非洲国家，上至国家安全网、政务网，下至马路上的交通摄像头，许多都是由中国企业帮助设计并承建。

从融资的角度看，金融机构目前仍是中非项目合作的主要贷款提供方。中国的众多国有商业银行多年来向非洲提供了大量贷款。但需要客观指出的是，中国贷款的受益方其实不仅是非洲国家，当中也包括了大量的中国企业和中国商品。其实，中非间的经贸合作自一开始，其定位也并非是完全的无偿援助计划，而是追求经济效益以达到“合作共赢”的发展计划。在一定程度上讲，也成为中国国内产能和商品对外转移的一个重要渠道。

最后，就整个非洲而言，北非和东非一直都是海上和陆上两条“丝绸之路”的焦点。随着中非经贸合作外延的不断扩大，其在非洲的影响范围也在逐步扩大，现在，几乎已经遍及整个非洲大陆，包括南部非洲和西非地区，这些原本不在核心路线上的国家，甚至原本不在涉及范围内的国家。但是，正是由于中非经贸合作本身的高度适应性和包容性，使得南部非洲与西非地区也已经被悉数囊括在内。尽管，这两个地区在地理范畴上的确相距两条“丝绸之路”都非常遥远。

大家的“机遇”

“高速铁路连接了所有非洲国家的首都，它纵横交错、四通八达，让全世界都看到了这个人类文明发祥地的美丽、包容和多样性。除了高速铁路之外，非洲还有宽阔平坦、畅通无阻的高速公路，还有延伸到各大港口的天然气、石油管道，以及高速宽带网络……这里，是一个富强、美丽的现代化非洲”。

这段话，来自非洲联盟委员会主席祖马于2014年所写的《来自未来非盟的一封信》[1]。这封落款日期为2063年1月24日的信由非盟委员会制作，是为契合非盟“2063年愿景”所提出的对非洲大陆未来的期待。

2013年5月，非洲联盟在第21届首脑会议上正式提出了“2063年愿景”的发展战略，即到2063年，把非洲建设成为一个“统一的、繁荣富强的、和平安宁的非洲”。

历史总是如此的巧合。就在同一年，中国正式提出了“一带一路”倡议。

中国的未来发展规划和非洲的未来发展计划在同一年提出，这看似是一种巧合，却并非偶然。众多发展中国家在经历了长期的被压迫、被殖民、被剥削，以及在走了许多弯路之后，在今天的世界格局里，自然而然地也同时遇到了非常相似的挑战和机遇。所以，中国与非洲的未来发展战略两者之间是存在着深层次内在联系的。

2013年之前，中国已经通过“西进”和“走出去”最大限度地进行了对外拓展的探索，顶点则是2001年中国加入世界贸易组织（WTO）。加入WTO固然对中国的经济外延起到了关键的拓展作用，使中国在历史上首次能够在国际秩序下以一个较为公平的姿态处理国际经济事务，尤其是在贸易方面。但是，WTO毕竟仍是以西方发达国家为主早已建立的一种基于现有利益分配模式的游戏规则，对中国而言，是只可善加利用，不可完全倚赖。包括WTO在内的众多国际组织或多边组织如世界银行、国际货币基金组织、亚洲开发银行等，中国只能是尽量加以适应和巧用，却不能完全依靠或指望他们根本地改变对发展中国家极不公平的世界政治经济旧秩序。

基于相似的历史尤其是相似的发展历程，“一带一路”不但在地理意义上囊括了非洲，在话语权和决策层面，非洲其实也在发挥着重要的作用。

从2015年亚非峰会，到2018年中非合作论坛北京峰会，中非双方密切、频繁的互动表明了中国的发展规划与非盟的“2063年愿景”的高度契合。最为关键的一点

[1] “AUC Chairperson's E-mail from the Future,” African Union, January 26, 2014. As of April 16, 2024: https://au.int/sites/default/files/documents/33126-doc-02_email_from_the_future.pdf

是，在构建国际社会新秩序方面，中非之间互有诉求，互相依存，把各自的命运结结实实地捆绑在了一起。

中非合作在基础设施发展、工业化以及安全等许多目标上都能够起到相得益彰的补充和协同，有着极强的内在趋同性。

非洲的过去是长期的落后，若不图变革与求新，非洲未来所面临的极有可能仍会是持续的贫困。这是两个承前启后、相互关联的挑战。要解决这两个难题，非洲除了“一心一意谋发展、聚精会神搞建设”之外，恐怕别无他途。

就非洲为自己制定的未来发展战略而言，于情于理，“2063年愿景”对非洲都是十分理性的目标。于理，非洲完全可以也应该通过联合国设定的全球可持续发展目标在国际层面得到应得的支持。联合国大会1986年通过的《发展权利宣言》等文件对这一点已经有清楚的阐述。于情，尽管非洲已正式脱离政治和军事殖民统治的魔掌，但经济独立对非洲而言仍是一个尚未实现且任重而道远的目标。尤其是，非洲在产业结构升级以及全球价值链定位方面已经越落越远。非洲在全球供应链国际分工中的定位也仍以自然资源出口为主，很少能在工业方面发挥一些特长从而摆脱对资源出口的依赖。

从经济学的角度，尽管非洲长期以来为打破这一束缚做出了许多努力，但今天非洲仍深陷于“资源魔咒”之中无法完全脱身。从这个出发点去进一步理解中非未来发展与合作的内在逻辑和顶层架构设计是至关重要的。

当前，中非关系日益成为全球范围内关注的焦点。尽管非洲与中国之间的交往由来已久，但中国与非洲之间不断深化的新型交往尤其是在经贸方面的互动是在近十几年来才逐渐成为国际关注的热点话题的。中非不断加深的双边关系也在向世界展示着一个南南合作的新形态。

尽管中非双方交往历史非常悠久，但若要严格定义“中非新型合作关系”，应该是自2000年举行的首届中非合作论坛（FOCAC）部长级会议开始的。首先抛开中非在历史上数百年来悠久的交往历史不谈，实际上近年来的中非合作可以追溯到1955年万隆会议。

2000年举办的首届中非合作论坛为中非的未来提供了第一个明确的定义和框架，奠定了一个明确的基调。如果要为这些定义、框架和基调选出一个关键字，这个字无疑非“新”字莫属。即，未来中非关系即将在一个“新”时代、一种“新”框架和一个“新”模式引领下向前不断攀登。而这个“新时代”的到来又恰逢中国在人类历史上实现了前所未有的经济爆发式增长、软实力和国际影响力同时得到提升。因此，中国的发展自然而然地便成为中非“新型”合作关系的本质基础和根源。

虽然，欧美等传统合作伙伴对非洲仍然具有不可或缺的重要意义，但中国在非洲的存在感却正在令全世界越来越瞩目。

未来：放开怀抱，坦然面对

莫桑比克，前文中提到在汶川地震后举全国之力向中国捐款4万元人民币的非洲国家，位于非洲东南部，官方语言为葡萄牙语，人口约3000万，国土面积79万平方公里，相当于中国东三省面积的总和。近20年来，莫桑比克一直是世界上经济增长最快的贫穷国家之一，吸引了撒哈拉以南非洲外国直接投资（FDI）的15%。

然而据报道[1]，2013—2014年，莫桑比克一群政府官员创建了三家国有企业，这些企业背负了超过20亿美元的债务，相当于莫桑比克国内生产总值（GDP）的12%。据称，一些国际知名金融机构曾向莫桑比克发放巨额优惠性质融资，却被莫桑比克政府官员挪用于建造造船厂并发展金枪鱼捕捞。在2016年媒体对此事进行报道之后，发现其中13亿美元已下落不明。

2017年，莫桑比克政府迫于压力对该笔资金重新进行了独立审计，发现莫桑比克相关法律规范非常不完善。随后，莫桑比克政府对涉嫌参与贷款资金挪用的几名莫桑比克官员提起诉讼，英国金融监管当局还对发放贷款的金融机构提出了指控。

[1] “Ex-Mozambique finance minister loses last appeal over $2B scandal,” Africanews, no date. As of April 16, 2024: https://www.africanews.com/2023/05/26/ex-mozambique-finance-minister-loses-last-appeal-2b-scandal/

莫桑比克的例子足以说明两个问题。

第一，但凡投资，都会存在资金被挪用甚至引起贪污腐败的风险。这是金融行业的规律，无论哪个国家的金融机构，都无法保证100%的资金安全。

第二，手握借来的资金，有人用来糊口，有人用来经营小本生意，而有人却拿着去赌场导致家破人亡。究其根源，在于受援国本身，而非错在给钱之人。

因此，在根源上，非洲未来的发展最为关键的一点还是在于非洲的主观能动性。未来非洲的“信心”，完全源自非洲的“初心”。与世界其他地区相比，非洲区域内贸易份额占比仍远远落后于其全球贸易份额。2021年，非洲区域内贸易量仅占非洲整体全球贸易量的22%，而在亚洲和欧洲这一比例分别为60%和71%。

中国的投资对于非洲的意义恰恰在于，不仅能为非洲基础设施建设、社会发展和减贫带来明显效果，更能对非洲大陆的区域一体化起到重要的推动作用，比如正在推进中的“非洲大陆自由贸易区”（The African Continental Free Trade Area，简称“AfCFTA”）。倘若非洲想要真正建成AfCFTA，其面临的挑战不只是当下基础设施和互联互通的落后，更要致力于进一步消除非洲内部人员、货物和商品的自由流动无法得到保障这个极大的不利因素。

在这一点上，毫无疑问未来中国的投资在非洲必然会发挥更大的作用，承担更重要的使命。通过更多的项目建设，加强非洲在人员、资本、货物和服务方面的自由流动，促进非洲农业发展、粮食安全，以及工业化和社会结构的转型，进一步深化非洲经济一体化进程。

因此，中国“一带一路”倡议之于非洲而言，是一项实实在在的核心战略。同时，中国企业更多的投资与非洲发展议程的高度兼容性也将使中国资本未来在非洲的吸引力与日俱增。

最初，作为21世纪的新丝绸之路，中国在一定程度上借鉴了几千年前的丝绸之路贸易路线，把中国大陆与中东、非洲和欧洲再次紧密地联结在一起。随着时间的推移，中国对外经济发展合作在规模、范围、体量及参与者方面均呈现出指数级别的扩大。如今，已经从一个地理范畴的概念慢慢转变成了一个“总合”的概念，由中国推动的在全球范围内各种以区域互联互通和基础设施建设为重点的项目都可以纳入规划之中。

因此，它实际上已经成为一个具有全球规模的发展框架。虽然最初设计的中国大陆——西亚——中东——欧洲——东非（以及北非）这条路线依然是核心发展路径，但由于其本身所具有的高度包容性、开放性和延展性使得在最初设计中并不在路线范围内的全球许多地区和国家都能够搭上这趟快速行驶的高速列车。这就为整个非洲提供了宝贵的机会，同时非洲对“中国元素”的欢迎也为与中国合作的扩展提供了契机。

第十一章

非洲大陆上演的《罗生门》

贝宁最大城市科托努街头景色

电影《罗生门》是由日本导演黑泽明执导的一部经典影片，上映于1950年8月。罗生门是日本京都的正南门，《罗生门》这部电影讲述的是一个武士和他的妻子在路过一片荒山时，妻子被强盗凌辱，武士惨遭杀害的一个扑朔迷离的故事。当法官把强盗、武士的妻子以及武士的亡魂共同招来进行审讯时，面对同一事件，他们却各自讲述了一段扑朔迷离但又大相径庭的故事"真相"。但真正的事实，始终只有一个。为了减轻自己的罪恶，掩饰自己的过失，人人都开始叙述一个美化自己的故事版本。

电影中，三人看起来都毫无说谎的动机。强盗无论有没有杀害武士，在与武士的决斗中早知两人必有一人会死；女人作为受害者，看似更无犯罪动机；而武士作为被杀者则更加没有任何撒谎的理由。但是，他们三人又都不约而同地选择了撒谎来掩盖事实真相。

从他们各自的陈述中，能感觉到强盗勇猛善战，盗亦有道；女人身体虽然被玷污，但心灵依然纯洁，值得可怜和同情；武士是无辜的受害者，又遭妻子背叛，为维护声誉最终选择自杀。荒山上的一桩惨案，最后成了一团剪不断，理还乱的迷雾。

导演黑泽明本人对《罗生门》这部电影曾做过这样的解读："人对于自己的事永远也不会实话实说。说自己事的时候绝不会不加修饰。这个剧本描写的就是不加修饰就活不下去的人的本性。甚至可以这样说，人就算死了也不会放弃修饰。这是一幅描绘人与生俱来的罪孽和人难以更改的本性，展示人之利己心的奇妙影片。"

其实到最后，针对种种疑团，电影也没有给出一个确切的答案。电影之初，观众立刻被带入到故事中参与进了对事件的推理。到最后，反而让人觉得其实真相本身已经远没有整部影片所带来的思考那么重要了。这部电影的用意似乎也并不仅是为了揭露人性之恶，而是要带领观众在观赏电影时不知不觉地走入自己的那个"罗生门"。这部电影成了每一个人面前的一面镜子。事实的真相究竟是什么，全在每个观众的一念之间。

《罗生门》作为20世纪50年代拍摄的一部不到90分钟的黑白影片，上映后在全球范围内获得了极佳的声誉，先后斩获了第2届日本电影蓝丝带奖、第12届威尼斯国际电影节金狮奖、第23届美国国家评论协会奖、第24届奥斯卡金像奖、第6届英国电影学院奖和第5届美国导演工会奖等诸多重磅奖项，并于2022年入选《视与听》影史最伟大的100部影片之列。

正如电影中所说，在大多数时间里，人们甚至都做不到对自己诚实。每个人为了利益，都会说谎，让事情朝着有利于自己的方向发展，这就是人性。

在非洲，也正在上演着一部活脱脱的“罗生门”。

2008年全球金融危机后，一些发达国家的中央银行普遍开始下调利率，导致欧洲和美国资本市场利率水平在此后10年间均徘徊在较低水平，使得欧洲和美国的投资回报率急剧下降。对投资者吸引力的降低又导致许多投资者开始把目光纷纷转向新兴市场和发展中国家以追求更高的投资回报率。2013年，受此前这场全球金融危机波及较小的中国启动了“一带一路”倡议，开始为包括非洲在内的许多发展中国家和低收入国家的基础设施建设项目提供投资，导致中国在世界上最大的双边贷款国排名中有所上升。此后，许多低收入国家在早期对基础设施建设项目进行了大规模投资后，开始陷入债务困境。

正是在此背景下，2017年，一位在大部分学术研究职业生涯中长期致力于将中国问题作为研究重点的印度学者布拉玛·切拉尼（Brahma Chellaney）在所发表的一篇文章[1]中首先创造了“债务陷阱”（Debt trap）这一学术词汇。

未曾想，切拉尼创造的这一词汇在短短一年内便传遍了学术界和诸多媒体。之后，两名美国哈佛大学学生在一篇论文里又据此理论性地研究了债务陷阱问题。后来，这篇论文又被英国和美国的一些媒体争相引用来作为非洲存在债务陷阱的理论依据。很快，债务陷阱这一概念便深深地扎根于一些国家的学术圈内，并很快蔓延至其他国家。直至最后，这一概念再次回流到BBC以及其他一些世界主流媒体，被进行了多轮放大报道与宣传[2]。

此后，一些国家开始相互配合，借各种机会在各种场合利用各种手段不断炒作

[1] Chellaney Brahma, “China's Debt-Trap Diplomacy,” Stagecraft and Statecraft, January 25, 2017. As of April 16, 2024: https://chellaney.net/2017/01/25/chinas-debt-trap-diplomacy/

[2] “World Insights: Why int'l community doesn' t buy into Chinese debt trap myth,” XinhuaNet, January 8, 2023. As of April 16, 2024: https://english.news.cn/20230108/366c0559d08e41ef8e1aef6fdf3e1d5c/c.html

债务陷阱这个概念。于是，债务陷阱猛然间变得像电影《罗生门》一样，情节扑朔迷离，匪夷所思地在短时间内就转变成了一桩咄咄怪事。

非洲为什么必须要借债

谈到债务陷阱，首先要谈的话题则是“债务”。如果非洲国家不举债，那么这一问题或许永远都不会成为一个全球热点话题。但是，不举债对非洲国家而言又是绝无可能的。因为目前，至少有三个主要因素决定了非洲各国在发展的过程中必须要依托于对外举债。

第一，是否增加债务，取决于经济学中最基本的供给与需求。在需求方面，自2008年全球金融危机爆发以来，国际大宗商品价格长期大幅波动，随着主要资源出口收入的锐减和经济增速的放缓，非洲各国不得不借入更多资金来填补财政预算缺口。

第二，非洲国家期望推动基础设施建设以改善非洲的投资环境，从而吸引投资并进一步促进经济增长。由于非洲每年的基础设施融资缺口达数千亿美元，因此基础设施建设领域的巨大需求是推高非洲国家债务的一个重要内生原因。

第三，在供给侧，全球资本市场对非洲债务的兴趣也在持续增加。部分原因是由于受2016年开始国际大宗商品价格逐步回升的影响，非洲国家高速增长的GDP数据吸引了那些GDP增速放缓甚至下降的发达国家和发展中国家债权人的兴趣。目前，非洲国家的平均投资回报率为6%，而新兴市场国家为5.5%，亚太地区发展中国家为4%。于是，愿意承担高风险同时追求高收益的国际投资者和债权人开始对非洲愈发感兴趣。

非洲较高的投资回报率又与多个因素有关，包括非洲人口的快速增长，对商品和服务消费能力的增强，快速成长的中产阶级群体等。

因此，有供给和需求两方面的因素作为持续的推动力，非洲的债务水平在未来只会增加，不会下降。正是基于这种背景，近年来全球主要大国在非洲债务中的角色都开始变得越发重要。就中国而言，快速增长的中非经济合作确实使中国提供的各类融资成为非洲国家债务的主要来源之一。但同时，也为非洲国家提供了巨大的发展机遇。来自新兴国家的金融力量目前已经成为非洲基础设施发展当中的一个十分重要的推动力。

但应明确的一点是，非洲国家举债的内生需求因素始终是非洲债务增加的最本质原因，外生因素仅是起到了助推器的作用。大部分域外国家其实并没有试图向非洲“推销”债务，更多的仍然是基于非洲未来经济发展对资本的需求。

确有其事还是无中生有

现实中，是否有证据能够证明切拉尼的观点，即中国乃至其他新兴经济体对非洲的融资加剧了非洲国家的债务杠杆，甚至直接导致了债务陷阱呢？

针对这一问题，美国约翰霍普金斯大学（Johns Hopkins University）国际研究所曾专门制作过一个关于各国对非洲贷款的数据库。他们收集了1000多笔贷款信息，通过分析得出的结论是到目前为止，显示不出中国的融资有故意让一个非洲国家陷入债务陷阱的迹象，也得不出中国利用债务在非洲来获取不公平战略优势的结论[1]。

2011年，经济学界知名期刊之一《经济学人》（*The Economist*）曾刊文指出[2]：“中国人在非洲投资建造了无数家医院、道路和桥梁，但如果有一处裂缝或发生塌陷，人们就会认为所有中国的建筑工程都是劣质的，这是明显的偏见。”

英国历史学家、格拉斯哥大学（The University of Glasgow，Scotland，UK）前

---

[1] Deborah Brautigam and Jyhjong Hwang, “Eastern Promises: New Data on Chinese Loans in Africa, 2000 to 2014,” No 2016/4, SAIS-CARI Working Papers, Johns Hopkins University, School of Advanced International Studies (SAIS) , China Africa Research Initiative (CARI) .

[2] “The Chinese in Africa：Trying to pull together,” The Economist, April 20, 2011.

国际史学教授艾玛·马思丽（Emma Mawdsley）早在2008年发表的一篇文章中也曾一针见血地指出[1]："证据表明，当英国媒体就同一事件看待中国和西方时，中国通常会被人为地描绘成负面的一方，而西方则会被描绘成为积极的一面。"

提起安哥拉（The Republic of Angola），或许"安哥拉模式"[2]这一词汇许多读者都耳熟能详。安哥拉是一个石油和钻石储量极为丰富的国家，长期以来一直都是非洲大陆主要的石油出口国和钻石生产国。二战后，随着内战的结束及各国对石油需求的急剧增加，许多国家开始与安哥拉进行接触，纷纷向安哥拉抛出各式各样诱人的合作条件。在面对众多国家开出的几乎都附带各种政治条件但回报却十分丰厚的合作要求时，安哥拉统统拒绝了。

当时，中国的基础设施建设行业已经开始在国际上崭露头角，并且对能源的需求也开始逐步增加。当时中国的情况是除了石油之外，其他的基本都不缺。安哥拉方面，随着和平的到来，安哥拉对于基础设施建设的需求迅速飙升。于是，安哥拉与中国一拍即合，迅速进入经济合作的"热恋期"。

安哥拉之所以选择中国进行合作，最主要的原因是安哥拉可以以石油作为抵押换取贷款，然后由中国帮助安哥拉进行基础设施建设。这种以资源换贷款的模式不仅在安哥拉的战后重建中发挥了极其重要的作用，还在许多非洲国家都取得了成功。目前，"安哥拉模式"已经在整个非洲大地遍地开花，许多国家纷纷效仿。

如果读者有机会去到距离安哥拉首都罗安达（葡萄牙语：Luanda）30公里的克利安巴（葡萄牙语：Nova Cidade de Kilamba，也称"凯兰巴""基兰巴"等），会发现这里的住宅小区充满着浓郁的中国特色。这是由中国企业为安哥拉设计、投资和建造包括20个这样类似的小区的"新城市计划"。按照设计规划，这座新城市最多可以居住50万人，包括750栋公寓楼，300多个商业场所，15所学校。

[1] MAWDSLEY, Emma, "Fu Manchu versus Dr Livingstone in the Dark Continent? Representing China, Africa and the West in British broadsheet newspapers," Political geography, 2008, Vol.27 (5) , p.509-529

[2] 汪巍．中国与安哥拉石油合作呈跨越式发展趋势 [J]. 国际工程与劳务 , 2020 (03) : 48-49.

安哥拉首都罗安达

该项目的建设资金大部分来自中国，并由安哥拉以石油进行偿付。作为非洲大陆上规模最大的住宅建设项目之一，这一大片外表光鲜的住宅区到了晚上却是一片漆黑，荒无人烟。于是，克利安巴项目被一些“国际人士”称为安哥拉的“鬼城”。的确，即使是在上午10点钟的时候，这里的街道上几乎也没有人，马路上行驶的汽车也不多。基本上，行车将近一两个小时才能发现为数不多的几家开门营业的商铺。

但在与当地人交谈后，才得知这座城市长时间以来未发展起来是有其不为人知的原因的。首先，想要50万人同时在这座城市里生活就必须完善从首都罗安达接入的供水管网和污水处理管网，这是克利安巴面临的一个最大问题。虽然“新城市计划”通过获取贷款得以建设完成，但相关城市配套设施安哥拉却想自己解决。结果最终因财力所限，导致无法完善全部配套设施。

其次，安哥拉政府对房地产市场调控也显得不甚精明和专业。据当地人介绍，由于一开始房子的定价过高，一套房子的最低售价为12.5万美元，几乎相当于安哥拉人均GDP的40倍，大部分当地人根本购买不起，而且，新城的房子还只面向安哥拉政府公务员出售，且很难申请到房屋贷款，所以，最终造成克利安巴的房子几乎成了安哥拉国内房地产市场的天花板，没有多少当地人有能力购买这里的“豪宅”。

近年来，安哥拉政府开始大幅降低房屋售价，将每套房子的最低售价由12.5万美元下调至7万美元，并且规定单套房子最高售价不能超过19万美元。同时，安哥拉的商业银行也增加了房贷支持力度，并且安哥拉政府决定将房产面向全社会出售，而非仅限于公务员群体。经过一系列改革，克利安巴的房地产市场终于出现了升温的迹象。在未来，我们应该能够看到一个灯火辉煌的克利安巴。

以克利安巴新城为例，从资本利得的角度，算上资金成本、机会成本、风险成本等诸多因素，许多金融机构恐怕并未能从这种商业合作项目中获取经济利益，反倒是承担了巨大的资金风险。

仍以前文中提到的美国驻加蓬商务参赞为例。一次，我们在一起游泳休息时闲谈，当他说到美国给了许多加勒比国家大量优惠贷款时，我很好奇地问他，如果这些国家的贷款无力偿还，你们会怎么办？他不假思索地说："那我们就把航空母舰开到他们的海岸线去。"

这或许仅是一句玩笑话。但是，这也揭示了一个目前许多国家均面临的令人尴尬的现实状况：如果普通人的房贷还不上，金融机构可以查封拍卖房产。但若安哥拉政府还不上贷款，其他国家的执法机关能够去安哥拉油田强行查封管道井吗？这显然是不现实的。又或者，许多国家在非洲的融资即使有油田作为担保，但倘若真的遭遇安哥拉再次爆发内战，油田不能开采甚至被叛军占领，这些贷款国又能拿安哥拉如何呢？

资金已经实打实地投在了安哥拉，不是想拿就能拿得回来的。对于企业而言，如果遇到明显的风险信号，金融机构是可以宣布贷款提前到期并要求提前还款的。但对于一个主权政府如安哥拉，即使风险再高，也基本不可能要求其提前还款。即使这样要求，对方也不见得一定会配合。

因此，针对安哥拉以及其他许多非洲国家的贷款而言，实质上是发放资金国家的金融机构承担了更多的风险，非洲国家反而是落袋为安。

一场似是而非的幻象

半个多世纪前，有一个幅员辽阔、自然资源丰富但百废待兴的国家。这个长期以来积贫积弱的国家狠下决心要振兴经济，改变落后、贫穷的国家面貌。幸运的是没过多久，一个经济发达的国家就向它伸出了橄榄枝。这个发达国家说，不如我们做一个交易，我向你提供贷款，你可以用这笔钱让我国公司为你国开发港口、建设电厂以及其他各种各样的基础设施。而你国只要用石油或煤炭等资源来偿还我们的贷款即可。

到这里，不知读者是否能够猜出，上文中的发达国家是谁，这个在当时百废待兴的国家又是谁。

答案是，在这个发生在20世纪70年代的故事当中，资源丰富的国家便是中国，发达国家则是中国的近邻日本[1]。

20世纪70年代，日本的许多企业都看到了中国未来发展的潜力和巨大商机，纷纷跃跃欲试想打入中国市场。当时的中国也迫切需要各种机械、设备、专业知识、技术和资金。然而，对于当时既不是世界银行成员国，也不在国际货币基金组织拥有合法席位，几乎无法通过国际资本市场进行融资的中国来说，日本政府提供的贷款对当时中国经济的发展的确具有重要的解“燃眉之急”之现实意义。但日本人终究也不是来做慈善的。他们也担心面对经济基础十分薄弱的中国，自己的投资会“鸡飞蛋打”“卵覆鸟飞”。因为，首当其冲的便是由于当时的中国外汇储备仍十分匮乏，显然不确定是否能够有足够的外汇来偿还贷款。于是，日本人要求以石油和煤炭等自然资源作为贷款的担保，与中国达成了交易。

[1] 日本对华贷款终结背后．中国日报网环球在线，2007-11-23. http://www.chinadaily.com.cn/hqpl/2007-11/23/content_6274349.htm 访问日期：2024-04-16.

正是根据日本“传授”的这一经验，许多发展中国家后来也开始思考，如何在风险较高的情况下与他国展开经贸合作。这个故事表明，资源换贷款这一模式并非由发展中国家所首创。并且，这种模式就全世界而言也算不上是一种新鲜事物，早已被发达国家的金融机构运用已久了。

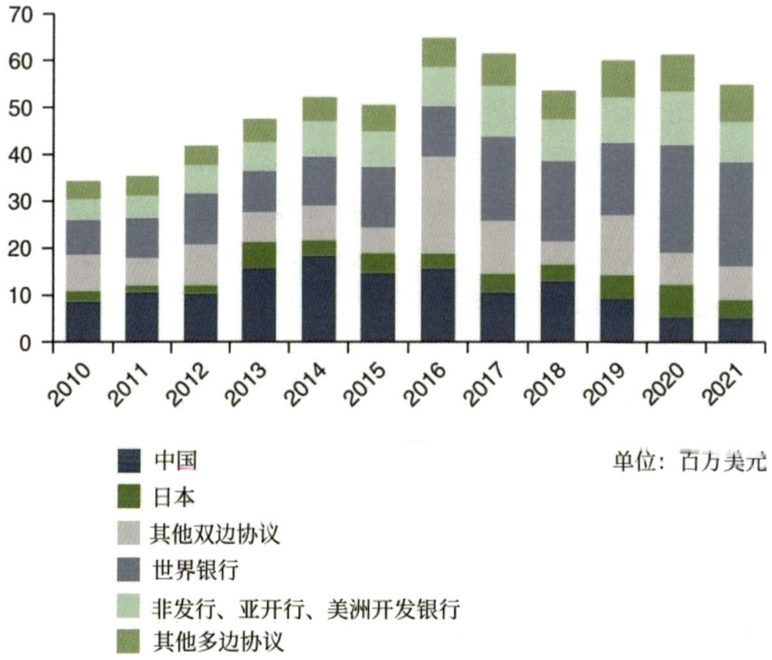

表格来源：世界银行《2022 年国际债务报告》（第 17 页）

上图来源于世界银行2023年发布的《2022年国际债务报告》。其中，深蓝色代表中国、绿色代表日本、浅灰色代表除中国和日本以外的其他全部双边债务、浅蓝色代表世界银行、浅绿色代表三家多边金融机构。

从世界银行发布的这幅图中，细心的读者若深入推敲，能发现几个非常清晰但又“隐藏”很深的事实：

中国的对外贷款输出总额自2014年达到最高峰后便开始连年下降，而日本的对外贷款输出总额自2020年开始就已经超过了中国。

非常有趣的是，同样作为对外援助和提供优惠贷款大国的美国，其数据却没有在世界银行的统计图表里单独列出。是世界银行无法获取到美国的数据吗？显然不是。世界银行的总部就位于美国，且按照惯例，世界银行的行长一职均由美国人担任。其实，美国的数据只是被世界银行列入到了表中浅灰色的“其他”部分里了。

众所周知，欧洲国家现在主要是以欧盟作为统一框架对外进行援助或贷款。除了中国、欧洲和日本外，世界上在对外援助与融资方面能与美国相匹敌的国家可谓凤毛麟角。我们却能发现，尤其是近几年来，浅灰色部分所代表的数量几乎与中国和日本的总和相持平。所以，如果美国在浅灰色部分中占比超过50%的话，理论上这就意味着美国近年来对外援助和贷款的总量已经远远地超过了中国、日本以及欧洲。

通过上图还可观察到，近年来世界银行本身的对外贷款额超过了世界上其他任何一个国家。按世界银行目前的投票权设置，美国以15.85%高居榜首，日本和欧洲紧随其后。然而世界银行规定，任何重要决议必须要达到85%的同意权重才能得以通过，实际上这就意味着，美国是全世界唯一一个在世界银行拥有“一票否决权”的国家[1]。换句话说，世界银行本身的对外贷款大部分都体现了美国、日本等发达国家的意志。如果把世界银行的贷款份额也统计在内的话，中国的对外贷款总额在前几者面前完全不可等量齐观。

如果我们再仔细地审视一下非洲的债务数据，就可发现更多蹊跷之处。比如，倘若拿非洲债务对比一下2023年初发生的欧美银行“爆雷”事件，能发现非洲债务违约的数量其实完全是相形见绌，丝毫不像一些国际媒体描述的那样夸张。

美国硅谷银行（SVB）在2023年破产前，存款早已开始迅速流失，仅2022年一年中就迅速下降了超过160亿美元。而其持有的债券却形成了巨额的未实现损失，高达177亿美元，在资产负债表里超过了其所有者权益（163亿美元）。瑞士信贷（Credit Suisse）在爆雷前的2022年末，其存款余额一度下降至2300亿瑞郎，同比下降超过四成，营收仅为1400亿瑞郎，同比下降约20%，净亏损73亿瑞郎，

[1] 美国提名世行新掌门或因印度裔背景及对气候变化问题态度受青睐．中国金融新闻网，2023-03-01.https://www.financialnews.com.cn/hq/cj/202303/t20230301_265658.html 访问日期：2024-04-16.

同比扩大55亿瑞郎（约合78亿美元、540亿元人民币）。2023年3月，瑞士信贷一次性从瑞士央行便借入了500亿瑞郎（约合537亿美元），可见其债务规模何其庞大。

相比之下，2022年赞比亚整个国家的外债总量也仅有150亿美元，仅相当于瑞士信贷一家银行的四分之一。2022年，世界银行的数据显示，在49个非洲国家共计7000亿美元债务中，国际金融组织（世界银行、IMF等）和商业债权人的债务占比将近70%，所有双边贷款仅占7000亿美元总量的四分之一。

现实中，许多读者可能并非出身经济学领域，具有理论化的金融知识和分析能力，因此大部分读者在看到上面的图表时并不会觉得有何不妥之处。但当仔细分析、对比过后，会发现原来这张图里隐藏了如此之多的信息，图表背后所揭示的完全是另外一个世界。

在另外一个知名国际组织——国际货币基金组织的一项研究中发现，中国仅在3个低收入非洲国家的外部债务中发挥了主要作用[1]。这恰恰说明，中国在非洲债务问题里所起的作用是有限的。

根源，究竟藏在哪里

这一节，我们来看一看发达国家向非洲提供资金援助的真实经验。

在发达国家所有援助非洲的计划中，最为著名的莫过于20世纪80年代推出的

[1] Eom, J., Brautigam, D., & Benabdallah, L., “The Path Ahead: The 7th Forum on China-Africa Cooperation,” SAIS China-Africa Research Initiative briefing paper, No.1, 2018. As of April 16, 2024: https://static1.squarespace.com/static/5652847de4b033f56d2bdc29/t/5c467754898583fc9a99131f/1548121941093/Briefing+Paper+1+-+August+2018+-+Final.pdf

“结构调整计划贷款”（Structural Adjustment Programmes[1]，简称“SAPs”）。

SAPs是由国际货币基金组织和世界银行共同执行的一个主要面向发展中国家和低收入国家的经济援助项目，目的是向那些经历经济危机的国家提供援助（或贷款）。表面上看，该项目的主要落脚点是帮助这些国家调整经济结构，提高国际竞争力，从而恢复国际收支平衡。但SAPs项目的资金却并不是一块免费的蛋糕。

通常，国际货币基金组织和世界银行会要求借款人（国）大力实施一系列改革作为接受援助的先决条件，如产业私有化、经济市场化以及平衡政府赤字等。换言之，想要得到国际货币基金组织和世界银行的资金援助，就需要满足大量的附加条件。而且，国际货币基金组织和世界银行还会定期监督和评估借款人的国内改革效果，如果被认为所谓的改革只是走过场，没有达到国际货币基金组织和世界银行的要求，那么该国家则会受到严厉惩罚。

以韩国为例。当1997年亚洲金融危机在韩国肆虐后，韩国成了历史上亚洲国家中接受国际货币基金组织财政援助规模最大的国家。与此同时，韩国也被迫接受了国际货币基金组织和世界银行为其“量身定制”的各种贷款前提条件。至今，国际货币基金组织和世界银行一直把韩国的经验当作SAPs项目的一大经典成功案例，他们认为正是由于国际货币基金组织的财政援助所推动的经济结构调整才使韩国能够成为一个经济高度发达的国家。不过，也有人认为韩国恰恰是国际货币基金组织结构调整失败的一个经典案例。

当年，虽然韩国与国际货币基金组织达成了诸多经济援助协议，但受制于国际货币基金组织从自身利益出发为韩国量身定制的经济结构调整方案的“水土不服”，导致虽然韩国成功地从金融危机中走了出来，但在经济结构和金融市场中却遗留下许多祸患，进而导致韩国的深层次社会问题近年来逐渐增多，韩国社会也变得越发不稳定。

历史上，SAPs计划成功的案例屈指可数，但失败的例子却不胜枚举。仅以非洲而言，在“结构调整”了几十年后，非但没有使非洲国家的经济快速增长，反而使

[1] 该项目详细介绍可参见：
联合国：https://archive.unescwa.org/structural-adjustment-programmes
国际货币基金组织：https://www.elibrary.imf.org/display/book/9781557753021/ch05.xml
世界银行：https://documents.worldbank.org/en/publication/documents-reports/documentdetail/959091468775569769/nigeria-structural-adjustment-program-policies-implementation-and-impact

一些非洲国家的经济总量出现了萎缩。在SAPs项目的大力“帮助”下，自20世纪80年代开始，非洲国家的经济增长曾一度低于前几十年的平均水平。同时由于被迫大力推行私有化，国家力量被削弱，对非洲国家的国民经济普遍起到至关重要作用的农业反而受到了沉重的打击。

此外，自20世纪60年代逐渐独立开始，许多非洲国家都大力致力于发展工业化。但在经过数轮融资援助后，工业化的浪潮现在在非洲大陆上几乎已荡然无存。

另外一个隐藏至深且难以被察觉的便是美元。

众所周知，当一个国家遇到经济困难甚至经济危机时，最为行之有效的能够刺激经济的方式便是通过货币政策调降利息，加大货币供应量，美国自然也不例外。但对于美国而言，有着一个全世界其他任何国家都不具备的天然优势，那就是美元是全球最重要的硬通货和储备货币。凭借此优势，美国在降息（或印钞）以后，除一部分留在国内，很大一部分美元都可被撒向全世界。

但任何一个国家的社会流通环节如果凭空多出许多货币，造成的唯一一个结果便是通货膨胀，即物价与名义收入螺旋上升，实际收入却在下降，人们的感觉通常是物价越来越高，但能存下的钱却越来越少。最后，一旦形成恶性通货膨胀，就会造成本国货币价值的崩盘，最终有可能导致国家整体经济濒临崩溃。

既然美元是人见人爱的硬通货，美国不管怎样印钱，理论上都可以把这些钱撒向国外而不留在美国本土，这就意味着美国拥有了把通货膨胀传递到全世界的“特权”。换句话说，美国凭借对美元发行量和利率的控制，便能够在世界各地精准地“输出”通货膨胀。

在一国通货膨胀的过程中，各种资产价格都会随之大幅上涨。等到出国“旅游一圈”的美元资本收益达到一定预期目标以后，接下来美国便可以在国内启动加息，提高国内利率。一般而言，资本追求的目标只有两个：利润和安全。美国作为全球金融霸主，拥有最发达的资本市场和金融市场，投资安全性自不必说。美国的加息就意味着美国市场上的利润回报逐步升高，满足了资本对利润和安全的双重要求。于是，美元便开始从世界各地回流到美国境内。

但这么多美元若一下子涌入美国，不会引发美国国内的通货膨胀吗？大洋彼岸的经济学家们也想到了这一点，所以才出现了读者非常熟悉的“缩表”。这里的“表”，指的便是美国整个国家的资产负债表。简单来说，就是如果把美国比喻成一个公司，美联储通过缩表强行把多余的美元从账簿里一笔勾掉，从而保证了美国国内经济的安全和稳定，而且还从海外带回了大量优质资产。

以上，就是完整的一轮美元在全世界流通的过程，即：印美元→撒美元→造通胀→赚差价→提利率→收美元→去美元。

但是同时，问题也随之而来。美元流通一圈下来，通常的结果会造成美元汇率上涨，美元比以前变得更加值钱。这也就意味着，其他国家在使用本币购买商品时就需要花更多的钱。但是，每个国家自己手中的外汇短期内是大致不变的，却要一次又一次地拿出更多的钱来进口同样的产品。这样循环往复，最终发展中国家便开始逐渐陷入经济危机的阴霾。

一个国家如果自己没有美元了，那么只能去借。此时，国际金融组织的作用便充分体现了出来。他们会很热情地说："我有美元，利息还很低，你想借吗？"俗话说，一分钱难倒英雄汉。既然有人愿意以如此低成本的代价出借宝贵的美元，谁又能轻易拒绝呢？于是，非洲国家就轻而易举地获得了国际金融组织的大量美元贷款，渡过了眼前的难关。

然后，当下一轮美元全球流动再起，非洲国家便不得不迫于无奈再次如法炮制伸手借钱。最终，钱滚钱、利滚利，欠的债务越来越庞大。终有一天，天台成了这些低收入非洲国家最后的唯一去处。

但是，一旦站到了天台上，那便是真的身不由己。此时，这些国家面前仅剩下两种选择。

第一，从天台上纵身跳下，选择违约。但是，不要忘记世界三大评级公司标准普尔、穆迪和惠誉也都是掌握在发达国家手中。三大评级公司会步调一致地把该国的主权信用评级下调到让其生无可恋的垃圾级。自此以后，该国在全球资本市场上既无法发债，也无法融资，最终的结局只能是被国际社会彻底抛弃。

第二，则是接着去找国际金融组织，借新债，还旧债。此时，各式各样的附加条件便开始出现了。

现实中，真的能像韩国那样勒紧裤腰带苦干几年，提前还清贷款的国家实在是少之又少。一般而言，大多数国家只能是将负债的雪球越滚越大，获得的贷款条件越来越苛刻。从起初的经济条件，一路上升到许多政治条件的累加，甚至在一些极端的例子中，针对不听话的受援国，其政府都有可能被颠覆。

总体上，这些低息经济援助的本质目的就是把非洲政府的权力架空，使其失去独立的经济政策制定权力，进而为未来资本的大举进入做足铺垫，最终剑指非洲的资源。

任重而道远的未来

在现实中，无论是发达国家还是新兴经济体国家，站在贷款人的立场，为什么许多国家十分愿意向非洲提供如此大量的贷款并且愿意承担如此大的违约风险呢?

第一，对本国企业的支持。与非洲的经济合作能为本国企业提供巨大的商机。任何一个国家在非洲投下的每一分钱，不仅是为了让受援国受益，同时也需要让自己受益。通过对非洲基础设施的大规模投资，不但为本国企业创造了巨大的出海通道，更能够推动国家产业的整体“走出去”。而走出去的不只是资金，还包括产业、产能、技术和人员等要素，最重要的是，还能够间接提升本国的就业水平。

第二，对本国国民经济的支持。日趋完善的非洲基础设施可以让债权国更为便捷、成本更低地把非洲的自然资源运回国内。同时，更好的基础设施也能够帮助债权国更为便捷地把自己的商品运往非洲。政府层面与非洲的合作也同时向私营企业发出了明确信号，那便是政府将在未来很长一段时间内持续加强与非洲国家的经济往来，最终引导私人资本也逐渐开始进入非洲。当民间资本大规模进入非洲后，未来从非洲的经济发展中能够获得的收益恐怕要远超过仅用一点利差所得到的收益。

未来十年里，非洲每年的基础设施建设资金需求庞大。新兴经济体国家有大量的外汇、充足的基础设施建设能力、大批的建筑工人、成熟的中端制造业以及向海外进行投资的巨大动力。非洲则有着发展和增长的需求、减少贫困的需求以及应对气候变化的巨额资金缺口。所以，新兴经济体国家与非洲可以说是一拍即合，使新兴经济体国家的对非合作能够非常顺畅地融入到非洲国家的发展规划当中。

但是在未来非洲的债务问题上，新兴经济体国家至少面临四个方面的困扰因素，且每一个都需要高度的智慧来解决。

首当其冲的便是发放贷款的主体性质。许多新兴经济体国家所提供的贷款虽然大部分也是商业贷款，但大多都是由国有金融机构所发放。而发达国家经常会利用私营机构名义提供援助资金。这就是为什么在发达国家在非洲的总体债权额远高于新兴经济体国家的情况下，新兴经济体国家却成了非洲最大的官方债权国。

发放贷款主体的性质不同就会造成所适用的游戏规则不同这一巨大差别。如此一来，在未来的债务减免问题上，新兴经济体国家面临的压力会比发达国家更为巨大。经济学认为，即使是政府也无权干预私人企业运营。因此在未来，这便会成为发达国家的一个有力借口——政府想给非洲国家减债，但政府却没有权力硬性要求私人企业减债。这意味着发达国家在非洲债务违约时可以轻松地将包袱甩向市场。但新兴经济体国家则不同，减债的主体责任和压力大都在官方金融机构，包袱反而被政府扛了起来，且只能“一扛到底”。

第二，目前新兴经济体国家在非洲债务问题上的主动权依然没有发达国家大。由于大部分借贷是由私人主体进行投资，发达国家在非洲债务问题上是具有主动权的。非洲国家一旦无力还款，发达国家损失的也只是名义上的私人投资而已，起码在表面上与政府无关。毕竟投资有风险，入“非”需谨慎。

但新兴经济体国家则不同。如果债务问题得不到妥善解决，某个非洲国家经济一旦崩溃甚至陷入社会动荡，那投下去的资金或许就永远也拿不回来了。仍以2011年的利比亚内战为例，当时许多国家都进行了大规模的撤侨行动。同时，许多国家在利比亚也扔掉了许多设备、物资和财产，这些国家在利比亚的投资基本上血本无归。

所以，就非洲国家的债务而言，尤其是那些因为债务濒临破产的国家，发达国家是救也可，不救也可。而发展中国家则是不可不救、不救不可。

由此，也引发了第三点，那就是部分非洲国家对待新兴经济体国家债务和发达国家债务的态度产生了些许偏差。个别非洲国家也心知肚明，如果在国际金融组织面前“赖账”，那么以后就别再想拿到大部分发达国家的财政援助和低息贷款了。这便造成，一些非洲国家不敢得罪国际金融组织，但却并不“惧怕”其他新兴经济体国家。

最后一点，则是众多新兴经济体国家当前所面临的国际经济大环境。众所周知，新兴经济体国家现在迫切需要拓宽渠道、开拓市场、升级产业，因而也迫切需要广大非洲国家的支持。发达国家也恰恰瞅准了新兴经济体国家现在所面临的难题。

以非洲债务减免为例，当前发达国家的主动权在于：一旦新兴经济体国家债权人不减免非洲国家的债务，就是对非洲国家见死不救，坐实了制造债务陷阱之名。若一旦给予减免，那就在这条没有尽头的路上开了口子。给A国减免，B国或许也立即要求进行债务减免，接下来C国，然后是D国……到最后，一旦大部分非洲债务人国家集体要求减免债务，那么新兴经济体国家债权人就会变得十分被动。甚至于此时，这些国家国内的舆论压力也会凸显。例如一些新兴经济体国家国内的许多老百姓还在节衣缩食，但政府却在给非洲减免债务，会让该国的社会压力陡增，使非洲债务——一个外部问题，逐渐传导至社会内部。

当然，对新兴经济体国家债权人而言，情况虽然危急，但也并不是无路可走、无棋可下。但是，新兴经济体国家想要毫发无损地破解非洲债务这个难题，实属不易。沉着、冷静、智慧和眼光，缺一不可。

对于非洲未来的发展，债务问题也是绕不过去的一道坎。一些非洲国家看似游走在东、西方之间，游刃有余。但倘若一旦处理失当，很有可能自己给自己挖下一个更大、更深的坑。

此外，一些非洲国家更倾向于关注本国的政治利益而非国家经济利益。一些非洲本土政治家的精力往往都放在如何通过寻租活动巩固权力，而不是解决国家面临的关键经济问题上。在撒哈拉以南非洲的一些国家里，政治不稳定与经济下滑往往呈现出螺旋状齐头并进。

对于债务的不可持续性，个别非洲国家似乎也有开始“躺平”的迹象。对这些国家而言，债务是不是陷阱，是谁制造的陷阱，早已无所谓了。

以东部非洲的K国为例，其外债已经从2013年的102亿美元增加到了2020年的300多亿美元，债务总额已经占到GDP的35%。换句话说，在这个国家一年当中所赚的钱里面，超过三成要用于还债。为了获得更多的贷款，K国政府不但求助于新兴经济体国家，同时还求助于日本、美国等发达国家，以及世界银行和国际货币基金组织等国际或多边组织。与此同时，还在国际市场上大肆发行主权债券，总额将近数十亿美元。

在一些腐败程度较高的非洲国家，国际上普遍的担心仍然是贷款资金没有完全被投入到项目当中，而是流入私人腰包的问题。近年来，在“透明国际”[1]组织公

[1] “透明国际”组织官方网站：https://www.transparency.de/en

布的年度腐败指数中，几个撒哈拉以南国家如索马里、南苏丹、苏丹、几内亚比绍和赤道几内亚等均多次名列全球最腐败的十个国家之列，撒哈拉以南非洲也是整体表现最差的地区之一，“透明国际”给出的平均得分近年来均为30多分（0 分最低，表示高度腐败；100分最高，表示非常廉洁）。通过这些数字可见，一些非洲国家究竟是否把宝贵的受援资金都用在了该用的地方。

未来，在债务问题上，非洲面临的是一条不确定性极大甚至可说是略带凶险之路。但是，非洲其实并不是第一个面临债务压力的大陆。在非洲之前，东南亚、拉美及加勒比国家都早已为非洲指明了方向。只要不是出于自身原因掉进陷阱，在一定程度上非洲还是具有选择权的。比如，在面对世界各国汹涌而来的资金时，要尽量防止过多的援助资金落入某位部落酋长或高官在海外的私人账户。此外，要充分利用好世界各国争相援助的大好时机，在接受资金的同时，把发展的聚光灯更多地照射到环境保护、提升就业水平、知识产权保护以及技术转移方面。

俗话说，无利不起早，这是非洲需要记住的一条至关重要的底层逻辑。换言之，就是价值互换、各取所需。在这个世界上，只有一种人总会顺应你的人性，那就是骗子。不要轻易相信承诺，更不可相信建立在承诺之上的承诺。没有人一辈子从来都不吃亏，也没有人一辈子都不会走弯路。所以，作为当前相对弱势的非洲，没有必要费尽心思确保自己的一切选项都是最优的，只要能够做到及时止损，就算是成功了。

第十二章

松开拳头，非洲不是拳击台

正在玩弹弓的男孩儿

在两次世界大战之前，由于世界各国的社会体系和经济发展水平千差万别，有的处于资本主义，有的还处于封建社会，再加之当时“全球化”概念尚未形成，国与国之间的信息沟通渠道十分闭塞，因此并没有形成除地理范畴外对世界上国家的群体性划分。两次世界大战作为人类历史上的分水岭，其最为直接的影响便是改变了人类社会的发展方式和未来走向。

首先，两次世界大战强行推动了世界各国的全球化和一体化。据统计，仅在第二次世界大战中，德国就消耗了炮弹近千万吨，子弹数百亿发；美国仅在欧洲战场就消耗了近700万吨弹药，在太平洋战场消耗了大约300万吨弹药。美国的弹药生产总量大约为1200万吨，大多数都支援了盟国。

二战前，世界总人口大约26亿。战争期间，战火蔓延到了亚洲、欧洲和非洲，参战国家多达61个，卷入战争的人口高达17亿，动员的武装力量总人数则超过了1.1亿人。第二次世界大战结束后，全世界人口总量下降至25亿，人类的这次亘古未有的自相残杀造成了全球大约1亿人口的死亡。同时，上亿吨的炸弹被扔向全世界，导致二战后世界上许多国家都被炸成了“世界统一样貌”。

由此，又使得世界上许多国家的社会民生和经济水平发生了严重倒退，进而导致了二战对人类历史造成的第二个重大影响，即国际社会“两派阵容”的区分开始浮现。

二战前，人类社会的两大阵容是以“南北”划分；二战后，“东西”的划分方式则全面取代了“南北”成为主流。

全球在非洲的共同利益

对世界上许多国家而言，非洲都是远离本土且相距遥远的一片与自己的文化、历史和思想全然不同的迥异之地。巧合的是，自非洲向西到北美大陆和向东到亚洲最东端的直线距离都是8000多公里，只不过一个是向西跨越大西洋，一个则是向东跨越印度洋和欧亚大陆。目前，亚洲、欧洲和北美洲这三个人类社会经济发展程度最高的地区在非洲都有着大量的人员和投资，在非洲的许多诉求也十分相同。

所有这些相似之处无不在引领着全球大部分国家都在朝向在非洲的一个最为基本的共同目标而努力——非洲的安全与稳定。

倘若非洲54个国家常年处于战乱当中，那么留给投资者的第一个选项恐怕就是要收拾行李回家了。因此，一个稳定的非洲当然是非洲自身经济发展的先决条件，这也是世界各国在非洲进行各种经济交往活动的前提要求。同时，这又是世界各大国展现各自所寄希望塑造的成熟、稳重的全球领导形象的重要基础条件。

因而从此角度而言，全球各国在非洲并不存在影响本国根本利益的交叉冲突，或者是对本国经济战略造成根本性制约的关键因素。但是，非洲频繁发生的区域冲突和暴恐事件又对世界各国的利益产生了巨大的威胁，因为由此产生的不稳定性严重威胁到了所有国家在非洲的投资和人员部署，也阻碍了非洲国家之间经贸关系的进一步发展。此外，由于亚洲、欧洲和北美洲目前无论从投资、经济合作还是在安全领域的发展程度都在全球遥遥领先，因而非洲的不稳定还会引发国际社会对当前全球大国的国际领导力以及国际威信的质疑，甚至是大规模批评。

于是，目前全球大部分国家在打击非洲恐怖主义和极端分子以及跨境犯罪方面存在着巨大的共同利益，并且在未来，这个共同利益的紧密相关性很有可能会愈发超乎人们的想象。迄今为止，由于兵力部署等原因，美国在非洲应对这类威胁时要稍显积极一些。欧洲、日本也正在全方位加强与非洲国家在安全领域的合作。

除此之外，世界各国各自在非洲的经济合作本质上也都在寻求帮助非洲发展经济，改善非洲落后的基础设施状况，以便进一步促进与非洲国家的贸易和投资。反之，非洲经济面貌的改善又与大家寻求非洲大陆和平稳定的利益相辅相成、息息相关。不断强大起来的非洲经济和更加发达完善的基础设施为全球其他国家的国内出口又可创造一个强大的消费市场。并且，一个更加富饶和强大的非洲又能够凸显世界各大国在非洲所发挥的积极作用，提高本国的国际声誉和影响力。

但是我们也要清楚地认识到，目前涉足非洲大陆影响力最大的三个区域：远东和中东国家，以及欧美国家彼此国情不同这个本质问题。所以，来自这三大区域的国家自然难以在所有涉非问题上时刻都保持意见一致。甚至，现阶段的不同之处要远多于相同之处。几个明显的相互竞争的利益冲突表现为以下几个方面。

第一，不可否认的是获取石油等自然资源是目前许多国家投资非洲的战略目标之一。诚然，针对自然资源的竞争不只存在于“东、西”这两大区域之间。在美国与欧洲国家间、土耳其和印度间也都普遍存在。所以，资源之争并不是造成东西文明在非洲关系紧张的根源。

第二，大部分国家又都期待向非洲出口更多产品。虽然美国对非洲的出口额近年来不断下降，但如果一旦未来非洲国家GDP继续快速增长，中产阶级群体继续壮大，那么美国必然不会视而不见、坐视不理，对非洲市场必然会重新重视起来。但当前大部分国家关于非洲市场的关注点并不完全相同，所以在资源领域外还没有产生直接“白刃化”的短兵相接的必要性和可能性。

第三，许多国家都在广泛地寻求非洲国家的地缘战略支持以实现自身的全球战略，但这却不是两两之间的“零和游戏”，因为54个非洲国家作为一个“天然大票仓”的优势其实被世界许多国家都在注视着。只不过，由于一些国家在各种国际组织中交锋的机会更多一些，唇枪舌剑的程度也更加白热化一些，所以少数国家之间的竞争才获得了更多镁光灯的照射和国际舆论的关注。但需要注意的是，未来一些国家围绕非洲资源和市场竞争的紧张局势很有可能会因为各自对相互战略的不了解以及沟通不畅等原因变得更加剑拔弩张。

事实上，目前世界上许多国家都在利用本国的开发性金融机构帮助本国企业开拓非洲市场，在这方面，大家可谓有高度的一致性。只是在客观上，一些发展中国家民营企业投资非洲的比例目前仍然相对较低。但说到底，各国在各自经济利益与发展战略融合方面的区别仅是一个程度问题，而不是一个纯粹的非你即我的二分法问题。的确存在竞争，但却并不像媒体舆论宣传的那般刺刀见红。区别就在于因为大家的“三观”有所不同，因此不太可能最终坐在同一条船上。实际上，大家还是都在划着各自的船向非洲大陆挺进，连方向几乎都是相同的。

此外，许多发展中国家并不是一些国际或区域性组织的成员，这一点在许多专家、媒体的辩论中却往往被忽视了。比如，国际媒体时常批评一些发展中国家在非洲的经济活动不遵守经合组织（OECD）等多方面的规则，实际上这些发展中国家本就不是OECD成员国，又有何义务去遵守OECD规则？同时，不是OECD成员国也表示发展中国家在非洲也自然不会享受任何OECD为成员国所提供的支持和各种优惠待遇，那么OECD等国际或区域性组织又有何权力对发展中国家评头论足呢？

即使针对非洲当前最吸引世界瞩目的资源方面，其实各国之间在未来产生战略竞争甚至爆发冲突的可能性也很小。比如，美国页岩油不断提升的开采量和潜在的巨大储量进一步降低了美国与其他国家为争夺非洲资源爆发冲突的可能性。再如，即使在未来，新能源所涉及的相关资源价格大幅上涨，这些成本与爆发冲突所造成的成本相比也显得太微不足道了。未来，全球新能源和碳氢化合物资源可替代的供应市场众多，非洲的资源至少在目前全球供应体系中还完全无法对整个供应链构成任何实质性影响。因此，在非洲资源争夺战中即使取得了胜利，也并不意味着未来资源的供应可以高枕无忧。

总体而言，目前世界各国为了非洲的石油、钴矿、黄金和钻石等资源爆发冲突的可能性是微乎其微的，更何况其他价值较低的资源了。所以其实对大家而言，各国把商业以及地缘战略竞争提升到冲突与对抗的高度都不是各自战略规划的一个最优选项。

相反，对非洲资源进行投资和开发不但不会威胁到全球能源安全，反而如上文中所提，还能够增加全球的资源供给总量，加强全球能源安全。媒体会选择性地忽视这些事实，因为制造紧张局势是许多媒体常用的增加报道素材和“亮点”的一贯手法。

但经济学家的职责，却是要让大众明白事情的本源究竟是什么。在一些热点问题上，学者与媒体的关系有时变得十分有趣又尴尬。往往，一些媒体是全职在传播假消息，学者却成了兼职辟谣人。

冬天，其实也并没有那么冷

虽然东西方在针对非洲的经济合作方面仍有一些分歧，但其程度和危险性都要远比半个世纪前那个特殊时期要小得多。

因为，各国在非洲的利益分歧已经不像二战刚结束时那样巨大，那么不可调和。相反，在非洲的稳定、自然资源进口和扩大出口等方面，各国在非洲存在着大量利益共同点。新兴经济体国家虽然与发达国家在经济发展理念方面仍存在一些不同，但由于大多数国家仍始终秉持的是互不干涉内政的核心原则，因此当代国家间在非洲的分歧已经没有了当年美苏那般水火不容。

在与非洲国家的交往中，许多国家主要强调的还是经济合作关系，且在与非洲国家的交往中一般都会回避一些难以处理的棘手问题。纵观世界上许多国家在非洲的立场，其实大部分都代表着各自国家内心本质的思维，而这种思维的形成又深受各国历史所影响。最关键的是，一段历史或一段经历，对人的心理会造成长期甚至不可磨灭的记忆。

记得在刚果（布）时，有一次和朋友在咖啡馆闲谈，遇到一群日本人，他们来自日本国际协力银行。虽然大家并非来自同一国家，但在非洲，在一群黑人和白人中间，长相相似有时也能让人产生一些亲切感。对方有一个年轻人问了我们一个问题："欧洲对非洲的殖民历史已经过去了一百多年，为什么许多非洲人还会时常提起呢？"

他问完后，我没有直接进行回答，而是给他讲了一则故事，我在加蓬时的一个朋友，肯尼亚人Jomo（谐音）的经历[1]。

---

[1] 此案例中该驻非机构总部位于肯尼亚，涉及人员姓名均为化名。如有雷同，纯属巧合。

这张照片拍摄于他在加蓬的最后一天，Jomo马上就要调回肯尼亚了。记得那天是一个周日，他离开加蓬的飞机下午起飞，上午我陪他去法国联盟法语培训中心结清剩余学费。能看得出他眼中充满不舍，因为日后大家相隔在地球左右两边，或许此生也很难再有机会见上一面。在离开加蓬这天，他执意要穿上我送他的这件印着中国文字的T恤。其实当时送他衣服的时候我并没有多想，结果他在离别这天突然穿上，反让我心中有些五味杂陈。那么多的中国品牌，早知道的话，我断然不会送他一件广告衫。

加蓬首都利伯维尔，Jomo 穿着我送给他的 T 恤

Jomo是被肯尼亚一家公司派到西非地区常驻在加蓬工作的，他们公司在西北非的区域总部设在摩洛哥。在西非和北非，伊斯兰教占据了绝对的统治地位，在东非和南非又基本上是基督教的天下。Jomo就是这样一个无比虔诚的基督教徒。虽然东西方文化大相径庭，但从言谈举止中却能够体察到作为基督教徒的Jomo潜意识里的一些道德准则其实与东方文化中的一些行事原则极为相似。比如，他也相信好人会有好报，所以人要多行善举等。

实话实说，我走过世界上如此多的国家，到目前为止还尚未发现有哪一个宗教是教人向恶的。所以从这个角度而言，无论是宗教，还是主义，或是信念，人心中有所信仰和期待其实并不是一件坏事。

就是这么一个善良的人，却在加蓬遇上了让人颠覆三观的遭遇。因为不愿意配合他的上司做假账挪用公款，他的诚实和正直“挡了别人的财路”，因此便得罪了他们公司整个西北非部门几乎整整一“船”人。

由于非洲许多国家的法制和规矩仍不健全，一定会导致一些人的欲望极度膨胀乃至于无法无天。再加之天高皇帝远，许多国家的总部完全拿身处非洲的分公司毫无办法，许多企业在碰到海外机构的“丑事”时，也基本都是“大事化小，小事化了”。

法国社会心理学家古斯塔夫·勒庞（Gustave Le Bon）曾著有一本非常知名的著作——《乌合之众：大众心理研究》（*The Crowd : A Study of fhe Popular Mind*）。此书揭露了人性中最扎心的一个事实：无数乌合之众会形成一个庞大的群体，不断啃噬着仅有的良知，并打击非其同类的其他人的善良。换句话说，当群体异常强大时，里面任何反抗的声音都会被淹没，被处理掉，直至消失。群体在带给同类人栖身之地的同时，也在放大着人性的罪恶和丑陋。

为了把Jomo尽快赶回肯尼亚不让他继续留在加蓬做“捣乱分子”，果然勒庞所说的群体效应开始在他们的机构中逐渐发酵。从2018年开始，Jomo在加蓬的直属上司便开始向西北非区域总部以Jomo工作不力、不团结同事、不服从工作安排为由要求把其尽快调离加蓬。得到期待许久的子弹后，西北非地区的领导便开始向国内总部发难，以工作能力不合格、人品差等各种莫须有的罪名要求将Jomo调回国内。同时，还添油加醋，向国内总部编造并散播关于Jomo在西北非工作、生活的各种谣言。

最终，Jomo被精心策划包装成了一个工作不力、性格孤僻、人品低劣的“异类”形象，并成功地在任期结束后立即被一群劣币驱除。

今日的非洲，早已不再像大多数人想象的那样简单。全球一体化不但给非洲带来了资金和技术，也带来了思想和欲望。正如发生在Jomo身上这种连拍摄影视剧都不敢如此夸张的剧本，居然就实实在在地发生在你我的身边。

讲完这个故事后，我问那位日本友人，当一个善良诚实如Jomo的人有这种遭遇后，你还会不理解为什么他总是难以忘怀吗？

很多时候，被烙铁烙过的伤痕虽然能够在表面痊愈，但在疤痕的下面，或许几十年后依然都在冒着烟。想必许多人都听说过这两句经典的至理名言：

不要拿别人的错误来惩罚自己；

放过别人，就是放过自己。

可是在现实中，对于一个伤害到人内心最深处的痛，正如电影《海边的曼彻斯特》（*Manchester by the Sea*）里所说的那样：“不是所有的错误都可以被原谅……人生中总有一些纵然是时间都无能为力的事，若非身在其中，别人无法感同身受。”

如果，这个世界上尽是以德报怨，那么又何以报德？

在加蓬首都利伯维尔机场，除了对Jomo说声珍重以外，在他进海关前我对他说的最后一句话便是曾经在国内一档电视节目中听到的一句话：“无需原谅伤害过你的人。他们的出现，只是为了提醒你不要成为那样的人。人的一生短暂如蜉蝣，宁愿逆流而上，也切莫随波逐流。”

个人如此，国家和民族亦如此。数百年前的殖民横祸，其实对许多非洲国家普通人的心灵造成了巨大且久久挥之不去的冲击。

但是，毕竟仍然用几十年前的零和思维来理解当代全球在非洲的利益冲突与竞争，无论从时代背景或因果关系方面都显得过于落伍。在非洲问题上的许多利益相关者为了自己的利益最大化，为了博眼球，不断地夸张故事情节，将简单的事情极尽可能地复杂化，反倒使得许多国家在非洲颇有点被“赶鸭子上架”的感觉。慢慢地，自己都觉得与对方水火不容。但具体有什么本质上的不容之处，各自却又都摸不着头脑。

摘下有色眼镜，让眼睛休息一下

现实中，很难界定和量化各国在非洲的活动对非洲国家的经济和社会发展所带来的具体影响。但总体上，各国对非洲经济和基础设施方面的投资所带来的对非洲国家稳定和经济发展的正向影响远比其在非洲产生矛盾所带来的负面影响要大得多。

当前，许多发展中国家和新兴经济体国家外汇储备都非常丰富，风险偏好与欧美国家也有很大不同，这就使得这些国家的资金能够极大地帮助非洲国家那些被欧美忽视已久的行业和市场。

此外，有时包括新闻媒体、学者等一些特定群体也都倾向于拿本国理想化的发展战略与精挑细选的对方的过错或失误进行细枝末节的比较，期望找出对手的破绽。但现实中大多数情况却是，在表层的利益冲突过后，各国在非洲还是你干你的，我干我的。比如，许多发达国家媒体攻击其他一些国家在非洲经常与专制政体打交道。但现实却是，发达国家在非洲也不仅是只与所谓的民主政权打交道。

二战后，大部分非洲国家都采用了共和政体，仅有三个国家保留了君主制，分别是摩洛哥、莱索托（Kingdom of Lesotho）和斯威士兰（Kingdom of Eswatini）。

莱索托位于非洲南部，是全世界最大的国中之国，其全境都被南非包围，两国接壤的边境线长达909公里。因地处高原，莱索托又成了世界上唯一一个全境海拔都在1000米以上的国家，其最低海拔也有1400米。因而，莱索托又被称为“天空之国”。莱索托曾是英国殖民地，1966年才从英国完全独立，现仍属于英联邦国家成员。莱索托国土面积不大，只有约3万平方公里，人口也仅有200多万，且经济非常落后，是联合国公布的全球最不发达国家之一，全国大约有一半人口生活标准低于国际贫困线。此外，该国的艾滋病感染情况仅低于斯威士兰，几乎接近于失控。

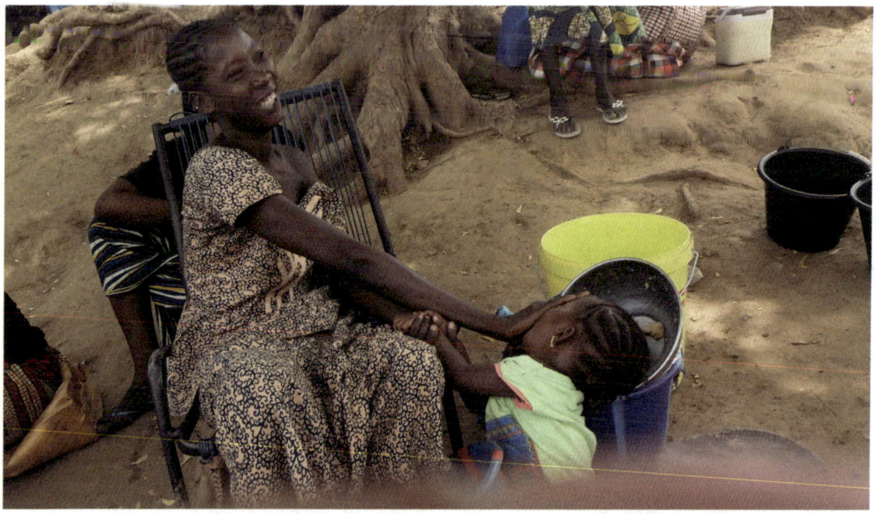

莱索托路边，一位当地妇女正在和孩子玩耍。她的 8 个孩子全都因贫困无法入学

莱索托给我留下印象最深的是，几乎在每一个城市里都能见到中国人。一次在驱车离开首都马塞卢大约一小时后，当到达一个建在陡峭山路上名为拿撒勒的小

镇，车子停在一家门面不大的小商店门前时，令人意想不到的事情发生了。在如此偏僻的地方，居然看到一个来自中国的年轻女孩儿在帮一个当地村民往小货车上装载货物。据她介绍，她来自贵州。起初，许多人还以为她是被拐卖到此地的。结果她说她是来打工赚钱的，而且她觉得这里很好，空气比老家好很多。从言语中能感觉到，她非常喜欢现在的工作和生活状态。实话实说，直到现在许多人也不是特别理解在莱索托这样的国家打工到底能赚多少钱，能给她的生活带来多么大的变化和惊喜。但是，我们应该尊重每一个人选择的权利。每个人的人生都有不同的风景，适合自己的便是最好的。

美国商人虽然在莱索托这个较为贫穷的国家并不多见，但却不等同于美国在莱索托没有影响力。目前，对莱索托经济支撑最大的许多劳动密集型产业如纺织业的发展就直接受益于美国《非洲增长与机会法案》（AGOA）。

在莱索托首都的一条大街上，有一次曾看到大约有近百人在一家诊所门前排起了长龙。走近一看，才发现原来这些人是在等待进行艾滋病检测。在莱索托，少有人能负担得起检测和治疗艾滋病所需的高昂费用。如果不是国际社会尤其是美国及欧盟等近十年间在莱索托投入了大量资金对抗艾滋病，莱索托目前的艾滋病感染率恐怕更是一个十分恐怖的数字了。

有人在这里修路修桥，有人在这里助力出口，有人在这里提供医疗。在非洲大陆上，其实各个国家都在帮助非洲国家发展。在现实中看到的，其实并非像一些国际媒体报道中一派你争我夺“瓜分非洲”的紧张样子，反而全球各国在许多方面对非洲的发展都在承担着互利互补的角色。

在一些媒体对发展中国家的指责中还包括，认为一些发展中国家的国家力量主导了对非洲的投资。但实际上，许多国家的政府在其非洲的经济活动中都发挥着至关重要的主导作用，比如美国进出口银行、美国国际开发署、联合国开发计划署、法国开发署等。从这一角度而言，大部分国家当前在非洲采取的一些方针政策可说是极其相似的。

此外，就一些媒体笔下的所谓非洲专制国家而言，全世界任何一国都不是这些国家唯一的投资者。印度和马来西亚目前大量投资于苏丹的石油行业，美国的石油公司则大量参与了赤道几内亚的石油行业投资，在赤道几内亚的石油和天然气行业发挥了绝对主导作用。

同样，在针对非洲重债穷国的债务减免问题上，各方现有分歧的深度和影响力也被媒体明显夸大了。尽管一些国家不认可欧美对一些非洲穷国在外债偿还方面采取的一些附带额外条件的做法，但各国对这些非洲国家又抱有共同的基本期望——稳定。这并非指各国必须要消除一切分歧在未来朝着对方的方向靠拢，而是大家应该对自己的愿景最终实现的可能性、有可能遇到的阻碍以及非洲的现状持一种完全现实的态度。

由于特殊的历史遭遇，非洲国家在历史上向来都有反对霸权主义和争取自由主义的传统，这种趋势在美国、英国、法国、印度、土耳其等各国开始加大与非洲国家的经贸往来之前就早已存在。非洲国家在未来也势必会在大国间尽量保持平衡。任何一国如果试图迫使非洲国家做出选择，恐怕也会是一个不可能完成的任务。

莫把低端竞争人为上升为战略紧张

之所以各国在非洲的存在不会在根本上对某一国在非洲的利益构成战略威胁，是因为当前大多数国家对非洲的稳定和经济增长的利益诉求是大体一致的。此外，在非洲也不存在不可调和的价值观冲突，大部分非洲国家现在的关注点也都是在经济发展这一议题上。

虽然一些国家在非洲大陆上仍然存在商业和经济合作方面的竞争，有时一些竞争还较为激烈，甚至吵得热火朝天，比如在国际标准制定、知识产权保护以及非洲治理方面的分歧等。但所有这些竞争与分歧与一个稳定的非洲能够提供给世界各国的利益相比则显得太不足挂齿了。

短期内找到一个战略平衡点对各国而言并不容易。在经济合作方面，一些国际媒体经常指责发展中国家掠夺非洲资源，却闭口不提实际上发达国家在过去几十年里才是消耗非洲石油资源最多的国家。

因此，在非洲，各国完全无需把所有的争端都上升到战略层面，许多事情本来并没有那么复杂和高深。

大多数发展中国家与新兴经济体国家与非洲国家的关系只是简单的经贸往来。在非洲，有人看中资源，有人想要市场，有人想要投资机会，非洲又能从中得到大量的资金、基础设施和价格低廉的进口商品。非洲大陆现在最为需要的恰好正是投资、资金和大量的基础设施。同时非洲又有大量的低成本劳动力和自然资源，有大量喜欢价格低廉产品的消费者。并且，非洲国家在被殖民数百年后，也渴望一个不会受到任何干扰的国际环境。

因此，作为供给侧的世界各国和作为需求侧的非洲国家之间本应形成高度契合，成为支撑非洲国家经济社会发展的关键因素。只要世界能够继续供应，非洲就仍然有巨大的需求，那么与非洲的经济关系必然会持续地发展下去。

目前，许多国家关于非洲问题的分歧实际上多是源于各国国内经济基础、文化背景、历史思想和人文观念冲突的一种集中体现。但关键的是，大家的不同立场几乎不太可能有迅速被改变的余地。比如一些发达国家认为如果没有社会体制改革，经济发展反而会让社会更加不稳定。而一些国家却是这一观点的坚定反对者。单凭这一点，许多关于非洲的根本性分歧在短时间内很难有调和的空间。

血液里流淌的差异的确难以改变，并且这些差异很有可能在未来的非洲会引发进一步的情绪对抗，最终有可能继续升级到行为上的对抗。

利益面前，没有永远的朋友或敌人

任何一个国家影响力的提升，并非都是不设上限的。如果把时间推回到二战结束之初，发达国家对非洲的总体援助、投资是要远超他国的。在未来，至少在十年内也大致应是如此。而且发达国家还提供了一些他国所提供不了的技术、专利和科技产品，让非洲国家有了接触各种国际组织和国际平台的机会。可以说，发达国家作为一个整体现在还是有充足的能力来提供其他国家对非洲所提供不了的东西。

尽管西方过去对非洲的殖民历史不太光彩，现在因为那段殖民历史，双方尚存一些芥蒂。但要认清的现实是，在客观上非洲国家与西方因为那段殖民历史却无形中产生了深厚的经济和文化联系纽带，并且这种深层的联系势必还会继续持续下去。

非洲对外来投资的需求大，不断增长的消费市场容量也大。对非洲而言，这是一件好事，同时也意味着全世界任何一国都无法垄断非洲这个大市场。比如，美国自然不会支持与其价值观不同的国家在非洲的影响力无限扩张。但反之，美国也永远不可能做到独霸非洲。

作为发展中国家，对非洲国家既不能疏远，也不可傲视。未来，发展中国家在非洲仍将继续作为一个主要的游戏参与者，同时保持与传统的西方大国在非洲有一定程度上的利益差别。至于大部分非洲国家本身，在未来已经不可能回到二战结束后与传统西方社会所达到的那种“亲密”程度。

大国之间，其实没有必要把竞争下降到一个很低的层次。天时在变，地利在变，人和也在变。世界在发展，美欧在发展，发展中国家也在发展。明白了这个道理，世界各国就应该坦然地接受日后会在非洲看到越来越多的多元化元素这一现实。非洲这盘棋，谁能看得出对手未来的三至五步，谁才是高手。

安全方面，美国非洲司令部近年来除了反恐以外，大部分精力都放在了评估其他国家军队在非洲及周边的军力建设方面。但现实却是，许多国家对在非洲实施政权更迭、军事威慑、大规模战争等完全没有兴趣，也不是战略重点。美国在这方面浪费了大量人力、物力，有些搞错了方向。许多国家的军队在非洲主要的目标还是为了寻求得到可靠的补给、物资储存点以及以有限的军事能力从而保护本国在非洲的人员和资产安全。美国不应将这些视为对美国利益的威胁，反而在这些方面，各国有着很大的合作空间。

看得见共同利益，将经济合作在非洲大陆上与地缘战略区别对待，这才是每个国家都应该仔细考虑的发展方向。

例如，亚太区域的发展中国家和美国应该设法把双方在非洲的关系变得特殊一点，甚至从整体的双边关系中单独剥离出来，而且这并不矛盾。大框架下，环太平洋地区和印度次大陆的诸多问题目前确实交锋异常激烈，但在非洲却大为不同，非洲能给各国都带来实实在在的利益。在利益面前，要做的是应努力防止在非洲的纷争进一步扰乱大框架而让大家的利益都蒙受损失。

面对共同的利益，世界各国不应让许多外生因素例如印太战略、北溪天然气管道爆炸事件或伊朗问题等掺杂进非洲事务中。一旦允许外部事件影响非洲大陆事务，必然会导致一个在以获取经济利益为主的地区各国却主动地把紧张局势升级到不必要的层面。

各国在非洲的驻军完全应该寻找甚至创造更多接触和交流的机会，因为大家在非洲面临的大部分挑战仍然都是恐怖主义威胁，共同应对这种威胁的军事合作反而能为国与国军种之间的交流创造有意义的条件。虽然，东方和西方国家仍然存在一些战略不信任，但双方在非洲进行反恐、非战斗人员撤离、人道主义援助以及救灾行动方面的合作将对双方的共同利益大有裨益。

美国陆军在反恐等军事行动中经验颇丰，法国在非洲的驻军在人员撤离等方面有无数成功的经验。所以，非洲大陆反而是各国最有希望通过军事关系来拓展各种合作的一个十分宝贵的平台。

第十三章

未来：一条充满荆棘的坦途

正在休憩的非洲工人

联合国曾指出，维持现有人类种群正常繁衍的基本生育率（又称“更替水平”）大约应达到2.1。通俗来讲，即每500名女性在整个生命周期内需要生育1050个孩子，才能维持现有人类的总体规模保持不增不减。否则，少子化、老龄化和劳动力规模下降等诸多人口问题会日益凸显，人类的社会经济发展将面临断档风险。

人口作为一种资源，在未来越来越关乎到一个国家的发展战略，关乎到社会的稳定和繁荣，更加关乎到种族的可持续性。人口资源在当下已经变成了比石油、黄金和天然气等许多传统战略资源更加宝贵的“生命之源”。

但遗憾的是，人类的生育率目前正在以极快的速度下降。2021年，人类生育率甚至创造了自1905年以来的新低。目前在全世界所有发达国家里，人口的基本生育率能达到2.1的只有一个国家，那就是以色列。在欧洲，由于死亡率的上升及出生率的持续下降，2020—2022年，欧洲大陆的总人口下降了200多万。日本的总人口自2010年已经开始下降，韩国的总人口则是从2020年开始下降。

根据中国国家统计局公布的数据[1]，截至2022年末，中国人口总数为141175万人，比2021年减少了85万。其中出生人口为956万人，死亡人口为1041万人，出生率仅为6.77‰，创下了近60年来的新低。这意味着，中国的新增人口数量自2022年开始已经转为负增长，并且是在急剧减少。甚至有专家预计，到2100年，中国人口将减少到1980年的水平，也就是10亿人[2]。

未来，全球大部分国家会是年轻人越来越少，老年人越来越多。但是，世界上却有这么一个地方，情况恰恰相反……

[1] 2022 年国民经济顶住压力再上新台阶 . 国家统计局，2023-3-17. https://www.stats.gov.cn/sj/zxfb/202302/t20230203_1901709.html 访问日期：2024-04-16 .

[2] 中国社会科学院人口与劳动经济研究所研究员郑真真于 2016 夏季达沃斯论坛中的发言。

这才是非洲最宝贵的资源

1914年，整个非洲大陆上的总人口为1.24亿。时至今日，非洲大陆上的总人口数量已经突破了14亿。1914年至今，亚洲人口增加了4倍，非洲人口却增加了令人难以置信的11倍。欧洲大陆在过去100年间人口几乎未发生变化，美洲的情况也大概如此。唯有非洲大陆，在过去半个多世纪里是人类唯一一个经历了人口井喷式增长的地方，这绝对可堪称是人类发展史上的一个奇迹。

但是，请先不要惊讶，因为这还仅仅是一个开始。非洲大陆人口真正的井喷式增长，可以说才刚刚起步。

据估计到2050年，整个非洲大陆上的人口将达到创纪录的24亿。换句话说，在1980年的时候，地球上每十个人里面有一个是非洲人。而在仅仅半个多世纪以后，到2050年，地球上每四个人里就会有一个是非洲人。

塞内加尔首都达喀尔的海滩，放眼望去，几乎全是孩子

数字或许太过枯燥，那么就让我们来做一个形象的比喻，24亿人究竟是个什么概念？它相当于1950年全世界人口的总和。

仅仅在过了一个世纪之后，仅在非洲这一个大陆上，就会拥有24亿人口。可以说，非洲大陆当前已经成了名副其实的地球上人口增长最主要的动力和源泉。如果还有人不相信这个事实，那么我们再列举几个简单的例子来切身感受一下：

在当前全球将近200个国家里，只有8个国家的人口增长率超过3%。人口增长率超过3%意味着一国的人口每过20至24年就能够翻一番。这8个国家，全部都在非洲；目前，全世界只有11个国家平均的家庭婴儿出生率超过5个孩子，这11个国家也全部都在非洲；到2050年，全世界排名前20位人口增长最快的国家中，有12个将会在非洲……

在未来，整个世界的人力资源和人力资本的发展都将越来越多地仰仗非洲大陆，这绝非言过其实。

关于非洲人口的未来，以上还仅是一小部分事实，令人震惊的还有更多的不可思议。一些人口学家依据当前数据做出的预测显示，非洲大陆将是在本世纪末唯一一个人口还保持持续、高速、正增长的大陆。

读到这里，或许读者可以来猜想以下两个问题：

第一，到2050年，全世界40%的新生人口，会在哪里？第二，到2050年，全世界前40个平均年龄最低国家当中的38个，会在哪里？

答案是：非洲。

到21世纪末，全世界40%的人口都将生活在非洲大陆，那时非洲大陆上的总人口将达到惊人的40亿。这也意味着人类社会自2020年至2100年，所有新增人口的90%都将由非洲大陆所贡献。

到了那一天，全世界有一半的年轻人，以及一半的适龄劳动力全部都在非洲大陆，世界上其他的国家或地区又该怎样与这个大陆进行竞争呢?

那时，恐怕全球的地缘政治、经济战略格局都将会完全为之改变，非洲大陆或将会成为拉动整个人类社会向前发展最大的动力。然而，2100年的时候，与非洲大陆的情况恰恰相反的是，当前许多发达国家的大街上将尽是满头白发的老年人。半个多世纪以后的世界，恐怕将会完全与现代人的知识理念和认知结构大相径庭。

当然，预测2050年甚至2100年的事情，以人类现有的科学技术水平还无法做到完全精确。随着时间的流逝，许多主客观因素都会时刻发生变化。但按现在的发展趋势判断，有一个结论却是可以确定的，即到了那一天，我们整个地球上差不多每三个人里就会有一个是非洲人。

果真能够夸张到如此地步吗？那就让我们来看一看下面这个非洲国家——尼日尔（The Republic of Niger）。

在尼日尔，每个家庭平均拥有子女的数量是7人，且这个数字在近年来还在不断增加。所以，这就是为什么在尼日尔现在全国人口的平均年龄只有——15岁！从1950—2050年的100年里，按照现在的发展速度，尼日尔的人口数量将至少增加二十多倍，从250万人增加到6000万。

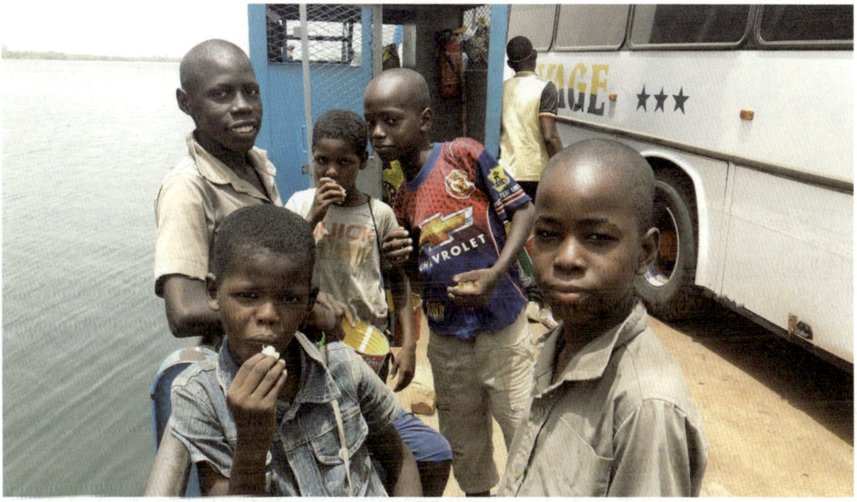

于尼日尔河畔拍摄的亲兄弟 5 人，他们说家里还有 4 个姐妹

听了这么多数字以后，你或许在脑海中会产生一个非常大的疑问，那就是随着人口如此井喷式的增长，非洲国家或说非洲大陆到底能够容得下这么多人吗？

答案是，绝对没有问题。

从20世纪50年代到今天这半个多世纪以来，在经历了人口翻了6番这样如此高速的发展以后，或许你无法想象，非洲大陆在地域上来讲仍是一个空旷之地。

2022年，整个非洲大陆的平均人口密度为每平方公里44人，还不及中国的三分之一（每平方公里147人）。非洲54个国家中，只有5个国家（卢旺达、布隆迪、乌干达、尼日利亚和马拉维）的人口密度超过了每平方公里200人，其余的非洲国家人口密度仍然远不及当今一些发达国家和发展中国家。2022年，韩国的人口密度已经超过了每平方公里530人，孟加拉国的人口密度更是超过了创纪录的每平方公里1200人。

随着非洲人口以如此快速甚至恐怖的速度增加，对未来我们的世界到底将会产生怎样的影响呢?

一个新的黎明

无论是从人类学或是经济学的角度，无论是从欧洲、美洲还是亚洲这些已经经历过比较成熟的人类发展阶段的区域经验来看，基本能够总结出这样一条规律：每当一个国家或地区发生经济方面较大的变革时，社会人口的转型必定会同步而至。

首先，随着人们健康水平的提高，平均寿命会延长，死亡率会下降，随之出现的必然是人口出生率的快速增长。但当到达一个瓶颈期后，人口出生率和人口增长率又会同步开始出现下降。

这一规律在现在的发达国家、发展中国家以及新兴经济体国家的历史上均一一应验过。但在非洲，这个规律却好像完全失去了魔力，不起作用了。

非洲人口的死亡率在近半个世纪以来的确是在不断下降，随之而来的是平均寿命的增加。但奇怪之处在于，在非洲独立的初期，随着社会经济状况的逐步改善，大部分非洲国家的人口出生率在社会经济发展未达瓶颈期之前便开始下降。尤其是撒哈拉以南非洲国家，在过去的20年间，生育率从平均每个妇女6.5个孩子下降到了现在的5.4个孩子。

另一个极端则是埃及。埃及是一个从经济学角度来看已经完全完成了人口转型的国家，但埃及的出生率却从2008年开始持续上升。按照埃及现在的出生率水平，埃及到2050年全国人口很有可能将增加到1.6亿。

一些经济处于上升通道的非洲国家，出生率在下降；而一些完成了社会经济转型的非洲国家，出生率却在上升。为什么非洲大陆上会发生如此反常的现象，会违背社会科学中历经多年在全球许多国家和地区充分得到验证的人口转型理论呢？针对这一反常现象，直到现在，全世界的专家们也没有能够达成共识。但是，公认的一个理由则是由于非洲大陆长期受宗教和传统文化的影响实在是太过深远。

按照非洲的传统观念以及伊斯兰宗教教义，非洲的许多家庭认为孩子越多越好。在这方面，非洲人与古时的中国传统观点似乎有异曲同工之处，即多子多福。并且，在非洲的许多国家通常年轻人结婚年龄非常早，因此生育子女的年龄也会非常早。又由于经济的不发达以及传统观念的束缚，非洲家庭中采取节育避孕措施的比例也比其他地方要低得多。

在尼日尔，女性通常认为一个家庭中有8-10个孩子是最合理的，而尼日尔男性的观念里觉得一个家庭最合适的孩子数量至少是13个。一些学者研究发现在非洲人口出生率排名前十位的国家里普遍都存在一个现象，即女性生育第一个孩子的时候普遍处于青春期。

安哥拉的三姐妹（她们还有 3 个兄弟）

因而，非洲这种独特的文化、宗教和观念夹杂在一起，便导致了非洲的人口发展路径与当今社会学与经济学中的一些理论完全是无法相互印证的。又如安哥拉，一个出产石油的国家，凭借这种宝贵的资源使安哥拉在非洲大陆上已算是一个经济相对比较发达的国家。但随着安哥拉的社会经济发展的不断成熟，安哥拉的人口出生率仍然要高于许多撒哈拉以南的非洲贫穷国家。

当今世界的发展变化速度完全

可称之为光速。在未来，这种变化会更加让每个人都啧啧称奇。谁都不可能完全准确地预计到未来人类社会和我们的地球到底会发生些什么。比如在2020年的时候，整个亚洲国家的经济总量已经超过了地球上其他所有国家的经济总量。这虽是一个已经发生在“昨天”的事实，但“今天”仍有许多人对此毫不知情，并且在“前天”也完全没有人能够预知到这样的事实会在“昨天”发生。

当今，发达国家不但正在面临人口增长的断崖式下降，同时还面临着老龄化社会的巨大危机。据联合国预计，2060年整个生活在欧洲大陆上的人口将会连整个世界人口的5%都不到。到那时，欧洲大陆上将会有超过30%的人口年龄都在65岁以上。

换言之，在人类的明天，世界人口的发展方向和趋势恐怕都将由非洲来决定。2050年，非洲大陆上的总人口将是印度和中国两个人口大国的总和，在非洲大陆上将有快速成长且数量庞大的中产阶级，快速更新迭代的城镇化进程。在未来的30年里，非洲大陆上每一年都会有将近3000万人达到15岁。非洲人口的年轻化将在下一个一百年里碾压世界上任何一个国家。

此外，伴随着非洲人口如此高速的增长，还会使非洲大陆在未来的全球影响力和地缘政治重要性不断提高，且非洲大陆对外的移民输出人数势必也将会大幅增加。

通过许多媒体的报道可知，在中国的广州能够见到许许多多的非洲人，甚至有人还形容，广州都快要变成半个非洲了。但实际上在未来，非洲大陆人口对外输出的主要目的地仍然会是欧洲，而不是广州。因为首先从地理上来讲，欧洲是离非洲最近的发达地区，在文化传统方面欧洲与非洲又有着极高的相似性，所以，未来欧洲必将成为非洲人首选的移民地点，会远远超过现在传统的移民大国美国、加拿大或澳大利亚等。其次，随着欧洲老龄化形势的不断严峻，老龄人口的不断增加，欧洲会出现大量工作岗位，非洲人的到来正好可以填补欧洲劳动力的短缺。

接下来的一百年里，非洲将向全世界提供绝大多数适龄劳动力人口，且伴随着非洲人口的增加，非洲还将变成未来的全球主力消费市场，为世界提供数以亿计的新生消费者。庆幸的是，许多国家现在也已看到了非洲蕴含的巨大潜力、巨大的消费能力和巨大的市场。

正因为大部分非洲国家现在的经济状况仍然较为落后，这反而意味着明天他们几乎什么都需要。非洲需要学校、需要医院、需要手机、需要电脑、需要电动汽车，需要一切许多读者早已习以为常的各种日用消费品。面对着未来这样一个巨大的市场，世界上众多国家早就已经开始了行动。

目前，俄罗斯在非洲的总投资额已经超过300亿美元，并已连续举办三届俄罗斯与非洲国家峰会。在2019年首届俄罗斯—非洲峰会上，俄罗斯向非洲国家出口的各类武器达到了140亿美元。2023年3月第二届俄罗斯—非洲峰会上，俄罗斯宣布将继续优先关注与非洲的合作，免除了超过200亿美元的非洲国家债务。印度在非洲投资的项目范围更为广泛，除基础设施建设项目外，还涉及信息和通信技术、农业等，并且为非洲提供了大量工作岗位。到目前为止，印度已经在非洲40个国家投资了200多个项目，还有80多个项目正在进行中，总投资额高达150亿美元。

但印度、黎巴嫩两国对非洲的投资与其他国家却稍显不同，因为这两国在非洲几乎可说是无孔不入，甚至主宰了非洲人日常生活中衣食住行中的方方面面。许多非洲的豪华酒店，老板一般都是黎巴嫩人。而大小旅行社和遍地的超市，老板一般都是印度人。甚至连非洲的房屋中介都几近被印度人所垄断。

在塞内加尔时，一次去当地据称是最好的一家日本料理用餐。

总体而言，这家餐厅的寿司、生鱼片、清酒等各种美食口味均十分正宗，环境布置得也异常优雅，不时还会响起几首日本流行歌曲。用餐行将结束时，老板和主厨前来进行礼节性的寒暄。但令我出乎意料的是，来的居然是一个黎巴嫩老板带领着一个印度厨师。

另一个近年来在非洲影响力不断增加的国家便是土耳其。2000年至2010年间，土耳其对非贸易总额从40亿美元快速提升到了160 亿美元。

一份“帆船鱼生”套餐

2022年，土耳其对非洲仅出口一项就达到了218亿美元。虽然，土耳其在非洲各方面的影响力仍与美、欧、中、俄等国家和地区还无法相提并论。但在蓬勃发展的非洲市场上，土耳其正在步步紧追。

2016年，土耳其在非洲规模最大的使馆于东非索马里落成。2021年的首次土耳其—非洲峰会共邀请了16位非洲国家元首和100多位部长参加，充分彰显了土耳其继续扩大在非洲影响力的雄心壮志。土耳其对非洲武器出口的增长规模更是惊人，从2020年的4100万美元一下子激增到2021年的4.6亿美元，一年时间便增长了惊人的10倍。

截至目前，已有数千家中国企业扎根非洲投资兴业。就影响力而言，上述国家与中非间的经济合作相比仍无法相提并论。中国帮助非洲国家建设的各类型项目不但在中国和非洲家喻户晓，甚至在世界范围内都尽人皆知，如曾经上过央视春晚的从肯尼亚蒙巴萨到首都内罗毕著名的蒙内铁路。

蒙内铁路全长480千米，设计速度120千米/小时，是肯尼亚自独立以来国内兴建的规模最大的基础设施建设项目，也是肯尼亚实现2030年国家发展愿景的旗舰工程。从设计、施工、材料到最后的运营管理几乎全部都由中国帮助肯尼亚完成。

蒙内铁路肯尼亚乘务人员正整装列队准备登车

当时，在看到左图中整齐有序的一组乘务员缓缓地乘坐扶梯向我们走来时，我完全被他们的仪表、仪态和着装深深震惊了。若不看肤色，怎么看都像是一组中国的高铁乘务人员。后来当地人对我说，原来中国对蒙内铁路的支持甚至还包括了对乘务人员的培训。迄今为止，这条铁路为肯尼亚共计创造了超过7万个就业岗位，培养了2000多名技术人才。

因此，面对非洲未来无限的增长潜力，谁能快人一步看到非洲的机会，谁才能在未来抓住这个人类前所有未有的巨大市场。现在，一切都还只是刚刚起步而已。

离开非洲，世界真的活不下去

美国高大上的华尔街，中东沙漠中的奇迹绿洲，悉尼海边鳞次栉比的摩天大厦，欧洲令人垂涎欲滴的众多美食……所有的这一切，在未来它们的命运怕是都要被掌握在非洲人的手中。人类文化的成与失，社会经济的发展与萧条，人口的繁荣或衰落， 在未来都摆脱不了非洲的掌控。而这一切的原因，仅仅是源于人类在几个世纪前一次偶然的发现。

1802年，当德国探险家亚历山大·冯·洪堡（德语：Alexander von Humboldt）在南美洲秘鲁安第斯山脉高地进行探险之时，偶然发现了一个非常奇怪的现象。因为秘鲁从地质结构上来讲，并不是一个非常适宜发展农业生产的地方。但恰恰相反的是，在秘鲁高地庄稼的长势却异常兴旺。洪堡经过长时间的观察研究发现，秘密在于秘鲁人会时常收集蝙蝠和一些海鸟的粪便并撒在庄稼上作为庄稼的肥料，最后使得秘鲁高地这片不适合农业生产的地方庄稼反而郁郁葱葱，呈现出一片长势喜人的景象。但洪堡不知道的是，其实秘鲁人用这个方法种庄稼已经有上千年历史了。

如获至宝的洪堡迅速把鸟粪能够促进庄稼生长的秘诀带回了欧洲，紧接着这个秘诀又被很快地传遍了整个西方世界。自鸟粪能够帮助庄稼成长这个诀窍被洪堡发现后，西方国家采用这个方法使得农业生产迅速迎来了一波前所未有的空前发展，最终使当时农业生产仅能够满足自给自足的大部分西方国家迅速转变为了粮食出口国。

以至于后来，随着鸟粪在西方世界农业生产中地位的不断提高，许多国家甚至为了鸟粪而大打出手并引发了多场世界范围内的著名战役，如1864年发生的钦查群岛之战以及1879年的太平洋大海战。那时的美国甚至为了尽可能地获取鸟粪，居然在国内通过了一个名为《鸟粪岛屿》的法律条款，这项法律允许美国人在整个太平洋范围内的孤岛上自由寻找鸟粪。只要发现含有大量鸟粪的岛屿，就会按照先到先得的原则，把这个岛屿赐给谁。据说在这个法令颁布之后，美国人在整个太平洋上先后共占据了70多个鸟粪储量十分丰富的海外荒岛。

一时间，鸟粪纷纷被全世界各国列为对国家政治、经济、社会发展至关重要的一项战略资源。

然而1913年，鸟粪至关重要的战略地位随着一个史无前例的伟大发明而随之改变。这一年，德国化学家弗里茨·哈伯（Fritz Haber）在人类历史上首次发明了人工合成鸟粪的方法。哈伯发明的这种人工合成物质就是今天对全世界农业生产起着决定性作用的化肥。化肥的发明可以说彻底地改变了整个人类发展的历程。其关键就在于，在人类发展史上终于首次能够自主决定和支配食物的生产了。

随着化肥的发明所带来的食物供给的稳定效应，在随后的100年里使地球上的人口数量从16亿迅速增加到80亿。化肥的出现不但使人类原有的农作物产量大幅提高，最重要的是使得在之前人类无法种植农产品的许多“荒蛮之地”统统都变成了千里沃土。比如北欧国家挪威，因为恶劣的气候和自然地理状况，挪威在历史上几乎没办法自然培育农作物。但在化肥发明之后，挪威农作物的亩产量甚至一度接近了东欧和南欧国家。

俗话说，“人是铁，饭是钢，一顿不吃饿得慌”。古语又云，“兵马未动，粮草先行”。今天，世界所有国家的经济发展最终都会受到农业生产尤其是粮食生产的影响，而农业生产尤其是粮食产量又直接取决于化肥这种至关重要的原料。

但是到了2010年，随着科学探索的持续进步，一件对全人类而言令人十分担忧的事情发生了。科学家们发现，人类用来合成化肥的一些重要原料很有可能在未来马上就将用尽了。

构成化肥的成分主要有三种：氮基化合物、钾基化合物以及磷酸盐。而其中的两种无法通过人工合成方式来获取——磷酸盐和钾基化合物。庆幸的是，目前钾基化合物的总体储量仍非常之大。科学家们预计，以人类现在的消耗量而言，在未来的几百年里基本都无需担心钾肥用光的问题。但另一种原料磷酸盐的情况却并非如此。世界各国科学家们通过研究发现，若人类人口总量在保持不变的情况下，按现在的消耗量计算，磷酸盐仅能够继续维持开采260多年。但如果人类人口按1.5%的增长率增长的话，那么当前的磷酸盐储量只够人类使用100年。

我们暂且不去考虑当磷酸盐用完那一天人类社会会变成什么样子。即便是现在磷酸盐还能够使用100多年的情况下，全球各国已经开始对各自的磷酸盐资源进行重点保护了。目前，世界上大部分磷酸盐出产国都已争相对磷酸盐的出口采取严厉的限制措施，这些限制措施在2020年上半年还曾导致磷酸盐的国际市场价格飙升了将近80%。美国早就开始了对磷酸盐的出口禁令，其他一些国家也正在考虑逐步对磷酸盐出口实行配额制，且未来每一年度设定的配额将会远低于上一年度的实际出口量。

当前，中国是全世界磷酸盐探明储量排在第二位的国家，拥有全世界大约5%的磷酸盐储量。叙利亚是磷酸盐储量全球排在第三位的国家，拥有大约3%的储量。全球排名第四位的阿尔及利亚储量尚不及3%。除这几个国家外，全世界其他国家中没有一个磷酸盐储量超过2%。

那么，谁又是全球磷酸盐储量排名第一的国家呢？这个国家便是位于北非的摩洛哥。

摩洛哥一国，磷酸盐的储量就占到了全世界的70%！

毫不夸张地说，在未来人类社会的某一天，摩洛哥很有可能会拥有允许地球上哪些国家可以生产粮食，而哪些国家不能够生产粮食的终极权力。换句话说，在未来，一个国家是否能填饱肚子养活自己的国民，可能完全要取决于摩洛哥是否愿意把磷酸盐卖给你。

除了磷酸盐以外，非洲大陆地下深处埋藏的各种宝贵资源可说是取之不尽、用之不竭。石油、天然气、黄金、钻石、铜矿等。似乎上帝真的十分偏爱非洲，把许许多多宝贵的财富统统都埋在了非洲人的脚下。

但是，看似是上帝的偏心，这真的一定能为非洲带来好运吗？

答案，恐怕并非那么简单。

火眼金睛明辨真假“土豪”

我们先来考虑一个本质问题，在这个世界上，到底是什么决定了一个国家是贫穷还是富庶。

许多人会觉得，这个问题未免过于简单，答案不就是各种各样的资源，比如石油、钻石、黄金、天然气等所有那些让人趋之若鹜的瑰宝。换句话说，谁拥有的自然源资源越多，谁就会更加富有。

的确如此，资源丰富，意味着出卖资源所取得的收入会增加，那么这个国家的财富也会日积月累变得越来越多。在现实当中，那些“头顶一块布，全球我最富”的中东阿拉伯国家，哪一个不是脚踩石油万贯，吸尽八方财富。

但这里要告诉大家的，则是一个会令许多人觉得不合情理甚至是有些不可思议的结论。那就是，如果你认为资源能让一个国家变富，那么你便大错特错了。事实，往往恰恰相反。

我们首先来看一看中东国家。

按目前已知的探明储量情况，中东土豪沙特阿拉伯是全球石油储量排名第二位的国家。一提起中东的阿拉伯国家，大家普遍的印象便是富有。当然，几乎所有人也都知道它们富有的原因，那就是石油。

但是如果我们仔细推敲，会发现这个石油储量排名全球第二，在别人的眼中腰缠万贯的沙特阿拉伯，其人均GDP仍然不敌欧洲那些什么资源都没有的三流发达国家如西班牙或意大利。从下图中可看出，多年来，石油储量极为丰富的沙特阿拉伯人均GDP甚至从未超越过意大利和西班牙。

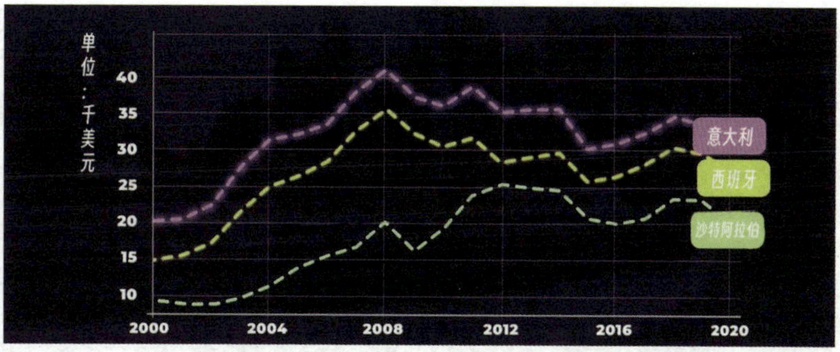

意大利、西班牙、沙特人均 GDP 比较

接下来，让我们再来看看当前全球石油储量排名第一的国家。你可曾想到，这个从资源的角度应当是令万人仰慕的国家，居然是委内瑞拉，一个被联合国列为世界上最贫穷国家之一的地方。

另一方面，如果我们看一看当前全球最富裕国家排行榜，在排名前十的国家当中，如瑞士、爱尔兰、新加坡、日本等，统统都是几乎没有任何自然资源的国家。谁可曾听说过瑞士出产过石油，新加坡拥有大量的天然气，还是爱尔兰有金矿，日本有铜矿？新加坡甚至连淡水资源都需要从马来西亚进口，可见其资源匮乏到何种程度。

但奇怪之处却是，这些国家没有任何资源可用于出口赚取外汇，反倒是每年都需要花费大量外汇购买资源。也可以说，这些国家的经济发展是完全依赖于外部的资源供给的。假如传统经济学中所说的“资源决定论”果真如此，那么这些国家在全球最富裕国家排行榜中排名倒数倒是十分合乎情理。但是现实却是，它们全都是世界上最富裕的国家。

于是，我们通过大量事实和数据能够发现在现实当中，大量的自然资源反而会让一个国家变得越来越穷，而不是越来越富。

当然，任何一件事情都不存在绝对，这也就意味着任何一件事情都会有例外。但是，当我们把全世界所有国家都放在一个数据集中进行分析，规律就显而易见了。在统计学里，任何一项统计都会有“异常值”的存在，但是只要统计样本足够大，异常值的作用就会完全被淹没，统计结果一定会还原一个真实的规律。

在统计软件中，当我们首先输入世界各国的自然资源出口量和GDP，再把回归方程的结果以图表的形式表现出来后，显现的便是下页图中这条向下倾斜趋势明显的斜线。

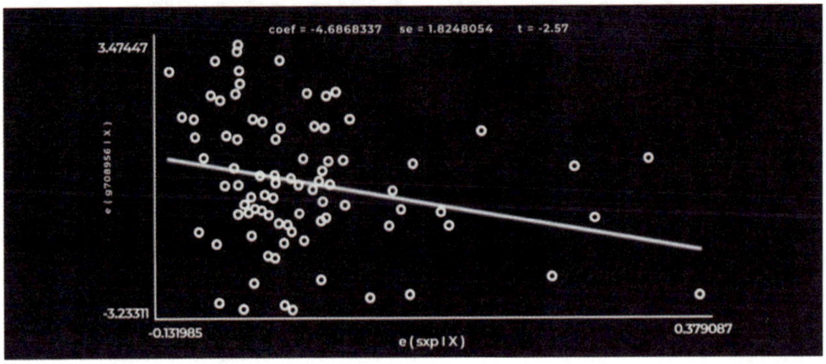

自然资源出口量与国家 GDP 相关性比例图

虽然这条斜线的上、下部均存在大量异常值，即例外情况，但这条斜线的方向却能够清晰地显示出结果：自然资源出口量越大的国家，反而是越贫穷的国家。换句话说，自然资源越多就越会减缓一个国家经济的发展速度。

这便是“资源魔咒”。

为什么资源越多的国家，反而越贫穷，越是没有自然资源的国家，反而越富有呢？以及，有资源的国家究竟应该怎样才能够摆脱“资源魔咒”呢？

在20世纪之初，如同大多数人所想象的那样，那时的经济学家也都认为自然资源对一国的经济发展起到的完全是正向促进作用。但正如刚才看到的图表所展现的那样，大部分经济学家都犯了严重的错误。并且，许多经济学家在很长一段时间里完全没有意识到自己犯了错误，直到历史上一件奇怪的事情发生。

20世纪50年代，荷兰突然发现了大量天然气。在此之前，荷兰几乎完全没有发现过什么像样的自然资源。这一下可不得了，荷兰整个国家为之沸腾。人们纷纷感谢上帝突然眷顾了荷兰，让这个国家好似在一夜之间找到了开启财富之门的金钥匙。荷兰果然不负众望，成了当时整个欧洲天然气的最主要出口国。

一开始，荷兰的天然气出口进展得非常顺利。荷兰通过出口天然气赚了大把钞票，整个国家的GDP也随之得到了跨越式的大发展。但好景不长，还没等荷兰人捂热手里的钱包，“资源魔咒”便降临到了荷兰人的头上。

慢慢地，随着荷兰天然气出口的不断增加，荷兰的整个制造业规模却开始不断萎缩。在当时的荷兰，除了天然气行业以外的许多行业都开始大规模裁员。1964年，整个荷兰所有行业总就业人数为180万人，而到20世纪80年代中期，荷兰全国所有行业就业人数锐减到了130万人。这意味着在天然气行业蓬勃发展的同时，荷兰全国的失业人数却是在上升的。换句话说，在天然气发现30年后，整个荷兰社会能够创造的就业岗位居然比30年前还要少。然而在这30年中，荷兰的人口数量仍是在逐渐增加的。

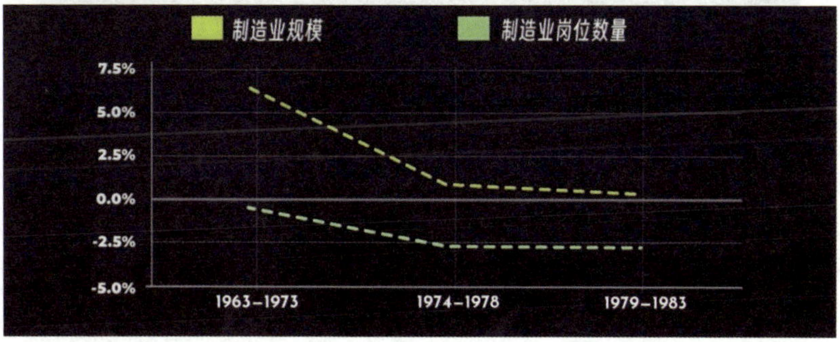

荷兰制造业年化增长情况

从上图中可以看出，自从荷兰发现天然气开始，荷兰的整体经济状况尤其是非常重要的制造业便开始萎缩。20多年中，荷兰的整个制造业产值和雇佣员工数量都在双双下降，且下降趋势十分明显。

从荷兰开始，“资源魔咒”便逐渐开始被经济学家察觉。或许一些读者会有疑问，上文中曾提到任何事情都没有绝对，那么荷兰是否也只是一个例外而已呢？

1975年，巴西曾经历了一场非常严重的霜降灾害，导致巴西咖啡豆当年产量锐减。但巴西却是全球咖啡豆种植量最大的几个国家之一。巴西咖啡豆产量的大幅下降最终导致当年全球咖啡豆价格暴涨了150%。但是，当年那场自然灾害就好似被人为划定了范围一样，只影响了巴西，却丝毫没有影响到巴西的邻国哥伦比亚。哥伦比亚同为全球咖啡豆产量排名靠前的国家之一，这就意味着，因为巴西咖啡豆产量锐减而导致的价格上涨反而使哥伦比亚赚得盆满钵满，大发了一笔横财。

看到从天而降的馅饼，于是在霜降灾害发生后的第二年，哥伦比亚全国咖啡豆种植量立即达到了前一年的三倍，马上使得咖啡豆种植行业变成了整个哥伦比亚农业产值中最大的部分。那么，在哥伦比亚通过咖啡豆获得了巨额收益后，是否也曾遭遇资源魔咒呢？

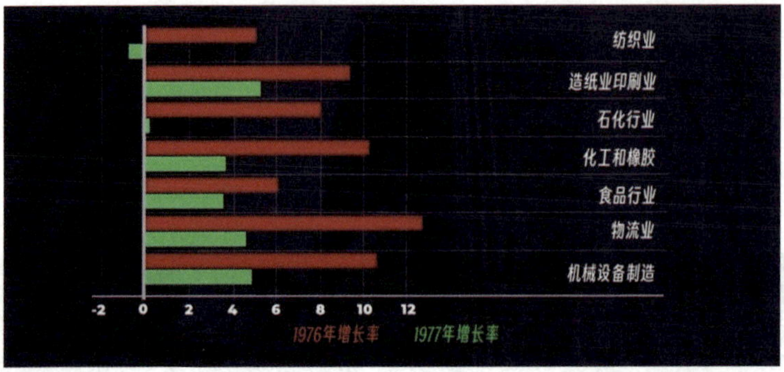

1976-1977 年哥伦比亚主要行业增长情况

答案是肯定的，哥伦比亚也没有能够摆脱“资源魔咒”的诅咒。从上图能明显看出，随着哥伦比亚咖啡豆种植业规模和利润的双双扩张，哥伦比亚其他行业的产值则全部在大幅下降。

哥伦比亚用自身血淋淋的教训再一次向人们证明：自然资源就像是一个有着巨大魔力的巫师，一旦它出现，就会把其他行业所有的活力和精华全部都吸干殆尽。

但是，究竟是什么原因让自然资源能够拥有如此巨大的法力，使拥有大量自然资源的国家都不可能轻易地摆脱“资源魔咒”呢？

剪不断、理还乱的资源魔咒

经济学中，一国的整体经济可以简单地划分为三个部分：第一部分是资源出口，如石油、天然气、矿产或农产品等；第二部分是一般商品出口，如鞋帽、箱包和衣服等；第三部分则是无法出口只能在国内经济体系中循环的部门，如建筑业。

在荷兰的例子当中，当一个国家的自然资源出口量突然猛增时，想要购买这个国家资源的人就必须先用外汇兑换该国的本币方可进行交易。在一开始，这会让出口资源的国家在短时间内赚取大量外汇收入。但随着外国需求者不断地购买本国货币，长此以往则会造成本国货币的不断升值。

在这种情况下，我们再回到这三个经济部门来看一下。随着自然资源出口的不断增加，资源出口部门获得的利润也会快速增加，同时又不断推动着一国的本币不断升值。这就意味着第二部门的普通商品的价格也会变得越来越贵，使得外国人购买该国普通出口商品的数量会变得越来越少，造成第二个经济部门的产值萎缩。

但，这还不是终点。

一般而言，当一国发现了大量宝贵的自然资源后，政府会倾向于把这些资源国有化，或是对这种资源征收非常高的税赋以增加政府的财政收入。那么政府在财政收入增加后又用这些钱做了什么？

许多国家的政府在财政收入增加后，一般都会将一部分投入国内建设当中，比如发展基础设施，建设更多医院、学校，建设更多路、桥、铁路和机场等。换句话说，国内的贸易总量会被带动上升，这就意味着第三个经济部门的价格和产值会同步被拉升，进而导致第二个经济部门中的大部分工人转移到第三个经济部门中以期赚取更高的薪水，这便会导致第二经济部门进一步萎缩。

此处，我们来看一看欧洲国家西班牙。的确，西班牙几乎没有任何传统意义上的石油、天然气等资源，但它却有着另外一种得天独厚且十分宝贵的自然资源——旅游资源。

许多去过西班牙的人都知道，那里风景优美、气候极佳。但恰恰是因为西班牙异常发达的旅游资源，反而导致西班牙年轻人的辍学率居高不下。据西班牙教育部统计，越是在西班牙旅游业发达的地区如伊比利亚半岛、安达卢西亚和巴塞罗那大区等，青少年辍学率反倒是西班牙全国最高。年轻人纷纷投入到旅游行业中，因为在旅游行业里工作轻松，收入高，且对技能的要求较低。

结果，这令西班牙形成了巨大损失。首先从本质上讲，国民接受教育程度的下降从长期来看是一个国家最大的财富流失。其次，因为严重依赖自然资源或者说旅游资源，一旦在未来这种资源枯竭或在其他地方突然出现可替代性资源的时候，这个国家的经济增速便马上会发生崩塌式的下降。类似的例子在现实中可谓数不胜数，比如委内瑞拉和伊朗等。这些国家的经济几乎都是随着国际油价的上涨与下跌像一条航行在风浪中的小船一样在大海中随波荡漾，完全无法自主地决定自己的经济发展方向。

资源枯竭、资源可替代等说法的确可以解释一部分当前对自然资源形成依赖导致国家经济受到严重影响的例子。但在现实中，仍存在一些现象是这些传统理论几乎无力解释的。

早在20世纪初期，北欧国家挪威是一个在整个欧洲大陆上完全没有任何存在感和发言权的不起眼小国。那时，整个欧洲乃至全世界对挪威的关注度几乎为零。但巧合的是，后来在挪威也发现了石油。

挪威凭借着石油资源让自己一步一步发展成了斯堪的纳维亚半岛乃至整个欧洲大陆上最富有的国家。截至2022年，百年前毫不起眼的北欧小国挪威人均GDP已经名列欧洲大陆第四位，远远超越了传统欧洲强国英国、法国和德国。现在，挪威仍然是欧洲最大的原油出口国。

但是根据“资源魔咒”理论，挪威现在应该是一个经济体量在不断下降的国家，就如委内瑞拉、西班牙或者伊朗。但现实却是，挪威的经济不但没有下降，反而其人均GDP却一直名列全球前茅，好像丝毫没有中招“资源魔咒”的迹象。

其实像挪威一样能够摆脱资源魔咒的国家世界上也不在少数，其中就包括本书前文中提到的非洲国家博茨瓦纳，这个钻石储量非常巨大的国家。虽然博茨瓦纳的经济完全仰仗钻石出口，但却并没有被钻石所诅咒从而中招“资源魔咒”，反而在近半个世纪里飞速发展。关键问题是，博茨瓦纳和挪威究竟是做了什么功课，才能够得以摆脱这恐怖的资源魔咒呢?

最为关键的一点，便是这个国家如何使用通过自然资源获取的财富。

非洲国家安哥拉是一个石油资源储量极其丰富的国家，但安哥拉政府用卖石油所赚来钱做得最多的就是大力发展军事。换句话说，就是尽可能地购买武器以维护政权。非洲另一个典型的被资源耽误的国家南非，其政府的做法与安哥拉如出一辙。

所以，资源魔咒的病根儿其实就在于资源所在国的社会结构和环境。

沙特阿拉伯等中东国家以及非洲许多国家的确拥有非常丰富的自然资源，但是在这些国家，大部分实行的都是君主制或部族（家族）统治，在国内存在着较为严重的贪污、腐败以及资源浪费等现象。当这些国家通过自然资源换取了大量财富后，国家利用大量财政收入做的最多的事首先便是维护政权。换言之，这些国家并没有把钱花在能让经济可以持续增长之处。

一位安哥拉大学的教授曾对我说，在安哥拉，50%的就业人口都直接或间接为政府工作。因为在安哥拉，公务员是一个极为稳定，收入和社会地位都很高的职业。所以，成为公务员便成了安哥拉人的理想。但问题是，当一个国家公务员的比例变得很高，民营和个体经济则会被动萎缩，使整个社会的企业家精神、创新精神也随之弱化。所以在整个安哥拉具有创新精神的企业家凤毛麟角。安哥拉有无数“因油而富”之人，他们的别墅、豪车和奢侈生活让人瞠目结舌。但是，高科技企业、现代化产品和具有创新思维的企业家却是寥若晨星。

而在挪威和博茨瓦纳，在他们的整个社会体系中有着非常严格的法律和规矩体系，企业和个人很难在这样严格的体系中找到钻空子的机会。一旦有人破坏了规矩比如进行贪污或受贿等违法行为，会受到让其难以翻身的严厉惩罚。所以在这样的社会体系中，自然资源本身以及通过自然资源所创造的收入都不易被滥用。

也正因如此，在这些国家中，他们通过自然资源获得巨额收入后会把收入用在对整个社会和人民发展有创造性和推动性的项目方面，比如提高人们的教育水平、医疗水平，实行免费教育、免费医疗等。

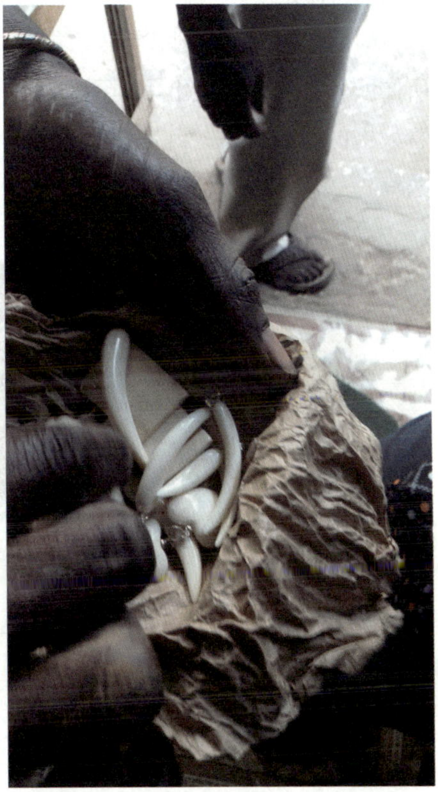

在西非某国时，一名当地人给我展示他收藏的象牙制品[1]

归纳起来，其实想要克服“资源魔咒”也并非绝无可能，最关键的一点就是必须要有严格和公开透明的社会治理体

[1] 2015年7月30日，联合国大会通过了《打击野生动植物非法贸易》的历史性决议，全面禁止全球象牙贸易，全面停止商业性加工、销售象牙及制品。书中图片仅作展示，图片中象牙制品均为个人收藏品，非用于交易目的。没有买卖，就没有杀戮，请读者们携手共同保护野生动物，保护人类家园。

系，挪威和博茨瓦纳就是两个典型的例子。在由世界著名非政府组织“透明国际”公布的“全球国家清廉指数排行榜”中，挪威和博茨瓦纳分别排在欧洲和非洲的第一位。难道，这仅是一种巧合吗？

因此对于非洲而言，在未来，自然资源一定是一柄双刃剑。以现在的情况而言，绝大多数非洲国家的法律法规、社会运行体系仍不健全，过多的自然资源被发现反而会让一些非洲国家的社会经济发展变得进一步扭曲，让整个国家的状况朝着负面的方向走下去。

当前，许多非洲国家仍较为贫穷。抛开历史因素，一些非洲国家也需对自己的所作所为在一定程度上承担不可推卸的责任。一些非洲国家出卖了资源，政府拿着大把的财政收入，可是他们不想也并不需要去为人们建设更多的学校和更多的医院。

一位非洲当地朋友家中收藏的由象牙制成的工艺品

在一些拥有大量石油储备但国家经济尤其是普通百姓民生交困的非洲国家如尼日利亚、加蓬、刚果（金）和安哥拉等，他们最大的一个共同特点便是在“全球国家清廉指数排行榜”上均排名倒数。

1960年时，尼日利亚石油出口收入只占GDP的1%。但是到了20年后的20世纪80年代，尼日利亚石油出口收入已经占到了该国GDP比重的90%，可想而知尼日利亚通过资源出口赚取了多少财富。但是，随着尼日利亚石油收入的不断上升，尼日利亚国内的贪污腐败现象也越来越严重，导致尼日利亚成为整个非洲大陆上目前最为不稳定的国家之一。

因此，“资源魔咒”虽然是一个属于经济学范畴的概念，但它却不完全是一个经济问题，而更像是一个社会问题。尤其在非洲，“资源魔咒”体现得更为明显。越是社会结构整体松散、不透明的非洲国家，受到资源所带来的反作用力和冲击力就越强。

除此以外，摩洛哥也千万不可因自己手握全球70%的磷酸盐就沾沾自喜；南非、津巴布韦、加纳和刚果（金）也切莫因自己脚下的土地里埋藏着世界上绝大多数的金矿储备而趾高气扬……因为，除了自身的治理能力急需改善外，其实在这个世界上还有许许多多双眼睛正虎视眈眈地盯着这些国家……

第十四章

厄瑞玻斯的召唤

埃及法老像

厄瑞玻斯（Erebus），古希腊神话中的黑暗之神。据记载他是由卡俄斯（Chaos）所生，代表着冥界的黑暗。在黑暗之神厄瑞玻斯所掌控的世界里，只有无尽的黑暗，看不到一丝光芒。厄瑞玻斯没有形态，是一团黑暗的迷雾，他化影于无形，看不清，也摸不到。

千百年来，似乎在非洲大陆的头顶上始终悬着一个厄瑞玻斯。从被殖民开始直至今时今日，厄瑞玻斯似乎从没有把目光从非洲大陆移开过。他对非洲的要求始终如一且简洁明了，那就是非洲大陆必须要一直周而复始地贫穷下去。

然而，为什么世界上的一些人需要非洲国家持续贫穷下去？因为无论是针对自然资源，还是地理位置，抑或地缘战略重要性而言，一个贫穷的非洲对这个世界上许多国家的繁荣太为重要了。

在千百年的历史中，仅从经济的角度而言，非洲就一直被一些人定义为资源的廉价供给者这样一个角色。因而，才会有一些人不愿意让非洲摆脱这个角色的牵绊，挣脱命运的束缚。

一个最浅显的例子，本书中曾数次提到非洲各国拥有各种各样无数的宝贵自然资源比如石油，但是在诸多拥有大量石油资源储备的非洲国家，直到今天，他们中的大多数甚至都没有一座炼油厂，没有加工原油的能力。他们是原油的出口大国，同时又是成品油的进口大国。在这一进一出中，一些非洲国家的资源没了，外汇没了，收入也没了，而一些国家既得到了资源，也赚足了外汇。可非洲始终在被动地坚持履行着千百年来被定义的这一单一角色。

这，便是历史上对非洲的定位。

千百年来，许多曾经殖民过非洲的国家所做的所有事其实只有一个简单的目的，那就是尽全力让非洲永远保持这个定位。所以，回顾历史，我们才能看到如此多的巧合。在人类社会发展历史进程中多次对人类社会产生质变影响的大事件如数次工业大革命，非洲一次也没有赶上。表面上看，这或许是一种巧合。但实际上，非洲原本许多次可以赶上工业大革命的机会，在历史上几乎都是被人为叫停的。非洲本该参与的数次人类社会的整体变革，也都是被人为地排除在外的。

但是，3022万平方公里这样偌大的一片大陆，54个国家，上百种民族和语言，数千年的文化和历史，能把这里的人类社会发展程度精确地控制在一定范围之内[1]：不高也不低、不快也不慢、不富也不穷，不大闹但也不完全安定。从某种程度上而言，我们不得不由衷地“佩服”那些把各种高深的经济学理论演绎得天衣无缝、无懈可击，看上去把各种说辞和理由解释得浑然一体、无隙可乘，最后还能够几近自圆其说、滴水不漏的经济学家们。

经济学当中的这一学派，我们权且可称之为“以发展的名义阻发展”学派。

那么，在这一章也是本书最后的一章中，我们就来看一看，一些国家的经济学家们是怎样挖空心思，才想出了以下六个能够让非洲大陆被精准操控的方法。

财政援助

想必许多读者平日通过新闻报道能看到，世界上许多国家每年都会向全球发展中国家尤其是一些非洲国家提供大量的无偿财政援助。一般而言，所谓“援助”，是不需要偿还的。但是，这些国家拿着纳税人的钱源源不断得免费提供给发展中国家大量无需偿还的财政援助，其实本质的目的只有一个，就是通过援助来维持一些发展中国家的现有社会体制。

“天下没有免费的午餐”，这句话每一个人永远都要记牢。当然，这么多免费的财政援助并不是没有帮助非洲国家建设公路、桥梁、机场和港口等，但是建设这些基础设施的最终目的，还是为了能让非洲的资源顺利地被运输出去，最终达到这些资源应该去到的地方。其中，一些援助资金也不乏被一些受援国家用来采购武器来进一步维护自己的统治。

---

[1] 系针对整个非洲大陆的总体情况而言。

所以，支撑和维护现有一些非洲国家的现行体制并为己所用，才是每年这些巨额的财政援助从世界各地涌入非洲大陆的一个重要原因。其他诸如帮助非洲实现民主、增加透明度、改善人权状况以及发展经济等，并不能说其完全没有体现出这些方面的作用。但是，作为华丽的辞藻进行修饰的一面，则体现得更为实际。

在这一点上，至少许多新兴经济体国家在与非洲的合作关系中只与非洲做生意，不管谁是总统，只关心合作。这样，至少不会让非洲的各方面社会状况变得越来越差。

债务

约翰·柏金斯（John Perkins），美国作家。2004年，柏金斯出版了《一个经济杀手的自白》（*Confessions of an Economic Hit Man*）一书。在书中，他详细描述了自己在担任某发达国家的"经济杀手"一职时，如何利用各种手段剥削、控制第三世界国家的经济，使他们俯首称臣。此书曾在纽约时报畅销书排行榜上逗留超过70周，并被翻译成32种语言全球发行。

经济杀手被赋予高额的薪水来骗取世界各国数以万兆计的大量资金。最终，世界银行、国际货币基金组织和其他一些金融组织的资金都会流入一些跨国企业以及那些少数掌控全球资源的家族。他们的工具包括财务报告造假、操控选举、贿赂、勒索以及暗杀。他们的手法与古代帝国所用的极为类似。全球化的浪潮又将他们所造成的影响和破坏性带往了一个崭新的层次。

我早就知道这一切。因为，我就是一个经济杀手。

——约翰·柏金斯[1]

[1] John Perkins, Confessions of an Economic Hit Man, Oakland: Berrett-Koehler Publishers, 2004.

这本书是柏金斯回忆其在总部位于波士顿的工程咨询公司“查斯·T·美因”工作的经历。据柏金斯在书中介绍，当时他的工作主要就是说服发展中国家接受外国贷款用于投资大型项目，并确保合同落入相应国家承包商手中。而一些国家提供这些贷款的目的在于方便对发展中国家施加各种影响力，并确保公司能控制当地的自然资源。

书中，柏金斯对一些西方国家的外交政策提出了非常尖锐的批评。柏金斯写道：“在许多情况下，都只有少部分人受益，多数人的利益则被侵犯，导致贫富差距扩大，比如大型企业剥削各地的廉价劳动力，以及石油公司对当地的环境造成破坏，等等。”

根据柏金斯的说法，这些对低收入国家的巨额贷款使得这些国家慢慢陷入了自己无法负担的巨额债务陷阱，而被迫在诸多方面接受债权人的条件。从此，这些发展中国家便失去了主动权，除了造成国内贫富悬殊加剧外，可持续的经济发展也遭到中断。

他在书中还提到过一个在全世界几乎无人听说过的“银行”。此银行始于20世纪50年代，是由某发达国家政府与某国际金融组织共同建立。这家银行只有一项业务，就是向拥有大量自然资源的发展中国家贷款，目的是用债务去钳制这些国家。一旦你拿了我的钱，我就控制了你。这个隐形银行的规模非常庞大，约有4000多名员工，但世界上几乎大多数人都没有听说过。

如果某个发展中国家不同意接受来自此银行的贷款，那么结果就是这个国家的元首会被暗杀掉。柏金斯在他的书中就列举了不同意接受这家银行贷款从而使国家元首被暗杀的两个例子。

此书出版后，曾有各界人士对书中的一些内容表示不认同。英国经济史学者尼尔·弗格森（Niall Ferguson）于《金钱崛起》[1]一书中曾质疑，认为柏金斯有关厄瓜多尔总统阿吉莱拉和巴拿马的托里霍斯将军系因违背自己国家外债持有者的利益而被美国暗杀的说法是不合常理的。弗格森指出，20世纪70年代美国对厄瓜多尔和巴拿马提供的贷款仅占当时美国外援的不足0.4%，且20世纪90年代美国对两国的出口额仅占美国总出口额的0.5%左右。因此，按情理美国没有合理的动机暗杀两国领导人。

对此，柏金斯也曾提出反驳，认为美国有充足的动机进行这些暗杀行动，这些动机包括确保美国对巴拿马运河和厄瓜多尔石油资源的控制等。

---

[1] Niall Ferguson, The Ascent of Money: A Financial History of the World, London: The Penguin Press, 2008.

根据柏金斯的说法，他早于20世纪80年代便开始撰写此书，但当时因不时面对的各种威胁和贿赂而停笔。当时负责招聘柏金斯的“查斯·T·美因”公司的副总经理埃纳尔·格雷沃在最初是大致同意书中内容的，他曾在接受媒体采访时说：“作者叙述的故事大致正确。作者于书中指出，这些诱导发展中国家落入债务陷阱的阴谋确实存在，并也实际发生了。这种手段是否出于恶意，各方有各方的观点，但如今这些发展中国家当中有不少依然未能还清债务。”

不过，在日后当格雷沃接受另一名记者访问时称，自己在重读该书后发现事实和柏金斯的说法存在出入，包括“查斯·T·美因”公司和美国国家安全局之间的关系等。

但无论如何，债务是非常容易能够牢牢把控非洲国家的一种工具。许多非洲国家多年来陆陆续续从一些国际组织和其他国家借入了大量贷款，但以当时这些非洲国家的社会经济发展和基础设施建设程度的需求而言，他们的确需要资金，但完全不需要这么多资金。

只有用债务套牢你，才能永远控制你。然而，借还是不借，恐怕这已经不是摆在一些非洲国家面前的一个选项。在刚刚独立后的非洲国家中，唯一一个没有向世界借入一分钱外债的利比亚，其结果便是领导人卡扎菲被迅速地拉下了台。

如果你宁愿相信，这仅是一种巧合。

巨大的债务规模给许多非洲国家造成了不可想象的财政压力。但是，这恰恰是一些人想要达到的目的。只有这样，才能永远“套牢”非洲。

垄断

虽然，许多非洲国家自然资源储量巨大，是全球自然资源出口的主力军，但是，世界上绝大多数自然资源及大宗商品的国际市场定价权却并不掌握在非洲国家手中，而是由全球数个跨国寡头企业所垄断的。

这些企业在采购某种自然资源时，一般会统一按他们的需求来规定此种自然资源的品种、规模和样式，让所有包括非洲在内的发展中国家以这种定制化的模式进行生产和加工。这样做的目的在于让这种资源的价格因规模化被大幅度压低。这里所指的自然资源不仅包括矿产、石油以及天然气等，还包括大部分的农产品如大米、大豆等。

读者们可以回忆一下，以香蕉为例，数十年前，在市场上可以看到各种各样形态各异的香蕉品种。但现在在大型超市里，能看到无论是哪里出产的香蕉，在样子、大小、长短和重量等方面都极为相似。越来越多的水果，我们只能从其表面贴着的一张小小的铭牌来区分它的产地和品种。以前，不同的香蕉味道各有特点。但现在，市场上大部分的香蕉几乎都是一个味道。为什么市场上的香蕉品种会越来越少，味道都变成一样了呢？

这就是因为寡头企业在收购时会规定种植香蕉的农户均采用同一个品种和标准来进行种植。假如一个种植香蕉的农民未按这些收购企业要求的品种和规格种植，那么这些企业就会向别的蕉农进行采购。最终全球的大部分香蕉种植业几乎就被一只无形的手完全垄断。当然，香蕉的采购价格也会被一直压低、压低、再压低。

但对于这样的贸易方式，全世界似乎没有任何一个国家站出来指责过，经济、金融和贸易类的各大国际组织也没有替全球蕉农说上任何一句话。最终因为垄断，世界上大部分的自然资源出产国所产出的宝贵资源就这样被剥削掉了原有的高价值和高利润。

国际金融组织

一般教科书中对国际金融组织的定义为：由两个或两个以上国家的政府为了实现共同的经济金融目标、依共同缔结的条约或协定而建立的具有特定金融职能的常设性组织实体。

但是在本质上，一些国际经济合作组织或国际金融机构存在于非洲大陆的主要目的便是，确保一些非洲国家的国际收支经常项目要不时地出现一些问题。

如果以为一些国际金融组织存在的目的是旨在帮助非洲国家脱贫、致富、改善国家经济的话，那么这样的想法未免有些过于简单甚至天真。某些国际金融组织之所以存在，其本质的目的其实只有一个，那就是要确保贫穷国家或发展中国家继续按照富有国家想要的方式去生产和输出资源。

若回顾一下历史，能够注意到，尽管许多国际金融机构都已设立超过半个多世纪之久，他们宣传的宗旨也是期望帮助贫穷国家摆脱贫困，但截至目前，在所有世界上的贫穷国家尤其是非洲国家中，哪一个已经不再是低收入国家了？若观察全球国家GDP排名也会发现，半个世纪前非洲国家在这个排行榜上排在什么位置，现在他们仍然还是排在这个位置。

反观那些从来不向或很少向国际金融组织（机构）借钱的国家，反倒是很少出现国际收支方面的问题。而那些一直在向国际金融组织（机构）借钱的非洲国家，如若仔细地审视一下他们的国际收支数据，便能够发现在这些国家里就没有不出现问题的时候。

我们或许可以尝试为这些机构下一个通俗的定义，即许多国际金融组织是指由富国建立，用来控制穷国的机构。或多或少，有以偏概全之嫌，但恐怕偏离的程度，并不会差之千里。

斩断粮食的自给自足

俗话说，“民以食为天”。这句话告诉人们，食物尤其是粮食对每个人而言都是一件天大的事情。如果一个国家连粮食都受别人所控，那么这个国家就相当于被人掐住了七寸，自力更生与可持续发展更加无从谈起。

让一些非洲国家失去保障粮食自给自足的能力则是自殖民时期就早已开创的一种釜底抽薪的手段，并且这一手段一直被沿用到了今天。

低收入国家想要从某些国际金融组织（机构）获取到农业领域那些无比诱人的低息甚至无息贷款的前提条件是什么？首先，就是不能对自己本国的农业生产有任何政府补贴行为。为什么不能让这些国家对自己的农业生产进行补贴？因为一旦没有了政府补贴，以低收入国家尤其是非洲国家现有的农业生产技术和条件而言，本国的粮食生产就完全变成了靠天吃饭。想要自给自足，完全成了天方夜谭。

因而，一旦非洲国家无法自己供应自己足够的粮食，连吃饭问题都解决不了，那么就算是继债务之后再一次被彻底“套牢”了。

在某个著名的全球性组织中，就设有一个蜚声海内外的《农业协定》。可以将其内容简单总结为：“作为本组织的成员国，若一国之前没有对自己农业领域的补贴，则不允许增加新的补贴；但如果已经存在对农业部门的补贴或优惠政策，则可保留这些政策。”

我们可以试想，在全球范围内，哪些国家有能力尤其是财力在历史上长期大范围、大规模地为自己的农业进行大量补贴？想必，人们心中的答案一定不会是非洲国家。但国际游戏的规则又几乎摧毁了非洲国家在未来任何时间点对自己的农业进行补贴的天真想法。而正在对自己的农业进行大规模补贴的一些国家，却为自己的行为贴上了合理、合法的标签。

最后，人为地造成了“富者恒富，穷者恒穷”这一社会学和经济学中经典的马太效应。

经济学的本源

西方经济学，是一门几乎全世界经济专业求知者首先均需必修的科目。在西方经济学中，比较优势理论又是一个几乎每一位学生都能倒背如流的经典经济学原理。

1817年，西方经济学泰斗大卫·李嘉图（David Ricardo）发展了亚当·斯密

（Adam Smith）的绝对优势理论，在《政治经济学及赋税原理》（*On the Principles of Political Economy and Taxation*）一书中，正式提出了著名的比较优势理论（Law of Comparative Advantage）。简单而言，此理论指一个国家如果专门生产自己相对优势较大的产品，并通过国际贸易换取自己不具有相对优势的产品，就能最终获得利益。

例如，假设A国与B国都只生产鞋子和箱包。在同等条件下，A国生产1单位鞋子的机会成本是2单位箱包，B国生产1单位鞋子的机会成本是3单位箱包。那么根据比较优势理论，A国就享有生产鞋子的比较优势，应该只专注于生产鞋子，并出口到B国以换取箱包。而B国则在生产箱包上具有比较优势，应该只专注于生产箱包并出口到A国来换取鞋子。该理论认为，比较优势的本质是互利的。

自这个理论在全世界风靡开来至今，众多发展中国家便开始遵循该理论，长期专注于某一项产品的生产及输出。在通过与发达国家的相互贸易中，赚取自己应得的利润。

但是，倘若按照比较优势理论，那么非洲国家则永远只能做资源的出口者。因为在自然资源领域，非洲的确是具有比较优势的。按照此理论，非洲的原油、天然气、钻石、黄金等资源，出口得越多越好，因为这是非洲的优势。出口得越多，非洲就会越富。而发达国家的比较优势则在于技术，在于原油的加工环节。所以，非洲只需要出口原油即可，并不需要掌握炼油技术，成品油自然会由发达国家再出口至非洲。最终，只要严格遵循比较优势理论，那么非洲国家一定会在未来变得像发达国家同样富有。

以上，便是可称之为世界上最完美“话术”的比较优势理论。经过高大上的经济学的一番包装，结果便是一些非洲国家被牢牢地摁在了世界经济循环体系的最底层，难以翻身。

近年来，在发展中国家开始逐步工业化并努力发展全产业链后，比较优势理论在世界经济新秩序面前开始多少显得多少有些苍白无力。于是，经济学中又出现了一个新的分支，名为“新制度经济学”（New Institutional Economics）。新制度经济学采用了新古典主义的数学工具，较少使用价值判断。与主流新古典主义经济学相比，新制度经济学主要是研究在小范围的具体事件中出现的交易成本和边界分析问题，如经济中的垄断、行政、法律或贪腐行为对经济后果的影响。新制度经济学中还讨论了许多实际的经济现象问题，而不像新古典主义经济学那样只注重建模和推演。

抛开以上这些味同嚼蜡且索然无味的专业术语和概念，许多人的疑问或许是，新制度经济学到底是在讲些什么？若用白话对其进行“翻译”，新制度经济学是在告诉人们：“世界上贫穷的国家，你们不能够再继续无度地贪腐了，是时候应该把贪腐程度加以适当控制。但是，你们仍然要专注于自然资源的出口，同时大量进口高附加值产品。要相信，这样才能致富，也一定能致富！”

倘若在一些非洲国家中的确存在一些贪腐和不良的社会风气，我们无需刻意回避。但是，若回顾历史，在千百年来尤其自殖民时期开始，非洲国家这些贪腐和不良风气究竟是由谁灌输和培养而来的？与把经济学当成一种工具，在近现代高举着高大上的经济学理论“洗脑”非洲国家的，究竟是不是一群人呢？

如果是的话，那么，这又是一种巧合吗……

后　记

关于非洲的话题，并不容易撰写。尤其是，针对于那些敢于向读者宣称“全面”地介绍非洲的作者（包括本书）。非洲的历史底蕴深厚，非洲的文化博大精深，都使得非洲绝非一册图书能够尽述。无论历史学家、政治家、经济学家或仅游历过非洲数月的学者，一般都会以自身的专长或经历作为切入点和主轴，这是自然的。

但是，不同于其他大陆，非洲有其鲜明的特殊之处，那便是它的神秘性。因此，虽然对于一个经济学者而言，似乎撰写一部诸如“非洲货币政策的变迁”或“非洲经济制度演变”等类型的作品会更加得心应手，但这并不是大多数读者想要看到的。

曾有一位编辑老师在看过书稿后向我提出了一个尖锐的问题。他认为，人口因素并不能算作是非洲未来的优势，更加不能提高非洲国家的竞争力。

但是，倘若人口对一个国家经济的发展并非不可或缺，那么如今全球这么多正在经历人口老龄化、少子化、不婚化的国家，为何还要大费周章地动用一切行政和社会力量鼓励年轻人成婚生子？

其实，人口不单是一个社会问题，更是一个经济问题。它关系到一个国家的内需拉动、消费提振、市场容量、吸引外资、对内投资，甚至知识和科技的创新等，是对经济可持续发展起到决定性作用的因素。如果在未来50年里，有一个大陆上的年轻人数量能够占据全球的二分之一，而在另一片大陆上，超过60周岁的人口占据了其人口总量的一半以上。那么这两个地方，其实已不需要再进行所谓的“竞争”了。因为从未来可持续发展的角度而言，“胜负”已定。

又或许，认为人口因素不重要之人所秉持的观点依旧摆脱不了数百年来全世界对非洲的偏见：他们眼中看到的最宝贵的财富，依然只有非洲的资源。

因此，这就是为什么我无力且无意改变许多专业学者思想的原因。这部作品的目标读者就是普通大众，也可称为“非专业读者”。至于专业读者群体，他们存在一个明显的问题，那就是经年累月的学术研究、利益取向甚至意识形态都已经决定了在他们脑海中非洲的样子，或者说非洲应该是什么样子。

希望这本书能够带给大家最多的是，让读者能够客观地领略非洲的全貌，公正且深入地体会非洲所经历的苦难、隐忍、厚积薄发与未来深藏的希望。同时，也希望对读者本身能有所启迪。

本书在创作过程中，也留下了些许遗憾。限于创作时间，以及其他一些客观因素，一些问题在书中实际并未完全深入展开论述，也未能原汁原味、毫无保留地将事实呈现给广大读者。比如，针对一些机构名称，书中统一以“国际金融组织”等称谓替代，并未明确提及具体对象。尤其是，第十四章中所提到的六方面问题，完全能够加以扩展，充分还原其全部事实与真相，该部分内容甚至可独立成书。

实际上，在我最后将本书终稿交付出版社时，经再三斟酌，从原稿中删减了约6万余字。其中，不乏一些具有思考性和深入阐述的内容。这么做的原因有二：

一是由于某些客观原因；

二是对于非洲一些问题的底层逻辑，非洲政府、外国政府以及所有的国际组织在各种场合或报告中均从未提及过。

因此，经考虑再三，本书中也有所保留。这并非迫于何种压力。只是，就本书的创作目的而言，书中现有的对非洲一些问题介绍的程度应已能满足绝大部分读者对非洲进行全面、深入了解之目的。

非洲的一些问题“真相”，看似近在咫尺，却又远在天边。陌生、误解、偏见甚至误会，都在让这片神秘的大陆始终处于真实和空幻之间。可以被称为专业人士之人，其实早已在围城内徘徊了许久。然而，好奇的读者却仍在被围城中泛起的虚幻美景所迷惑。但最终，围城内外的人却有意无意地共同选择了驻足于虚空的美景前，完全忘记了这虚空的背后才是真实。甚至，有越来越多的人开始刻意拒绝真实，最终导致真相的揭示只得一步一步地被推迟。但仍然希望，在未来，能够有机会毫无保留地与广大读者共同分享非洲，体悟非洲，理解非洲。

本书在撰写过程中也得到了诸多友人的建议和意见。

在此，由衷感谢 Urbain Noël EBANG MVE先生[喀]、冯智勇先生、Jacques Jean Luc NYANGA先生[刚]、Sophia JONES女士[法]、Aoki KOTOMI女士[日]、施智辉先生、魏新棒先生、吴一凡先生、Isia WATSON女士[美]、张越先生[1]对本书思路、内容等方面的宝贵建议。

出于种种原因，在此不便透露我的一些仍就职于国际组织以及各国公共机构的朋友的真实身份。他们或为涉非领域的资深专家，或是相关领域的研究者。他们独到的见解为本书的创作提供了极为珍贵的思路，使本书增色不少。

此外，我于非洲期间有缘相识的所有朋友，感谢你们在各方面给予我的帮助。

感谢出版社相关部门编辑同志以及蔡荣建先生、陈红伟先生对本书整体策划方面的辛勤付出。由衷感谢河北省委党校国际战略研究所吴耀明教授对本书一些章节的校审并提出的宝贵意见。本书能够付梓，离不开你们的支持与鼎力相助。

感谢位于北京的我的工作单位——非洲于我而言能够从起初的萍水相逢直至最后形影相依，离不开它所提供的不可多得的宝贵平台与机遇。

最需要感谢的是我的父母、岳父母及妻子张璐。他们在我于非洲的数年间，代我承担了绝大部分家庭责任，使我得以全身心地投入到对非洲的考察和研究当中。

书中不当之处、错漏之处，难免存在，欢迎读者朋友来信[2]交流。

总之，数百年的历史蹉跎，令今天的非洲"五味杂陈"，充满了喜悦、悲伤、无奈与彷徨。回首已流逝的岁月，虽已似似水年华般永不回头，但其实我们每个人是否也如这片古老的大陆一样，生命中同样有着这样和那样的不尽如人意。

最后，借用一段优美的歌词，向虽历尽坎坷但却仍心怀希望的非洲、非洲人民，以及可爱的读者致敬。

---

[1] 排名不分先后。中外人士同按姓氏首字母排序。

[2] 作者邮箱：xueyan-cn@hotmail.com

希望你被这个世界爱着

……

希望你　被这个世界爱着
希望你　笑了是真的快乐
希望你　遇见过山的浑浊
　　　　眼里依然有海的清澈
希望你　被这个世界爱着
希望你　哭了也是幸福的
希望你　捱过一路风雨曲折
　　　　心里依然载满梦的炙热

……

祝愿所有善良之人，都能被这个世界温柔以待。

薛棪

2025年春